# ČESKO-ANGLICKÝ SLOVNÍK
# CZECH-ENGLISH DICTIONARY

# ANGLICKO-ČESKÝ SLOVNÍK
# ENGLISH-CZECH DICTIONARY

# ČESKO-ANGLICKÝ SLOVNÍK
# CZECH-ENGLISH DICTIONARY

## RADKA OBRTELOVÁ
a kolektiv

NAKLADATELSTVÍ
OLOMOUC

1999

1. vydání, Olomouc 1999

Lektoroval: Jiří Kučera

ISBN 80-7182-075-X

Kolibří slovník anglicko-český a česko-anglický obsahuje celkem 13 500 základních hesel. Slovní zásobu doplňují fráze a odvozená slova.

Upřesňující výklad obsahu slov doprovází stručné poznámky menším typem písma. Z důvodu úspory místa je využíváno hnízdování slov. Základní slovo je rozdělováno kolmicí, část před kolmicí je neměnná. Slovo odvozené hnízdováním je složeno z tučné pomlčky (která nahrazuje neměnný kmen slova) a přípony. Součástí upřesnění významu některých frekventovaných hesel jsou slovní spojení.

Přepis anglické výslovnosti je uváděn v části anglicko-české, zde také naleznete: Seznam nepravidelných sloves (str. 275–282), Míry a váhy (str. 282), Číslovky základní (str. 283–284), Číslovky řadové (str. 285), Číslovky násobné (str. 286), Zlomky (str. 286), Určitý a neurčitý člen (str. 287), Matematické termíny (str. 288).

Omlouváme se, pokud ve slovníčku nenajdete nějaké další slovíčko, ale vzhledem k formátu to nebylo možné. Věříme, že Vám naše první vydání poslouží. Jakékoliv připomínky vítáme.

*Autoři*

## VYSVĚTLIVKY

1. Hlavním rozlišovacím znakem je tučnost písma. Základní hesla jsou vysazena **tučným stojatým pímem,** odvozené tvary rovněž. Příslušné ekvivalenty jsou v obyčejném řezu písma.

2. Slovník je doplněn Seznamem nepravidelných sloves. Zařazena jsou jen slovesa uvedená v tomto slovníku.

3. Slovesa s předponou, pokud nejsou v seznamu uvedena, mají stejné tvary jako slovesa bez předpony.

4. Pokud se slovesa pojí s určitou předložkou, je uvedena v závorce, např. (**to**/k)

5. Anglická slova mají někdy stejný tvar pro sloveso i podstatné jméno. V české části jsou tyto rozdílné slovesné druhy odděleny středníkem.

6. Další informace o obsahu slov jsou uváděny menším typem písma nebo formou zkratek.

## ZNAČKY A ZKRATKY

~ Tilda nahrazuje hlavní heslo.

– Tučná pomlčka, oddělovník, zastupuje při hnízdování první část slova rozděleného kolmicí. K ní se připojuje změněná koncovka.

| Kolmice roztíná slovo tak, že se pak v podobné pozici ve stejném odstavci značkou ~ nebo – odkazuje k části před kolmicí.

[ ] Hranaté závorky uvádějí výslovnost.

\* Odkazuje k Seznamu nepravidelných sloves nebo upozorňuje na nepravidelnost.

*adv.* příslovce

*Am.* americký úzus

*biol.* biologický výraz

*Br.* britský úzus

*div.* divadelní výraz

*hovor.* hovorový výraz

*hud.* hudební výraz

*chem.* chemický výraz

*pl* plurál, množné číslo

*jaz.* jazykový výraz

*kniž.* knižní výraz

*mat.* matematický výraz

*med.* lékařský výraz

*obch.* obchodní výraz

*odb.* odborný výraz

*pejor.* pejorativní výraz

*práv.* právní termín

*přen.* přenesený výraz

*slang.* slangový výraz

*sport.* sportovní výraz

*subst.* podstatné jméno

*vulg.* vulgární výraz

# VÝSLOVNOST

Anglická výslovnost je uvedena v hranatých závorkách. Pro přepis anglické výslovnosti jsou užívány následující znaky:

**æ Otevřené e.** Ústa otevřeme na **a** a v této poloze vyslovíme **e**.
Např.: plan [plæn], abstract [æbstrækt], back [bæk].

**ə Tlumená hláska, zavřené e.** Slyšíme jako dozvuk, vyslovujeme-li izolovaně souhlásky **b, d, t** [bə, də, tə].
Např.: sister [sistə], clever [klevə], autumn [o:təm].

**: Dvojtečka po samohlásce** – prodlužuje samohlásku.
Např.: be [bi:], key [ki:], clean [kli:n].

**θ Neznělé th.** Vyslovíme tak, že postavíme špičku jazyka za horní zuby a snažíme se vyslovit **s**.
Např.: thaw [θo:].

ð **Znělé th**. Vyslovíme tak, že jazyk jde mezi zuby a snažíme se říct **d**.

Např.: then [ðen], this [ðis].

w **Obouretné v**. Zní jako velmi krátké **u**, ze kterého rychle sklouzneme k hlásce v, rty jsou zaokrouhleny.

Např.: what [wot], wash [woš].

ŋ Tzv. **nosovka**. Hlásku známe v češtině (naznačuje výslovnost **n** a **z** nebo **n** a **k**) – tr**n**ka, a**n**grešt, Ha**n**ka.

Např.: long [loŋ].

' **Svislice nahoře** označuje hlavní přízvuk.

Slabiky **di, ti, ni** se vyslovují tvrdě, stejně jako cizí slova v češtině – titul [tytul], genius [-ny-], likvidita [-dy-], i když v anglickém přepisu výslovnosti zůstává **i**.

Např.: animal [æniml], antique [æn'ti:k].

# ANGLICKO-ČESKÝ
# SLOVNÍK

# ENGLISH-CZECH
# DICTIONARY

## 1. část

# A

**a, an** [ə, ən] člen neurčitý; jeden, nějaký

**abandon** [əˈbændən] opustit; zanechat; vzdát se čeho; bezstarostnost; nezávaznost

**abdicate** [æbdikeit] odstoupit, zříci se čeho

**abdomen** [æbdəmen] med. břicho

**ability** [əˈbiləti] schopnost; zdatnost; nadání

**able** [eibl] schopný; **be\* ~ to** moci

**abnormal** [æbˈnoːml] nenormální; výjimečný

**aboard** [əˈboːd] v autobusu, ve vlaku, na palubě

**abolish** [əˈboliš] zrušit zákonem; odvolat

**abolition** [æbəˈlišn] zrušení otroctví; odstranění, odvolání

**abominable** [əˈbominəbl] ohavný, hanebný

**aboriginal** [æbəˈridžinl] původní, domorodý

**abound** [əˈbaund] oplývat (**in/**čím)

**about** [əˈbaut] o; kolem, přibližně, asi

**above** [əˈbav] nad; více než; nahoře, nahoru

**abroad** [əˈbroːd] v cizině, do ciziny; ven(ku)

**abrupt** [əˈbrapt] nečekaný, náhlý; příkrý, strohý

**absence** [æbsəns] nepřítomnost; nedostatek

**absent** [æbsənt] nepřítomný; roztržitý

**absolute** [æbsəlu:t] absolutní; naprostý

**absorb** [əb'so:b] pohltit; sát; vstřebat

**abstain** [əb'stein] zdržet se **(from**/čeho)

**abstract** [æbstrækt] abstraktní; výtah z čeho; [æb'strækt] abstrahovat, oddělit **(from**/od čeho)

**absurd** [əb'sə:d] absurdní, nesmyslný

**abundance** [ə'bandəns] hojnost; nadbytek

**abuse** [ə'bju:s] zneužití; nadávka; [ə'bju:z] zneužít; nadávat

**abyss** [ə'bis] propast

**accelerate** [ək'seləreit] zrychlit (se)

**accept** [ək'sept] přijmout; **–able** [-əbl] přijatelný; **–ance** [-əns] přijetí; *souhlas*

**access** [ækses] přístup; **–ible** [ək'sesəbl] přístupný; **–ories** [ək'sesəriz] příslušenství

**accident** [æksidnt] náhoda; **by ~** náhodou; nehoda; **–al** [æksidentl] náhodný; nahodilý

**accommodate** [ə'komədeit] přizpůsobit **(to**/čemu); ubytovat koho; vyhovět komu

**accommodation** [ə,komə'deišn] ubytování

**accompany** [ə'kampəni] doprovázet

**accomplish** [ə'kampliš] provést něco, dokázat

**accord** [ə'ko:d] souhlas; shoda; **in ~ with** ve shodě s, podle; **–ing** [-iŋ] **to** podle; **–ingly** [-iŋli] proto

**account** [ə'kaunt] účet; faktura; popis

**accumulate** [ə'kju:mjəleit] nahromadit (se)

**accuracy** [ækjərəsi] přesnost; výstižnost

**accuse** [ə'kju:z] obvinit; **the –d** obžalovaný

**accustom** [ə'kʌstəm] zvyknout si (**oneself to** / na co); **–ed** [-d] zvyklý

**ace** [eis] eso v kartách i tenisu

**ache** [eik] bolest, bolení; bolet

**achieve** [ə'či:v] dosáhnout čeho; dokončit co

**acid** [æsid] kyselý; jízlivý poznámka; kyselina

**acknowledge** [ək'nolidž] uznat; ocenit

**acquaint** [ə'kweint] seznámit (**with** / s čím)

**acquire** [ə'kwaiə] získat; **–d** [-d] získaný

**acquisition** [ækwi'zišn] přírůstek; získání

**across** [ə'kros] přes; za; *napříč*

**act** [ækt] čin, skutek; listina, smlouva

**action** [ækšn] děj; akce; boj

**activity** [æk'tiviti] činnost; působení; život

**actor** [æktə] herec

**actress** [æktris] herečka

**actual** [ækčuəl] skutečný; konkrétní
**acute** [ə'kju:t] ostrý, náhlý; akutní
**adapt** [ə'dæpt] přizpůsobit (se); upravit
**add** [æd] přidat; sečíst; sčítat, připočítat
**adequate** [ædikwət] přiměřený, dostačující
**adjacent** [ə'džeisnt] přilehlý; sousední
**adjoining** [ə'džoiniŋ] sousední, vedlejší
**adjourn** {ə'džə:n] odložit; odročit
**adjust** [ə'džast] upravit; přizpůsobit; seřídit
**administer** [əd'ministə] spravovat záležitosti
**admirable** [ædmərəbl] obdivuhodný; skvělý
**admire** [ad'maiə] obdivovat se čemu
**admission** [əd'mišn] přístup; vstupné
**admit** [əd'mit] vpustit; uznat; příjmout
**adore** [ə'do:] zbožňovat, uctívat
**adorn** [ə'do:n] zdobit, krášlit
**adult** [ə'dalt] dospělý; ~ **education** osvěta;
  **–ery** [-əri] cizoložství
**advance** [əd'va:ns] postup; pokrok; zvýšení;
  posunout; dělat pokroky; propagovat
**advantage** [əd'va:ntidž] výhoda; užitek
**adventure** [əd'venčə] dobrodružství
**adverse** [ædvə:s] nepříznivý; nepřátelský

**advertise** [ædvətaiz] inzerovat; dělat reklamu; **–ment** [əd'və:tismənt] inzerát; reklama

**advice** [əd'vais] rada; zpráva; **~ note** avízo

**advise** [əd'vaiz] (po)radit; oznámit; varovat;

**advocate** [ædvəkeit] prosazovat co; doporučovat; [ædvəkət] zastánce; advokát ve Skotsku

**aerial** [eəriəl] vzdušný; letecký; anténa

**aesthetic** [i:s'θetik] estetický; **–s** [-s] estetika

**affair** [ə'feə] záležitost; věc; aféra; pletka

**affect** [ə'fekt] ovlivnit; dojmout; zachvátit

**affection** [ə'fekšn] náklonnost, láska

**affirm** [ə'fə:m] tvrdit; potvrdit; prohlásit

**affix** [ə'fiks] připojit; přilepit

**affluence** [æfluəns] hojnost, nadbytek

**afford** [ə'fo:d] poskytnout; dopřát si

**affront** [ə'frant] urážka; urazit koho

**afraid** [ə'freid]; **be\* ~ of** bát se čeho

**after** [a:ftə] po; za; později; potom

**afternoon** [a:ftə'nu:n] odpoledne

**again** [ə'gen] opět, znovu, zase

**against** [ə'genst] proti

**age** [eidž] věk; stáří; stárnout, zrát

**agency** [eidžənsi] jednatelství; agentura

**agent** [eidžənt] činitel; zástupce

**agitate** [ædžiteit] rozčílit; protřepat

**ago** [ə'gəu] před; **(not)long ~** (ne)dávno

**agree** [ə'gri:] souhlasit **(to/s)**; dohodnout se;
svědčit; **–able** [-əbl] příjemný; **–ment** [-mənt]
souhlas; shoda; dohoda

**agriculture** [ægrikalčə] zemědělství

**ahead** [ə'hed] vpředu; kupředu

**aid** [eid] pomáhat; pomoc; pomůcka

**aim** [eim] cíl; mířit

**air** [eə] vzduch; ovzduší; **–plane** [-plein] le-
tadlo; **–port** [-po:t] letiště

**alarm** [ə'la:m] poplach; polekat, vystrašit

**alcohol** [ælkəhol] alkohol

**alert** [ə'lə:t] ostražitý, bdělý, bystrý

**alien** [eiliən] cizí; cizinec, mimozemšťan

**alight** [ə'lait] osvětlen; snést se dolů

**alike** [ə'laik] podobný; stejný; stejně

**alive** [ə'laiv] naživu; **stay ~** zůstat naživu

**all** [o:l] celý, všechen; všechno; docela; **above**
**~** především; **at ~** vůbec; **~ right!** dobrá!

**allege** [ə'ledž] tvrdit; **–d** [-d] domnělý

**allegiance** [ə'li:džəns] věrnost, oddanost

**alley** [æli] ulička; průchod; alej

**alliance** [əˈlaiəns] aliance; spojenectví

**allot** [əˈlot] přidělit; vymezit, stanovit

**allow** [əˈlau] dovolit; umožnit; povolit

**allusion** [əˈluːžn] narážka; zmínka

**ally** [ælai] spojenec; [əˈlai] spojit (se)

**almond** [aːmənd] mandle

**almost** [oːlməust] skoro, téměř

**alone** [əˈləun] sám, samotný

**along** [əˈloŋ] podél, po; dále; ~ **here** tudy

**aloud** [əˈlaud] nahlas, hlasitě

**alphabet** [ælfəbet] abeceda

**already** [oːlˈredi] již, už

**also** [oːlsəu] také; rovněž; kromě toho

**alter** [oːltə] (z)měnit (se); přešít, upravit

**alternate** [oːlˈtəːnət] střídavý; [oːltəneit] střídat se (**with** / s); kolísat (**between**/mezi)

**although** [oːlˈðəu] ačkoli, třebaže

**altitude** [æltitjuːd] nadmořská výška

**altogether** [oltəˈgeðə] celkem; úplně; vůbec

**always** [olwəz] vždy

**am** [ei]em] (**ante meridiem**) dopoledne

**amaze** [əˈmeiz] udivit; **–d at** úžaslý nad

**ambassador** [æm'bæsədə] velvyslanec

**ambition** [æm'bišn] ctižádost

**amend** [ə'mend] zlepšit (se); pozměnit

**amenities** [ə'mi:nitiz] pl komfort, vybavení

**amidst** [ə'midst] uprostřed

**ammunition** [ˌæmjə'nišn] střelivo

**among** [ə'maŋ] mezi více než dvěma

**amount** [ə'maunt] částka; množství

**amphibious** [æm'fibiəs] obojživelný

**ample** [æmpl] hojný; rozsáhlý, obsažný

**amuse** [ə'mju:z] bavit

**an** [æn, ən] neurč. člen před samohláskou

**anchor** [æŋkə] kotva; (za)kotvit

**ancient** [einšnt] starobylý, starověký

**and** [ænd, ənd, ən] a

**anew** [ə'nju:] znovu; jinak

**anger** [æŋgə] zlost; (roz)zlobit se (**at**/na)

**angle** [æŋgl] úhel; hledisko; udice; lovit na udici

**angry** [æŋgri] rozzlobený, zlostný

**animal** [æniml] zvíře; živočišný

**animate** [ænimeit] oživit; [ænimət] živý

**animosity** [ˌæni'mosəti] nepřátelství

**ankle** [æŋkl] kotník; **~ sacks** ponožky krátké

**annex** [æneks] příloha; přístavba; [ə'neks] připojit násilně

**annihilate** [ə'naiəleit] zničit úplně; rozdrtit

**anniversary** [,æni'və:sri] výročí

**announce** [ə'nauns] oznámit, ohlásit

**annoy** [ə'noi] trápit; obtěžovat, zlobit; **–ance** [-əns] obtíž; mrzutost, zlost, trápení

**annual** [ænjuəl] roční; každoroční; výroční

**another** [ə'naðə] jiný; ještě jeden; další

**answer** [a:nsə] odpověď; odpovědět

**ant** [ænt] mravenec

**anthem** [ænθəm] hymna; chorál

**anticipate** [æn'tisipeit] předvídat; očekávat

**antidote** [æntidəut] protijed; protilátka

**antique** [æn'ti:k] antický; starodávný, starobylý; starožitnost; antické umění

**anxiety** [æŋ'zaiəti] úzkost; neklid; touha

*anxious* [æŋkšəs] úzkostlivý; dychtivý

**any** [eni] jakýkoli, kterýkoli; nějaký, některý; **–body** [-bodi] kdokoli; někdo; **–how** [-hau] jakkoli; rozhodně; **–one** [-wan] kdokoli; každý; **–way** [-wei] jakkoli; rozhodně; **–where** [-weə] kdekoli, kamkoli

**apart** [ə'pa:t] stranou; odděleně

**apartment** [ə'pa:tmənt] pokoj; Am. byt

**ape** [eip] opice; lidoop; opičit se

**apologize** [ə'polədžaiz] omluvit se (**to**/komu)

**apoplexy** [æpəpleksi] mrtvice

**apparatus** [,æpə'reitəs] přístroj; vybavení

**apparent** [ə'pærənt] zřejmý; zdánlivý

**appeal** [ə'pi:l] žádost, prosba; obrátit se

**appear** [ə'piə] objevit se; dostavit se; vy-
stoupit; zdát se; **–ance** [-rəns] zjev; zdání

**appease** [ə'pi:z] uspokojit; zmírnit; uklidnit

**appendix\*** [ə'pendiks] dodatek; slepé střevo

**apple** [æpl] jablko; jabloň

**appliance** [ə'plaiəns] zařízení; domácí spo-
třebič

**application** [,æpli'keišn] žádost; použití

**apply** [ə'plai] přiložit; (po)žádat; obrátit se
(**to**/na), hodit se, týkat se čeho; **~ oneself** zce-
la se věnovat čemu

**appoint** [ə'point] stanovit, určit; **–ment** [-mənt]
ustanovení; jmenování; schůzka; úřad

**appreciate** [ə'pri:šieit] oceňovat; uznávat

**apprentice** [ə'prentis] učeň; **–ship** [-šip] učení

**approach** [ə'prəuč] přiblížení; příchod; (při)-
blížit se; obrátit se na koho
**appropriate** [ə'prəupriət] vhodný; přiměřený
**approval** [ə'pru:vl] souhlas, schválení
**approve** [ə'pru:v] souhlasit; schvalovat
**approximate** [ə'proksimət] přibližný; [ə'prok-
simeit] (při)blížit se
**apricot** [eiprikot] meruňka
**April** [eiprəl] duben; **in ~** v dubnu
**apt** [æpt] schopný; inteligentní; vhodný;
**–itude** [-itju:d] schopnost, talent (**for**/k)
**arbitrary** [a:bitrəri] libovolný, svévolný
**architect** [a:kitekt] stavitel; architekt; **–ure**
[a:kitekčə] architektura, stavitelství
**area** [eəriə] plocha; oblast, zóna
**argue** [a:gju:] přít se; dokazovat; diskutovat
**arise\*** [ə'raiz] vzniknout, nastat, objevit se
**arm** [a:m] paže; rameno; zbraň
**armament** [a:məmənt] výzbroj; zbrojení
**army** [a:mi] armáda, vojsko
**around** [ə'raund] kolem; dokola; asi
**arouse** [ə'rauz] vzbudit; vyburcovat
**arrange** [ə'reindž] uspořádat; zařídit; (s)rovnat

**arrest** [ə'rest] zatčení; vazba; zatknout
**arrival** [ə'raivl] příjezd; příchod
**arrive** [ə'raiv] přijet; přijít; přicestovat
**arrow** [ærəu] šíp; šipka
**art** [a:t] umění; **work of** ~ umělecké dílo
**artery** [a:təri] tepna i dopravní
**article** [a:tikl] věc, předmět; článek; jaz. člen
**artificial** [a:ti'fišl] umělý; strojený
**artist** [a:tist] umělec; malíř; sochař
**as** [æz, əz] tak; jako; když; protože; ~ **to**, ~ **for** pokud jde o; ~ **before** jako dříve
**ascend** [ə'send] stoupat; vystoupit
**ascent** [ə'sent] výstup; stoupání, vzlet
**ascertain** [ˌæsə'tein] zjistit; dopátrat se
**ash** [æš] jasan; popel; **–tray** [–trei] popelník
**ashamed** [ə'šeimd] zahanbený
**aside** [ə'said] stranou; **stand*** ~ stát stranou
**ask** [a:sk] žádat, prosit; ptát se
**asleep** [ə'sli:p] spící; **be*** ~ spát; **fall*** ~ usnout
**aspect** [æspekt] vzhled; ohled, zřetel, aspekt
**aspire** [ə'spaiə] usilovat (**to/o**), aspirovat nač
**ass** [æs] osel; vůl; pitomec; Am. vulg. prdel
**assail** [ə'seil] napadnout, zaútočit

**assassin** [əˈsæsin] vrah; **–ation** [əˌsæsiˈneišn] úkladná vražda; atentát

**assault** [əˈsoːlt] útok; přepadení; znásilnění

**assemble** [əˈsembl] shromáždit (se); montovat

**assembly** [əˈsembli] shromáždění; montáž

**assent** [əˈsent] souhlas; souhlasit; schválit

**assert** [əˈsəːt] tvrdit; prosazovat, uplatňovat

**assess** [əˈses] odhadnout, posoudit; ocenit; zdanit

**assign** [əˈsain] přidělit; určit, stanovit

**assist** [əˈsist] pomáhat; **–ance** [-əns] pomoc

**associate** [əˈsəušiət] přičleněný, přidružený; společník;

**associate** [əˈsəušieit] spojovat, asociovat;

**association** [əˌsəusiˈeišn] sdružení

**assort** [əˈsoːt] (roz)třídit; přiřadit (**with**/k); **–ment** [-mənt] sortiment, výběr

**assume** [əˈsjuːm] převzít; domnívat se, předpokládat; předstírat

**assumption** [əˈsampšn] domněnka; předpoklad; převzetí moci

**assurance** [əˈšuərəns] ujištění; sebedůvěra

**assure** [əˈšuə] ujistit; ubezpečit; zaručit

**astonish** [ə'stoniš] udivit; překvapit; **–ing** [-iŋ]
  překvapující; **–ment** [-mənt] údiv, překvapení
**at** [æt, ət] u; v; na; ~ **home** doma
**attach** [ə'tæč] připevnit; připojit; přilepit; **–ed** [-t]
  zadaný hoch, dívka; **–ment** [-mənt] připojení
**attack** [ə'tæk] útok; záchvat; útočit; postih-
  nout
**attain** [ə'tein] dosáhnout, docílit
**attempt** [ə'tempt] pokus; pokusit se
**attend** [ə'tend] chodit do; navštěvovat; ošet-
  řovat, obsluhovat
**attention** [ə'tenšn] pozornost; pozor; péče
**attic** [ætik] podkrovní místnost, půda, man-
  sarda
**attitude** [ætitju:d] postoj, poměr k; stanovisko
**attorney** [ə'tə:ni] zmocněnec; prokurátor;
  Am. obhájce, advokát
**attract** [ə'trækt] přitahovat, vábit; **–ion**
  [ə'trækšn] přitažlivost, půvab; **–ive**
  [ə'træktiv] přitažlivý, půvabný, hezký
**audacity** [o:'dæsəti] troufalost, smělost
**audible** [o:dəbl] slyšitelný, zřetelný
**August** [o:gəst] srpen; **in** ~ v srpnu

**aunt** [a:nt] teta; **–ie, –y** [a:nti] tetička

**austere** [os'tiə] přísný; prostý, strohý

**author** [o:θə] spisovatel; **–ity** [o:'θərəti] moc; pravomoc; **–ize** [o:θəraiz] zmocnit, oprávnit

**automatic** [,o:tə'mætik] automatický, samočinný; bezděčný; **~ machine** automat

**autumn** [o:təm] podzim; **in ~** na podzim

**auxiliary** [o:g'ziliəri] (vý, ná)pomocný

**avail** [ə'veil] užitek, prospěch; **~ oneself of** použít, využít čeho

**available** [ə'veiləbl] po ruce, přístupný; k dispozici, dostupný; na skladě, k dostání

**avalanche** [ævəla:nš] lavina

**avarice** [ævəris] lakota, hrabivost

**avenge (oneself)** [ə'vendž] pomstít (se)

**average** [ævəridž] průměr; průměrný; průměrně činit

**aversion** [ə'və:šn] nechuť, odpor (**to/k**)

**avoid** [ə'void] vyhnout se čemu; varovat se čeho

**await** [ə'weit] očekávat, čekat

**awake*** [ə'weik] vzbudit (se), **be ~** být vzhůru, nespat; uvědomit (si) (**to/co**); bdící; vědom si

**award** [ə'wo:d] rozhodnutí; cena; prémie; udělit, přiznat, uznat

**aware** [ə'weə]: **be\* ~ of** být si vědom čeho

**away** [ə'wei] pryč; stranou; **far\* ~** daleko

**awe** [o:] bázeň, úzkost; naplnit úctou/bázní

**awful** [o:ful] strašný, hrozný; **–ly** [o:fli] děsně

**awkward** [o:kwəd] nemotorný; trapný

**axe** [æks] sekera; drasticky omezit podporu

**axis\*** [æksis] osa

# B

**baby** [beibi] nemluvně; hovor. miláček

**back** [bæk] záda, hřbet; obránce; vzadu

**backbone** [bækbəun] páteř; opora, pilíř

**backward** [bækwəd] zpět, pozadu; opožděný; zaostalý; nesmělý

**bacon** [beikən] slanina, špek

**bad** [bæd] špatný, zlý; zkažený; nemravný

**badge** [bædž] odznak; symbol

**bag** [bæg] pytel, vak; taška, brašna; sáček

**baggage** [bægidž] zavazadla; voj. bagáž

**baker** [beikə] pekař; **–y** [-ri] pekařství

**balance** [bæləns] váha; rovnováha; zůstatek
**bald** [bold] lysý; holohlavý
**ball** [bo:l] koule, kulička; míč; ples, bál
**ban** [bæn] klatba; zákaz; zakázat
**band** [bænd] páska; řemen; kapela
**bang** [bæŋ] rána; bouchnout
**banisters** [bænistəz] zábradlí schodů
**bank** [bæŋk] banka; násep; svah; břeh řeky;
 **–note** [-nəut] bankovka; **–er** [-ə] bankéř
**bankrupt** [bæŋkrapt] insolventní; bankrotář
**baptize** [bæp'taiz] (po)křtít
**bar** [ba:] tyč, tyčinka; tabulka čokolády; překáž-
 ka; závora; výčep; přehradit; zatarasit
**barbed wire** [ba:bd waiə] ostnatý drát
**barber** [ba:bə] holič; **~'s shop** holičství
**bare** [beə] obnažený, nahý, holý; prostý; obnažit
**bargain** [ba:gin] obchodní dohoda; smlouvat
**bark** [ba:k] kůra stromu; štěkání; štěkat
**barley** [ba:li] ječmen; **peeled ~** kroupy
**barn** [ba:n] stodola; Am. chlév; hanl. ratejna
**barrel** [bærl] sud; hlaveň
**barrister** [bæristə] Br. advokát, obhájce
**barter** [ba:tə] směňovat zboží; směnný obchod

**base** [beis] základ, základna; chem. zásada
**basement** [beismənt] suterén
**basic** [beisik] základní, nezbytný
**basket** [ba:skit] koš, košík; košíková
**bat** [bæt] netopýr; sport. pálka; odpálit
**bath** [ba:θ] koupel; vana; **take\* a ~** vykoupat se
**bathe** [beið] koupat se v řece, v moři
**bathroom** [ba:θru:m] koupelna; Am. toaleta
**battery** [bætəri] baterie; **flat ~** vybitá baterie
**battle** [bætl] bitva; boj, zápas
**bay** [bei] mořský záliv; výklenek; vavřín
**be\*** [bi:] být; **how much is it?** kolik to stojí?
**beach** [bi:č] pláž; **on the ~** na pláži
**bead** [bi:d] kulička; korálek; kapka
**beak** [bi:k] zobák; **-er** [-ə] pohárek
**beam** [bi:m] trám; paprsek; zářit; podepřít
**bean** [bi:n] bob; fazole; hovor. peníze
**bear\*** [beə] medvěd; snášet; trpět; rodit
**beard** [biəd] vousy; brada, plnovous
**bearer** [beərə] doručitel; nosič
**beast** [bi:st] zvíře; šelma, bestie; surovec
**beat\*** [bi:t] bít, tlouci; porazit; tep; úder
**beautiful** [bju:tifl] krásný; bezvadný

**beauty** [bju:ti] krása; kráska; krasavec

**beaver** [bi:və] bobr; slang. bíbr; vousáč

**because** [bi'koz] protože, poněvadž

**become\*** [bi'kam] stát se něčím; slušet

**bed** [bed] postel, lůžko

**bedroom** [bedru:m] ložnice; postelový

**bee** [bi:] včela

**beech** [bi:č] buk; bukový

**beef** [bi:f] hovězí maso; **–steak** [-steik] biftek

**beer** [biə] pivo; **draught ~** pivní tácek

**beet** [bi:t] řepa; **~ sugar** [-šugə] řepný cukr

**beetle** [bi:tl] brouk

**befall\*** [bi'fo:l] postihnout, přihodit se

**before** [bi'fo:] před; dříve, předtím

**beforehand** [bi'fo:hænd] předem, dříve

**beg** [beg] prosit; žebrat; **–gar** [-ə] žebrák

**begin\*** [bi'gin] začít, načít; **to ~ with** předně

**behalf** [bi'ha:f] **on ~ of** pro koho, za, v zájmu,
    kvůli komu, jménem koho

**behave** [bi'heiv] chovat se; reagovat

**behaviour** [bi'heivjə] chování (**towards/k**)

**behind** [bi'haind] vzadu, za, dozadu, pozadu

**being** [bi:iŋ] existence, bytí; bytost, tvor

**belief** [bi'li:f] víra; přesvědčení
**believe** [bi'li:v] věřit; myslit, domnívat se
**bell** [bel] zvon(ek); rolnička; sport. gong
**bellow** [beləu] bučet; řvát; křičet
**belly** [beli] břicho; žaludek
**belong** [bi'loŋ] náležet, patřit
**beloved** [bi'lavd] milovaný, drahý
**below** [bi'ləu] za, pod; dole, dolů, níže
**belt** [belt] pás, opasek; pásmo; opásat
**bench** [benč] lavice; lavička; **the ~** soud
**bend*** [bend] ohnout (se), sklonit (se); podrobit (se); odbočovat; ohyb; oblouk; zatáčka
**beneficial** [,beni'fišl] užitečný, blahodárný
**benefit** [benifit] užitek, prospěch; přídavek
**bent** [bent] ohnutý; zaměřený; náchylný **(on/k)**
**berry** [beri] bobule; plod; zrnko
**beside** [bi'said] vedle, u; **~ the river** u řeky
**besiege** [bi'si:dž] obléhat
**best** [best] nejlepší; nejlépe; nejvíce
**bet*** [bet] sázet; vsadit se; sázka
**betray** [bi'trei] zradit; **–al** [-əl] zrada
**better** [betə] lepší; lépe; líp; zlepšit
**between** [bi'twi:n] mezi dvěma; uprostřed

**beware** [bi'weə] dát si pozor (**of**/na)

**bewilder** [bi'wildə] zmást; **–ing** [-riŋ] ohro-
   mující; **–ment** [-mənt] zmatek, úžas

**beyond** [bi'jond] na druhé straně; za; nad

**bicycle** [baisikl] jízdní kolo

**bid\*** [bid] přikázat; nabídnout cenu; nabídka

**big** [big] velký, rozsáhlý; silný; mohutný

**bike** [baik] hovor. kolo, motorka; jezdit na kole

**bile** [bail] žluč; rozmrzelost

**bill** [bil] faktura; účet; směnka

**billiards** [biljədz] sg kulečník

**bind\*** [baind] vázat; spojit; spoutat; ovinout

**bird** [bə:d] pták; ptáček; slang. kočka

**birth** [bə:θ] narození; **–day** [-dei] narozeniny

**biscuit** [biskit] keks, suchar, sušenka

**bit** [bit] kousek; trochu; okamžik; vrtáček

**bitch** [bič] fenka; vulg. mrcha, čubka

**bite\*** [bait] kousat; štípat; kousnutí; štípnutí

**bitter** [bitə] hořký, trpký; zatrpklý

**black** [blæk] černý; černoch; načernit

**blackberry** [blækbəri] ostružina; ostružiník

**blackboard** [bælkbo:d] školní tabule

**bladder** [blædə] močový měchýř

**blade** [bleid] stéblo; čepel(ka), list

**blame** [bleim] obviňování, vina; hanět; vinit

**blank** [blæŋk] čistý; prázdný; mezera

**blanket** [blæŋkit] pokrývka; přikrýt, pokrýt

**blaze** [bleiz] žár; požár; plápolat

**bleed\*** [bli:d] krvácet; **~ sb.** odebrat krev

**blend\*** [blend] (s)míchat; mixovat; směs

**bless** [bles] (po)žehnat; velebit; **–ing** požehnání

**blind** [blaind] slepý; roleta; clona; oslepit

**blindfold** [blaindɔuld] se zavázanýma očima

**blink** [bliŋk] mrknutí; záblesk; blikat; mrkat

**blister** [blistə] puchýř

**block** [blok] špalek; kostka; blok domů

**blood** [blad] krev; **–shed** [-šed] krveprolití

**bloom** [blu:m] květ; rozkvět; půvab; kvést

**blossom** [blosəm] květ(y) na stromě; kvést

**blot** [blot] skvrna; kaňka; potřísnit

**blouse** [blauz] blůz(k)a, halenka

**blow\*** [blou] rána, úder; foukat, vanout

**blue** [blu:] modrý; modř; melancholický

**blunder** [blandə] přehmat, kiks; chybovat

**blunt** [blant] tupý; neomalený; otupit

**blush** [blaš] ruměnec; (za)červenat se

**boar** [bo:] kanec

**board** [bo:d] prkno; lepenka; strava

**boast** [bəust] chlouba; pýcha; chlubit se

**boat** [bəut] člun, loď; jezdit na loďce

**body** [bodi] tělo; těleso; instituce; mrtvola

**bog** [bog] bahno; močál; Br. slang. hajzl

**boil** [boil] vařit; vřít; nežit

**bold** [bəuld] odvážný, smělý; drzý

**bolster** [bəulstə] podpírat; podhlavník

**bond** [bond] smlouva; svazek; spojit

**bone** [bəun] kost; kostice; vykostit

**bonus** [bəunəs] prémie, příplatek

**book** [buk] kniha; rezervovat si; **–binder** [-baində] knihař; **–case** [-keis] knihovna; **–keeper** [-ki:pə] účetní; **–seller** [-selə] knihkupec

**booking-office** ['bukiŋofis] nádražní pokladna

**boom** [bu:m] konjunktura, vzestupnout

**boot** [bu:t] bota vyšší; Br. kufr auta; kopat

**border** [bo:də] okraj; pohraničí; ohraničit

**bore** [bo:] nudit; nudný člověk; (pro)vrtat

**borrow** [borəu] vypůjčit si **(from**/od)

**bosom** [buzəm] prsa, hruď, poprsí

**boss** [bos] pán; šéf; řídit; šéfovat, vést

**both** [bəuθ] oba; **~ of them** oba dva

**bottle** [botl] láhev; **–d** [-d] lahvový

**bottom** [botəm] dno; spodek, dolní část

**bough** [bau] větev hlavní nebo silná

**boulder** [bəuldə] balvan

**bounce** [bauns] odrazit; odskočit; odraz

**bound** [baund] skok; skočit; ohraničit; obklopovat; přen. omezovat; vázaný kniha

**boundary** [baundəri] hranice, mez

**bow**¹ [bəu] luk; smyčec; oblouk; stuha

**bow**² [bau] sklonit se; ohnout se; poklonit se; poklona

**bowels** [bauəlz] pl vnitřnosti, útroby

**bowl** [bəul] mísa; číše; kalíšek; kotlína

**box** [boks] krabice, bedna; budka; boxovat

**boy** [boi] chlapec, hoch; **–ish** [-iš] chlapecký

**bra** [bra:] hovor. podprsenka

**bracket** [brækit] držák, podpěra; závorka; **put\* sth. in** – dát do něco závorky

**brain** [brein] mozek; pl **–s** rozum, inteligence

**brake** [breik] brzda; (za)brzdit

**branch** [bra:nč] větev; pobočka, filiálka

**brand** [brænd] obchodní značka, druh zboží

**brass** [bra:s] mosaz; žestě; mosazný

**brave** [breiv] statečný; vzdorovat

**brawl** [bro:l] rvačka, hádka, výtržnost

**bread** [bred] chléb; **–crumbs** [-kramz] pl strouhanka; drobty; **a loaf\* of ~** bochník

**breadth** [bredθ] šířka, plocha, rozloha

**break\*** [breik] zlomit, rozbít (se); překonat; **–down** [-daun] zhroutit se

**breakfast** [brekfəst] snídaně; **have\* a ~** snídat

**breast** [brest] prsa, hruď; **–feed\*** [-fi:d] kojit

**breath** [breθ] dech, dýchání; nádech

**breed\*** [bri:d] plodit, rodit; vychovat; plemeno

**brew** [bru:] vařit pivo, nechat vyluhovat čaj; uvařený nápoj; **–ery** [-əri] pivovar

**bribe** [braib] úplatek; podplácet, korumpovat

**brick** [brik] cihla; kostka dětské stavebnice; cihlový, zděný; **–layer** ['brik,leiə] zedník

**bride** [braid] nevěsta; **–groom** [-gru:m] ženich

**bridge** [bridž] most; přemostit; překlenout

**brief** [bri:f] krátký; stručný; udělit instrukce

**bright** [brait] jasný, světlý; veselý; bystrý

**bring\*** [briŋ] přinést, přivést, přivézt

**Britain** [britn] Británie; **Great ~** Velká Británie

**British** [britiš] britský; **the ~** Britové
**broad** [bro:d] široký; širý; úplný; široce
**broadcast\*** [bro:dka:st] vysílat rozhlasem/televizí; vysílání, přenos; vysílaný rozhlasem
**broker** [brəukə] makléř, broker, dohodce
**brooch** [brəuč] brož
**brook** [bruk] potok; **–let** [-lit] potůček
**broom** [bru:m] koště; pometlo
**broth** [broθ] masový vývar, bujón
**brother** [braðə] bratr; **–hood** [-hud] bratrství; bratrstvo
**brother-in-law** [braðrinlo:] švagr
**brow** [brau] obočí; čelo; vrchol kopce
**brown** [braun] hnědý; **~ bread** černý chléb; hněď; opálený; opálit se
**bruise** [bru:z] pohmožděnina; pohmoždit
**brush** [braš] kartáč; štětec, štětka; natřít
**brutal** [bru:tl] brutální, surový
**bubble** [babl] bublina; bublinka; bublat
**buckle** [bakl] přezka; **~ up** připoutat (se)
**bud** [bad] poupě; zárodek
**budget** [badžit] rozpočet
**buffer** [bafə] nárazník

**build\*** [bild] postavit, stavět; **–er** [-ə] stavitel

**building** [bildiŋ] budova

**bulb** [balb] hlíza, cibule, bulva; žárovka

**bulk** [balk] hromada; objem; množství

**bull** [bul] býk; samec; střed terče; býčí

**bullet** [bulit] kulka, střela

**bump** [bamp] rána, náraz; boule; hrbol(ek); narazit (**into**/do); vrazit (**against**/do)

**bunch** [banč] svazek; chumáč; kytice

**burden** [bə:dn] břímě; zatížit; naložit

**bureau** [bjuərəu] úřad; byró; Am. odbor

**burglar** [bə:glə] lupič, zloděj

**burial** [beriəl] pohřeb; pohřbení

**burn\*** [bə:n] (s)hořet; (s)pálit; upálit; **~ oneself** (s)pálit se, popálit se; popálenina; spálenina

**burst\*** [bə:st] prasknout, puknout; překypovat (**with**/čím); výbuch, trhlina, prasklina

**bury** [beri] pohřbít; zakopat, skrýt, schovat

**bus** [bas] autobus; **go\* by** – jet autobusem

**bush** [buš] keř, křoví; **–y** [-i] křovinatý

**business** [biznis] zaměstnání; záležitost; obchod; **–man\*** [-mæn] obchodník

**bust** [bast] ženské poprsí, bysta; slang. flám; zkrachovaná existence

**busy** [bizi] zaneprázdněný; živý, rušný

**but** [bat, bət] ale, avšak, jenom; kromě

**butcher** [bučə] řezník; přen. hrdlořez

**butter** [batə] máslo; namazat máslem; **bread and ~** chléb s máslem; **–milk** [-milk] podmáslí

**butterfly** [batəflai] motýl; přen. nestálý člověk

**button** [batən] knoflík; tlačítko; **~ up** zapnout

**buy\*** [bai] koupit, kupovat; nákup, koupě

**by** [bai] vedle; u, kolem, do, podle, pomocí

**by-election** ['baii,lekšn] doplňovací volby

**byroad** [bairəud] vedlejší silnice

**byway** [baiwei] postranní cesta, silnice


# C

**cabbage** [kæbidž] zelí; kapusta

**cabin** [kæbin] srub, chata; kajuta, kabina

**cable** [keibl] lano; kabel; **wire ~** ocelové lano

**café** [kæfei] kavárna menší

**cafeteria** [,kæfə'tiəriə] kantýna, bufet; restaurace se samoobsluhou

**cage** [keidž] klec; dát do klece

**cake** [keik] koláč; buchta; dort, moučník

**calamity** [kə'læməti] pohroma, katastrofa

**calculate** [kælkjəleit] počítat, vypočítat

**call** [ko:l] volání; návštěva; volat; nazývat;
~ **off** odvolat; ~ **on** navštívit

**calm** [ka:m] klid, ticho, pokoj; tichý, klidný;
~ **down** [-daun] uklidnit (se), utišit (se)

**camp** [kæmp] tábor, kemp; tábořit

**can\*** [kæn, kən] plechovka; konzerva; umět,
dokázat; smět; **I ~ see\* you** já tě vidím

**cancel** [kænsl] zrušit; odvolat; anulovat

**candid** [kændid] upřímný, bezelstný

**candle** [kændl] svíčka; **light\* a ~** zapálit svíčku

**canvas** [kænvəs] plátno; plachty lodní

**cap** [kæp] čepice; baret; víčko láhve

**capability** [,keipə'biləti] schopnost

**capable** [keipəbl] schopný; povolaný

**capacity** [kə'pæsəti] kapacita; obsah

**capital** [kæpitl] hlavní město; kapitál

**capsize** [kæp'saiz] převrhnout (se)

**caption** [kæpšn] titulek; nadpis, záhlaví

**captivate** [kæptiveit] upoutat, okouzlit

**captive** [kæptiv] zajatý; zajatec, vězeň
**capture** [kæpčə] zajetí; dobytí; zajmout; dobýt; **~ a city** dobýt, obsadit město
**car** [ka:] vůz; auto; Am. vagón
**caraway seeds** [kærəwei si:dz] kmín koření
**card** [ka:d] karta; lístek; legitimace, průkaz
**cardinal** [ka:dinl] základní; hlavní; kardinál
**care** [keə] péče, starost; pečovat, starat se
**careful** [kəfl] opatrný, pozorný; pečlivý
**caress** [kə'res] pohlazení; hladit, mazlit se
**cargo** [ka:gəu] lodní náklad, letecký náklad
**carol** [kærəl]: **Christmas ~** vánoční koleda
**carp** [ka:p] kapr
**carpenter** [ka:pəntə] tesař
**carpet** [ka:pit] koberec; **beat* a ~** klepat koberec
**carriage** [kæridž] vůz; doprava; Br. vagón
**carrot** [kærət] mrkev, karotka
**carry** [kæri] vézt, vozit; nosit, nést; **~ away** odnést; odvézt; uchvátit
**cartoon** [ka:'tu:n] karikatura; kreslený vtip
**cartridge** [ka:tridž] náboj; náplň tiskárny
**carve** [ka:v] porcovat, krájet; vyřezávat
**case** [kéis] případ; jaz. pád; aktovka; truhlík

**cash** [kæš] hotovost; proplatit; **pay\*** ~ platit hotově

**cast\*** [ka:st] vrhat, házet; obsadit do role; (od)-lít; vrh; hod; obsazení role; odlitek

**castle** [ka·sl] hrad, zámek

**casual** [kæžjuəl] nahodilý; ležérní; **–ty** [-ti] oběť

**cat** [kæt] kočka; **big –s** kočkovité šelmy

**catch\*** [kæč] chytit; stihnout; chycení

**cater** [keitə] obstarat pohoštění

**caterpillar** [kætəpilə] housenka

**cauliflower** ['koli‚flauə] květák

**cause** [ko:z] příčina; věc; způsobit

**caution** [ko:šn] opatrnost; **C–!** Pozor!

**cautious** [ko:šəs] opatrný, obezřelý

**cave** [keiv] jeskyně, sluj

**cease** [si:s] přestat; **–less** [-ləs] neustálý

**ceiling** [si:liŋ] strop; horní mez, limit

**celebrate** [seləbreit] oslavovat; sloužit mši

**celery** [seləri] celer zvláště stonky

**cell** [sel] cela; buňka; **blood ~** krvinka

**cellar** [selə] sklep; **wine ~** sklípek

**cemetery** [semətri] hřbitov

**censure** [senšə] (po)kárání; kritika; (po)kárat

**central** [sentrəl] střední; ústřední, hlavní

**centre** [sentə] střed; středisko; ústředí

**century** [senčəri] století

**cereals** [siəriəlz] pl obilí, kukuřičné lupínky

**certain** [sə:tn] jistý; určitý; **–ty** [-ti] jistota

**certificate** [sə'tifikit] vysvědčení, osvědčení

**certify** [sə:tifai] potvrdit, dosvědčit; usvědčit

**certitude** [sə:titju:d] jistota

**chain** [čein] řetěz, řetízek; **–s** okovy; spoutat

**chair** [čeə] židle, křeslo; **–man\*** [-mən] předseda; **swivel/rocking** ~ otáčecí/houpací židle

**chalet** [šælei] horská chata, bouda

**chalk** [čo:k] křída; **French** ~ krejčovská křída

**challenge** [čælindž] výzva; náročný úkol; vyzvat

**chamber** [čeimbə] komora; ~ **music** komorní hudba; **–maid** [-meid] pokojská

**champion** [čæmpiən] přeborník, šampión

**chance** [ča:ns] náhoda; **by** ~ náhodou; příležitost

**chancellor** [ča:nsələ] kancléř

**chandelier** [šændə'liə] lustr

**change** [čeindž] změna, přeměna, výměna; drobné; (pře)vy/měnit, změnit; přesednout

**channel** [čænl] dráha; průliv, kanál; cesta

**chap** [čæp] hovor. maník, chlapík, chlápek

**chapel** [čæpl] kaple, kostelík; modlitebna

**chapter** [čæptə] kapitola; období, perioda

**character** [kærəktə] povaha, charakter; lit., div. postava; ráz; profil

**charcoal** [ča:kəul] dřevěné uhlí; uhel kreslířský

**charge** [ča:dž] náboj, nálož; sazba, poplatek; obvinění; účtovat, počítat

**charity** [čæriti] láska; dobročinnost, vlídnost

**charm** [ča:m] kouzlo; půvab; okouzlit

**charter** [ča:tə] listina; nájem; najmout loď

**chase** [čeis] lov, hon; pronásledovat, stíhat

**chat** [čæt] hovor. klábosit, povídat si; pokec

**cheap** [či:p] laciný, levný; lacino, levně

**cheat** [či:t] napálit, (o)šidit, podvést; podvod; podvodník, falešný hráč

**check** [ček] kontrola; šek; šach; důtka; dát šach; kontrolovat; **–ed** [-t] kostkovaný

**cheek** [či:k] tvář, líce; drzost, prostořekost

**cheer** [čiə] nálada; ovace; rozveselit; oslavovat jásotem; **–ful** [-ful] veselý, radostný

**cheese** [či:z] sýr; **blue/Swiss ~** [blu:/swis] plísňový sýr/ementál

**chemist** [kemist] chemik; lékárník

**cheque** [ček] šek; **~ book** šeková knížka

**cherry** [čeri] třešeň; **~ tree** [tri:] třešeň strom

**chess** [čes] šachy; **–man\*** [-mæn] šach. figurka

**chest** [čest] bedna, truhla; hruď, hrudník

**chestnut** [česnat] kaštan; kaštanově hnědý

**chew** [ču:] žvýkat, přežvykovat

**chicken** [čikin] kuře; slepice

**chief** [či:f] velitel; **–tain** [-tən] náčelník

**child\*** [čaild] dítě; **–hood** [-hud] dětství; **–ren** [čildrən] pl od **child** děti

**chill** [čil] chlad, zima; nachlazení; ochladit

**chimney** [čimni] komín; **–sweep** [-swi:p] kominík

**chin** [čin] brada; **double ~** podbradek

**china** [čainə] porcelán; **China** [čainə] Čína

**chip** [čip] tříska, úlomek; střep; odřenina; (na)štípat; pl **–s** hranolky; Am. brambůrky

**chisel** [čizl] dláto; (vy)tesat

**chocolate** [čoklit] čokoláda; **box of –s** bonboniéra

**choice** [čois] volba, výběr, vybraný

**choir** [kwaiə] pěvecký sbor

**choke** [čəuk] (u)dusit (se); (u)škrtit; zacpat

**choose\*** [ču:z] vybrat si, zvolit si, rozhodnout (se)

**chop** [čop] sekat, štípat; rána, seknutí; kotleta

**chord** [ko:d] struna; akord

**chorus** [ko:rəs] pěvecký sbor; refrén

**Christian** [krisčən] křesťanský; křesťan

**Christianity** [ˌkrisˈčænəti] křesťanství

**Christmas** [krisməs] Vánoce

**chronic** [kronik] chronický; slang. příšerný

**chronicle** [kronikl] kronika, letopis

**church** [čə:č] kostel; **the Ch–** církev; **–yard** [čə:čja:d] hřbitov u kostela

**cinema** [sinəmə] kino; **at the ~** v kině

**cipher** [saifə] nula; číslice; šifra; (za)šifrovat

**circle** [sə:kl] kruh; kroužek; kroužit; obíhat

**circuit** [sə:kit] oběh; okruh; objezd; obvod

**circular** [sə:kjulə] kruhový; okružní; oběžník

**circulate** [sə:kjuleit] obíhat; rozšiřovat

**circumstance** [sə:kəmstæns] okolnost

**citizen** [sitizən] občan; měšťan; obyvatel

**city** [siti] město velké; velkoměsto

**civic** [sivik] občanský; městský, komunální

**civil** [sivl] občanský; civilní; **~ war** občanská válka

**civilian** [siˈviliən] civilista

**claim** [kleim] požadovat; tvrdit; reklamovat; nárok, požadavek; právo, tvrzení

**clamour** [klæmə] křik, hluk; dožadovat se

**clap** [klæp] klepat, tleskat; potlesk; poplácání

**clarify** [klærifai] objasnit, vyjasnit; vyčistit

**clash** [klæš] srážka; srazit se; střetnout se

**clasp** [kla:sp] háček, sponka; sevřít; upevnit

**class** [kla:s] třída; kategorie; ročník; třídit

**classify** [klæsifai] klasifikovat, třídit

**claw** [klo:] dráp; klepeto; škrábat, drápat

**clay** [klei] hlína, jíl; antuka

**clean** [kli:n] čistý; (o)čistit (si); **~ up** uklidit

**clear** [kliə] jasný; zřetelný; vyjasnit se; uklidit

**clergy** [klə:dži] duchovenstvo

**clerk** [kla:k] úředník, zřízenec

**clever** [klevə] chytrý; obratný; bystrý

**climb** [klaim] (vy)šplhat, (vy)lézt; výstup

**cling\*** [kliŋ] lpět (**to/na čem**), držet se (**to/koho**)

**clip** [klip] stříhat; proštípnout; svorka; klip

**cloak** [kləuk] plášť; **–room** [-ru:m] šatna

**clock** [klok] hodiny; hovor. tachometr

**close** [kləus] blízký, důvěrný; uzavřený; těsný; blízko; [kləuz] (u)zavřít; ukončit; zakončit

**cloth** [kloθ] látka; ubrus; plátno; utěrka

**clothes** [kləuðz] pl oblečení, šaty; prádlo

**cloud** [klaud] mrak, oblak; táhnout se

**club** [klab] klub, spolek; oddíl; kyj, hůl golfová

**clumsy** [klamzi] neobratný, nemotorný

**cluster** [klastə] trs, hrozen; kupit se

**clutch** [klač] spojka motoru; chytit

**coach** [kəuč] kočár; dostavník; Br. osobní železniční vagón; autokar; trenér; trénovat

**coal** [kəul] uhel; uhlí; **–mine** [main] uhelný důl

**coast** [kəust] břeh, pobřeží; **by the ~** u moře

**coat** [kəut] kabát; kožich; nátěr; natřít

**cobweb** [kobweb] pavučina

**cock** [kok] kohout(ek); postavit; **–y** [-i] domýšlivý

**cocoa** [kəukəu] kakao

**coconut** [kəukənat] kokosový ořech

**COD** [ˌsi:əu'di:] = **cash on delivery** na dobírku

**cod** [kəud] treska; **–liver oil** [-livəroil] rybí tuk

**code** [kəud] zákoník; šifra; kód; šifrovat; **Civil C–** [sivl] občanský zákoník

**coffee** [kofi] káva; **ground ~** mletá káva

**cognate** [kogneit] příbuzný

**cognition** [kog'nišn] poznání

**cogwheel** [kogwi:l] ozubené kolo

**coherence** [kəu'hiərəns] souvislost, soudržnost

**coil** [koil] svinout (se); kotouč, závit; cívka

**coin** [koin] peníz, mince; razit mince

**coke** [kəuk] koks uhlí; hovor. kola; slang. kokain

**cold** [kəuld] studený, chladný; chlad, zima; nachlazení, rýma; **I am ~** je mi zima

**collaboration** [kə,læbə'reišn] spolupráce

**collapse** [kə'læps] zhroucení; zhroutit se

**collar** [kolə] límec; **dog ~** [dog] obojek; **~ bone** [bəun] klíční kost; **white ~s** úřednictvo

**collect** [kə'lekt] shromažďovat, sbírat; inkasovat; **–ion** [kə'lekšn] sbírka; inkaso

**college** [kolidž] vysoká škola; fakulta; kolej

**collide** [kə'laid] srazit se (**with/s**)

**collision** [kə'ližn] srážka; střetnutí, kolize

**colonel** [kə:nl] plukovník

**colour** [kalə] barva; (z)barvit, obarvit

**column** [koləm] sloup; sloupec v novinách

**comb** [kəum] hřeben; česat

**combination** [,kombi'neišn] spojení; kombinace; sloučení

**combustible** [kəm'bastəbl] hořlavina; palivo; hořlavý, zápalný

**come\*** [kam] přijít; přijet; **~ along** [ə'loŋ] objevit se; pospíšit si; **~ by** [bai] přijít k čemu, nabýt čeho; **~ true** [tru:] splnit se

**comedian** [kə'mi:diən] komik, vtipálek

**comfort** [kamfət] pohodlí, komfort

**command** [kə'ma:nd] poroučet, rozkazovat; ovládat, velet; příkaz, velení; **–er** [-ə] velitel

**commemorate** [kə'meməreit] připomínat si památku; oslavovat (si)

**commend** [kə'mend] chválit; doporučit; svěřit

**comment** [koment] poznámka, komentář; komentovat (**on**/co); vyslovit se k čemu; **–ary** [-əri] reportáž; komentář

**commerce** [komə:s] obchod

**commercial** [kə'mə:šl] obchodní; komerční

**commission** [kə'mišən] zmocnit; objednat; objednávka; úkol; komise; provize; **–er** [-ə] člen komise; Br. policejní ředitel

**commit** [kə'mit] svěřit; spáchat, dopustit se

**commodity** [kə'modəti] předmět spotřeby, zboží; produkt, výrobek

**common** [komən] obecný; běžný, obyčejný; společný; **–ly** [-li] obvykle, obecně

**communicate** [kə'mju:nikeit] sdělit, oznámit; být ve spojení; komunikace

**communication** [kə,mju:ni'keišn] sdělení; zpráva; spojení, komunikace; projev

**community** [kə'mju:nəti] společenství; obec; veřejnost; **European C–** [juərə'pi:ən] Evropské společenství

**commute** [kə'mju:t] dojíždět; změnit, zaměnit

**compact** [kəm'pækt] pevný, kompaktní

**companion** [kəm'pænjən] druh; průvodce

**company** [kampəni] společnost; firma

**compare** [kəm'peə] srovnávat, přirovnávat

**comparison** [kəm'pærisn] srovnání

**compartment** [kəm'pa:tmənt] oddělení; kupé; **non-smoking ~** nekuřácké kupé

**compass** [kampəs] kompas; **–es** pl kružítko

**compatible** [kəm'pætibl] slučitelný

**compensate** [kompənseit] nahradit, odškodnit

**compete** [kəm'pi:t] soutěžit; konkurovat (si)

**competence** [kompitəns] pravomoc, kompetence, příslušnost; schopnost, způsobilost

**competition** [ˌkompəˈtišn] soutěž; konkurence

**compile** [kəmˈpail] sestavit; zpracovat

**complain** [kəmˈplein] stěžovat si (**about**/na)

**complaint** [kəmˈpleint] stížnost; žaloba; nemoc

**complete** [kəmˈpliːt] úplný; doplnit; dokončit

**compose** [kəmˈpəuz] skládat, komponovat

**composer** [kəmˈpəuzə] hud. skladatel

**compound** [kompaund] složené slovo, složenina, směs; chem. sloučenina; složený

**comprehend** [ˌkompriˈhend] chápat; obsahovat

**comprehensible** [ˌkompriˈhensəbl] pochopitelný, srozumitelný (**to**/komu)

**comprehensive** [kompriˈhensiv] souhrnný; celkový; Br. ~ **school** [skuːl] jednotná střední škola

**compress** [kəmˈpres] obklad; stlačit

**compromise** [komprəmaiz] kompromis; dohodnout se (**on**/na)

**compulsion** [kəmˈpalšn] donucení, nátlak

**conceal** [kənˈsiːl] skrýt, zatajit (**from**/před)

**concede** [kənˈsiːd] přiznat; připustit

**concept** [konsept] pojem; pojetí

**concern** [kənˈsəːn] záležitost, věc; znepokojení; starost; podnik, koncern; týkat se čeho

**concert** [konsət] koncert; koncertní

**concession** [kən'sešn] ústupek; koncese

**concise** [kən'sais] stručný; krátký

**conclude** [kən'klu:d] ukončit, uzavřít

**conclusion** [kən'klu:žn] závěr, konec; uzavření smlouvy; **in ~** na závěr

**concord** [konko:d] shoda; svornost, harmonie

**concrete** [koŋkri:t] konkrétní; betonový; beton; (vy)betonovat

**concussion** [kən'kašn] otřes mozku

**condemn** [kən'dem] odsoudit; zavrhnout

**condensed** [kən'denst] zhuštěný; zkrácený

**condition** [kən'dišn] podmínka; stav, kondice

**conduct** [kondəkt] chování; [kən'dakt] vést; dirigovat

**conductor** [kən'daktə] průvodčí; dirigent

**cone** [koun] kužel; kornout; šiška na stromě

**confectionery** [kən'fekšənəri] cukroví

**confess** [kən'fes] přiznat se; zpovídat se

**confident** [konfidənt] sebejistý; důvěrný

**confine** [kən'fain] omezit; uvěznit

**confirm** [kən'fə:m] potvrdit; schválit

**conform** [kən'fo:m] přizpůsobit se (**to**/čemu)

**confuse** [kənˈfjuːz] zmást, poplést, plést (si)
**congenial** [kənˈdžiːniəl] sympatický
**congratulate** [kənˈgrӕculeit] blahopřát
**connect** [kəˈnekt] spojit, připojit
**conquer** [koŋkə] dobýt; přemoci; zvítězit
**conscience** [konšəns] svědomí
**conscientious** [ˌkonšiˈenšəs] svědomitý
**conscious** [konšəs] vědomý, úmyslný
**consent** [kənˈsent] souhlas; souhlasit
**consequence** [konsikwəns] následek; význam
**conserve** [kənˈsəːv] zachovat, konzervovat
**consider** [kənˈsidə] uvažovat; považovat zač
**consign** [kənˈsain] svěřit; zaslat, poslat zboží
**consist** [kənˈsist] skládat se (of/z); spočívat
(in/v); **—ency** [-ənsi] tuhost; důslednost
**consistent** [kənˈsistənt] důsledný; neměnný
**consolation** [konsəˈleišn] útěcha, potěcha
*conspicuous* [kənˈspikjuəs] nápadný, zřetelný
**constant** [konstənt] stálý; věrný milenec; konstantní; ustavičný, trvalý
**consternation** [konstəˈneišn] ohromení
**constipation** [konstiˈpeišn] zácpa
**construct** [kənˈstrakt] stavět, sestrojit

**consult** [kən'salt] (po)radit se, konzultovat

**consume** [kən'sju:m] spotřebovat; strávit

**consumption** [kən'sampšən] odbyt, spotřeba

**contagious** [kən'teidžəs] nakažlivý, přenosný

**contain** [kən'tein] obsahovat, zahrnovat

**contaminate** [kən'tæmineit] nakazit

**contemporary** [kən'temprəri] dnešní, současný; současník, vrstevník

**content** [kən'tent] spokojený; uspokojit

**contents** [kon'tents] pl obsah knihy i kapes

**contest** [kontest] zápas; závod; [kən'test] zápasit

**continent** [kontinənt] pevnina; světadíl

**continue** [kən'tinju] pokračovat, trvat

**continuous** [kən'tinjuəs] nepřetržitý; plynulý

**contract** [kontrækt] smlouva, dohoda

**contradict** [kontrə'dikt] popírat; podporovat

**contrary** [kontrəri] opačný; opak; **on the ~** naopak; **~ to** v rozporu s, proti

**contrast** [kontra:st] opak; protiklad; [kən'tra:st] kontrastovat; lišit se; postavit proti sobě

**contribute** [kən'tribju:t] přispívat (**to**/k)

**control** [kən'trəul] dozor; kontrola; **~s** pl řízení stroje; řídit; ovládat

**controversial** [kɒntrə'və:šl] sporný

**convenience** [kən'vi:njəns] příhodnost, vhodnost; –s pl příslušenství; vymoženosti

**conversation** [ˌkɒnvə'seišn] rozhovor

**convey** [kən'vei] dopravovat; předat

**convict** [konvikt] vězeň, trestanec; [kən'vikt] usvědčit (**of**/z); odsoudit

**convince** [kən'vins] přesvědčit, ubezpečit

**convulsion** [kən'valšn] křeč

**cook** [kuk] kuchař(ka); vařit (se), připravit

**cool** [ku:l] chladný; chladnokrevný; ochladit (se); **~ down** (z)chladlout; uklidnit (se)

**cooper** [ku:pə] bednář

**cooperate** [kəu'opəreit] spolupracovat

**coordinate** [kəu'o:dinət] rovnocenný; jaz. souřadný; souřadnice; [kəu'o:dineit] koordinovat

**copy** [kopi] opis, kopie; výtisk knihy; exemplář; opsat, kopírovat; napodobovat

**cord** [ko:d] šňůra, provaz; šlacha; manšestr

**cordial** [ko:diəl] srdeční; srdečný; přátelský

**core** [ko:] dřeň, jádro

**cork** [ko:k] korek; zátka; zazátkovat

**corn** [ko:n] zrno; obilí; kukuřice

**corner** [ko:nə] roh; kout; sport. rohový kop

**corpse** [ko:ps] mrtvola

**correct** [kə'rekt] správný; korektní; opravit

**correspond** [kori'spond] odpovídat, shodovat se (**with**/s); dopisovat si; **–ing** příslušný

**corridor** [korido:] chodba; chodbička ve vlaku

**corrupt** [kə'rapt] zkazit (se); podplatit; zkažený; úplatný, zkorumpovaný; zkažený

**cost\*** [kost] cena, náklad; stát o ceně

**cousy** [kəuzi] útulný; pohodlný

**cot** [kot] dětská postýlka

**cottage** [kotidž] chalupa; chata

**cotton** [kotn] bavlna; ~ **wool** [wul] vata

**couch** [kauč] pohovka, gauč, divan

**cough** [kof] kašel; kašlat

**council** [kaunsl] rada sbor; zasedání

**counsel** [kaunsl] rada; advokát, právní zástupce; **–lor** [kaunsələ] poradce; radní

**count** [kaunt] počítání; hrabě; počet; počítat

**counter** [kauntə] pult; přepážka; obráceně

**country** [kantri] země; kraj; venkov; **–man\*** [-mən] venkovan; krajan

**county** [kaunti] Br. hrabství; Am. okres

**couple** [kapl] pár; dvojice; **a ~ of** několik

**courage** [karidž] odvaha; **—ous** [kə'reidžəs] odvážný, statečný, smělý

**course** [ko:s] běh; chod *jídlo*; kurs; směr

**court** [ko:t] dvůr; soud; hřiště, kurt

**cousin** [kazn] bratranec, sestřenice

**cover** [kavə] přikrýt; zaujímat; hradit; pokrývka; víčko; obal

**cow** [kau] kráva; **—shed** [-šed] chlév, kravín

**coward** [kauəd] zbabělec, bázlivec

**crack** [kræk] prasknout; prásknout; trhlina

**cradle** [kreidl] kolébka; chovat, houpat

**craft** [kra:ft] dovednost; řemeslo; chytrost; úskok; plavidlo

**craftsman\*** [kra:ftsmən] řemeslník; mistr oboru

**cramp** [kræmp] *med.* křeč; ochromit

**cranberry** [krænbəri] brusinka

**crane** *[krein]* jeřáb *stroj i pták*

**crash** [kræš] bouchnutí; rachot; zhroucení, krach; katastrofa; spadnout; zřítit se; havarovat *o letadle*

**crawl** [kro:l] plazit se, lézt; *sport.* kraul

**crazy** [kreizi] potřeštěný, šílený, bláznivý

**creak** [kri:k] skřípot; vrzání; skřípat, vrzat

**cream** [kri:m] smetana; **whipped ~** [wipt] šlehačka; **shaving ~** [šeiviŋ] holící krém

**crease** [kri:s] záhyb; zmačkat, pomačkat

**create** [kri'eit] (vy)tvořit; (z)působit, udělat

**creature** [kri:čə] tvor; bytost; výtvor

**credit** [kredit] víra; čest; úvěr; připsat k dobru

**creep*** [kri:p] lézt, plazit se; **–y** [-i] příšerný

**crew** [kru:] posádka, mužstvo; obsluha

**cricket** [krikit] cvrček; kriket hra

**crime** [kraim] zločin, násilí

**cripple** [kripl] mrzák; zmrzačit; přen. ochromit

**crisp** [krisp] Br. bramborový lupínek,; křehký

**crook** [kruk] hák, háček; podvodník; ohnout

**cross** [kros] kříž, křížek; křiženec; (pře)křižit; přeškrtnout; přejít napříč, překročit

**crowd** [kraud] zástup, tlačenice; shromáždit se

**crown** [kraun] věnec; koruna, korunka; vrchol; korunovat; přen. zavřšit

**cruel** [kruəl] krutý; bezcitný; **–ty** [-ti] krutost

**cruise** [kru:z] plout bez cíle; zábavná plavba

**crush** [kraš] rozmačkat, zmuchlat; tlačenice; nával; **–ing** [-iŋ] drtivý, zdrcující

**cry** [krai] křičet; volat; plakat; křik; výkřik, volání; pláč; **–ing** [-iŋ] naléhavý

**cube** [kju:b] krychle; kostka; třetí mocnina

**cucumber** [kju:kʌmbə] okurka

**cue** [kju:] narážka; cop; tágo

**cuff** [kʌf] manžeta; facka, políček

**culprit** [kʌlprit] pachatel, viník

**cultured** [kʌlčəd] vzdělaný, kulturní

**cumulate** [kju:mjəleit] hromadit

**cup** [kʌp] šálek; pohár; **a ~ of tea** šálek čaje

**cupboard** [kʌbəd] skříň s policemi, kredenc

**curb** [kə:b] omezení; uzda; okraj chodníku; omezit; držet na uzdě, brzdit

**curds** [kə:dz] pl tvaroh

**cure** [kjuə] léčit; konzervovat; lék; léčení

**curiosity** [ˌkjuəri'osəti] zvědavost; kuriozita

**curious** [kjuəriəs] zvědavý; podivný; zvláštní

**curl** [kə:l] kadeřit (se); vlnit (se) vlasy; kadeř

**currant** [kʌrənt] rybíz plod i keř; rozinka

**currency** [kʌrənsi] oběh; oběživo; měna

**current** [kʌrənt] běžný; aktuální; proud

**curriculum*** [kə'rikjuləm] učební osnovy, učební plán; **~ vitae** [vaiti:] životopis

**curtain** [kə:tn] záclona; závěs; div. opona

**curve** [kə:v] křivka; zatáčka; křivit, ohnout

**cushion** [kušən] polštář, poduška

**custody** [kastədi] opatrování; úschova; vazba

**custom** [kastəm] zvyklost, zvyk; zákazníci; obchodní přízeň; **–ary** [-əri] obvyklý; **–er** [-ə] zákazník; **–house** [-haus] celnice

**cut\*** [kat] řezat, krájet; sekat; stříhat; snížit cenu; řez, sek; rána, škrábnutí; snížení cen

**cutlet** [katlət] kotleta

**cutting** [katiŋ] výstřižek; sarkastický, jedovatý

**cycle** [saikl] cyklus; jízdní kolo; jet na kole

# D

**dachshund** [dækshund] jezevčík

**dad, daddy** [dæd, dædi] hovor. táta, tatínek

**daily** [deili] denní, každodenní; denně; deník

**dainty** [deinti] pochoutka; jemný, roztomilý; vybraný; úpravný; lahůdka

**dairy** [deəri] mlékárna

**dam** [dæm] hráz, přehrada; přehradit

**damage** [dæmidž] škoda; poškodit

**damm** [dæm] zatratit; proklínat; ~! sakra!

**damp** [dæmp] vlhkost; vlhký; navlhčit

**dance** [da:ns] tanec; tančit; **–r** [-ə] tanečník

**danger** [deindžə] nebezpečí

**Danish** [deiniš] dánský; dánština

**dare\*** [deə] odvážit se; vyzvat

**daring** [deəriŋ] smělý, odvážný; odvaha

**dark** [da:k] tmavý, temný; tma; **in the ~ po-**
tmě; **it is getting ~** stmívá se

**darling** [da:liŋ] miláček; drahý, (rozto)milý

**darn** [da:n] látat

**dash** [dæš] mrštit; řítit se; úprk; pomlčka

**date** [deit] datum; období; schůzka; datovat (se)

**daughter** [do:tə] dcera; **~-in-law** [do:tərinlo:]
snacha

**dawn** [do:n] rozednívat se, svítat; úsvit

**day** [dei] den; **–break** [-breik] rozbřesk; **–dream**
[-dri:m] snění, snít; **–light** [-lait] bílý den

**dazzle** [dæzl] oslnit, oslepit; lesk, třpyt

**dead** [ded] mrtvý; neživý; úplně, smrtelně

**deaf** [def] hluchý; **~ and dumb** [ənd dam]
hluchoněmý

**deal\*** [di:l] rozdělit; rozdat karty; zasadit ránu; jednat, vyjednávat; obchodovat (**in** / **čím**); pojednávat (**with**/o); část, množství; **-er** [-ə] obchodník

**dear** [diə] drahý, milý; miláček, drahoušek

**death** [deθ] smrt; zánik; **~ rate** úmrtnost

**debase** [di'beis] znehodnotit; zlehčit

**debate** [di'beit] debatovat; debata, diskuse

**debt** [det] dluh; **be\* in ~** být zadlužený

**decay** [di'kei] rozkládat se, kazit se; rozpadat se; rozklad; **tooth ~** [tu:θ] zubní kaz

**decease** [di'si:s] zemřít; **the –d** zesnulý

**deceive** [di'si:v] klamat, podvádět

**December** [di'sembə] prosinec

**decency** [di:sənsi] slušnost; mravnost

**decent** [di:sənt] slušný, mravný, spořádaný

**deception** [di'sepšn] podvod, klam

**decide** [di'said] rozhodnout (se)

**decision** [di'sižn] rozhodnutí; rozhodnost

**decisive** [di'saisiv] rozhodný, rozhodující

**deck** [dek] paluba; **~ chair** [čeə] lehátko

**declaration** [͵deklə'reišn] prohlášení; vyhlášení

**declare** [di'kleə] prohlásit; vyhlásit; proclít

**decline** [di'klain] sklánět se; upadat; odmítnout; úpadek; pokles; rozpad

**decorate** [dekəreit] ozdobit; vyznamenat

**decrease** [di'kri:s] zmenšit (se), redukovat, ubývat; [di:kri:s] úbytek, pokles, snížení

**decree** [di'kri:] výnos, dekret; rozhodnutí, nařízení; úředně nařídit, dekretovat

**dedicate** [dedikeit] věnovat; zasvětit

**deduce** [di'dju:s] vyvozovat, odvodit

**deduct** [di'dakt] odečíst; slevit

**deed** [di:d] čin, skutek; listina, dokument

**deep** [di:p] hluboký; sytý barva; hluboko

**deer** [diə] jelen; vysoká zvěř

**defeat** [di'fi:t] porazit; zničit; porážka

**defect** [di'fekt] nedostatek; vada

**defence** [di'fens] obrana; obhajoba

**defend** [di'fend] bránit (se), hájit (se)

**defer** [di'fə:] odložit, přesunout; sklonit se

**deficiency** [di'fišənsi] nedostatek; schodek

**define** *[di'fain]* vymezit, definovat, stanovit

**definite** [definət] jasný, přesný; rozhodný

**degrade** [di'greid] snížit, ponížit, degradovat

**degree** [di'gri:] stupeň; akademická hodnost

**delay** [di'lei] zpožďovat (se); zdržovat; odkládat; odklad; zpoždění, prodlení

**delegate** [deligət] delegát, zástupce; [deligeit] delegovat, pověřit

**deliberate** [di'libəreit] radit se; uvažovat; [di'libərət] úmyslný, záměrný; rozvážný

**delicate** [delikət] jemný, chutný, lahodný; choulostivý; ošemetný, prekérní, ožehavý

**delicious** [di'lišəs] lahodný, chutný; výtečný

**delight** [di'lait] těšit (se), mít radost; požitek

**deliver** [di'livə] doručit, dodat zboží, dovézt, rozvážet; pronést projev; provést útok

**deluge** [delju:dž] potopa, povodeň

**delusion** [di'lu:žn] přelud, klamná představa

**demand** [di'ma:nd] upomínka; požadavek; poptávka; žádat; vyžadovat, domáhat se

**demolish** [di'moliš] zničit, zbourat; rozdrtit

**denial** [di'naiəl] popření; odepření, odmítnutí

**denims** [denimz] pl džínsy

**denote** [di'nəut] označovat; znamenat

**dense** [dens] hustý; **density** [densiti] hustota

**dental** [dentl] zubní; **a ~ surgeon** [sə:džn] zubní lékař; **~ caries** [keəri:z] zubní kaz

**dentist** [dentist] zubní lékař

**deny** [di'nai] zapřít, popřít; odepřít

**depart** [di'pa:t] odjet, odcestovat; odchýlit se

**depend** [di'pend] záviset (**on**/na); spoléhat se (**on**/na); **–ence** [-əns] závislost

**depose** [di'pəuz] sesadit, zbavit úřadu

**deposit** [di'pozit] vklad; záloha; složit peníze

**depot** [depəu] skladiště, sklad; depo

**deprive** [di'praiv] zbavit, připravit koho o co

**depth** [depθ] hloubka i přen.

**derivation** [,deri'veišn] původ; odvozování

**derrick** [derik] jeřáb stroj

**descend** [di'send] klesat, sestupovat; sestoupit; pocházet; **–ant** [-ənt] potomek

**descent** [di'sent] klesání, sestup; spád; původ

**describe** [di'skraib] opsat; popsat; vylíčit

**description** [di'skripšn] popis

**desert** [di'zə:t] opustit; [dezət] pustý; poušť

**deserve** [di'zə:v] zasluhovat, zasloužit si

**design** [di'zain] plánovat, určit; zamýšlet, záměr; vzor; plán; projekt; nárys, návrh

**desire** [di'zaiə] touha; přát si, toužit (**for**/po)

**desk** [desk] psací stůl; lavice; **cash ~** pokladna

**desolate** [desələt] opuštěný; pustý; zpustlý

**despair** [di'speə] zoufat si; zoufalství

**despise** [di'spaiz] opovrhovat, pohrdat

**despite** [di'spait]; ~ **of, in** ~ **of** přes, navzdory

**dessert** [di'zə:t] dezert, moučník

**destin|ation** [,desti'neišn] místo určení, cíl cesty, cílová stanice; **-y** [destəni] osud, úděl

**destroy** [di'stroi] zničit, rozbít, rozbořit

**destruction** [di'strakšn] zničení, zkáza

**detach** [di'tæč] oddělit; odpojit, odlepit

**detect** [di'tekt] odkrýt, objevit, zjistit

**determine** [di'tə:min] určit; rozhodnout (se)

**develop** [di'veləp] vyvinout (se); vyvolávat

**deviation** [,di:vi'eišn] odchylka; úchylka

**device** [di'vais] zařízení; přístroj; nástroj

**devil** [devl] ďábel, čert; **poor** ~ nešťastník

**devote** [di'vəut] věnovat; **-d** [-id] oddaný

**devour** [di'vauə] pohltit; zhltat, sežrat

**dew** [dju:] rosa

**diabetes** [daiə'bi:ti:z] med. cukrovka

**dial** [daiəl] číselník telefonu; vytočit číslo

**diamond** [daiəmənd] diamant; **cut** ~ briliant

**diaper** [daiəpə] Am. plenka

**diary** [daiəri] deník; kapesní kalendář

**dictionary** [dikšənəri] slovník

**die** [dai] zemřít, skonat; uhynout (**from, of**/na)

**differ** [difə] lišit se; **–ence** [difrəns] rozdíl

**difficult** [difiklt] těžký; obtížný, nesnadný

**dig\*** [dig] vyhloubit, (vy)kopat; rýt; dloubnout

**digest** [dai'džest] strávit; pořídit výtah; zkrátit; [daidžest] výtah z knihy; zhuštění, překlad

**dignity** [dignəti] hodnost; důstojnost

**diligent** [dilidžənt] pilný, pracovitý, snaživý

**dilute** [dai'lu:t] (roz)zředit; (roz)zředěný

**dim** [dim] šerý, kalný, nejasný; matný; ztlumit

**diminish** [di'miniš] zmenšit (se); klesat

**dine** [dain] večeřet, obědvat

**dining room** ['dainiŋ,ru:m] jídelna

**dinner** [dinə] hlavní jídlo dne (oběd nebo večeře); **~ jacket** [-,džækit] smoking

**dip** [dip] potopit (se), ponořit (se); namočení

**direct** [di'rekt] přímý; otevřený, upřímný; přímo; řídit; namířit; ukázat cestu; režírovat

**dirt** [də:t] špína, nečistota; trus; přen. klepy

**disadvantage** [,disəd'va:ntidž] nevýhoda

**disagree** [,disə'gri:] nesouhlasit; lišit se

**disappear** [,disə'piə] zmizet, ztratit se

**disappoint** [,disə'point] zklamat; **–ed** zklamaný

**disapproval** [disə'pru:vl] nesouhlas

**disarm** [di'sa:m] odzbrojit; **–ament** [-əmənt] odzbrojení

**disaster** [di'za:stə] neštěstí, katastrofa; fiasko

**discern** [di'sə:n] rozeznat; činit rozdíl

**discharge** [dis'ča:dž] vyložit náklad; propustit; zhostit se; vystřelit; [disča:dž] vyložení; propuštění

**disconnect** [,diskə'nekt] přerušit spojení; rozpojit, odpojit

**discount** [diskaunt] rabat, sleva; [di'skaunt] eskontovat

**discourage** [di'skaridž] zastrašit, vzít odvahu

**discover** [di'skavə] objevit, najít; odkrýt

**discreet** [di'skri:t] taktní; diskrétní; **–ly** [-li] diskrétně, ve vší tichosti, taktně

**discriminate** [di'skrimineit] rozlišovat

**discuss** [di'skas] diskutovat, jednat

**disease** [di'zi:z] nemoc, choroba

**disfavour** [dis'feivə] nelibost; nepřízeň

**disfigure** [dis'figə] znetvořit, deformovat

**disguise** [dis'gaiz] přestrojit (se), převléci, zamaskovat; přestrojení; neupřímnost; maska

**disgust** [dis'gast] odpor, ošklivost; zhnusit

**dish** [diš] miska, mísa; chod jídla, pokrm, jídlo

**dishonest** [di'sonist] nepoctivý, nečestný

**dishonour** [di'sonə] zneuctění, potupa, hanba; zneuctít, (z)hanobit, znesvětit, poskvrnit

**disinfect** [,disin'fekt] dezinfikovat

**disjointed** [dis'džointid] nesouvislý, trhaný

**dislike** [di'slaik] nechuť, nelibost; nemít rád

**dismal** [dizməl] skličující, zasmušilý, ponurý

**dismiss** [di'smis] propustit; rozpustit; pustit z hlavy; **D–!** Rozchod!; **–al** [-l] výpověď, propuštění; zamítnutí

**disobedience** [,disəu'bi:diəns] neposlušnost

**disorder** [di'so:də] nepořádek; zpřeházet

**dispatch** [di'spæč] odeslat, vypravit; vyřízení, odbavení, expedice; depeše, zpráva

**dispensable** [di'spensəbl] postradatelný

**disperse** [di'spə:s] rozptýlit (se); rozehnat

**displace** [di'spleis] přesunout z místa; přemístit

**display** [di'splei] vyložit, vystavit; projevit; výklad, předvedení; zobrazení, displej

**displeasure** [di'spležə] nelibost, nespokojenost

**disposal** [di'spəuzl] dispozice, naložení (**with**/s)

**dispose** [di'spəuz] disponovat, odstranit, zlikvidovat, zbavit se (**of**/čeho)

**disproportion** [,disprə'po:šn] nepoměr

**disregard** [,disri'ga:d] nevážit si, přehlížet; pohrdat; přehlížení, neúcta (**for**/k)

**dissatisfaction** [dis,sætis'fækšn] nespokojenost

**dissolve** [di'zolv] rozpustit (se), rozplynout se

**distance** [distəns] vzdálenost

**distant** [distənt] vzdálený, daleký; zdrženlivý, rezervovaný, odměřený

**distinct** [di'stiŋkt] odlišný; zřetelný; nevšední

**distinguish** [di'stiŋgwiš] rozlišovat (**between**/ mezi); rozeznávat (**from**/od); ~ **oneself** vynikat; **–ed** [-t] významný, vynikající; elegantní, vznešený, vybraný

**distortion** [di'sto:šn] zkřivení; překroucení

**distract** [di'strækt] odvrátit, zmást, zneklidnit

**distribute** [di'stribju:t] rozdělovat; rozložit, rozmístit; rozeslat, distribuovat

**district** [distrikt] okres, obvod, oblast

**distrust** [di'strast] nedůvěra; nedůvěřovat

**disturb** [di'stə:b] vyrušovat; (roz)rušit

**ditch** [dič] příkop, strouha; hovor. pustit k vodě

**dive** [daiv] potápět se, ponořit se, skok do vody

**diverse** [dai'və:s] rozmanitý, různý

**divert** [dai'və:t] bavit, rozptýlit; odchýlit směr

**divide** [di'vaid] dělit (se); rozdělit (se)

**divorce** [di'vo:s] rozvod; rozvést manžele

**dizzy** [dizi] závratný; **feel\* ~** [fi:l] mít závrať

**do\*** [du:] dělat, činit; stačit, hodit se; mít úspěch; upravit, uklidit; obejít se (**without**/bez)

**dog** [dog] pes; **~ collar** ['dog,kolə] obojek

**dole** [dəul] podpora v nezaměstnanosti

**doll** [dol] panenka, loutka; hovor. kočka atraktivní mladá žena

**dollar** [dolə] dolar

**domestic** [də'mestik] domácí; tuzemský

**dominion** [də'minjən] nadvláda; dominium

**dominate** [domineit] převládat; dominovat

**donkey** [doŋki] osel

**door** [do:] dveře; **out of ~s** venku

**dose** [dəus] dávka; záchvat; dávkovat

**dot** [dot] tečka; puntík; **~ down** poznamenat si

**double** [dabl] dvojitý, dvojnásobný; dvakrát; dvojnásobek; čtyřhra; dvojník; zdvojnásobit (se)

**doubt** [daut] pochybnost; pochybovat

**douche** [du:š] sprcha

**dough** [dəu] těsto; **–nut** [-nat] kobliha

**down** [daun] dolů, dole; **–fall** [-fo:] pád; liják

**downright** [daunrait] přímý, vyložený; rovnou, přímo, naprosto

**downstairs** [ˌdaunˈsteəz] dole, dolů

**doze** [dəuz] dřímat; ~ **off** nechtěně usnout

**draft** [dra:ft] směnka; záloha; náčrt, koncept

**drag** [dræg] táhnout, vléci; hovor. otrava

**drain** [drein] odvodnit; vysušit; vyprázdnit; vyschnout; odtok; **–s** pl kanalizace

**draught** [dra:ft] tah; zátah; doušek; průvan; skica; **–s** pl dáma hra; čepovaný pivo

**draw\*** [dro:] (vy)za/táhnout; kreslit; losovat; čepovat; hrát nerozhodně; remíza

**drawer** [dro:ə] zásuvka, šuplík

**drawing** [dro:iŋ] kresba; kreslený

**dread** [dred] bát se čeho; strach (**of/z**)

**dream\*** [dri:m] sen; snění; mít sen, snít

**dreary** [driəri] ponurý, pustý, smutný ; únavný

**drench** [drenč] promáčet, zmáčet

**dress** [dres] obléci (se); upravit; ochutit salát; vyzdobit; ošetřit; oděv, šaty

**dried** [draid] sušený; zaschlý

**drink\*** [driŋk] pít; připít (**to sb.**/komu): nápoj

**drip** [drip] kapat; **~-dry** [drip'drai] rychle schnoucí není třeba žehlit; sušit vyvěšením

**drive\*** [draiv] hnát; řídit; jet; pohánět; jízda; projížďka; vjezd; úder v tenise, golfu

**drop** [drop] kapka; pokles; padat; upustit; přestat; vynechat; zanechat

**drown** [draun] utopit (se); **-ing** [-iŋ] utonutí

**drug** [drag] lék, droga; otrávit, omámit

**drum** [dram] buben, bubínek; bubnovat

**drunk** [draŋk] opilý; opít se, opilec, alkoholik

**drunkard** [draŋkəd] pijan, opilec

**dry** [drai] suchý; sušit; (u)schnout; utřít

**dubious** [dju:biəs] pochybný; mající pochybnosti

**duck** [dak] kachna

**due** [dju:] dlužný, patřičný; řádný; *splatný*

**dull** [dal] tupý; mdlý; nudný; hloupý

**dumb** [dam] němý; **~ show** [šəu] pantomima

**dump** [damp] skládka; odložit na smetiště; prodávat v cizině pod cenou

**dumpling** [dampliŋ] knedlík

**durable** [djuərəbl] trvanlivý, odolný, stálý
**duration** [djuə'reišn] trvání, doba
**during** [djuəriŋ] během, v průběhu, za
**dusk** [dask] šero, soumrak; **at** ~ za soumraku
**dust** [dast] prach; oprášit; utřít prach
**Dutch** [dač] holandský, Holanďan
**duty** [dju:ti] povinnost; služba; poplatek; clo
**dwarf** [dwo:f] trpaslík; střízlík
**dwell\*** [dwel] příbytek; přebývat, bydlet; **–ing**
  [-iŋ] obydlí
**dye** [dai] barvivo, barva; barvit, obarvit


# E

**each** [i:č] každý; **–other** jeden druhého, na-
  vzájem; **a dollar** ~ [dolə] po dolaru
**eager** [i:gə] dychtivý; horlivý; netrpělivý
**eagle** [i:gl] orel
**ear** [iə] ucho; sluch; **–drum** [-dram] ušní bubínek
**early** [ə:li] časný, brzký; raný; časně, brzy
**earn** [ə:n] vydělat si; zasloužit si
**earnest** [ə:nist] vážný; **in** ~ doopravdy, vážně
**earnings** [ə:niŋz] pl výdělek

**earring** [iəriŋ] náušnice
**earth** [ə:θ] země; hlína; svět; **–ly** [-li] pozemský
**earthen** [ə:θn] hliněný; **–ware** [-weə] hrnčíř-
  ské zboží, kamenina
**earthquake** [ə:θkweik] zeměstřesení
**ease** [i:z] klid, pohoda; ulehčit; povolit
**east** [i:st] východ; východní; na východ
**Easter** [i:stə] velikonoce; **at ~ o** Velikonocích
**easy** [i:zi] snadný; nenucený
**eat\*** [i:t] jíst; žrát; **~ up** sníst
**economic** [ˌi:kə'nomik] hospodářský
**economy** [i'konəmi] úspornost; hospodářství
**edge** [edž] ostří; hrana, okraj
**educate** [edjukeit] vychovávat; vzdělávat
**education** [ˌedju'keišn] vychování; vzdělání
**effect** [i'fekt] efekt, účinek; dojem
**efficiency** [i'fišənsi] výkonnost; zdatnost
**effort** [efət] námaha, snaha, úsilí
**e. g.** [ˌi:'dži:] například, zkr. např.
**egg** [eg] vejce; **scrambled –s** [skræmblt] mí-
  chaná vejce
**eight** [eit] osm; **–een** [ei'ti:n] osmnáct; **–y** [-i]
  osmdesát; **–h** [-θ] osmý

**either** [aiðə] každý ze dvou; jeden nebo druhý ze dvou; žádný po záporu; oba; obojí

**eject** [i'džekt] vypudit, vyhnat

**elaborate** [i'læbərət] vypracovaný; komplikovaný; nákladný; [i'læbəreit] podrobně vypracovat

**elastic** [i'læstik] pružný, elastický

**elbow** [elbəu] loket; koleno roury; strkat lokty

**elect** [i'lekt] zvolit; **–ion** [i'lekšn] volby

**eldest** [eldist] nejstarší člen rodiny

**element** [elimənt] prvek, součást, složka

**elementary** [,eli'mentəri] základní; jednoduchý

**elephant** [elifənt] slon

**elevate** [eliveit] zvednout, zvýšit; povýšit

**eleven** [i'levn] jedenáct, jedenáctka

**eligible** [elidžəbl] přicházející v úvahu, vhodný, způsobilý, oprávněný

**eliminate** [i'limineit] vytlačit, odstranit

**else** [els] jiný, jinde, jinam, jinak, ještě

**E-mail** [i:meil] = **electronic mail** [,ilek'tronik mail] elektronická pošta

**embarrass** [im'bærəs] uvést do rozpaků; **–d** [-t] rozpačitý; **feel\* –d** být v rozpacích

**embassy** [embəsi] velvyslanectví

**embrace** [im'breis] objímat; zahrnovat, obsahovat; objetí

**embroider** [im'broidə] vyšívat

**emerge** [i'mə:dž] vynořit se, objevit se

**emergency** [i'mə:džənsi] případ nouze; ~ **exit** nouzový východ

**emigrate** [emigreit] vystěhovat (se), emigrovat

**eminent** [eminənt] skvělý, vynikající

**emit** [i'mit] vyzařovat, vysílat

**emotion** [i'məušn] dojetí; cit, emoce

**employ** [im'ploi] použít; zaměstnat; **–ee** [im'ploi:] zaměstnanec; **–er** [-ə] zaměstnavatel; **–ment** [-mənt] zaměstnání

**empty** [empti] prázdný; bezduchý; vyprázdnit

**enable** [i'neibl] dát možnost, umožnit

**enamel** [i'næml] email; smalt; sklovina zubní

**enclose** [in'kləuz] obehnat, ohradit (**with**/čím); uzavřít; přiložit k dopisu

**enclosure** [in'kləužə] ohrada; příloha dopisu

**encounter** [in'kauntə] setkání; utkání; setkat se; utkat se

**encourage** [in'karidž] povzbuzovat, dodávat odvahu

**encouraging** [in'karidžiŋ] povzbudivý

**end** [end] konec; závěr; zbytek; (s)končit (se)

**endeavour** [in'devə] snažit se, usilovat; úsilí, snaha

**ending** [endiŋ] koncovka; závěr

**endurance** [in'djuərəns] vytrvalost; odolnost

**endure** [in'djuə] vydržet, snést, snášet

**enemy** [enəmi] nepřítel, odpůrce

**energetic** [,enə'džetik] energický, rázný

**enforce** [in'fo:s] vynutit; uvést v platnost

**engage** [in'geidž] najmout; angažovat; zasnoubit; **–d** [-d] zasnoubený; obsazený

**engine** [endžin] stroj, motor

**English** [iŋgliš] anglický; **–man\*** [-mən] Angličan; **–woman\*** [-wumən] Angličanka

**engrave** [in'greiv] (vy)rýt, **–r** [-ə] rytec

**enjoy** [in'džoi] mít potěšení, těšit se čemu

**enlarge** [in'la:dž] zvětšit (se); šířit se

**enlighten** [in'laitn] osvítit; poučit

**enmity** [enməti] nepřátelství

**enormous** [i'no:məs] obrovský, ohromný

**enough** [i'naf] dost; dostatek
**enrage** [in'reidž] rozzuřit, dopálit
**enrich** [in'rič] obohatit, zušlechtit
**enrol** [in'rəul] zapsat se do seznamu
**enter** [entə] vejít, vstoupit; zapsat se členem;
 E– klávesa, spouštěcí klávesa
**enterprise** [entəpraiz] podnik; podnikání
**entertain** [entə'tein] udržovat; hostit; bavit;
 –ment [-mənt] zábava
**enthusiasm** [in'θju:ziæzm] nadšení, elán
**entire** [in'taiə] veškerý, naprostý, celý
**entrance** [entrəns] vchod, vstup, vjezd
**entrust** [in'trast] svěřit; pověřit
**entry** [entri] vchod; zápis; položka
**enumerate** [i'nju:məreit] vypočítávat
**envelop** [in'veləp] zaobalit, zakalit
**envelope** [envələup] obálka
**envious** [enviəs] závistivý, nepřející
**environment** [in'vairənmənt] prostředí
**environs** [en'vaiərənz] pl okolí města
**envy** [envi] závist; závidět
**equal** [i:kwl] rovný, stejný; rovnat se
**equator** [i'kweitə] rovník; rovníkový

**equip** [i'kwip] vybavit, vyzbrojit; zařídit

**era** [iərə] éra, věk, údobí

**erase** [i'reiz] (vy)mazat; **–r** [-ə] guma

**erect** [i'rekt] zdvižený, vztyčený; vztyčit; vy-
stavět, postavit

**error** [erə] omyl, chyba

**escalator** [eskəleitə] pohyblivé schodiště

**escape** [i'skeip] uniknout, utéci; únik, útěk

**especial** [i'spešl] obzvláštní; **–ly** [-i] obzvláště

**essential** [i'senšl] podstatný, hlavní; nutný

**establish** [i'stæbliš] založit; zřídit, ustanovit

**estate** [i'steit] stav; majetek

**esteem** [i'sti:m] vážit si, ctít; vážnost, úcta

**estimate** [estimət] ocenění; odhad; [estimeit]
odhadnout, ocenit

**eternal** [i'tə:nl] věčný; **~ life** věčný život

**eternity** [i'tə:nəti] věčnost

**Europe** [juərəp] Evropa

**evacuate** [i'vækjueit] evakuovat, vystěhovat

**evade** [i'veid] vyhnout se; uniknout *čemu*

**evaluate** [i'væljueit] hodnotit, vyčíslit

**evaporate** [i'væpəreit] vypařit (se)

**eve** [i:v] předvečer; **Christmas ~** Štědrý večer

**even** [i:vn] hladký, rovný; stejnoměrný; sudý; dokonce (i); ještě

**evening** [i:vniŋ] večer

**event** [i'vent] událost; případ; sportovní disciplína; **at all –s** v každém případě

**eventual** [i'venčuəl] konečný, výsledný

**ever** [evə] někdy, kdy; vždy; stále

**every** [evri] každý; **–body** [-bodi] každý (člověk); **–day** [-dei] každodenní; **–one** [-wan] každý (člověk); **–thing** [-θiŋ] všechno; **–where** [-weə] všude

**evidence** [evidəns] důkaz; svědectví

**evil** [i:vl] zlý, špatný; zlo

**exaggerate** [ig'zædžəreit] přehánět, zveličovat

**examination** [ig,zæmi'neišn] zkouška; vyšetřování, kontrola, prohlídka

**examine** [ig'zæmin] (vy)zkoušet; vyšetřovat, prohlédnout, prohlížet

**example** [ig'za:mpl] příklad; **for ~** například

**exceed** [ik'si:d] překročit, převýšit limit

**excel** [ik'sel] vynikat, předčit (at/v)

**excellent** [eksələnt] vynikající, výborný

**except** [ik'sept] vyjmout; kromě, mimo; ~ **for** až na (co)

**exception** [ik'sepšn] výjimka

**excess** [ik'ses] krajnost, přemíra; přebytek

**exchange** [iks'čeindž] výměna; burza; **bill of ~** směnka; vyměnit (si)

**excite** [ik'sait] vzbudit zájem; vzrušit; rozčilit

**exclaim** [ik'skleim] zvolat, vykřiknout

**exclude** [ik'sklu:d] vyloučit, vynechat

**excursion** [ik'skə:šn] výlet, zájezd

**excuse** [ik'skju:z] omluvit, odpustit; ~ **me** promiňte; dovolte; [ik'skju:s] omluva

**execute** [eksikju:t] vyřídit, provést; popravit

**executive** [ig'zekjətiv] výkonný; exekutiva

**exemplary** [ig'zempləri] příkladný; výstražný

**exercise** [eksəsaiz] cvičení; vykonávání, výkon; písemný úkol; pohyb; cvičit

**exhaust** [ig'zo:st] vyčerpat, unavit; výfuk

**exhibit** [ig'zibit] ukázat; vystavit; exponát

**exist** [ig'zist] existovat, být, trvat

**exit** [eksit] východ (**from**/odkud)

**expansion** [ik'spænšn] zvětšení, rozšíření; rozpětí; rozpínavost; expanze

**expect** [ik'spekt] očekávat; domnívat se;
**–ation** [ˌekspek'teišn] očekávání, naděje

**expedition** [ˌekspə'dišn] výprava, expedice

**expel** [ik'spel] vyhnat; vyloučit; vypudit

**expense** [ik'spens] výdaj, útraty

**expensive** [ik'spensiv] drahý, nákladný

**experience** [ik'spiəriəns] zkušenost; zážitek; zažít, zakusit, poznat

**expert** [ekspə:t] zručný, odborný; odborník, znalec, specialista

**expire** [ik'spaiə] vydechnout; uplynout, vypršet platnost; propadnout; kniž. zemřít

**explain** [ik'splein] vysvětlit

**explanation** [eksplə'neišn] vysvětlení, výklad

**exploit** [ik'sploit] vykořisťovat

**explore** [ik'splo:] prozkoumat, probádat

**expose** [ik'spəuz] vystavit; odhalit

**exposition** [ekspə'zišn] výklad; výstava

**express** [ik'spres] vyjádřit; vytlačit; výslovný; rychlý, expresní, spěšný; rychlík

**expression** [ik'srešn] výraz, vyjádření

**extend** [ik'stend] prodloužit; roztáhnout

**extension** [ik'stenšn] prodloužení; roztažení

**extent** [ik'stent] rozloha, rozsah, rozměr
**extinguish** [ik'stiŋgwiš] uhasit oheň
**extract** [ik'strækt] vytrhnout zub; vytáhnout
  zátku; [ekstrækt] výtažek; výtah, úryvek
**extraordinary** [ik'stro:dnəri] mimořádný
**extreme** [ik'stri:m] krajní; krajnost, extrém
**extremities** [ik'stremətiz] končetiny
**eye** [ai] oko; zrak; dívat se, pozorovat; **–ball**
  [-bo:l] bulva; **–brow** [-brau] obočí; **–lashes**
  [-læšiz] řasy; **–lid** [-lid] oční víčko


# F

**fable** [feibl] bajka, mýtus; přen. povídačka
**face** [feis] obličej, tvář; vzezření; čelit
**facilitate** [fə'siliteit] usnadnit, ulehčit
**facility** [fə'siləti] možnost, lehkost, snad-
  nost; pl zařízení, vybavení
**factory** [fæktri] továrna, podnik
**factual** [fækčuəl] faktický, věcný
**fade** [feid] vadnout; ztrácet barvu, blednout;
  ztrácet se, postupně mizet; ~ **in** zesílit (se)
**fail** [feil] nemít úspěch; propadnout

**failure** [feiljə] nezdar, neúspěch; selhání; porucha motoru; neúspěšný člověk

**faint** [feint] slabý, mdlý; omdlít; mdloba

**fair** [feə] trh, výstava; světlovlasý; čestný; spravedlivý; poctivý; uspokojivý

**fairy** [feəri] víla; skřítek; **–tale** [-teil] pohádka

**faith** [feiθ] víra, důvěra; **–ful** [-fl] věrný

**fall\*** [fo:l] padat, klesat; upadat; padnout, zahynout; pád; srážky déšť; svah; Am. podzim

**false** [fo:ls] nesprávný, klamný; falešný

**falsify** [fo:lsifai] padělat, falšovat

**fame** [feim] pověst; sláva, věhlas

**familiar** [fə'miliə] dobře známý, důvěrný

**family** [fæməli] rodina; příbuzní

**famous** [feiməs] slavný; proslulý

**fan** [fæn] vějíř; ventilátor; fanoušek, fanda

**fancy** [fænsi] fantazie, obrazivost; představa; vrtoch; přepychový; mít zálibu v čem

**fantastic** [fæn'tæstik] fantastický

**far\*** [fa:] daleko; **as ~ as** až; **so ~** zatím, dosud

**fare** [feə] jízdné; strava; pasažér v taxi

**farewell** [feə'wel] sbohem; rozloučení

**farm** [fa:m] hospodářství, statek, farma

**farther** [fa:ðə] dále; vzdálenější
**fascinate** [fǽsineit] okouzlit, fascinovat
**fashion** [fǽšn] móda; **–able** [fǽšənəbl] módní; moderní; elegantní
**fast** [fa:st] půst; postit se; pevný, stálý; rychlý; rychle, tvrdě; **~ train** [trein] rychlík
**fasten** [fa:sn] upevnit, připevnit; zapnout
**fat** [fæt] tlustý, tučný; bachratý; tuk, sádlo
**fatal** [feitl] osudný, fatální; smrtelný
**fate** [feit] osud; zhouba
**father** [fa:ðə] otec; **~~-in-law** [fa:ðrinlo:] tchán
**Father Christmas** [fa:ðə krisməs] Ježíšek
**fatigue** [fə'ti:g] únava; unavit
**fault** [fo:lt] vada, chyba, vina; **–less** [-ləs] bezchybný; **–y** [-i] chybný, vadný
**favour** [feivə] přízeň; laskavost; **in ~ of** ve prospěch; **–able** [-rəbl] příznivý
**fear** [fiə] strach; bát se čeho; **–ful** [-fl] bázlivý
**feather** [feðə] pero, peří
**feature** [fi:čə] rys, charakteristická stránka
**February** [februəri] únor
**fee** [fi:] honorář; poplatek, taxa
**feel\*** [fi:l] cítit (se); zakusit; mít pocit, dojem

**feeling** [fi:liŋ] cítění, (po)cit

**feet** [fi:t] pl od **foot** nohy; kroky

**fellow** [feləu] druh, kamarád; člověk; člen
učené společnosti; **–ship** [-šip] kamarádství

**female** [fi:meil] ženský; samičí; žena; samička

**feminine** [femənin] ženský

**fence** [fens] plot; oplotit; šerm; šermovat

**ferment** [fə:mənt] kvas; kvašení; kvasit; **–ation**
[fə:men'teišn] kvašení

**ferocious** [fə'rəušəs] divoký, zuřivý

**ferry** [feri] převézt (se); trajekt; pramice

**fertile** [fə:tail] úrodný, plodný

**fertilization** [fə:təlai'zeišn] hnojení; oplodnění

**festival** [festivl] náboženský svátek; festival

**fetch** [feč] dojít pro něco; přinést; vynést kolik

**fever** [fi:və] horečka, teplota; vzrušení

**few** [fju:] málo, nemnoho, několik, pár

**fiance** [fi'a:nsei] snoubenec, ženich

**fibre** [faibə] vlákno; povaha; jádro

**fiction** [fikšn] smyšlenka; beletrie

**field** [fi:ld] pole, louka; oblast, sféra

**fierce** [fiəs] prudký, divoký; bouřlivý

**fifteen** [fif'ti:n] patnáct; patnáctka

**fifty** [fifti] padesát; padesátka

**fig** [fig] fík; **~ tree** [tri:] fíkovník

**fight\*** [fait] bojovat, zápasit; boj; rvačka

**figure** [figə] cifra; postava; obrazec

**file** [fail] šanon, spis; pořadač, kartotéka; soubor počítačový; zařadit; pilník; pilovat

**fill** [fil] naplnit; (za)plombovat zub

**filth** [filθ] špína; oplzlost, nechutnost

**final** [fainl] konečný, závěrečný; finále

**find\*** [faind] najít; nalézt; shledat, považovat

**fine** [fain] pěkný; jemný; hezký; výborný; výborně, skvěle; uhlazený; pokuta; pokutovat

**finger** [fiŋgə] prst; **little ~** [litl] malíček

**finish** [finiš] dokončit; konec, závěr

**fire** [faiə] oheň; požár; topení; střelba; zapálit; střílet; **–brigade** [-brigeid] požární sbor; **–place** [-pleis] krb; **–proof** [-pru:f] ohnivzdorný; **–works** [-wə:ks] ohňostroj

**firm** [fə:m] firma, podnik; pevný, tuhý

**first** [fə:st] první; **at ~** zpočátku

**fish\*** [fiš] ryba; rybí maso; rybařit

**fisherman\*** [fišəmən] rybář

**fist** [fist] pěst; **–full** [-ful] hrst

**fit** [fit] záchvat; vhodný; v kondici; hodit se; padnout; přizpůsobit

**fitter** [fitə] montér; instalatér

**five** [faiv] pět; pětka

**fix** [fiks] upevnit; určit, stanovit; **–ed** [-t] pevný

**flag** [flæg] vlajka, prapor; dlaždice

**flair** [fleə] nadání, talent; elegance

**flake** [fleik] vločka i sněhová

**flame** [fleim] oheň; plamen; plápolat

**flare** [fleə] vzplanutí, záblesk; zasvitnout

**flash** [flæš] (zá)blesk; krátká zpráva; zablesknout se; sešet; vyzařovat; telegrafovat

**flat** [flæt] rovný; plochý; plocha, rovina; byt

**flavour** [fleivə] příchuť; chuť; okořenit

**fleet** [fli:t] loďstvo; flotila; hbitý

**flesh** [fleš] maso živé; tělo; smysly; dužina

**flicker** [flikə] kmitání; plamínek; blikat

**flight** [flait] let; tah ptáků; hejno; útěk

**flimsy** [flimzi] tenký, křehký, slabý; chatrný

**float** [fləut] vznášet se, plout; plovák; vor

**flood** [flad] příliv; záplava, povodeň; příval slov; zaplavit, zatopit

**floor** [flo:] podlaha; patro, poschodí

**florist's** [florists] květinářství

**flour** [flauə] mouka

**flourish** [flariš] kvést; prosperovat; mávat; mávnutí; ozdoba při psaní; fanfáry

**flow\*** [fləu] téci; splývat; tok, proud

**flower** [flauə] květ, květina; kvést, vzkvétat

**flu** [flu:] chřipka; **get\* the ~** dostat chřipku

**flute** [flu:t] flétna

**fly\*** [flai] moucha; letět; prchat; plynout čas; pilotovat; **–ing** [-iŋ] letící, rozevlátý

**foal** [fəul] hříbě

**foam** [fəum] pěna; pěnit; zuřit

**focus\*** [fəukəs] ohnisko, těžiště

**fog** [fog] mlha; zamlžit se

**fold** [fəuld] složit; záhyb; přeložit

**folk** [fəuk]: **–song** [-soŋ] lidová píseň

**follow** [foləu] následovat, jít za; sledovat co

**fond** [fond]: **be\* ~ of** mít rád

**food** [fu:d] jídlo, potrava, strava

**fool** [fu:l] pošetilec, hlupák, blázen; šašek

**foot\*** [fut] noha, chodidlo; krok; **–ball** [-bo:l] fotbal; **–note** [-nəut] poznámka pod čarou; **–path** [-pa:θ] chodník, pěšina

**for** [fo:, fə] pro; za; přes, navzdory; co se týče; po o čase: **as ~ me** pokud jde o mne

**forbid\*** [fə'bid] zakázat

**force** [fo:s] síla, moc; nátlak; platnost; přinutit

**forearm** [fo:ra:m] předloktí

**forecast** [fo:ka:st] předpovídat; předpověď

**forehead** [forid] čelo

**foreign** [forin] zahraniční; **-er** [-ə] cizinec

**foremost** [fo:məust] přední; nejprve, napřed

**foresee\*** [fo:'si:] předvídat

**forest** [forist] les; **rain ~** [rein] deštný prales

**forget\*** [fə'get] zapomenout (**about**/na)

**forgive\*** [fə'giv] odpustit, prominout

**fork** [fo:k] vidle; vidlička; vidlice; rozbíhat se, větvit se, rozdělovat se

**form** [fo:mə] tvar, forma; formulář, blanket; způsob; formovat; (u)tvořit (se); sestavit

**former** [fo:m] dřívější; **~ Yugoslavia** bývalá Jugoslávie; **the ~ ... the latter** tento ... onen

**formidable** [fo:midəbl] hrozivý; obrovský

**formula** [fo:mjulə] formule, vzorec; recept

**forth** [fo:θ] vpřed; **-right** [-rait] upřímný

**fortify** [fo:tifai] posílit; opevnit; zpevnit

**fortitude** [fo:titju:d] statečnost, odvaha

**fortnight** [fo:tnait] Br. čtrnáct dní

**fortress** [fo:trəs] pevnost, tvrz

**fortunate** [fo:čənət] šťastný; **–ly** [-li] naštěstí

**fortune** [fo:čn] osud; štěstí, šťastná náhoda; štěstěna; majetek, jmění

**forty** [fo:ti] čtyřicet; čtyřicítka

**forward** [fo:wəd] přední; pokročilý; sport. útočník; dopředu, vpřed; poslat zboží

**foul** [faul] odporný; špinavý; zkažený; nepoctivý; sprostý

**found** [faund] založit; slévat železo

**fountain** [fauntin] kašna, fontána; pramen; **–pen** [-pen] plnicí pero

**four** [fo:] čtyři; čtyřka; **–teen** [-'ti:n] čtrnáct; **–teenth** [-'ti:nθ] čtrnáctý; čtrnáctina; **–th** [-θ] čtvrtý; čtvrtina

**fowl** [faul] drůbež; drůbeží maso

**fox** [foks] liška; **–y** [-i] lišácký, prohnaný

**fraction** [frækšn] zlomek i přeneseně

**fracture** [frækčə] zlomenina; zlomit (si/se)

**fragile** [frædžail] křehký; slabý

**frail** [freil] křehký, útlý; chatrný

**frame** [freim] utvářet; zarámovat; konstrukce; kostra, rám, rámeček

**frank** [fraŋk] upřímný, otevřený

**fraud** [fro:d] podvod; podvodník

**free** [fri:] svobodný; volný; bezplatný; dobrovolný; **~ of charge** zdarma

**freedom** [fri:dəm] svoboda, volnost

**freeze\*** [fri:z] mrznout; zmrznout; zmrazit

**freight** [freit] náklad; doprava; dopravné

**French** [frenč] francouzský; francouzština; Francouz

**frequency** [fri:kwənsi] častost; frekvence

**fresh** [freš] čerstvý, svěží; nový; neotřelý

**friction** [frikšn] tření; třenice

**Friday** [fraidi] pátek

**fridge** [fridž] lednička

**friend** [frend] přítel; **–ship** [-šip] přátelství

**fright** [frait] leknutí; **–ful** [-fl] strašný

**frigid** [fridžid] mrazivý; chladný, frigidní

**fringe** [frindž] třepení, třásně; ofina vlasů

**frog** [frog] žába; **tree ~** [tri:] rosnička

**from** [from] od, z

**front** [frant] přední strana, průčelí

**frontier** [frantiə] hranice; hraniční

**frost** [frost] mráz; jinovatka

**frown** [fraun] (za)mračit se; **–ing** [-iŋ] zamračený, nasupený

**fruit** [fru:t] ovoce; **–ful** [-ful] plodný

**fry** [frai] smažit (se); **–ing-pan** [fraiiŋ pæn] pánev

**fuel** [fju:əl] palivo; pohonná látka

**fugitive** [fju:džətiv] uprchlík

**fulfil** [ful'fil] splnit, vyplnit, naplnit

**full** [ful] plný; úplný; kompletní

**fun** [fan] zábava, legrace

**fund** [fand] fond; zásobárna; **–s** [-z] peníze

**funeral** [fju:nərəl] pohřeb

**funicular** [fju'nikjulə] lanová dráha

**funny** [fani] komický, zábavný; podivný

**fur** [fə:] kožešina oděv; srst

**furious** [fjuəriəs] zuřivý, rozzuřený

**furnish** [fə:niš] opatřit (**with**/čím); zařídit nábytkem

**furniture** [fə:ničə] nábytek

**further** [fə:ðə] dále, kromě toho; další; vzdálenější; **–more** [-'mo:] mimoto

**fury** [fjuəri] zuřivost, zběsilost, vztek

**future** [fju:čə] budoucí; budoucnost

# G

**gadget** [gædžit] strojek; šikovná věcička

**gag** [gæg] gag, vtip; roubík; vtipkovat; umlčet

**gaiety** [geiəti] veselí; rozmarnost

**gain** [gein] získat; vyhrát; zisk; přírůstek

**gale** [geil] vichřice

**gall** [go:l] žluč; ~ **bladder** žlučník

**gamble** [gæmbl] hrát o peníze; hazardovat; hazard

**game** [geim] hra; zápas; zvěřina

**gang** [gæŋ] parta; banda

**gap** [gæp] otvor; mezera, skulina

**garbage** [ga:bidž] Am. odpadky; hloupost, pitomost

**garden** [ga:dn] zahrada; **–er** [-ə] zahradník

**garlic** [ga:lik] česnek; **clove of ~** [kləuv] stroužek česneku

**garment** [ga:mənt] kus oděvu

**garret** [gærət] podkrovní místnost, mansarda

**garter** [ga:tə] podvazek

**gas** [gæs] plyn; Am. benzín; otrávit plynem; **–mask** [-ma:sk] plynová maska

**gate** [geit] brána, vrata; vchod; východ

**gather** [gæðə] shromáždit (se), česat ovoce

**gauge** [geidž] měřítko; míra; (z)měřit

**gay** [gei] veselý; rozpustilý; homosexuální; homosexuál, lesbička

**general** [dženrəl] všeobecný; globální; generál

**generous** [dženərəs] ušlechtilý; štědrý

**genial** [dži:niəl] žoviální, vlídný; mírný

**gentle** [džentl] mírný, jemný; něžný

**genuine** [dženjuin] pravý, nefalšovaný

**germ** [džə:m] bot. klíček; zárodek; med. mikrob

**German** [džə:mən] německý; Němec; němčina

**get\*** [get] dostat (se); obdržet, získat; stát se

**ghost** [gəust] duch, strašidlo

**giant** [džaiənt] obr, velikán

**gift** [gift] dar, dárek; nadání; talent; **–ed** [-id] nadaný, talentovaný

**gild\*** [gild] pozlatit

**gipsy** [džipsi] cikán, cikánka

**girder** [gə:də] nosník, traverza

**girdle** [gə:dl] pás

**girl** [gə:l] dívka, děvče

**give\*** [giv] dát, podat, udělit

**glacier** [glæsiə] ledovec

**glad** [glæd] potěšen, rád

**glamour** [glæmə] kouzlo, půvab; krása

**glance** [gla:ns] zběžně pohlédnout; pohled

**gland** [glænd] žláza

**glass** [gla:s] sklo; sklenice; **–es** [-iz] pl brýle

**glazier** [gleiziə] sklenář

**gleam** [gli:m] záblesk; třpyt; zablýsknout se

**glimpse** [glimps] letmý pohled; zahlédnout

**glitter** [glitə] třpytit se; třpyt, lest

**globe** [gləub] koule; zeměkoule, glóbus

**gloom** [glu:m] šero; skleslost; melancholie

**glory** [glo:ri] sláva; nádhera, krása

**glove** [glav] rukavice

**glow** [gləu] zářit; žhnout; žár, svit

**gnat** [næt] komár

**go\*** [gəu] jít, chodit; jet; cestovat; odejít, odjet; pokračovat; **~ bad\*** [bæd] zkazit se

**goal** [gəul] cíl; branka; gól

**goat** [gəut] koza

**God** [god] Bůh

**gold** [gəuld] zlato; zlatá medaile

**good\*** [gud] dobrý; hodný; milý; správný; dobro

**goods** [gudz] zboží; **~ train** [trein] nákladní vlak;
  **consumer ~** [kən'sju:mə] spotřební zboží
**goose\*** [gu:s] husa
**gooseberry** [guzbəri] angrešt
**gorgeous** [go:džəs] nádherný, skvělý
**gospel** [gospl] evangelium
**gossip** [gosip] klepna; klep, kleveta; klevetit
**govern** [gavən] vládnout; řídit; ovládat; **–ing**
  [-iŋ] vládnoucí; **–ment** [mənt] vláda
**gown** [gaun] toaleta, večerní šaty; župan; talár
**grab** [græb] popadnout, chytit; hmátnout (at/po)
**grace** [greis] půvab, elegance, šarm
**gracious** [greišəs] elegantní, zdvořilý; velkorysý
**grade** [greid] stupeň; Am. známka; třídit; od-
  stupňovat
**gradual** [grædjuəl] postupný; pozvolný
**graduate** [grædjueit] absolvovat vysokou školu;
  [grædjuət] absolvent univerzity
**grain** [grein] zrno; zrní, obilí; jádro dřeva
**grand** [grænd] veliký, velkolepý
**granddaughter** [grændo:tə] vnučka
**grandfather** [grænfa:ðə] dědeček
**grandmother** [grænmaðə] babička

**grandson** [grænsən] vnuk

**grant** [gra:nt] vyhovět; udělit, poskytnout; uznat; **take\* for –ed** považovat za samozřejmé

**grape** [greip] zrnko vína; **–s** hrozny, víno

**grasp** [gra:sp] uchopit; sevřít; pochopit; porozumění, chápání; hmat; uchopení

**grass** [gra:s] tráva

**grateful** [greitfl] vděčný

**gratitude** [grætitju:d] vděčnost

**grave** [greiv] hrob; vážný, závažný

**gravy** [greivi] šťáva z masa, omáčka

**graze** [greiz] pást (se); škrábnout (se); odřít (se)

**grease** [gri:s] sádlo, tuk; mazadlo; namazat

**great** [greit] velký; důležitý, významný

**greedy** [gri:di] nenasytný, hltavý; chamtivý

**Greek** [gri:k] řecký; Řek; řečtina

**green** [gri:n] zelený; **–grocer** [-grəusə] zelinář

**greet** [gri:t] pozdravit; **–ing** [-iŋ] pozdrav

**grey** [grei] šedý, šedivý; přen. chmurný; šeď

**grief** [gri:f] zármutek, hoře, smutek

**grieve** [gri:v] rmoutit (se); trápit (se)

**grim** [grim] zachmuřený; vzteklý; úporný

**grind\*** [graind] mlít; brousit; skřípat zuby

**grip** [grip] uchopení, stisk; sevřít; uchopit

**groan** [grəun] (za)sténat; sténání, zaúpění

**grocer** [grəusə] obchodník s potravinami

**ground** [graund] půda, země; území

**ground floor** ['graund,flo:] přízemí

**group** [gru:p] skupina; seskupit (se)

**grow\*** [grəu] (vy)růst; pěstovat; stát se jakým

**growth** [grəuθ] růst; výrůstek; porost

**guarantee** [gærən'ti:] ručitel; záruka; ručení; (za)ručit, garantovat

**guard** [ga:d] střeh; stráž, hlídka; průvodčí; střežit, hlídat

**guess** [ges] domněnka; hádat; tušit; myslit

**guest** [gest] host, návštěvník

**guide** [gaid] vůdce, průvodce, vodítko

**guilt** [gilt] vina, poklesek; **–y** [-i] vinen

**guinea pig** ['gini,pig] morče

**guitar** [gi'ta:] kytara; **play the ~** hrát na kytaru

**gulf** [galf] zátoka, záliv

**gum** [gam] guma; lepidlo; lepit; pl **–s** [-z] dásně; **chewing ~** žvýkačka

**gun** [gan] střelná zbraň; dělo; puška; revolver

**gurgle** [gə:gl] bublat; broukat si; pobrukování

**guts** [gats] pl vnitřnosti, útroby; odvaha, kuráž
**gutter** [gatə] okap; strouha, kanál
**gymnasium** [džim'neiziəm] tělocvična

# H

**habit** [hæbit] zvyk, návyk; **bad\* ~** [bæd] zlozvyk
**habitual** [hə'bičuəl] obvyklý, návyklý
**hag** [hæg] baba; čarodějnice, babizna
**hail** [heil] kroupy; **it is –ing** padají kroupy
**hair** [heə] vlas, chlup; vlasy; srst
**half\*** [ha:f] půlka, polovina; půl; napůl, zpola; polovičat; **–time** [,ha:f'taim] poločas
**hall** [ho:l] sál, síň, předsíň, hala
**halt** [ho:lt] zastávka; zastavit se
**ham** [hæm] šunka
**hammer** [hæmə] kladivo; tlouci kladivem, bušit
**hand** [hænd] ruka; ručička hodin; strana
**handbag** [hænd̦bæg] kabelka
**handbook** [hændbuk] příručka; průvodce; učebnice
**handful** [hændful] hrst(ka)
**handicraft** [hændikra:ft] řemeslná výroba

**handkerchief** [hæŋkəči:f] kapesník

**handle** [hændl] klika; držadlo, rukojeť; do-
kýdat se; manipulovat (**with/s**); zacházet

**handsome** [hænsəm] hezký, pěkný o muži;
urostlá o ženě; štědrý

**hang** * [hæŋ] zavěsit, vyvěsit, pověsit; viset;
~ **around** poflakovat se

**happen** [hæpn] stát se, přihodit se, udát se

**happiness** [hæpinəs] štěstí, spokojenost

**happy** [hæpi] šťastný; **feel*** ~ [fi:] cítit se dobře

**harbour** [ha:bə] přístav; přístřeší; přechovávat

**hard** [ha:d] tvrdý; přísný, krutý; obtížný; těž-
ký; tvrdě, těžce; pilně, usilovně

**harden** [ha:dn] zpevnit, ztvrdit; ztvrdnout

**hardly** [ha:dli] sotva, stěží

**hardware** [ha:dweə] železářské zboží; žele-
zářství; příslušenství počítače

**hare** [heə] zajíc

**harm** [ha:m] újma; škoda; poškodit, ublížit;
**–ful** [-ful] škodlivý

**harsh** [ha:š] drsný, ukrutný; přísný, tvrdý

**harvest** [ha:vist] žně, sklizeň

**haste** [heist] spěch, chvat; **in** ~ ve spěchu

**handicraft**                                          104

**hasten** [heisn] spěchat; uspíšit

**hat** [hæt] klobouk

**hate** [heit] nenávidět; nemít rád, nesnášet

**have\*** [hæv] mít; vlastnit; muset (**to do sth./**něco udělat); **I ~ to go\*** now už musím jít

**hawk** [ho:k] jestřáb, sokol

**hay** [hei] seno; **~ fever** senná rýma

**he** [hi:] on

**head** [hed] hlava; líc; ředitel; být v čele, vést

**headache** [hedeik] bolení hlavy

**heading** [hediŋ] záhlaví, nadpis, titul

**headlight** [hedlait] přední světlo, reflektor

**headmaster** [hed'ma:stə] ředitel školy

**headquarters** [hedkwo:təz] ústředí, centrála

**heal** [hi:l] léčit; zahojit se

**health** [helθ] zdraví; **–y** [-i] zdravý

**heap** [hi:p] hromada; nahromadit; pl **–s** mnoho

**hear\*** [hiə] slyšet; poslouchat; dovědět se; **–er** [-rə] posluchač

**heart** [ha:t] srdce; **–beat** [-bi:t] tep srdce

**hearth** [ha:θ] krb; ohniště

**heat** [hi:t] horko, teplo, vedro, žár; topit; rozehřát; ohřívat, (o)hřát (se)

**heated** [hi:tid] vytápěný; vzrušený; vášnivý
**heath** [hi:θ] vřes; vřesoviště
**heave\*** [hi:v] zvednout; táhnout, vléci
**heaven** [hevn] nebe, nebesa
**heavy** [hevi] těžký; těžkopádný; hluboký
**hedge** [hedž] živý plot
**hedgehog** [hedžhog] ježek
**heel** [hi:l] pata; podpatek
**height** [hait] výška
**heir** [eə] dědic; **sole ~** [səul] univerzální dědic
**hell** [hel] peklo; **go\* to ~!** jdi někam!
**helm** [helm] kormidlo
**helmet** [helmit] přilba
**help** [help] pomoc; pomoci; posloužit; **–ful**
  [-ful] nápomocný; prospěšný
**hem** [hem] lem; obruba; lemovat, obroubit
**hemisphere** [hemisfiə] polokoule
**hemp** [hemp] konopí; marihuana, hašiš
**hen** [hen] slepice; **~ party** [pa:ti] dámská jíz-
  da; **–pecked** [-pekt] pod pantoflem
**her** [hə:, hə] ji, jí; její; **I like ~** mám ji rád
**herb** [hə:b] bylina; pl **–s** koření
**herd** [hə:d] stádo; houf lidí

**here** [hiə] zde; **~ you are!** prosím, tady máte!
**hereditary** [hə'redətri] dědičný
**heritage** [heritidž] dědictví, odkaz
**hero** [hiərəu] hrdina; románový hrdina
**herself** [hə:'self] (ona) sama; se
**hesitate** [heziteit] váhat, zdráhat se
**hew\*** [hju:] sekat; přeseknout; skácet, porazit
**hiccup** [hikap] škytavka; škytat
**hide\*** [haid] skrýt (se), schovat (se); zatajit
**high** [hai] vysoký; **–ly** [-li] vysoce, velice
**hike** [haik] chodit na výlety, trampovat; túra
**hill** [hil] kopec, vrch; hora; **–side** [said] stráň
**him** [him] ho, jeho; jemu, jím
**hinder** [hində] překážet, vadit; zpomalovat
**hindrance** [hindrəns] překážka
**hint** [hint] poznámka; náznak; rada; naznačit
**hip** [hip] bok, kyčel; bot. šípek
**hire** [haiə] (pro)nájem; (pro)najmout (si)
**his** [hiz] jeho; **he did ~ best** dělal co mohl
**hit\*** [hit] udeřit; zasáhnout, trefit (se); úder;
    zásah, trefa; hit, šlágr
**hitch** [hič] háček; zaháknout; **–hike** [-haik]
    stopovat; **–hiking** [-haikiŋ] autostop

**hive** [haiv] úl; roj včel

**hoarfrost** [ho:frost] jinovatka

**hobby** [hobi] koníček, záliba

**hog** [hog] vepř, prase; chamtivec; urvat si

**hold*** [həuld] držet; pojmout; zachovávat; ~ **off** zadržet, zastavit; ~ **over** odložit; ~ **out** vydržet; ~ **up** přepadnout

**hole** [həul] díra, otvor

**holiday** [holədei] den pracovního volna; svátek; pl **–s** prázdniny; dovolená

**hollow** [holəu] dutý; dutina; hloubit

**holy** [həuli] svatý, posvátný

**homage** [homidž] pocta

**home** [həum] domov; byt; vlast; domácí

**honest** [onist] čestný, poctivý

**honey** [hani] med; miláček; ~! miláčku!, zlatíčko!; **–moon** [-mu:n] svatební cesta, líbánky

**honour** [onə] čest; pocta; vyznamenání; ctít, poctít; **–able** [onərəbl] ctihodný; čestný

**hood** [hud] kapuce; Am. kapota

**hoof*** [hu:f] kopyto

**hook** [huk] hák, háček; vidlice telefonu; zaháknout, uchytit; sepnout; ulovit

**hop** [hop] chmel; (po)skok; poskakovat

**hope** [həup] naděje; doufat; **–ful** [-fl] nadějný

**horn** [ho:n] roh; paroh; **–y** [-i] zrohovatělý; nadržený

**horrible** [horəbl] hrozný, strašný, odporný

**horse** [ho:s] kůň; **–man\*** [-mən] jezdec; **–shoe** [-šu:] podkova; **ride\* a ~** [raid] jezdit na koni

**hose** [həuz] hadice; punčochy

**hospitable** [ho'spitəbl] pohostinný

**hospital** [hospitl] nemocnice

**host** [həust] hostitel; **–ess** [-is] hostitelka

**hostage** [hostidž] rukojmí

**hostel** [hostl] kolej studentská; noclehárna

**hostile** [hostail] nepřátelský

**hot** [hot] horký; ostrý jídlo; kradený; **–bed** [-bed] pařeniště; **–house** [-haus] skleník

**hour** [auə] hodina; **office –s** [ofis] úřední hodiny

**house** [haus] dům, domek; sněmovna; ubytovna; **–hold** [haushəuld] domácnost; **–work** [hauswə:k] domácí práce

**how** [hau] jak?; **~ much is it?** kolik to stojí?

**howl** [haul] výt; vytí, skučení, kvílení

**huge** [hju:dž] obrovský, ohromný

**human** [hju:mən] lidský; **~ rights** [raits] lidská práva; **the ~ race** [reis] lidstvo

**humble** [hambl] ponížený, pokorný; skromný

**humor** [hju:mə] nálada; humor; **sense of ~** smysl pro humor

**hundred** [handrəd] sto; stovka

**hunger** [hangə] hlad; touha (**for/po**); hladovět

**hungry** [hangri] hladový; žádostivý, lačný

**hunt** [hant] lov, hon; lovit; **~ for** shánět; stíhat

**hunter** [hantə] lovec; ohař

**hurdle** [hə:dl] překážka závodní; přeskočit

**hurry** [hari] spěch; pospíchat, spěchat

**hurt\*** [hə:t] (po)ranit; ublížit; dotknout se; poraněný; **does it ~?** bolí to?

**husband** [hazbənd] manžel, muž

**hut** [hat] chatrč, bouda; chata

**hyphen** [haifən] spojovací čárka

**hypocrisy** [hi'pokrəsi] pokrytectví; přetvářka

# I

**I** [ai] já; **it is ~** to jsem já

**ice** [ais] led; zmrzlina; zmrazit; **~ cream** [-'kri:m] zmrzlina; **~ cube** [kju:b] kostka ledu

**icicle** [aisikl] rampouch

**icy** [aisi] ledový, mrazivý; zledovatělý

**idea** [ai'diə] pojem; myšlenka, nápad; představa; **–l** [-l] ideální, dokonalý; ideál

**identical** [ai'dentikl] totožný, stejný

**identity** [ai'dentəti] identita; totožnost; **~ card** občanský průkaz

**idle** [aidl] líný; nečinný; zahálčivý

**if** [if] jestliže/-li; zdali; kdyby

**ignore** [ig'no:] ignorovat, nebrat v úvahu

**ill** [il] zlý, špatný; nemocný; **I feel\* ~** je mi zle

**illegal** [i'li:gəl] nezákonný; ilegální; zakázaný

**illegible** [i'ledžəbl] nečitelný

**illness** [ilnəs] nemoc, choroba

**illustrate** [iləstreit] ilustrovat; objasnit

**image** [imidž] obraz, zobrazení; reputace

**imagine** [i'mædžin] představit si, domnívat se, myslit; **just ~!** [džast] jen si představ!

**immediate** [i'mi:diət] bezprostřední; oka-
mžitý; **–ly** [-li] ihned, okamžitě

**immerse** [i'mə:s] ponořit (**in**/do); pohroužit se

**imminent** [iminənt] hrozící, akutní, bezpro-
střední

**immoral** [i'morəl] nemravný, nemorální

**immortal** [i'mo:tl] nesmrtelný, věčný

**impact** [impækt] náraz; vliv, účinek, dopad

**impartial** [im'pa:šl] nestranný, objektivní

**impatient** [im'peišnt] netrpělivý, nedočkavý

**impersonal** [im'pə:sənl] neosobní

**impertinent** [im'pə:tinənt] drzý, nestoudný

**implement** [implimənt] nástroj; uskutečnit

**imply** [im'plai] zahrnovat; znamenat; vyplývat

**impolite** [,impə'lait] nezdvořilý, neslušný

**importance** [im'po:təns] důležitost; význam

**impose** [im'pəuz] uložit; vyhlásit; uvalit

**impossible** [im'posəbl] nemožný, nesnesitelný

**impostor** [im'postə] podvodník

**impotence** [impətəns] neschopnost; impotence

**impracticable** [im'præktikəbl] neproveditelný

**impress** [im'pres] vtlačit, vtisknout; učinit dojem;
imponovat; **be\* –ed** být imponovaný, zaujatý

**impression** [im'prešn] otisk; dojem; pocit

**imprison** [im'prizn] uvěznit, zavřít

**improbable** [im'probəbl] nepravděpodobný

**improper** [im'propə] nevhodný, neslušný

**improve** [im'pru:v] zlepšit (se), zdokonalit (se); **–ment** [-mənt] zlepšení, zdokonalení

**impulse** [impals] podnět, impuls; nutkání

**impure** [im'pjuə] nečistý; necudný, nízký

**in** [in] v; do; na; během; dovnitř; **is he ~?** je doma?

**inaccessible** [inək'sesəbl] nepřístupný

**inadequate** [i'nædikwət] nepřiměřený, nedostatečný; nevhodný; neschopný; chabý

**inanimate** [in'ænimit] neživý, neživotný

**inaudible** [i'no:dəbl] neslyšitelný

**inaugurate** [i'no:gjəreit] zasvětit, uvést do

**incapable** [in'keipəbl] neschopný (**of**/čeho)

**inch** [inč] coul, palec (2,54 cm)

**incident** [insidnt] událost, příhoda, případ; nehoda; **–al** [insi'dentl] nahodilý, náhodný

**inclination** [inkli'neišn] sklon; náklonnost

**incline** [in'klain] sklonit (se), naklonit (se); mít sklon (**to**/k)

**include** [in'klu:d] zahrnout, obsahovat

**including** [in'klu:diŋ] včetně

**incoherent** [ˌinkəu'hiərənt] nesouvislý

**income** [inkəm] příjem, plat; výdělek

**incomparable** [in'kɔmpərəbl] nesrovnatelný

**incompatible** [ˌinkəm'pætəbl] neslučitelný

**incompetence** [in'kɔmpitəns] neschopnost

**incomprehensible** [in,kɔmpri'hensəbl] nesrozumitelný

**inconceivable** [ˌinkən'si:vəbl] nepředstavitelný; nepochopitelný

**inconsiderate** [ˌinkən'sidərət] bezohledný

**inconspicuous** [ˌinkən'spikjuəs] nenápadný

**inconvenient** [ˌinkən'vi:niənt] nevhodný; nevýhodný; nepohodlný; rušivý

**incorrect** [ˌinkə'rekt] nesprávný, chybný; neslušný

**increase** [in'kri:s] zvětšit (se); zvýšit (se); [in-kri:s] zvětšení; zvýšení; přírůstek

**incredible** [in'kredəbl] neuvěřitelný; fantastický

**incurable** [in'kjuərəbl] nevyléčitelný

**indebted** [in'detid] zadlužený; zavázaný

**indecent** [in'di:snt] neslušný, nemravný

**indeed** [in'di:d] opravdu, skutečně, vskutku

**indefinite** [in'defənət] neurčitý, nevymezený

**indemnity** [in'demnəti] pojištění, zabezpečení; odškodné, náhrada škody

**independence** [indi'pendəns] nezávislost

**index** [indeks] index; ukazatel; rejstřík; ~ **finger** [fingə] ukazováček

**indicate** [indikeit] ukázat; označit, naznačit

**indict** [in'dait] obvinit, obžalovat

**indifferent** [in'difrənt] lhostejný, netečný

**indigestion** [indi'džesčən] zažívací potíže

**indignation** [,indig'neišn] rozhořčení, pobouření

**indiscreet** [,indi'skri:t] nediskrétní, netaktní

**indisposed** [,indi'spəuzd] indisponovaný; neochotný (**to/k**); churavý

**indistinct** [,indi'stiŋkt] nezřetelný, nejasný

**individual** [,indi'vidžuəl] jednotlivý; osobní

**indolent** [indələnt] líný, zahálčivý

**indoors** [in'do:z] doma, pod střechou, uvnitř

**indubitable** [in'dju:bitəbl] nepochybný

**induce** [in'dju:s] přimět; indukovat; vyvolat

**indulge** [in'daldž] holdovat (**in/**čemu); hýčkat, rozmazlovat; dopřávat si (**in/**čeho)

**industrial** [in'dastriəl] průmyslový

**industrious** [in'dastriəs] pilný, pracovitý

**ineffective** [ini'fektiv] neúčinný; neschopný

**inefficient** [ini'fišnt] nevýkonný; nehospodárný

**inexhaustible** [inig'zo:stəbl] nevyčerpatelný

**inexplicable** [inik'splikəbl] nevysvětlitelný

**infallible** [in'fæləbl] neomylný; bezpečný

**infant** [infənt] kojenec; nemluvně; práv. nezletilý

**infect** [in'fekt] infikovat, nakazit; **–ion** [in-'fekšn] nákaza; **–ous** [in'fekšəs] nakažlivý

**inferior** [in'fiəriə] nižší; dolejší; horší; pod-řadný; podřízený; horší kvality

**infernal** [in'fə:nl] pekelný, ďábelský

**infinite** [infinət] nekonečný, neohraničený

**infirm** [in'fə:m] neduživý, churavý; nejistý

**inflammation** [inflə'meišn] *med.* zánět, zápal

**inflate** [in'fleit] nafouknout; vyhnat ceny

**inflation** [in'fleišn] inflace; nafouknutí

**influence** [influəns] vliv; ovlivnit

**influenza** [,influ'enzə] chřipka

**inform** [in'fo:m] oznámit; informovat; udat

**information** [,infə'meišn] informace, zpráva

**informer** [in'fo:mə] informátor; udavač

**infuse** [in'fju:z] nalít; spařit, vyluhovat se

**infusion** [in'fju:žn] odvar, nálev; infuze

**ingenious** [in'dži:niəs] důmyslný, vynalézavý

**ingenuous** [in'dženjuəs] upřímný, bezelstný

**ingredient** [in'gri:diənt] přísada, složka

**inhabit** [in'hæbit] bydlit, obývat; **–ant** [-ənt] obyvatel, občan

**inherit** [in'herit] zdědit (**from**/po); **–ance** [-əns] dědictví, pozůstalost

**inhuman** [in'hju:mən] nelidský; krutý

**initial** [i'nišl] počáteční; **–ly** [-li] zprvu

**injure** [indžə] ublížit; poškodit; poranit

**injury** [indžəri] poranění, zranění, úraz; bezpráví, křivda; škoda, poškození

**injustice** [in'džastis] bezpráví; nespravedlnost

**ink** [iŋk] inkoust; tisková barva; tuš

**inland** [inlənd] vnitrozemský; domácí, tuzemský; [inlænd] ve/do vnitrozemí

**inn** [in] hostinec; malý hotýlek

**inner** [inə] vnitřní

**innocent** [inəsənt] nevinný

**inquiry** [in'kwaiəri] dotaz, informace

**insane** [in'sein] šílený, duševně chorý

**inscription** [in'skripšn] nápis, věnování

**insect** [insekt] hmyz

**insensible** [in'sensəbl] necitelný; v bezvědomí

**inseparable** [in'sepərəbl] neodlučný, nedílný

**insert** [in'sə:t] vložit, vsunout; [insə:t] příloha; vsuvka; inzerát

**inside** [in'said] vnitřek; vnitřní; uvnitř; dovnitř; **–r** [-ə] zasvěcený, dobře informovaný člověk

**insignificant** [ˌinsig'nifikənt] bezvýznamný

**insist** [in'sist] naléhat, trvat (**on/na**)

**insolent** [insələnt] drzý, nestoudný, nestydatý

**insoluble** [in'soljəbl] nerozpustný; neřešitelný

**inspect** [in'spekt] prohlédnout, prozkoumat, prohlížet, dohlížet na; kontrolovat

**inspiration** [ˌinspə'reišn] inspirace, vnuknutí

**inspire** [in'spaiə] nadchnout, inspirovat

**install** [in'sto:l] umístit, instalovat

**instalment** [in'sto:lmənt] splátka; pokračování

**instance** [instəns] příklad; případ; **for ~** například

**instant** [instənt] okamžik; **–ly** [-li] okamžitě

**instead** [in'sted] místo toho; **~ of me** místo mne, namísto mne

**instruct** [in'strakt] vyučovat, učit, poučit; instruovat; dávat pokyny

**instruction** [in'strakšn] vyučování; pokyn, poučení; příkaz

**insufficient** [insə'fišnt] nedostatečný

**insult** [insalt] urážka; [in'salt] urazit

**insurance** [in'šuərəns] pojištění, pojistka

**insure** [in'šuə] pojistit (**against**/proti)

**integrity** [in'tegrəti] celistvost; bezúhonnost

**intelligence** [in'telidžəns] inteligence, rozum, chápavost; zpráva, informace

**intend** [in'tend] zamýšlet, chtít, hodlat

**intense** [in'tens] prudký, silný, intenzívní

**intention** [in'tenšn] záměr; účel, úmysl

**intercept** [intə'sept] zachytit, zadržet

**interchange** [intə'čeindž] vyměnit; zaměnit; [intəčeindž] výměna; křižovatka

**intercourse** [intəko:s] styk, vztah; **sexual ~** pohlavní styk

**interest** [intrəst] zájem; úrok(y); **be\* ~ed in sth.** mít zájem o co; **~ing** [-iŋ] zajímavý

**interfere** [intə'fiə] zasahovat; překážet

**interior** [in'tiəriə] vnitřní; vnitřek, interiér

**intermediary** [intə'mi:diəri] zprostředkovatel

**internal** [in'tə:nl] vnitřní; tuzemský

**interpret** [in'tə:prit] vysvětlovat, vykládat; tlumočit; **–ation** [in,tə:pri'teišn] výklad; tlumočení; **–er** [in'tə:pritə] tlumočník

**interrogate** [in'terəgeit] vyslýchat

**interrupt** [intə'rapt] přerušit; překážet

**intervene** [intə'vi:n] zakročit, zasáhnout (**in**/do)

**intestines** [in'testinz] pl střeva, vnitřnosti

**intimate** [intimət] důvěrný, blízký; intimní

**intimidate** [in'timideit] zastrašit

**into** [intu, intə] do; na; v

**intolerable** [in'tolərəbl] nesnesitelný

**intoxicate** [in'toksikeit] omámit; opít

**introduce** [intrə'dju:s] uvést, zavést; představit; **let\* me ~ myself** dovolte mi, abych se představil

**introduction** [intrə'dakšn] úvod; zavedení

**intrude** [in'tru:d] vetřít se; vyrušovat

**invade** [in'veid] vpadnout; postihnout

**invalid** [in'vælid] neplatný; [invəli:d] invalida

**invent** [in'vent] vynalézt; **–ion** [in'venšn] vynález; **–or** [in'ventə] vynálezce

**invest** [in'vest] investovat; vložit (**in** / do)

**investigate** [in'vestigeit] pátrat; vyšetřovat

**investigation** [in͵vesti'geišn] výzkum, zkoumání; pátrání, vyšetřování

**invincible** [in'vinsəbl] nepřemožitelný

**invisible** [in'vizəbl] neviditelný

**invitation** [invi'teišn] pozvání; **~ card** pozvánka

**invite** [in'vait] pozvat; vyzvat, vybídnout

**invoice** [invois] účet za zboží, faktura

**involve** [in'volv] zapojit, zahrnout; vyžadovat

**inward** [inwəd] vnitřní

**iron** [aiən] železo; žehlička; žehlit

**irony** [aiərəni] ironie, sarkasmus

**irregular** [i'regjulə] nepravidelný

**irritation** [iri'teišn] dráždění; podráždění

**Islam** [izla:m] islám

**island** [ailənd] ostrov; **–er** [-ə] ostrovan

**isolate** [aisəleit] izolovat; odloučit

**issue** [išu:] problém; vydání; číslo časopisu

**it** [it] to; ono; **~ is late** je pozdě; **its** [its] jeho

**Italian** [i'tæljən] italský; Ital; italština

**item** [aitem] položka; předmět; věc; bod

**itself** [it'self] (ono) samo; se

# J

**jack** [džæk] zvedák, hever; kluk v kartách

**jail** [džeil] žalář, vězení; uvěznit

**jam** [džæm] vtlačit; ucpat; rozmačkat; zavařenina; džem, ucpání, tlačenice

**January** [džænjuəri] leden; lednový

**jar** [dža:] džbán; sklenice; skřípání; (za)skřípat

**jaundice** [džo:ndis] med. žloutenka

**jaw** [džo:] dáseň; čelist; kecat, klábosit; **–bone** [-bəun] čelistní kost

**jealous** [dželəs] žárlivý (**of**/na); **–y** [-i] žárlivost

**jeans** [dži:ns] pl džíny, rifle

**jeer** [džiə] posmívat se; posměšek, úšklebek

**jelly** [dželi] želé, želatina; Am. zavařenina

**jerk** [džə:k] trhnutí, škubnutí; trhnout, škubnout (sebou); Am. blbec

**jest** [džest] žert; žertovat; **–er** [-ə] šašek

**Jesus** [dži:zəs] Ježíš; **~ Christ** Ježíš Kristus

**jet** [džet] trysk, proud; tryskáč

**Jew** [džu:] žid; **–ish** [-iš] židovský

**jewel** [džu:əl] klenot; **–ler** [-ə] klenotník

**jingle** [džiŋgl] cinkot; cinkat; zvonit

**job** [džob] práce, úkol; zaměstnání

**join** [džoin] spojit (se); sjednotit (se); připojit se k; vstoupit do

**joiner** [džoin|ə] truhlář; **–y** [-ri] truhlářství

**joint** [džoint] spoj, styk, svár; kloub; Br. pečeně, kýta; cigareta marihuany; společný; spojit, svařit; Br. rozporcovat maso; **~ stock company** akciová společnost

**joke** [džəuk] vtip, žert; žertovat

**jolly** [džoli] radostný, veselý; rozjařený

**journal** [džə:nl] deník, noviny; časopis

**journey** [džə:ni] cesta, zájezd

**joy** [džoi] radost, štěstí; radovat (se)

**judge** [džadž] soudce; rozhodčí; znalec; soudit; posuzovat; **–ment** [-mənt] rozsudek; posudek, soud, mínění; soudnost

**judicial** [džu:'dišl] soudní; nestranný

**jug** [džag] džbán, konev; Br. kriminál

**juice** [džu:s] šťáva, džus

**July** [džu'lai] červenec

**jump** [džamp] skočit; skok, náhlý vzrůst

**June** [džu:n] červen; červnový

**jungle** [džaŋgl] džungle

**junior** [džu:niə] mladší; juniorský, podřízený
**jury** [džuəri] porota
**just** [džast] právě, zrovna; pouze; spravedlivý
**justice** [džastis] spravedlnost; oprávněnost
**justify** [džastifai] ospravedlnit, oprávnit
**juvenile** [džu:vənail] mladistvý; dětinský

# K

**kangaroo** [kæŋgə'ru:] klokan
**keen** [ki:n] ostrý; silný, živý, intenzívní; dychtivý; **be\* ~ on sth.** strašně rád něco dělat
**keep\*** [ki:p] mít, vlastnit; zachovávat, dodržovat; držet; udržovat; podporovat; (po)nechat si; **–er** [-ə] správce, opatrovník; brankář
**kerb** [kə:b] obrubník, okraj chodníku
**kettle** [ketl] kotlík, konvice na vaření vody
**key** [ki:] klíč; klávesa, klapka; **–board** [-bo:d] klávesnice; **–hole** [-həul] klíčová dírka
**kick** [kik] kopnout, kopat nohou; kopnutí, kopanec; vzrušení, zábava
**kid** [kid] kůzle; dítě, děcko; hovor. škádlit
**kidney** [kidni] ledvina

**kill** [kil] zabít; zavraždit; zničit; zkazit radost

**kind** [kaind] druh, třída; rod; jakost; laskavý, ohleduplný; **–ness** [-nəs] laskavost, vlídnost

**king** [kiŋ] král; **–dom** [-dəm] království

**kinship** [kinšip] příbuzenství

**kiss** [kis] pusa, polibek; líbat, políbit

**kit** [kit] nářadí řemeslnické; souprava dílů

**kitchen** [kičən] kuchyně; **–ette** [ˌkičiˈnet] kuchyňka, kuchyňský kout

**kitten** [kitn] kotě, koťátko

**knapsack** [næpsæk] batoh, ruksak

**knead** [ni:d] hníst, válet těsto

**knee** [ni:] koleno; klečet, kleknout (si)

**kneel\*** [ni:l] kleknout (si), pokleknout

**knickers** [nikəz] pl kalhotky

**knife\*** [naif] nůž; **table ~** [teibl] příborový nůž

**knit\*** [nit] plést jehlicemi; **–ting-machine** [-iŋ- məˈši:n] pletací stroj

**knob** [nob] knoflík u rádia; kulová klika

**knock** [nok] klepat, zaklepat; udeřit; úder

**knot** [not] uzel; suk; háček problém; zauzlit (se)

**know\*** [nəu] vědět, znát; **who –s?** kdo ví?

**knowledge** [nolidž] znalost, vědění, vědomosti

# L

**label** [leibl] známka, viněta; označit štítkem

**laborious** [lə'bo:riəs] pracný, namáhavý

**labour** [leibə] práce; námaha; dělníci

**lack** [læk] nedostatek (**of**/čeho); postrádat

**lad** [læd] mládenec, hoch; hovor. kámoš

**ladder** [lædə] žebřík; oko na punčoše

**lady** [leidi] dáma, paní; **L**– šlechtický titul pro ženy

**lake** [leik] jezero, jezírko

**lamb** [læm] jehně, beránek; jehněčí maso

**lament** [lə'ment] bědování; bědovat

**lamp** [læmp] lampa, svítilna; reflektor

**land** [lænd] pevnina; země; souše; pozemek; půda; kraj, stát; přistát; **–lady** [-leidi] domácí paní, bytná

**landscape** [lændskeip] kraj; krajina

**lane** [lein] polní cesta; ulička; trasa letecká

**language** [læŋgwidž] jazyk, řeč

**lap** [læp] klín člověka; kolo, etapa

**larch** [la:č] modřín

**lard** [la:d] vepřové sádlo; špikovat

**large** [la:dž] velký, silný; rozsáhlý, rozlehlý

**last** [la:st] poslední; minulý; naposledy; trvat; vystačit, stačit, snášet; **at ~** konečně

**late** [leit] opožděný; pozdní; bývalý; pozdě; **be\* ~** přijít pozdě; **–ly** [-li] v poslední době, nedávno; **–comer** [-kamə] opozdilec

**latent** [leitənt] skrytý, utajený

**lather** [la:ðə] mýdlová pěna; (na)mydlit; pěnit

**latter** [lætə] pozdější; druhý ze dvou

**laugh** [la:f] smát se; smích; **–ter** [-tə] smích

**launch** [lo:nč] spustit na vodu; zahájit; vypustit; uvést na trh; spuštění; odpálení rakety

**laundry** [lo:ndri] prádelna; prádlo

**lavatory** [lævətəri] záchod, toaleta

**lavish** [læviš] štědrý; okázalý; **–ly** [-li] štědře

**law** [lo:] zákon; právo; pravidlo

**lawn** [lo:n] trávník; **–mower** [-məuə] sekačka

**lawyer** [lo:jə] právník, právní zástupce

**lay\*** [lei] klást, položit; **~ the table** prostřít stůl; poloha; laický, neodborný

**layer** [leiə] vrstva; nátěr; nános

**lazy** [leizi] líný, lenivý, zahálčivý

**lead\*** [li:d] vést; vedení; šňůra elektrického vedení; hlavní role

**lead** [led] olovo; tuha

**leader** [li:də] lídr; vedoucí; vůdce; úvodník

**leaf\*** [li:f] list stromu; stránka knihy; zub kola

**leak** [li:k] puklina; únik informací; ucházet, téci

**lean\*** [li:n] naklánět (se); opírat (se); spoléhat (se); hubený, skrovný, chudý; libový maso

**leap\*** [li:p] skákat; skok; **~ year** přestupný rok

**learn\*** [lə:n] učit se; dovědět se; studovat

**lease** [li:s] nájem, pronájem

**least** [li:st] nejmenší; nejméně

**leather** [leðə] kůže; **–ette** [-'ret] imitace kůže

**leave\*** [li:v] (za)nechat; opustit; odejít; odjet; odkázat; zapomenout; dovolení; dovolená

**lecture** [lekčə] přednáška; přednášet

**left** [left] levý; vlevo; nalevo; zanechaný

**leg** [leg] noha; nohavice; kýta; noha stolu

**legacy** [legəsi] dědictví, odkaz

**legal** [li:gl] zákonitý, zákonný, právní

**legitimate** [li'džitəmət] zákonný; legitimní

**leisure** [ležə] volný čas, volno

**lemon** [lemən] citrón; **–ade** [-eid] citronáda

**lend\*** [lend] půjčit; propůjčit

**length** [leŋθ] délka; **–en** [-n] prodloužit (se)

**lens** [lenz] čočka sklo

**lenses** pl objektiv

**lentil** [lentil] čočka luštěnina

**less** [les] menší; méně; bez, mínus; **–en** [-n] zmenšit (se); **–er** [-ə] menší; méně důležitý

**lesson** [lesn] lekce; vyučovací hodina; poučení

**lest** [lest] aby ne

**let\*** [let] nechat; dovolit; pronajmout; **~ in** vpustit; **~ off** odpálit; **~ out** vypustit

**letter** [letə] písmeno; dopis

**lettuce** [letis] hlávkový salát

**level** [levl] rovina; úroveň; rovný; stejnoměrný

**lever** [li:və] páka; **gear ~** [giə] řadící páka

**liability** [ˌlaiə'biləti] odpovědnost; přítěž

**liable** [laiəbl] odpovědný; podléhající

**liar** [laiə] lhář

**liberal** [libərəl] liberální; svobodomyslný

**liberate** [libəreit] osvobodit; uvolnit

**liberty** [libəti] svoboda, volnost

**library** [laibrəri] knihovna; edice; série

**licence** [laisəns] povolení, koncese; licence

**lid** [lid] poklička, víko; oční víčko

**lie\*** [lai] lež; lhát; ležet, lehnout si

**life\*** [laif] život; **~ assurance** [ə'šo:rəns] životní pojistka; **–long** [-loŋ] celoživotní
**lift** [lift] zvednout (se); výtah; podpora
**light\*** [lait] zapálit; světlo; světlý; lehký; jasný; blond; **~ up** rozsvítit; osvětlovat
**lighter** [laitə] zapalovač
**lighthouse** [laithaus] maják
**lighting** [laitiŋ] osvětlení
**lightning** [laitning] blesk
**like** [laik] podobný; stejný; jako; mít rád
**likelihood** [laiklihud] pravděpodobnost
**likeness** [laiknəs] podobnost, podoba
**likewise** [laikwaiz] rovněž; stejně; též
**lilac** [lailək] šeřík; lila barva
**limb** [lim] úd; končetina; větev
**lime** [laim] vápno; lípa; limeta citrusový plod
**limit** [limit] hranice, omezení; mez; omezit; **–ation** [limi'teišn] omezení; vada, nedostatek
**limp** [limp] kulhat; kulhavost; schlíplý
**line** [lain] provaz; šňůra; čára; přímka; řada; trať, linka; linkovat; řádkovat; rýhovat
**linen** [linin] plátno; prádlo
**lining** [lainiŋ] podšívka; obložení

**link** [liŋk] spojovací článek; spojení; spojovat (se)

**lion** [laiən] lev; **–ess** [-əs] lvice

**lip** [lip] ret; **~-read** [-ri:d] odezírat

**liquid** [likwid] tekutý; tekutina

**liquor** [likə] lihovina silná; alkohol

**list** [list] seznam; výčet; sepsat, zapsat

**listen** [lisn] poslouchat, naslouchat (to/komu)

**literal** [litərəl] doslovný; **–ly** [-li] doslova

**litre** [li:tə] litr

**little** [litl] malý i pro vyjádření zdrobnělin; málo

**live** [liv] žít; bydlet; [laiv] živý; žijící; přímý přenos

**liver** [livə] játra

**living** [liviŋ] živobytí; živý, žijící; životní

**lizard** [lizəd] ještěrka

**load** [ləud] náklad, naložit; **–ed** [-id] naložený

**loaf*** [ləuf] bochník chleba; povalovat se

**loan** [ləun] půjčka; **take * up a** – vzít si půjčku

**lobster** [lobstə] humr

**local** [ləukl] místní, zdejší; místní obyvatel

**lock** [lok] kadeř; zámek; zamknout; **–smith** [smiθ] zámečník

**lodger** [lodžə] podnájemník

**lodgings** [lodžiŋz] podnájem

**loft** [loft] půda; podkroví

**lofty** [lofti] vysoký; povýšený; vznosný

**log** [log] poleno; kláda; lodní deník

**lonely** [ləunli] osamělý, sám, opuštěný

**long** [loŋ] dlouhý; dlouho; toužit (**for**/po)

**longing** [loŋiŋ] touha; toužebný

**look** [luk] dívat se, hledět; vypadat; **~ after** starat se o; **~ for** hledat; **~ forward to** těšit se na; vzhled; pohled; **a shy ~** plachý pohled

**loop** [lu:p] smyčka; klička; záhyb

**loose** [lu:s] neutažený, volný; uvolněný

**loot** [lu:t] lup, kořist; loupit, rabovat

**lord** [lo:d] pán; lord; **Lord Mayor** primátor

**lorry** [lori] Br. nákladní auto, kamion

**lose\*** [lu:z] ztrácet; ztratit; prohrát; zmeškat

**loss** [los] ztráta; škoda; prohra

**lost** [lost] ztracený; prohraný; beznadějný

**lot** [lot] turnus, osud; podíl; množství; **a ~ of** mnoho, spousta

**loud** [laud] hlasitý; křiklavý; hlasitě, nahlas

**lounge** [laundž] hala, odpočívárna v hotelu

**louse\*** [laus] veš; pl **lice** [lais] vši

**love** [lav] láska; milovat; mít (moc) rád; **in ~ with** zamilovaný do; **–ly** [-li] rozkošný, půvabný; **–r** [-ə] milovník, ctitel, milenec

**low** [ləu] nízký; tichý o zvuku; nízko

**lower** [ləuə] nižší; tišší; níže; snížit; ztišit

**loyal** [loiəl] loajální, oddaný

**loyalty** [loiəlti] věrnost

**lubricant** [lu:brikənt] mazadlo

**lubricate** [lu:brikeit] mazat; namazat stroj

**lucid** [lu:sid] jasný; přehledný, srozumitelný

**luck** [lak] náhoda, štěstí; **bad\* ~** [bæd] smůla

**luggage** [lagidž] pl zavazadla, kufry

**lukewarm** [‚lu:kʹwo:m] vlažný; povrchní

**lullaby** [laləbai] ukolébavka

**lump** [lamp] kus; hrouda; kostka cukru

**lunatic** [lu:nətik] šílený, bláznivý; šílenec

**lunch** [lanč] oběd; polední jídlo; **have\* ~** [hæv] (po)obědvat

**lungs** [lanz] pl plíce

**lure** [ljuə] lákat, vábit; návnada, pokušení

**lust** [last] chtíč, smyslnost; chtivost

**luxurious** [lagʹzjuəriəs] přepychový, luxusní

# M

**machine** [mə'ši:n] stroj, přístroj; **washing ~** [wošiŋ] pračka

**mackintosh** [mækintoš] plášť do deště

**mad** [mæd] šílený, bláznivý; praštěný

**magazine** [mægə'zi:n] časopis

**magic** [mædžik] kouzlo; kouzelný, magický

**magnificent** [mæg'nifisənt] skvělý, nádherný

**magnify** [mægnifai] zvětšovat; zveličovat

**magnitude** [mægnitju:d] rozsah; důležitost

**maid** [meid] služebná, pokojská; panna

**mail** [meil] pošta; odeslat; vhodit do schránky

**main** [mein] hlavní, rozhodující, stěžejní

**maintain** [mein'tein] udržovat; vydržovat, podporovat; tvrdit; starat se oč

**maintenance** [meintənəns] podpora; údržba

**majesty** [mædžəsti] veličenstvo; majestát

**major** [meidžə] hlavní, podstatný; důležitější; hud. dur; major; **–ity** [mə'džɔrəti] většina

**make\*** [meik] dělat; vyrábět; přimět; značka

**make up** [meik ap] doplnit; nahradit; sestavit; líčit tvář; vymyslet si

**male** [meil] mužský; samčí; muž; samec

**malicious** [məˈlišəs] zlomyslný, škodolibý

**malignant** [məˈlignənt] nenávistný; zlovolný; zaujatý; *med.* zhoubný

**mammal** [mæml] savec

**man\*** [mæn] člověk; manžel; muž; pl **men** [men]; **–power** pracovní síla

**manage** [mænidž] umět si poradit; zvládnout; řídit, spravovat; zařídit

**manager** [mænədžə] ředitel; manažer

**manifest** [mænifest] zřejmý; projevit

**manifold** [mænifəuld] mnohonásobný

**mankind** [mænˈkaind] lidstvo

**manner** [mænə] způsob; jednání, vystupování; pl **–s** [-z] chování, mravy, způsoby

**manual** [mænjuəl] ruční; tělesný; příručka

**manufacture** [ˌmænjəˈfækčə] zpracování, výroba; vyrábět, vyrobit; zpracovat

**manure** [məˈnjuə] hnůj, hnojivo; hnojit

**many** [meni] mnohý, mnoho

**map** [mæp] mapa; plán; (z)mapovat

**marble** [maːbl] mramor; mramorový

**March** [maːč] březen; březnový

**march** [ma:č] pochodovat; pochod
**margin** [ma:džin] okraj; rozpětí
**marihuana** [mæri'wa:nə] marihuana
**marine** [mə'ri:n] mořský; námořní; loďstvo;
  pl **–s** [-z] námořní pěchota
**mark** [ma:k] cíl, stopa; značka; označit
**market** [ma:kit] trh; tržnice
**marriage** [mæridž] manželství; sňatek
**marry** [mæri] oženit (se); vdát (se)
**marsh** [ma:š] močál, bažina, mokřina
**marvel** [ma:vl] div; zázrak; divit se; **–lous**
  [ma:vələs] úžasný, skvělý, nádherný
**mask** [ma:sk] maska, škraboška; skrývat
**mason** [meisn] kameník; **M–** svobodný; zednář
**mass** [mæs] hmota; masa; zástupy lidí
**massive** [mæsiv] masívní, ohromný, mohutný
**mast** [ma:st] stožár; žerď; stěžeň; bukvice
**master** [ma:stə] pán; učitel; mistr; kapitán
**mat** [mæt] rohož, rohožka; pivní tácek
**match** [mæč] sirka, zápas sportovní; hodit se
  k sobě
**mate** [meit] druh, kolega; spolužák; kámoš
**maternal** [mə'tə:nl] mateřský

**maternity** [mə'tə:niti] mateřství

**matter** [mætə] látka; hmota; záležitost; věc; otázka; téma; **printed ~** tiskopis

**mattress** [mætris] matrace

**mature** [mə'tjuə] dospělý, vyspělý; zralý; dozrát

**May** [mei] květen; **in ~** v květnu

**may\*** [mei] smět, moci; **–be** [-bi:] možná, snad

**mayor** [meə] starosta; **lady ~** starostka

**maze** [meiz] bludiště, labyrint; změř

**me** [mi:] mne, mě; mně; já

**meadow** [medəu] louka; **in the ~** na louce

**meal** [mi:l] jídlo; **~ coupon** stravenka

**mean\*** [mi:n] nízký, hanebný, zlý, podlý; znamenat, mít význam; mínit; zamýšlet

**meaning** [mi:niŋ] význam, smysl

**means** [mi:nz] prostředek; **by ~ of** pomocí; **by no ~** rozhodně ne, nikterak

**meantime** [mi:ntaim] zatím, prozatím

**measles** [mi:zlz] med., sg spalničky

**measure** [mežə] míra; rytmus; opatření; měřit

**meat** [mi:t] maso; **pork ~** [po:k] vepřové maso

**mechanic** [mi'kænik] montér, mechanik; **–s** [-s] mechanika; **–al** [-l] mechanický

**medal** [medl] medaile, řád

**meddle** [medl] vměšovat se (**in**/do)

**mediate** [mi:dieit] zprostředkovat, sjednat

**medical** [medikl] lékařský; zdravotní

**medicine** [medsn] lék; lékařství

**medieval** [medi'i:vl] středověký

**meditate** [mediteit] uvažovat, hloubat

**medium** [mi:diəm] střed; průměr; střední

**medley** [medli] směs; směsice; pel-mel

**meet*** [mi:t] potkat; sejít se; seznámit se; utkat se; uspokojit; **–ing** [-iŋ] schůze

**mellow** [meləu] vyzrálý; lahodný; zkušený

**melody** [melədi] melodie

**melon** [melən] meloun

**melt*** [melt] (roz)tavit (se); rozpouštět se

**member** [membə] příslušník; člen; **M– of Parliament** poslanec; **–ship** [-šip] členství; členstvo

**memorable** [memərəbl] památný

**memorial** [mə'mo:riəl] památník; pomník

**memory** [meməri] paměť; vzpomínka

**menace** [menəs] vyhrůžka, hrozba; hrozit

**mend** [mend] opravit, spravit, zlepšit

**mental** [mentl] duševní; psychický

**mention** [menšn] zmínit se *o;* zmínka

**menu** [menju:] jídelní lístek; menu

**mercantile** [mə:kəntail] obchodní

**merchandise** [mə:čəndaiz] zboží

**merchant** [mə:čnt] velkoobchodník; obchodník; **~ bank** [bænk] obchodní banka

**merciful** [mə:sifl] milosrdný, shovívavý

**mercury** [mə:kjəri] rtuť

**mercy** [mə:si] milosrdenství, soucit

**mere** [miə] pouhý; **–ly** [-li] pouze

**merge** [mə:dž] splynout; spojit, fúzovat

**meridian** [mə'ridiən] poledník; přen. vrchol

**merit** [merit] hodnota, význam; zásluha; dobrá vlastnost; zasloužit si, být hoden

**merry** [meri] radostný; veselý; **–go-round** [-gəuraund] kolotoč

**mess** [mes] nepořádek, zmatek; zašpinit

**message** [mesidž] zpráva; vzkaz; poselství

**metal** [metl] kov; **–lic** [mə'tælik] kovový

**meter** [mi:tə] měřidlo; měřič

**method** [meθəd] metoda, způsob, postup

**meticulous** [mə'tikjələs] úzkostlivý, pedantský

**metre** [mi:tə] metr; **square ~** [skweə] metr
čtverečný; **cubic ~** [kju:bik] metr krychlový

**mice** pl mouse

**midday** [middei] poledne; polední

**middle** [midl] střední, prostřední; střed; upro-
střed; v centru; **–class** [-'kla:s] střední třída

**midnight** [midnait] půlnoc; **at ~** o půlnoci

**midwife\*** [midwaif] porodní asistentka

**might** [mait] moc, síla; minulý čas od **may; –y**
[-i] mocný; silný

**migrate** [mai'greit] stěhovat se

**mild** [maild] mírný; vlídný; lahodný; jemný

**mile** [mail] míle (1609 m); **–age** [-idž] spo-
třeba benzínu

**milk** [milk] mléko; dojit

**mill** [mil] mlýn; mlýnek; továrna

**mince** [mins] sekat na drobno; mluvit z afektu

**mind** [maind] mysl; smýšlení; dbát na; namí-
tat proti; **never ~** to nevadí, na tom nezáleží

**mine** [main] můj; důl; mina; těžit, dolovat;
podminovat; **–r** [-ə] horník, havíř

**mingle** [miŋgl] mísit (se) (po)míchat (se)

**minister** [ministə] ministr; duchovní

**ministry** [ministri] ministerstvo; kněžstvo

**minor** [mainə] drobný, nepatrný; menší; podřadný; **-ity** [mai'norəti] menšina

**minute** [minit] minuta; chvíle, chvilka; [mai'nju:t] drobný; přesný; podrobný

**miracle** [mirəkl] div, zázrak; **by ~** zázrakem

**mirror** [mirə] zrcadlo; zrcadlit se

**misadventure** [ˌmisəd'venčə] nehoda, neštěstí

**misbehaviour** [ˌmisbi'heivjə] nevychovanost

**miscellaneous** [ˌmisə'leiniəs] rozmanitý, různorodý; rozličný

**mischief** [misčif] darebáctví; roštáctví, nezbednost; zlá vůle; rošťák, nezbedník

**miserable** [mizərəbl] nešťastný, mizerný

**misery** [mizəri] bída; smutek; trápení

**misfortune** [mis'fo:čən] neštěstí; smůla

**mislay\*** [mis'lei] založit, někam zastrčit

**miss** [mis] zmeškat; minout; chybit; netrefit; postrádat; **be\* –ing** chybět, scházet

**Miss** [mis] slečna

**missile** [misail] střela; raketa; vržený předmět; metací zbraň

**missing** [misiŋ] chybějící; pohřešovaný

**mission** [mišn] poslání; poselstvo; misie

**mist** [mist] mlha; opar

**mistake** [mi'steik] zmýlit se; omyl, chyba

**mistress** [mistrəs] paní; učitelka; milenka

**mistrust** [mi'strast] nedůvěřovat; nedůvěra

**misty** [misti] zamlžený; mlhavý

**misunderstand** [ˌmisandə'stænd] neporozumět, nechápat; špatně pochopit

**misuse** [mis'ju:z] zneužít; [mis'ju:s] zneužití

**mitigate** [mitigeit] zmírnit bolest; snížit trest

**mix** [miks] smíchat (se); **–ed** [-t] míchaný; **~ up** promíchat; poplést; **–ture** [-čə] směs

**moan** [məun] sten; stížnost; sténat; nadávat

**mobile** [məubail] pohyblivý; pojízdný

**mock** [mok] posmívat se, pošklebovat; falešný, nepravý, strojený, na oko; **–ery** [-əri] výsměch, posměch

**mode** [məud] jaz. slovesný způsob

**moderate** [modərət] umírněný, mírný, střídmý

**modest** [modist] skromný; skrovný; prostý, zdrženlivý; **–y** [modəsti] skromnost; zdrženlivost

**modify** [modifai] upravit, přizpůsobit

**moist** [moist] vlhký, zvlhký ruce

**mole** [məul] mateřské znaménko; krtek; molo

**molest** [mə'lest] obtěžovat, napadnout

**moment** [məumənt] okamžik, chvilka

**Monday** [mandi] pondělí

**monetary** [manitəri] peněžní; měnový

**money** [mani] peníze; **–order** [-o:də] poštovní poukázka; **–box** [-boks] pokladnička

**monk** [maŋk] mnich

**monkey** [maŋki] opice; **~ about** blbnout

**monster** [monstə] netvor, nestvůra

**monstrous** [monstrəs] nestvůrný; obrovitý

**month** [manθ] měsíc v roce; **–ly** [-li] měsíční; měsíčník; měsíčně

**monument** [monjumənt] památník; pomník

**mood** [mu:d] jaz. způsob; nálada; **–y** [-i] náladový

**moon** [mu:n] měsíc na obloze; **–y** [-i] snivý

**moral** [morəl] mravní; mravný; **–s** [-z] morálka

**Morava** [mə'reiviə] Morava

**more** [mo:] více; ještě; **~ often** častěji; **–over** [mo:r'əuvə] mimoto, nadto

**morning** [mo:niŋ] ráno; dopoledne

**morsel** [mo:sl] sousto; drobet

**mortal** [mo:tl] smrtelník; smrtelný; **–ity** [mo:-
   'tæləti] úmrtnost; smrtelnost
**mortar** [mo:tə] malta; minomet; hmoždíř
**moss** [mos] mech
**most** [məust] největší; většina, nejvíc; **–ly** [-li]
   hlavně
**moth** [moθ] můra; mol
**mother** [maðə] matka, maminka; **–hood** [-hud]
   mateřství; **–in-law** [maðrinlo:] tchyně
**motion** [məušn] pohyb; gesto, pokyn; návrh
**motive** [məutiv] hybný; motiv, pohnutka
**mould** [məuld] plíseň; **–y** [-i] plesnivý
**mount** [maunt] stoupat, vystoupit na; **M–** hora
   v názvech; **–ain** [-in] hora, kopec
**mourn** [mo:n] truchlit (**for**/nad); oplakávat
**mouse*** [maus] myš; pl **mice** [mais]
**moustache** [mə'sta:š] knír
**mouth** [mauθ] ústa; ústí řeky; hrdlo lávhe
**move** [mu:v] pohyb; (po)hnout (se), pohybo-
   vat (se); stěhovat (se); **–ment** [-mənt] pohyb
**movie** [mu:vi:] Am. film; pl **–s** [-z] Am. kino
**moving** [mu:viŋ] pohyblivý; hybný; dojemný
**mow*** [məu] sekat, kosit, žnout

**Mr.** [mistə] **(= Mister)** pan před jménem

**Mrs.** [misis] **(= Mistress)** paní před jménem

**much** [mač] mnoho, hodně; mnohem

**mud** [mad] bláto, bahno; **–dy** [-i] zablácený, blátivý; **–guard** [ga:d] blatník

**mug** [mag] hrnek, šálek, džbánek

**multiple** [maltipl] mnohonásobný; vícenásobek

**multiply** [maltiplai] násobit; množit

**multitude** [maltitju:d] množství; dav

**mumble** [mambl] mumlat, huhňat

**mummy** [mami] hovor. maminka; mumie

**municipal** [mju:'nisipl] městský, obecní

**murder** [mə:də] vražda; vraždit; **–er** [-rə] vrah; **–ous** [-rəs] vražedný, nebezpečný

**murmur** [mə:mə] šum; šelest; šumět; reptat

**muscle** [masl] sval; **–man\*** [-mæn] svalovec

**mushroom** [mašru:m] houba lesní

**music** [mju:zik] hudba; noty; **–al** [-l] hudební; melodický; hudebně nadaný; **–hall** [-ho:l] varieté; **–ian** [mju:'zišn] hudebník

**must** [mast] muset; **you ~ do\* it** musíš to udělat

**mustard** [mastəd] hořčice

**musty** [masti] plesnivý, zatuchlý

**mute** [mju:t] němý, nemluva; **–d** [id] tichý hlas, slabý, tlumený, mírný

**mutton** [matn] skopové maso

**mutual** [mju:čuəl] vzájemný, společný

**my** [mai] můj, má, mé; svůj

**mysterious** [mi'stiəriəs] tajemný, záhadný

**mystery** [mistəri] záhada, tajemství

**mystify** [mistifai] (z)mást; (s)plést

# N

**nag** [næg] bručoun muž, xantipa žena; rýpat, šťourat

**nail** [neil] nehet; hřebík; přibít, přitlouct

**naked** [neikid] nahý; holý, obnažený

**name** [neim] jméno; pojmenování; název; jmenovat; nazvat; **–ly** [-li] totiž; a sice

**nap** [næp] zdřímnutí, šlofík; dřímat; **take\* a ~** zdřímnout si

**nape** [neip] šíje, zátylek, vaz

**napkin** [næpkin] ubrousek; Br. plenka

**narrate** [nə'reit] vypravovat, líčit

**narrow** [nærəu] úzký, omezený rozsah i člověk

**narrowminded** [nærəumaindid] úzkoprsý

**nasty** [na:sti] ošklivý; protivný, nepříjemný

**nation** [neišn] národ; země; **–al** [næšənəl] národní; státní

**nationality** [ˌnæšənˈæliti] národnost; státní příslušnost

**native** [neitiv] rodný; domorodý; domorodec

**natural** [næčərəl] přírodní; přirozený; urozený

**nature** [neičə] příroda; přirozenost; povaha

**naughty** [no:ti] nevychovaný; neposlušný

**naval** [neivl] námořní; lodní

**navel** [neivl] pupek

**navy** [neivi] námořní loďstvo

**near** [niə] u; blízký; blízko; **–ly** [-li] skoro

**neat** [ni:t] čistý, uklizený; vkusný; nezředěný

**necessary** [nesəsəri] nezbytný, nutný; potřebný

**necessity** [nəˈsesiti] nutnost, nezbytnost; potřeba; **out of ~** z nutnosti

**neck** [nek] krk, šíje; hrdlo láhve; výstřih

**need** [ni:d] nutnost, nezbytnost; potřeba; nouze, tíseň; potřebovat; muset

**needle** [ni:dl] jehla; popichovat

**negation** [nəˈgeišn] zápor, popření

**neglect** [nə'glekt] zanedbávat; zanedbání, opominutí; **–ed** [-id] zanedbaný

**negligence** [neglidžəns] nedbalost

**negotiate** [ni'gəušieit] vyjednávat, jednat

**negotiation** [ni‚gəuši'eišn] vyjednávání, jednání

**Negro** [ni:grəu] hanlivě černoch, černošský

**neighbour** [neibə] soused; bližní; sousedit; **–hood** [-hud] sousedství; blízké okolí

**neither** [naiðə] žádný; ~ ... **nor** ani ... ani ...

**nephew** [nefju:] synovec

**nerve** [nə:v] nerv; odvaha; drzost; neomalenost; **get\* on sb's –s** jít komu na nervy

**nest** [nest] hnízdo; hnízdit

**net** [net] síť, sítka; čistý *příjem*; netto

**nettle** [netl] kopřiva; *hovor.* rozčilovat

**network** [netwə:k] síť

**never** [nevə] nikdy

**nevertheless** [‚nevəðə'les] nicméně, přesto; ~ **mind** [maind] nevadí

**new** [nju:] nový; čistý; nepoužitý; moderní; **–born** [-bo:n] novorozený, znovuzrozený

**news** [nju:z] zpráva, zprávy; **–paper** [-peipə] noviny; **–vendor** [-vendə] kamelot

**next** [nekst] příští; následující; nejbližší; příště; hned potom; **~ time** [taim] příště

**nice** [nais] hezký, pěkný; příjemný, milý

**nickname** [nikneim] přezdívka

**niece** [ni:s] neteř

**night** [nait] noc; večer; **last ~** včera večer

**nightingale** [naitiŋgeil] slavík

**nightmare** [naitmeə] zlý sen, noční můra

**nine** [nain] devět; **–teen** [-'ti:n] devatenáct; **–teenth** ['ti:nθ] devatenáctý; **–ty** [-ti] devadesát

**no** [nəu] žádný; ne, nikoli

**noble** [nəubl] vznešený; ušlechtilý; urozený

**nobody** [nəubədi] nikdo; bezvýznamný člověk

**nod** [nod] kývnout hlavou; přikývnout; dřímat; kývnutí; krátký spánek, šlofík

**noise** [noiz] hluk; **–less** [-ləs] nehlučný

**noisy** [noizi] hlučný, rámusivý; křiklavý

**nominate** [nomineit] jmenovat, ustanovit

**none** [nan] žádný; nikdo; nijak; nic

**non-interference** [ˌnonintə'fiərəns] nezasahování, nevměšování

**nonsense** [nonsəns] nesmysl, absurdnost

**noon** [nu:n] poledne; **at ~** v poledne

**noose** [nu:s] oprátka; smyčka

**nor** [no:] ani; **neither ... ~** ani ... ani ...

**north** [no:θ] sever; severní; severně; **in the ~** na severu; **–ern** [no:ðən] severní

**nose** [nəuz] nos; čenich, čumák

**nostril** [nostrəl] nosní dírka

**not** [not] ne; **I hope ~** doufám, že ne

**notable** [nəutəbl] pozoruhodný, významný

**notary** [nəutəri] notář

**note** [nəut] nota; tón; značka; poznámka; lístek, dopis; bankovka; konstatovat; poznamenat (si); **–book** [-buk] zápisník; **–worthy** [-wə:ði] pozoruhodný

**nothing** [naθiŋ] nic; **for ~** zdarma

**notice** [nəutis] vyhláška; oznámení; cedule, nápis; všimnout si

**notify** [nəutifai] uvědomit, oznámit, sdělit

**notion** [nəušn] pojem; představa, myšlenka

**nought** [no:t] nula; nic

**nourish** [nariš] živit; vyživovat; **–ment** [-mənt] potrava; výživa; **–ing** [-iŋ] výživný

**novel** [novl] původní, originální; román

**novelty** [novlti] novinka; originalita

**November** [nəu'vembə] listopad; listopadový

**now** [nau] nyní, teď; **just ~** právě teď; **–adays** [-ədeiz] v dnešní době, dnes

**nowhere** [nəuweə] nikde; nikam

**nuclear** [njukliə] jaderný, atomový

**nude** [nju:d] nahý; akt

**nuisance** [nju:sns] otrava, protiva, svízel

**null (and void)** [nal (ənd void)] právně neplatný

**numb** [nam] ztuhlý; necitlivý; prokřehlý

**number** [nambə] číslo; počet; množství; počítat; číslovat; **–plate** [-pleit] poznávací značka

**numerous** [nju:mərəs] četný, početný

**nun** [nan] jeptiška

**nurse** [nə:s] ošetřovat; ošetřovatelka; sestra

**nursery** [nə:sri] dětský pokoj; **public ~** jesle

**nut** [nat] ořech; oříšek; hovor. palice; matice

**nutritious** [nju:'trišəs] výživný

# O

**oak** [əuk] dub

**oar** [o:] veslo; **–sman\*** [-zmən] veslař

**oath** [əuθ] přísaha; nadávka, kledba

**oats** [əuts] pl oves

**obedient** [ə'bi:diənt] poslušný

**obey** [ə'bei] poslouchat, uposlechnout

**object** [obdžikt] předmět; cíl; mluv. předmět;
**–ion** [əb'džekšn] námitka, nesouhlas

**obligation** [ˌobli'geišn] závaznost; závazek

**obligatory** [əbli'gətəri] povinný, závazný

**oblige** [ə'blaidž] zavázat (si) koho; přinutit;
**–ed** [-d] zavázán, vděčný

**oblique** [ə'bli:k] šikmý, nepřímý

**oblong** [obloŋ] obdélníkový, podlouhlý

**obscure** [əb'skjuə] nejasný, zmatený; temný,
tmavý, neznámý, zapadlý; zatemňovat

**observation** [obzə'veišn] dozor; pozorování;
poznámka, připomínka

**observe** [əb'zə:v] zachovávat; pozorovat; po-
znamenat; sledovat; respektovat

**obsolete** [obsəli:t] zastaralý

**obstacle** [obstəkl] překážka; přen. problém

**obstinate** [obstinət] tvrdošíjný, tvrdohlavý,
umíněný, paličatý

**obstruct** [əb'strakt] zablokovat; činit překáž-
ky, bránit, mařit

**obtain** [əb'tein] získat, obdržet; sehnat

**obvious** [obviəs] zřejmý, jasný, evidentní

**occasion** [ə'keižn] příležitost; důvod; **–al** [-l] příležitostný, občasný

**occupation** [okju'peišn] zaměstnání; obsazení, okupace; zábava

**occupy** [okjupai] obývat, voj. obsadit; zaujímat

**occur** [ə'kə:] udát se, přihodit se, stát se; napadnout; **–rence** [ə'karəns] událost; výskyt

**o'clock** [ə'klok]: **at one ~** v jednu hodinu

**October** [ok'təubə] říjen; říjnový

**octopus** [oktəpəs] chobotnice

**odd** [od] zvláštní; lichý; zbylý; přebytečný

**odour** [əudə] pach, zápach; vůně

**of** [əv] od; tvoří druhý pád; **~ course** ovšem

**off** [of] pryč; daleko; zrušen; vypnut

**offence** [ə'fens] urážka; přestupek; delikt

**offend** [ə'fend] prohřešit se; urazit koho

**offensive** [ə'fensiv] ofenzívní; hrubý; urážlivý; ofenzíva, útok

**offer** [ofə] nabídnout; poskytnout; nabídka

**office** [ofis] kancelář; úřad; funkce; služba

**officer** [ofisə] důstojník; strážník; úředník

**official** [əˈfišl] úřední; oficiální; úředník

**often** [ofn] často; **more ~ than not** většinou

**oil** [oil] olej; nafta; mazivo, mazadlo

**ointment** [ointmənt] mast; mazání

**OK, okay** [əuˈkei] dobrá!, v pořádku!; fajn

**old** [əuld] starý; **~ age** [eidž] stáří

**omit** [əuˈmit] vynechat; opominout, zanedbat

**on** [on] na; dále, vpřed

**once** [wans] jednou; kdysi; **~ more** ještě jednou

**one** [wan] jeden; **–self** [-self] sám; sebe, se

**onion** [anjən] cibule

**only** [əunli] jen, pouze, jenom; jediný

**onwards** [onwədz] vpřed, kupředu

**opaque** [əuˈpeik] neprůhledný, neprůsvitný

**open** [əupən] otevřený; přístupný; volný; otevřít; zahájit; **–ing** [-iŋ] otvor; začátek, zahájení

**operate** [opəreit] fungovat, pracovat; operovat; působit, účinkovat

**operation** [opəˈreišn] působení; platnost; med. operace; provoz; činnost

**opinion** [əˈpinjən] mínění, názor; posudek

**opponent** [əˈpəunənt] protivník, oponent

**opportunity** [ˌopəˈtjuːnəti] příležitost, šance

**oppose** [əˈpəuz] postavit proti sobě; postavit se proti čemu; odporovat

**opposit|e** [opəzit] protější; opačný; opak; **–ion** [ˌopəˈzišn] odpor; protiklad; opozice politická

**oppress** [əˈpres] utiskovat, utlačovat; trápit

**option** [opšn] možnost, volba

**optional** [opšənl] dobrovolný, volitelný

**or** [o:] nebo, či; **either… ~** buď… anebo

**oral** [o:rəl] ústní; ústní zkouška

**orange** [orindž] pomeranč; oranžový

**orbit** [o:bit] oběžná dráha; oblast; obíhat

**orchard** [o:čəd] ovocná zahrada, sad

**ordeal** [o:ˈdi:l] zkouška; soužení; utrpení

**order** [o:də] řád; pořadí; pořádek; rozkaz, příkaz; objednávka, zakázka; nařídit

**ordinary** [o:dnəri] obyčejný, běžný, normální

**ore** [o:] ruda; **iron ~** [aiən] železná ruda

**organ** [o:gən] orgán; ústrojí; varhany

**organizer** [o:gənaizə] organizátor; diář

**origin** [oridžin] pramen; původ, počátek; **–al** [əˈridžənl] původní; počáteční; originální; pravý; originál; **–ate** [əˈridžəneit] vzniknout

**oscillate** [osileit] kmitat, oscilovat; kolísat

**ostrich** [ostrič] pštros

**other** [aðə] další; jiný; **–wise** [-waiz] jinak

**ought** [o:t]: **you ~ to go*** měl bys jít

**ounce** [auns] unce (28,35 g)

**our** [auə] náš, naše; **~s** náš dům

**ourselves** [ˌauə'selvz] (my) sami; se

**out** [aut] ven; venku; pryč; vyloučen ze hry

**outbalance** [ˌaut'bæləns] převažovat

**outbreak** [autbreik] výbuch, vypuknutí

**outcome** [autkam] výsledek

**outdoor** [autdo:] venkovní, otevřený

**outer** [autə] vnější, venkovní; okrajový

**outfit** [autfit] výstroj, vybavení; nářadí; oblek

**outgrow*** [ˌaut'grəu] zbavit se zlozvyku; přerůst

**outlay** [autlei] výdaje, útraty

**outline** [autlain] obrys; nárys, náčrt; narýso-
vat; načrtnout, nastínit, shrnout

**outlive** [ˌaut'liv] přežít, přečkat

**outlook** [autluk] výhled, rozhled; názor

**output** [autput] výroba, celková produkce

**outset** [autset] začátek, počátek

**outside** [aut'said] vnějšek; vnější; vně; ven-
ku; mimo; vnější, venkovní část

**outward** [autwəd] vnější, obrácený ven

**oven** [avn] trouba, pec

**over** [əuvə] nad; přes; během; na; po; více než

**overalls** [əuvərɔ:lz] montérky, kombinéza

**overcast** [əuvə'ka:st] zatažený, zamračený

**overcoat** [əuvəkout] svrchník, plášť

**overcome** [,əuvə'kam] překonat, přemoci

**overcrowd** [,əuvə'kraud] přeplnit, přecpat lidmi; **–ed** [-id] přeplněný, přecpaný, přelidněný

**overdo\*** [,əuvə'du:] přehánět; převařit, přepéci

**overdue** [,əuvə'dju:] zpožděný; nezaplacený; prošlý; **the train is ~** vlak má zpoždění

**overflow** [,əuvə'fləu] přetékat; rozvodnit se

**overhead charges** [,əuvəhed'ča:džiz] režijní náklady, režie

**overlook** [,əuvə'luk] přehlédnout omylem; prominout; shlížet na; mít vyhlídku nač

**overseas** [əuvə'si:z] zámořský, zahraniční

**oversleep\*** [,əuvə'sli:p] zaspat

**overstep** [,əuvə'step] překročit

**overtake\*** [,əuvə'teik] předhonit; dohonit; zastihnout, překvapit

**overthrow\*** [,əuvə'θrəu] převrhnout; svrhnout

**overtime** [əuvətaim] přesčas, v přesčase
**overturn** [͵əuvəˈtəːn] zvrátit (se), převrhnout (se)
**overwork** [͵əuvəˈwəːk] přepracovat se
**owe** [əu] být dlužen, dlužit; vděčit za
**owing** [əuiŋ]: ~ **to** následkem čeho; pro, kvůli
**owl** [aul] sova
**own** [əun] vlastní; vlastnit, mít
**owner** [əunə] majitel, vlastník
**ox** [oks] vůl; pl **oxen** [oksn]
**oyster** [oistə] ústřice

# P

**pace** [peis] krok; rychlost, tempo; kráčet
**pack** [pæk] ranec, balík; náklad; balit; na-
cpat; **–age** [-idž] balík, balíček
**packet** [pækit] balíček; krabička cigaret
**pad** [pæd] chránič; vycpávka; podložka; blok;
vycpat, podložit; **mouse\* ~** podložka pod myš
**padlock** [pædlok] visací zámek
**page** [peidž] strana; hist. páže, sluha
**pail** [peil] vědro, kbelík
**pain** [pein] bolest; **–ful** [-fl] bolestivý; trapný

**paint** [peint] barva; nátěr; malovat; natírat; líčit;
   **–ing** [-iŋ] obraz; malba; malířství; malování
**pair** [peə] pár, dvojice
**pal** [pæl] hovor. kolega, kamarád
**pale** [peil] bledý; světlý, mdlý, nevýrazný
**palm** [pa:m] dlaň; palma
**palpable** [pælpəbl] hmatatelný
**palsy** [po:lzi] med. ochrnutí, paralýza
**pan** [pæn] pánev, rendlík
**pancake** [pænkeik] lívanec, palačinka
**panties** [pæntiz] kalhotky dámské
**pants** [pænts] Br. slipy, spodky; Am. kalhoty
**paper** [peipə] papír; noviny; tapeta; pojedná-
   ní, referát; tapetovat; **–s** [-z] dokumenty
**parachute** [pærəšu:t] padák; seskočit padákem
**paradise** [pærədais] ráj
**paralyse** [pærəlaiz] ochromit, paralyzovat
**parcel** [pa:sl] balík, balíček; parcela
**pardon** [pa:dn] prominutí, odpuštění, milost;
   odpustit; prominout; **be\* –ed** dostat milost
**parents** [peərənts] pl rodiče
**parish** [pæriš] farnost; farní
**parliament** [pa:ləmənt] parlament

**parlour** [pa:lə] salón; **beauty ~** kosmetický salon
**parrot** [pærət] papoušek; papouškovat
**parsley** [pa:sli] petržel
**parson** [pa:sən] farář, duchovní, pastor
**part** [pa:t] část; součást, součástka; účast;
  úloha, role; rozdělit, rozejít se, rozloučit se
**partial** [pa:šl] částečný; nakloněný; zaujatý
**participate** [pa:'tisipeit] účastnit se (**in/na**)
**particle** [pa:tikl] drobek, částečka; jaz. částice
**particular** [pə'tikjulə] specifický; zvláštní;
  podrobný; **-ly** [-li] zejména; jmenovitě
**parting** [pa:tiŋ] (roz)loučení; pěšinka ve vlasech
**partition** [pa:'tišn] rozdělení; přepážka; oddělení
**partly** [pa:tli] částečně, zčásti
**partner** [pa:tnə] společník, partner, druh
**party** [pa:ti] strana politická; společnost, poli-
  tická strana; práv. účastník; mejdan, večírek
**pass** [pa:s] průsmyk; složení zkoušky; pro-
  pustka, volný lístek; přihrávka; projít; jít ko-
  lem, minout; složit zkoušku
**passage** [pæsidž] přechod, ukázka, přeplav-
  ba; chodba, průchod; pasáž
**passenger** [pæsindžə] cestující, pasažér

**passer-by** [ˌpaːsə'bai] kolemjdoucí, chodec

**passion** [pæʃn] zlost, vztek; vášeň, náruživost

**passive** [pæsiv] pasívní; trpný; jaz. trpný rod

**passport** [paːspoːt] cestovní pas

**password** [paːswɔːd] heslo

**past** [paːst] dřívější; bývalý; minulý; minulost

**paste** [peist] lepidlo; pasta; těsto; lepit

**pastime** [paːstaim] zábava, rozptýlení

**pastry** [peistri] pečivo, moučník, cukroví

**pasture** [paːsčə] pastvina; pást se

**pat** [pæt] poklepání; poklepat; dokonale

**patch** [pæč] náplast; záplata; políčko; kousek; zašít, spravit; záplatovat

**patent** [peitənt] zřejmý, jasný; patent; výsada

**path** [paːθ] cesta, stezka, pěšinka

**patience** [peišəns] trpělivost

**pattern** [pætən] vzor; vzorek; model

**pave** [peiv] (vy)dláždit; **–ment** [-mənt] Br. dláždění; chodník; Am. vozovka

**paw** [poː] tlapa, pracka, packa

**pawn** [poːn] zástava; zastavit; pěšák v šachu

**pay*** [pei] platit; vyplatit se; plat, mzda; **–ab-le** [-əbl] splatný; **–ment** [-mənt] platba

**pea** [pi:] hrách, hrášek; **–s** pl hrách pokrm
**peace** [pi:s] mír; klid, pokoj
**peach** [pi:č] broskev; slang. kůstka; udat
**peacock** [pi:kok] páv
**peak** [pi:k] špička; vrchol(ek); kšilt čepice
**peanut** [pi:nat] burský oříšek; arašíd
**pear** [peə] hruška; **~ tree** [tri:] hrušeň
**pearl** [pə:l] perla, perleť
**peculiar** [pi'kju:liə] typický, charakteristický; zvláštní, podivný; bizarní
**pee** [pi:] hovor. čurat
**peel** [pi:l] slupka; loupat (se)
**peep** [pi:p] nakouknout (**at/na**); kradmý pohled
**peer** [piə] zírat, dívat se; vrstevník
**peevish** [pi:viš] mrzutý; nevrlý; vzdorovitý
**pen** [pen] pero; ohrada, ohrádka dětská
**penalty** [penəlti] trest; pokuta; penalta
**pencil** [pensl] tužka; **~ battery** [bætəri] tužková baterie; kreslit, poznamenat tužkou
**penetrate** [penitreit] vniknout, proniknout
**penguin** [peŋgwin] tučňák
**peninsula** [pə'ninsjələ] poloostrov
**penis** [pi:nis] penis, pyj

**penny** [peni] pence, penny anglická měna

**pension** [penšn] důchod, penze; **–er** [penšənə] penzista; důchodce

**people** [pi:pl] lid; národ; lidé

**pepper** [pepə] pepř; paprika; okořenit

**per** [pə:] za, na, **~ person** na osobu

**perceive** [pə'si:v] postřehnout; pochopit; vnímat

**per cent** [pə'sent] procento

**perception** [pə'sepšn] vnímání; vnímavost

**perfect** [pə:fikt] dokonalý, bezvadný, ideální, vzorný; přesný; jaz. perfektum; [pə'fekt] dokončit; zdokonalit

**perform** [pə'fo:m] provádět; vykonat; zastávat úřad; předvádět; hrát

**performance** [pəfo:məns] provedení; představení

**perfume** [pə:fju:m] parfém, vůně; [pə'fju:m] navonět

**perhaps** [pə'hæps, præps] snad, možná

**peril** [peril] nebezpečí, riziko

**period** [piəriəd] období, doba; epocha, éra; menstruace, měsíčky

**perish** [periš] zahynout, zaniknout; zničit

**permanent** [pəːmənənt] stálý, permanentní; trvalý; ~ **waves** trvalá ondulace

**permission** [pəˈmišn] svolení, dovolení, souhlas

**permit** [pəˈmit] dovolit; připustit; [pəːmit] povolení, propustka, licence

**perpetual** [pəˈpečuəl] věčný, trvalý, stálý

**perplex** [pəˈpleks] zmást, poplést

**persecute** [pəːsikjuːt] pronásledovat; obtěžovat

**perseverance** [pəːsiˈviərəns] vytrvalost

**persist** [pəˈsist] trvat; nedat se odradit; **–ent** [-ənt] vytrvalý, tvrdošíjný, neústupný

**person** [pəːsn] osoba člověk; jednotlivec

**perspiration** [pəːspəˈreišn] pot, pocení

**persuade** [pəˈsweid] přesvědčit; přemluvit, namluvit, přimět

**perverse** [pəˈvəːs] svéhlavý; zarytý; zvrácený

**pet** [pet] pokojové zvířátko, mazlíček; hýčkat

**petition** [pəˈtišn] (po)prosit; (po)žádat; písemná žádost, petice; naléhavá prosba

**petrol** [petrəl] Br. benzin; ~ **station** benzínová pumpa

**pettish** [petiš] mrzoutský, nevrlý

**petty** [peti] drobný; nepatrný; malicherný

**pheasant** [feznt] bažant

**phone** [fəun] telefon; telefonovat

**pick** [pik] krumpáč; párátko; rozkopat; rýpat; vzít; sebrat; šťárat, dlabat; česat ovoce; vybírat; ~ **out** vybírat si; rozeznat

**pickle** [pikl] naložit v octě; lák

**pickpocket** [pikpokit] kapesní zloděj

**picture** [pikčə] obraz; fotka; **-s** [-z] kino

**pie** [pai] pečivo s masovou náplní; Am. ovocný koláč

**piece** [pi:s] kus, kousek; **a ~ of news** zpráva; **-work** [-wə:k] úkolová práce

**pierce** [piəs] prorazit; propíchnout, probodnout

**pig** [pig] vepř, prase; žrout, hltoun

**pigeon** [pidžən] holub

**pike** [paik] štika; kopí; hrot; probodnout kopím

**pile** [pail] hromada, kupa; kůl; nakupit

**pill** [pil] pilulka, tabletka; **the ~** antikoncepční pilulka

**pillar** [pilə] sloup, pilíř; Br. **-box** [-boks] poštovní schránka ve tvaru sloupu

**pillow** [piləu] polštář, poduška

**pilot** [pailət] lodivod; pilot; řídit loď; pilotovat

**pin** [pin] jehlice; brož; špendlík; kolík; flok, cvok; čípek; kuželka; přišpendlit

**pincers** [pinsəz] pl kleště; klepeta

**pinch** [pinč] štípnout; tlačit o botě; štípnutí

**pine** [pain] borovice, sosna; **–apple** [-æpl] ananas; **–cone** [-kəun] borovicová šiška

**pink** [piŋk] karafiát; růžový

**pint** [paint] pinta (0,57 l)

**pious** [paiəs] zbožný; pobožný

**pipe** [paip] trubka, trubice, roura; píšťala; dým-ka; rozvádět potrubím; zahrát na trubku

**piping** [paipiŋ] potrubí, trubky

**piston** [pistən] píst

**pit** [pit] jáma; šachta; důlek

**pitch** [pič] smůla; hod, vrh, házení; Br. hřiš-tě fotbalové; houpání lodi; postavit stan; ho-dit na cíl

**pitfall** [pitfo:l] léčka, nástraha

**pitiful** [pitiful] žalostný; budící soucit

**pitiless** [pitiləs] nelítostný; krutý

**pity** [piti] soucit, lítost; škoda; **what a ~!** to je škoda!; slitovat se, smilovat se

**pivot** [pivət] čep, osa; přen. střed

**place** [pleis] místo; náměstí; umístit; dát kam

**placid** [plæsid] klidný, mírný; flegmatický

**plague** [pleig] pohroma; mor; epidemie

**plain** [plein] jasný; prostý, obyčejný; nehezký; nevýrazný, fádní; zřejmý; rovina

**plait** [plæt] cop; pletenec

**plane** [plein] rovina; plocha; přen. stupeň, úroveň; letadlo; hoblík; hoblovat

**plank** [plæŋk] prkno, fošna; pevný bod

**plant** [pla:nt] rostlina; závod, továrna; strojní zařízení; zasadit; osídlit; usadit

**plaster** [pla:stə] obklad; omítka; náplast

**plate** [pleit] deska; talíř; štítek; tabulka

**platform** [plætfo:m] nástupiště; tribuna; stupínek; program, platforma; plošina

**play** [plei] hra; hračka; zápas; div. hra; hrát (si); **–ground** [-graund] hřiště

**plea** [pli:] obhajoba; prosba; důvod

**plead** [pli:d] hájit (se) před soudem

**pleasant** [pleznt] příjemný, veselý; milý

**please** [pli:z] líbit se; uspokojit; ráčit, chtít; prosím (vás); **–d** [-d] potěšený, spokojený

**pleasure** [pležə] radost, potěšení

**pledge** [pledž] zástava; závazek; záruka; zastavit; slíbit, zavázat se

**plentiful** [plentiful] hojný; plodný, úrodný

**plenty** [plenti] množství, hojnost; hodně

**pliable** [plaiəbl] poddajný, pružný

**pliers** [plaiəz] pl kleště na drát; kombinačky

**plimsolls** [plimsolz] pl tenisky

**plot** [plot] políčko; pozemek; parcela; osnova děje, zápletka; spiknutí; zakreslit do mapy

**plough** [plau] pluh; orat

**plug** [plag] zátka, čep; zástrčka; ucpat

**plum** [plam] švestka; slíva

**plumb** [plam] olovnice; kolmo; měřit olovnicí; **–er** [-ə] klempíř, instalatér

**plunder** [plandə] plenit, kořistit; kořist, lup

**plunge** [plandž] ponořit (se); skok do vody

**plush** [plaš] plyš; hovor. elegantní, nóbl

**plywood** [plaiwud] překližka

**p. m.** [pi:'em] = *post meridiem* odpoledne, večer

**pocket** [pokit] kapsa; kapesní; dát do kapsy

**poem** [pəuim] báseň

**poet** [pəuit] básník; **–ic** [pəu'etik] básnický

**point** [point] bod; tečka; okamžik; věc; špič-

ka; ukázat; zamířit (**at**/na); **–ed** [-id] špičatý;
ostrý; trefný; jasný

**poison** [poizn] jed; otrávit; **–ous** [-əs] jedovatý

**poke** [pəuk] rýpnout, šťouchnout; vystrčit

**poker** [pəukə] pohrabáč; poker

**pole** [pəul] tyč, hůl; pól; stožár, sloup

**police** [pə'li:s] policie; **–man\*** [-mən] stráž-
ník, policista

**polish** [poliš] leštit (se); lesk; leštidlo; uhla-
zenost; P– [pəuliš] polský, polština

**polite** [pə'lait] zdvořilý, uctivý

**politician** [polə'tišn] politik

**poll** [pəul] hlasování při volbách; volba; hla-
sovat; volit; obdržet počet hlasů

**pond** [pond] rybník, rybníček

**ponder** [pondə] uvažovat, přemýšlet, hloubat

**pool** [pu:l] kaluž, tůň; bazén; asociace; sdružit

**poor** [puə] chudý; bídný, špatný, chabý, cha-
trný; ubohý; politováníhodný

**pope** [pəup] papež

**poppy** [popi] mák; **–seed** [si:d] mák semeno

**popular** [popjələ] lidový; oblíbený, populární

**population** [popjə'leišn] obyvatelstvo

**pork** [po:k] vepřové maso
**porridge** [poridž] ovesná kaše
**port** [po:t] přístav; levá strana lodi; portské
**portable** [po:təbl] přenosný; kufříkový
**porter** [po:tə] vrátný; nosič
**portion** [po:šn] část; podíl, příděl, porce
**portrait** [po:trət] portrét
**pose** [pəuz] předložit; zaujmout postoj, stavět se; postoj; póza; předstírání
**position** [pə'zišn] postavení; poloha; místo
**possess** [pə'zes] mít, vlastnit; posednout; **–ion** [pə'zešn] majetek; vlastnictví
**possibility** [,posə'biləti] možnost
**possible** [posəbl] možný, přijatelný, případný
**post** [pəust] sloup; stanoviště; pošta; místo; poslat poštou; umístit; **–age** [-idž] poštovné; ~ **office** pošta úřad; **–al** [-l] poštovní
**postcard** [pəuska:d] pohlednice
**poster** [pəustə] plakát; lepič plakátů
**posterity** [pos'tərəti] potomstvo
**postman\*** [pəusmən] listonoš, pošťák
**postpone** [pəust'pəun] odložit, odsunout
**pot** [pot] hrnec, konvice, kotlík ap.

**potato** [pə'teitəu] brambor

**poultry** [pəultri] drůbež; drůbeží maso

**pound** [paund] roztloucí; bušit; libra (jednotka váhy /453,6 g/ i měny)

**pour** [po:] lít (se), valit se; **~ out** vylít; nalít

**poverty** [pɔvəti] bída, chudoba; ubohost

**powder** [paudə] prach, prášek, pudr

**power** [pauə] energie; síla; moc; mocnost; mocnina; energetický; velmocenský; **–ful** [-ful] mocný, mohutný; **–station** [-steišn] elektrárna

**practice** [præktis] praxe; cvičení; zvyk

**practise** [præktis] provádět, provozovat; cvičit

**praise** [preiz] chvála, pochvala; chválit, velebit; **–worthy** [-wə:ði] chvályhodný

**pram** [præm] Br. dětský kočárek; pramice

**pray** [prei] prosit; modlit se; **–er** [preə] modlitba

**preach** [pri:č] kázat; napomínat

**precaution** [pri'ko:šn] opatrnost; předběžné opatření

**precede** [pri'si:d] předcházet, uvést co čím

**precedent** [presidənt] precedens

**precious** [prešəs] drahocenný, drahý, vzácný

**precipice** [presəpis] propast, sráz; zkáza

**precise** [pri'sais] přesný; precizní; pedantský; úzkostlivý; **–ly** [-li] přesně; právě!

**predict** [pri'dikt] prorokovat; předpovídat; **–ion** [pri'dikšn] předpověď

**predominate** [pri'domineit] převládat

**preface** [prefəs] předmluva, úvod

**prefer** [pri'fə:] dávat přednost (**to**/před); mít raději; **–ence** [prefərəns] záliba; priorita

**pregnancy** [pregnənsi] těhotenství

**prejudice** [predžədis] předsudek, zaujetí

**preliminary** [pri'liminəri] předběžný

**premises** [premisiz] pl dům s příslušenstvím; provozní místnosti, podnik

**premium** [pri:miəm] prémie; přídavek

**preparation** [prepə'reišn] příprava; přípravek

**prepare** [pri'peə] připravit (se)

**prepay\*** [pri:'pei] předplatit (si); frankovat

**prescription** [pri'skripšn] předpis, recept

**present** [preznt] přítomný; nynější; přítomnost; dárek, dar; [pri'zent] předložit; představit; předvádět; dát darem

**preserve** [pri'zə:v] uchovat; konzervovat; zavařovat, udržovat, pečovat; zavařenina

**preside** [pri'zaid] předsedat, vést

**press** [pres] tlačit, mačkat; lisovat; žehlit šaty; otisk; lis; tisk; tiskárna; tlak, nátlak

**pressure** [prešə] tlak; nátlak; zátěž, stres

**presume** [pri'zju:m] předpokládat

**presumptuous** [pri'zampčuəs] troufalý

**pretence** [pri'tens] záminka; předstírání

**pretend** [pri'tend] činit si nárok; předstírat

**pretentious** [pri'tenšəs] domýšlivý; honosný

**pretty** [priti] krásný, hezký; hezky, dost

**prevail** [pri'veil] převládat; vítězit; přemoci

**prevent** [pri'vent] předcházet čemu; zabránit

**previous** [pri:viəs] předcházející, minulý

**pre-war** [‚pri:'wo:] předválečný

**price** [prais] cena zboží; stanovit cenu

**pride** [praid] pýcha, chlouba; být pyšný

**priest** [pri:st] kněz, duchovní

**primary** [praiməri] hlavní; základní; primární; důležitý; **~ school** základní škola

**prime** [praim] hlavní, základní; prvotřídní

**primer** [praimə] slabikář; základní učebnice

**primrose** [primrəuz] petrklíč, prvosenka

**print** [print] otisk; tisk; kopie; tisknout

**printing office** ['printiŋ,ofis] tiskárna
**prior** [praiə] dřívější, předchozí; ~ **to** před
**priority** [prai'orəti] přednost v pořadí; priorita
**prison** [prizn] vězení; **–er** [-ə] vězeň; zajatec
**private** [praivət] soukromý; důvěrný
**privilege** [privəlidž] výsada; privilegium
**prize** [praiz] cena, odměna; výhra
**probable** [probəbl] pravděpodobný
**procedure** [prə'si:džə] postup; procedura
**proceed** [prə'si:d] postupovat; pokračovat;
kráčet kupředu; postupovat; probíhat; ubí-
rat se; **–ing** [-iŋ] postup, jednání
**proclaim** [prə'kleim] vyhlásit, prohlásit
**proclamation** [,proklə'meišn] prohlášení, vy-
hlášení; proklamace
**procure** [prə'kjuə] opatřit, obstarat
**prodigal** [prodigl] marnotratný; marnotratník
**produce** [prə'dju:s] zhotovit; vytvořit; vyro-
bit; předložit; [prodju:s] výroba; produkty
**producer** [prə'dju:sə] výrobce; producent
**product** [prodakt] výrobek; produkt; plodina;
výsledek činnosti; **–ion** [prə'dakšn] výroba
**profession** [prə'fešn] vyznání; povolání

**profit** [profit] prospěch; užitek; zisk; získat; **–able** [-əbl] prospěšný, užitečný; výnosný; **–eer** [ˌprofi'tiə] šmelinář

**profound** [prə'faund] hluboký; opravdový

**program(me)** [prəugræm] program; pořad

**progress** [prəugres] pokrok; vývoj; postup; [prəu'gres] postupovat, pokračovat; **–ive** [prəu'gresiv] postupný; pokrokový

**prohibit** [prəu'hibit] zakázat; zabránit; **–ion** [ˌprəui'bišn] zákaz, prohibice

**project** [prodžekt] studie, návrh, projekt; [prə'džekt] navrhovat, projektovat; promítat

**prolong** [prəu'loŋ] prodloužit

**promise** [promis] slib, příslib; naděje; slíbit

**promote** [prə'məut] podporovat; pomáhat; povýšit (**to**/na); dělat reklamu

**promotion** [prə'məušn] povýšení; podpora, povzbuzení; propagace, reklama

**prompt** [prompt] okamžitý; podnítit; napovídat

**pronounce** [prə'nauns] prohlásit, vyslovit; vyjádřit se; **–d** [-t] jasný, zřetelný

**pronunciation** [prəˌnansi'eišn] výslovnost

**proof** [pru:f] důkaz; zkouška; obtah, korektura; vyzkoušený; obsahující alkohol

**prop** [prop] podpěra, rekvizita; podepřít

**propel** [prə'pel] pohánět; **–ler** [-ə] vrtule

**proper** [propə] vlastní; řádný; opravdový, vhodný; **–ty** [-ti] majetek; vlastnost

**prophet** [profit] prorok; věštec

**proposal** [prə'pəuzl] návrh; nabídnutí k sňatku

**propose** [prə'pəuz] navrhnout; nabídnout sňatek; mít v úmyslu; pronést *přípitek*; **–d** [-d] chystaný, navrhovaný

**proposition** [,propə'zišn] tvrzení, návrh

**proprietor** [prə'praiətə] majitel, vlastník

**prosecute** [prosikju:t] stíhat soudně, žalovat; konat, provádět výzkum; **–r** [-ə] žalobce

**prosecution** [prosi'kju:šn] trestné stíhání, žaloba; provádění, výkon, provozování

**prospect** [prospekt] vyhlídka; naděje, šance; [prə'spekt] obhlížet; zkoumat; **–ive** [prə'spektiv] budoucí, eventuální

**prosper** [prospə] prosperovat, vzkvétat; **–ity** [pros'perəti] blahobyt, prosperita; úspěch

**protect** [prə'tekt] bránit, hájit, chránit

**protection** [prəˈtekšn] ochrana; obrana; krytí směnky

**proud** [praud] pyšný, hrdý (**of**/na)

**prove** [pru:v] dokázat; ukázat se, osvědčit se jako; vyzkoušet, prověřit

**provide** [prəˈvaid] opatřit, obstarat; poskytovat; **–d** [-id] za předpokladu že, jestliže

**providence** [providəns] prozřetelnost

**province** [provins] provincie, oblast; venkov

**provision** [prəˈvižn] obstarání; zásoba, **–s** pl potraviny; ustanovení, předpis; opatření

**provoke** [prəˈvəuk] popudit, provokovat; přimět; vyvolat, způsobit

**prudent** [pru:dənt] prozíravý, obezřelý; opatrný

**pub** [pab] Br. hospoda, putyka

**public** [pablik] veřejný; státní; veřejnost

**publicity** [pabˈlisəti] veřejnost; publicita, pozornost tisku; reklama, propagace

**publish** [pabliš] uveřejnit; vydat; **–er** [-ə] vydavatel, nakladatel; **–ing house** nakladatelství

**puddle** [padl] louže, kaluž

**puff** [paf] dech; závan; obláček; odfukovat

**pull** [pul] táhnout; vléci; tah; přitažlivost
**pulp** [palp] dřeň, dužina; kaše; rozmělnit
**pump** [pamp] pumpa; pumpovat; bušit srdce
**pun** [pan] slovní hříčka; dělat slovní hříčky
**punch** [panč] rána pěstí; punč; vrták; děrovačka
**punctual** [paŋkčuəl] přesný, dochvilný; **–ity**
   [ˌpaŋkčuˈæləti] přesnost, dochvilnost
**puncture** [paŋkčə] propíchnutí pneumatiky;
   díra; (pro)píchnout, prorazit
**punish** [paniš] potrestat; **–ment** [-mənt] trest
**pupil** [pju:pl] žák, žačka; anat. panenka
**puppet** [papit] loutka
**puppy** [papi] štěně; hejsek
**purchase** [pə:čəs] koupit; nákup, koupě; výnos
**pure** [pjuə] čistý; ryzí; pouhý, holý, prostý
**purple** [pə:pl] nach; fialový
**purse** [pə:s] váček; peněženka
**pus** [pas] hnis
**push** [puš] tlačit (se), strkat; pohánět
**put*** [put] dát někam, položit, postavit; vyjád-
   řit; **~ off** odložit; svléci; zout; **~ on** obléci;
   **~ up** ubytovat; **~ up with** spokojit se čím
**puzzle** [pazl] záhada; hádanka; zmást, poplést

**pyjamas** [pə'dža:məz] pl pyžamo
**pyramid** [pirəmid] pyramida

# Q

**quack** [kwæk] šarlatán, mastičkář
**quadrangle** [kwodræŋgl] čtyřúhelník; dvůr
**quadruple** [kwodrupl] čtyřnásobný; čtyřnásobek
**quaint** [kweint] podivný, kuriózní; malebný
**qualify** [kwolifai] kvalifikovat (se); vymezit
**quality** [kwoləti] jakost; vlastnost
**qualm** [kwa:m] slabost; pochybnost
**quantity** [kwontəti] množství
**quarrel** [kworəl] spor; hádka; přít se, hádat se
**quarry** [kwori] lom; těžit; kořist, oběť
**quarter** [kwo:tə] čtvrtina; kvartál; čtvrťák
čtvrtdolar; obytná čtvrť; rozčtvrtit, rozdělit
**queen** [kwi:n] královna; dáma v šachu
**queer** [kwiə] (po)divný; přihřátý; teplouš
**question** [kwesčən] otázka, dotaz; pochyba
**questionnaire** [‚kwesčə'neə] dotazník
**queue** [kju:] fronta; stát ve frontě
**quick** [kwik] rychlý; bystrý; **–ly** [-li] rychle

**quicken** [kwikn] zrychlit (se)

**quicksilver** [kwiksilvə] rtuť; čilý, agilní

**quiet** [kwaiət] klid, ticho; klidný, tichý; uklidnit; **~ down** uklidnit se; **–ly** [-li] tiše

**quilt** [kwilt] prošívaná pokrývka; přehoz

**quit** [kwit] opustit, vzdát se čeho

**quite** [kwait] docela, zcela, úplně, dost

**quiver** [kwivə] chvět se; chvění, třepetání

**quiz** [kwiz] vyptávat se; kvíz; krátká zkouška

**quote** [kwəut] citovat; udat cenu; nabídnout

# R

**rabbit** [ræbit] králík

**rabid** [ræbid] zuřivý, vzteklý

**rabies** [reibi:z] vzteklina

**race** [reis] závod; běh; **the –s** [-iz] dostihy; závodit; rychle běžet/jet

**racial** [reišl] rasový

**racket** [rækit] raketa sport.; kraval; podvod

**radiant** [reidiənt] zářící, zářivý; oslnivý

**radiate** [reidieit] zářit; vyzařovat; kypět

**radical** [rædikl] podstatný, zásadní, základní; radikální; radikál; odmocnina

**radio** [reidiəu] rádio; rozhlas

**radish** [rædiš] ředkev

**rag** [ræg] hadr, cár; **–s** pl staré šaty

**rage** [reidž] zlost, vztek; zuřit; vztekat se

**ragged** [rægid] rozedraný, drsný; roztřepaný; rozeklaný; členitý pobřeží

**raid** [reid] vpád; nálet; policejní razie

**rail** [reil] zábradlí; kolej; železnice

**railing** [reiliŋ] zábradlí, plot

**railway** [reilwei] Br. železnice

**rain** [rein] déšť; pršet; **–bow** [-bəu] duha

**rainy** [reini] deštivý

**raise** [reiz] (po)zvednout; zvýšit; vyvolat

**raisins** [reizənz] pl rozinky

**rake** [reik] zpustlík; hrábě; (u)hrabat

**rally** [ræli] shromáždit se; zotavit se; shromáždění; manifestace; automobilový závod

**random** [rændəm] náhodný, namátkový, nesouvislý; **at ~** nazdařbůh, naslepo

**range** [reindž] řada; škála; výběr; rozsah, dosah; dostřel; sporák; seřadit

**rank** [ræŋk] voj. hodnost; řada, šik; společen-
   ské postavení; žluklý, smradlavý; vulgární
**ransom** [rænsəm] výkupné; zaplatit výkupné
**rap** [ræp] (za)klepat (on/na); rána, úder
**rapacious** [rə'peišəs] chamtivý, lakomý
**rape** [reip] znásilnění; znásilnit
**rapid** [ræpid] rychlý, prudký; **–ly** [-li] rychle
**rapidity** [rə'pidəti] rychlost
**rapture** [ræpčə] vytržení, nadšení
**rare** [reə] řídký; vzácný, vyjímečný
**rascal** [ra:skl] darebák; nezbeda, dareba
**rash** [ræš] vyrážka; ukvapený, zbrklý
**raspberry** [ra:zbəri] malina
**rat** [ræt] krysa; slang. svině, hajzl
**rate** [reit] poměr, sazba; rychlost; dávka; hod-
   notit; odhadnout, cenit; pokládat za
**rather** [ra:ðə] poněkud, dost, spíše, raději
**ratio** [reišiəu] poměr, koeficient
**rattle** [rætl] chrastit, rachotit, třást; rachoce-
   ní, chřestot; **–snake** [-sneik] chřestýš
**ravage** [rævidž] (z)pustošit, devastovat
**rave** [reiv] vztekat se, zuřit; blouznit
**raw** [ro:] syrový, surový; nezkušený

**ray** [rei] paprsek; proužek; zool. rejnok

**razor** [reizə] břitva; (o)holit; vyholit

**re-** [ri:] předpona u sloves = znovu, zase

**reach** [ri:č] natažení; sáhnutí; dosah; sahat; dosáhnout; dojít někam; **~ out** natáhnout

**react** [ri'ækt] reagovat, zpětně působit (**on**/na)

**read\*** [ri:d] číst (si); studovat; **–er** [-ə] čtenář; lektor; **–ing-book** čítanka

**ready** [redi] hotový, připravený; ochotný; pohotový; **–made** [-meid] pohotový; konfekční

**real** [riəl] pravý, skutečný, věcný, opravdový; nemovitý; **~ estate** nemovitost

**reality** [ri'æləti] skutečnost, realita

**realize** [riəlaiz] uskutečnit; uvědomit si

**really** [riəli] opravdu, skutečně, doopravdy

**realm** [relm] království, říše; doména, sféra

**rear** [riə] zadní část; pozadí; styl; zadní

**reason** [ri:zn] rozum; důvod, příčina; uvažovat; **–able** [-əbl] rozumný; přiměřený

**rebuke** [ri'bju:k] výtka; (po)kárat (**for**/za)

**recall** [ri'ko:l] odvolat; vzpomenout si

**receipt** [ri'si:t] příjem; stvrzenka

**receive** [ri'si:v] přijmout; obdržet, dosta

**receiver** [ri'si:və] příjemce; sluchátko; přijímač

**recent** [ri:sənt] nedávný; nový, moderní; **–ly** [-li] nedávno, v poslední době

**reception** [ri'sepšn] příjem; recepce, uvítání

**recipe** [resəpi] recept, předpis

**reciprocal** [ri'siprəkl] vzájemný, oboustranný

**recite** [ri'sait] recitovat, říkat zpaměti

**reckless** [rekləs] bezstarostný; opovážlivý

**reckon** [rekən] odhadnout; považovat; (vy)počítat

**recognition** [,rekəg'nišn] uznání; poznání

**recognize** [rekəgnaiz] poznat; uznat

**recollect** [,rekə'lekt] vzpomenout si

**recommend** [,rekə'mend] doporučit; poradit (**to**/ komu); **–ation** [,rekəmen'deišn] doporučení

**reconcile** [rekənsail] usmířit (se), urovnat spor

**record** [ri'ko:d] zaznamenat; zapsat; nahrát; [reko:d] záznam, zápis; gramofonová deska; sport. rekord

**recover** [ri'kavə] opět získat, dostat zpět; zotavit se, uzdravit se; **–y** [-ri] znovunabytí, obnova; uzdravení, zotavení

**recreation** [,rekri'eišn] rekreace, zotavení

**rectangular** [rek'tængjələ] pravoúhlý

**red** [red] červený, rudý; **R-Cross** Červený kříž

**reduce** [ri'dju:s] zmenšit, snížit, podrobit; zkrátit; zúžit; zlevnit; omezit; přinutit

**reduction** [ri'dakšn] snížení, srážka; zmenšení; sleva; redukce

**redundant** [ri'dandənt] přebytečný, nepotřebný; Br. nezaměstnaný

**reek** [ri:k] dým, zápach; páchnout

**reel** [ri:l] cívka; role papíru; potácet se; motat se

**refer** [ri'fə:] zmiňovat se (**to**/o); přisuzovat; odvolávat se (**to**/na); poukazovat; týkat se

**referee** [refə'ri:] rozhodčí, soudce ve sportu

**reference** [refrəns] poznámka; zmínka; odkaz; **in ~ (with) to** co se týče, pokud jde o

**refine** [ri'fain] rafinovat, čistit; kultivovat

**reflect** [ri'flekt] odrážet; zrcadlit; přemýšlet, přemítat, uvažovat

**reform** [ri'fo:m] reformovat; reforma

**refrain** [ri'frein] zdržet se; refrén

**refresh** [ri'freš] vzpružit; osvěžit; občerstvit; **–ment** [-mənt] občerstvení, svačina; **–s** pl bufet

**refrigerator** [ri'fridžəreitə] lednička

**refuge** [refju:dž] útulek; útočiště; Br. nástupní ostrůvek

**refugee** [ˌrefjuˈdži:] uprchlík; emigrant

**refusal** [riˈfju:zl] odmítnutí, zamítnutí

**refuse** [refju:s] odpadky; [riˈfju:z] odmítnout

**regain** [riˈgein] znovu získat

**regard** [riˈga:d] dívat se, hledět na; dbát čeho; považovat za; týkat se; **in ~ to** co se týče, pokud jde o; **-s** [-z] pl pozdravy

**regardless** [riˈga:dləs]: ~ **of** bez ohledu na

**region** [ri:džən] kraj; oblast; území

**register** [redžistə] záznamník; soupis, seznam; rejstřík; zaznamenat, zapsat

**regret** [riˈgret] litovat; zármutek; lítost; **–tab-le** [-əbl] politováníhodný

**regular** [regjulə] pravidelný; řádný, obvyklý

**regulate** [regjuleit] regulovat; přizpůsobit

**reign** [rein] panovat, vládnout; vláda

**reinforce** [ri:inˈfo:s] zesílit, zpevnit

**reject** [riˈdžekt] odmítnout, zamítnout

**rejoice** [riˈdžois] radovat se, těšit se

**relate** [riˈleit] vypravovat; uvést do souvislosti

**relation** [riˈleišn] vztah, souvislost; příbuzný

**relationship** [ri'leišnšip] příbuzenství; vztah, poměr

**relative** [relətiv] poměrný; vzájemný; příbuzný; vztahující se k

**relax** [ri'læks] relaxovat; uvolnit (se); odpočinout si; uklidnit se; zmírnit

**relay** [ri:lei] štafeta; relace; předat zprávu

**release** [ri'li:s] uvolnit; propustit; uvolnění; propuštění; zveřejnění; uvedení filmu

**relent** [ri'lent] povolit; dát se obměkčit

**relevant** [reləvənt] důležitý; odpovídající

**reliable** [ri'laiəbl] spolehlivý, důvěryhodný

**reliance** [ri'laiəns] spolehnutí; důvěra (on / na)

**relief** [ri'li:f] úleva; pomoc; podpora; relief

**relieve** [ri'li:v] ulevit; zbavit; osvobodit

**religion** [ri'lidžən] náboženství, víra

**relish** [reliš] vychutnávat; požitek, slast

**reluctant** [ri'laktənt] neochotný, zdráhavý

**rely** [ri'lai] spolehnout se ((up)on/na)

**remain** [ri'mein] setrvat, zůstat; zbýt; **–der** [-də] zbytek; **–s** pl zbytky, ležáky zboží

**remark** [ri'ma:k] zpozorovat, poznamenat; připomínka, poznámka, povšimnutí

**remarkable** [ri'ma:kəbl] pozoruhodný, nevšední

**remedy** [remədi] lék; náprava; léčit; napravit

**remember** [ri'membə] pamatovat si; vzpomenout si; slavit památku

**remembrance** [ri'membrəns] vzpomínka; památka, upomínka; suvenýr

**remind** [ri'maind] připomenout

**remit** [ri'mit] prominout; poukázat peníze; **–tance** [-əns] poukáz peněz; převod

**remnant** [remnənt] zbytek; **–s** pl trosky

**remote** [ri'məut] odlehlý, vzdálený, zapadlý

**removal** [ri'mu:vl] odstranění; přestěhování; přemístění; vyloučení

**remove** [ri'mu:v] odstranit; sesadit úředníka; odložit, odstěhovat (se)

**render** [rendə] vrátit; prokázat službu; učinit možným, poskytnout

**renew** [ri'nju:] obnovit; prodloužit platnost; **–al** [-əl] obnova; prolongace

**renounce** [ri'nauns] vzdát se; zříci se čeho; vypovědět smlouvu; odvolat

**rent** [rent] činže, nájemné; najmout (si); **~ out** pronajmout

**repair** [ri'peə] opravit; napravit; oprava

**repay** [ri:'pei] splatit, oplatit

**repeat** [ri'pi:t] (z)opakovat; opakování

**repel** [ri'pel] zapudit; odpuzovat

**repent** [ri'pent] litovat čeho

**replace** [ri'pleis] dát zpět; nahradit

**replay** [ri:'plei] hrát znovu; opakovat

**reply** [ri'plai] odpovědět; odpověď

**report** [ri'po:t] hlásit; oznámit; referovat; po-
věst; zpráva; referát; vysvědčení

**repose** [ri'pəuz] odpočívat; klid, odpočinek

**represent** [,repri'zent] zastupovat, reprezen-
tovat, představovat; znázornit

**representative** [repri'zentətiv] představitel,
zástupce; typický

**reproach** [ri'prəuč] výčitka; ostuda, hanba;
vyčítat; vytýkat; –ful [-fl] vyčítavý

**reprove** [ri'pru:v] pokárat; odsuzovat

**reptile** [reptail] plaz; plazivý

**repulse** [ri'pals] odrazit nepřítele; odmítnout

**request** [ri'kwest] požadavek; žádost; žádat

**require** [ri'kwaiə] požadovat, vyžadovat; po-
třebovat; –ment [-mənt] požadavek

**rescue** [reskju:] osvobodit, zachránit; pomoc, záchrana; **come\* to the ~** přijít na pomoc

**research** [ri'sə:č] bádání, výzkum; zkoumat

**resemblance** [ri'zembləns] podoba

**resemble** [ri'zembl] podobat se komu

**resent** [ri'zent] cítit odpor k; nerad vidět co; **–ment** [-mənt] odpor, nechuť

**reserve** [ri'zə:v] rezervovat (si); vyhradit (si); záloha; rezerva, zásoba

**reside** [ri'zaid] bydlit, sídlit; **–nce** [rezidəns] bydliště, sídlo; rezidence; pobyt

**resign** [ri'zain] vzdát se čeho, odstoupit, rezignovat; **–ation** [‚rezig'neišn] odstoupení, rezignace; demise; odevzdanost

**resist** [ri'zist] odrazit; odolávat; odporovat čemu; **–ance** [-əns] odpor; odolnost

**resolute** [rezəlu:t] rázný; rozhodný, odhodlaný, energický

**resolution** [rezə'lu:šn] rezoluce, usnesení; rozhodnutí; rozhodnost, odhodlanost

**resolve** [ri'zolv] vyřešit; rozhodnout se

**resort** [ri'zo:t] uchýlit se (**to/k**); útočiště; východisko; letovisko

**resource** [ri'zo:s] východisko; pl **–es** [-iz]
zdroje, suroviny, prostředky

**respect** [ri'spekt] respekt, úcta; zřetel, ohled;
ctít; brát ohled na; **–able** [-əbl] úctyhodný;
slušný; solidní; **–ful** [-ful] uctivý; **–ive** [-iv]
příslušný; **the –ive** ten který

**respiration** [,respə'reišn] dýchání

**respond** [ri'spond] odpovídat, reagovat (**to**/na)

**response** [ri'spons] odpověď, reakce; odezva

**responsib|ility** [ri,sponsə'biliti] odpovědnost; zá-
vazek, povinnost; **–le** [ri'sponsəbl] odpovědný

**responsive** [ri'sponsiv] vnímavý, citlivý

**rest** [rest] odpočívat; spočívat; opřít; odpoči-
nek; podpěra; zbytek, ostatek

**restless** [restləs] nepokojný, neklidný, těkavý

**restore** [ri'sto:] vrátit na původní místo; ob-
novit, renovovat; navrátit

**restrain** [ri'strein] krotit, držet na uzdě, ovládat

**restrict** [ri'strikt] omezit; **–ed** [-id] omezený,
důvěrný; **–ion** [ri'strikšn] omezení

**result** [ri'zalt] následek, výsledek; vyplývat

**retail** [ri:teil] maloobchod, obchod v drob-
ném; **–er** [-ə] maloobchodník

**retain** [ri'tein] podržet (si), ponechat (si)

**retardation** [͵ri:ta:'deišn] zpoždění, zpomalení

**retire** [ri'taiə] odejít do penze; **–d** [-d] v důchodu, na penzi; **–ment** [-mənt] odchod; ústraní; **–ment age** důchodový věk

**retreat** [ri'tri:t] ustoupit; ústup, útulek, úkryt

**return** [ri'tə:n] vrátit (se); dát zpět; opětovat; splatit; návrat; **in ~ for** oplátkou za

**reveal** [ri'vi:l] odhalit, prozradit; ukázat

**revel** [revl] veselit se, hýřit; bavit se

**revenge** [ri'vendž] pomsta; odveta; pomstít

**reverence** [revərəns] hluboká úcta

**reverse** [ri'və:s] opačný, protichůdný; obrácený; obrátit; zvrátit; opak; zadní strana

**review** [ri'vju:] přehlídka; přehled; recenze; referát; recenzovat; revidovat

**revise** [ri'vaiz] opravit, zrevidovat; opakovat (si)

**revival** [ri'vaivl] obnova; obrození, oživení

**revoke** [ri'vəuk] odvolat; zrušit, anulovat

**revolt** [ri'vəult] vzbouřit se; vzpoura, revolta

**revolution** [revə'lu:šn] tech. otáčka, obrátka; revoluce; převrat

**revolve** [ri'volv] otáčet (se), obíhat (**round**/kolem)

**reward** [ri'wo:d] odměna; odměnit

**rhyme** [raim] rým; rýmovat (se); **–s** verše

**rhythm** [riðəm] rytmus

**rib** [rib] žebro; žebříbko; dobírat si

**ribbon** [ribən] stuha; páska; úzký pruh země

**rice** [rais] rýže

**rich** [rič] bohatý; hojný; **–es** [-iz] bohatství

**rid*** [rid] zbavit; odstranit; vyčistit; **get* ~ of** zbavit se čeho

**riddle** [ridl] hádanka; síto; prosívat; prostřílet

**ride*** [raid] jet; jízda; vyjížďka; **–r** [-ə] jezdec

**ridiculous** [ri'dikjuləs] směšný, absurdní

**rifle** [raifl] puška; prohledat, vykrást

**right** [rait] správný; pravý; právo; **you are ~** máš pravdu; **all ~** dobrá!

**righteous** [raičəs] poctivý; řádný; spravedlivý

**rigid** [ridžid] tuhý, strnulý; nehybný; přísný

**rigorous** [rigərəs] přísný, nekompromisní, tvrdý

**rim** [rim] lem, okraj; obroučka; rámeček

**rind** [raind] kůra; slupka

**ring*** [riŋ] zvonit; znít; prsten; kolečko, kruh; okruh; manéž; ring; zvonění

**rinse** [rins] vypláchnout, vymáchat

**riot** [raiət] nepokoje; výtržnost; hýření

**rip** [rip] odtrhnout; **~ up** rozpárat, rozervat

**ripe** [raip] zralý, uleželý

**rise\*** [raiz] vstát; stoupat, zvýšit se

**risk** [risk] riziko, nebezpečí; riskovat

**rival** [raivl] soupeř, soupeřit, konkurovat

**river** [rivə] řeka; **–bed** [bed] řečiště

**rivet** [rivit] nýt; (s)nýtovat

**road** [rəud] silnice; cesta; široká ulice, třída; **–way** [-wei] vozovka

**roam** [rəum] toulat se; **–ing** [-iŋ] toulání

**roar** [ro:] řev; burácení; povyk; řvát

**roast** [rəust] péci (se), opékat (se); pečený

**rob** [rob] oloupit, vyloupit; **–ber** [-ə] lupič; **–bery** [-əri] loupež, krádež

**rock** [rok] kámen; skála; tvrdý bonbón, špalek; kolébat (se), houpat (se)

**rocket** [rokit] raketa; prudce vyletět nahoru

**rod** [rod] prut; šlahoun; tyč; hůl; metla

**rodent** [rəudnt] hlodavec

**role** [rəul] herecká role; úloha

**roll** [rəul] svitek; seznam; válec; dunění; valit (se); kolébat (se); svinout, vlnit se

**roller** [rəulə] válec; **–skates** [-skeits] kolečkové brusle

**Roman** [rəumən] římský; Říman

**romance** [rəu'mæns] milostný poměr; romantika

**romantic** [rəu'mæntik] romantický; milostný

**roof** [ru:f] střecha; zastřešit

**room** [ru:m] místo; místnost, pokoj

**root** [ru:t] kořen; odmocnina; zapustit kořeny

**rope** [rəup] lano; provaz, šňůra; přivázat

**rose** [rəuz] růže; růžová barva; růžový

**rot** [rot] tlít; (s)hnít; hniloba, prohnilost

**rotation** [rəu'teišn] otáčení, rotace

**rotten** [rotn] shnilý; mizerný; zkorumpovaný

**rough** [raf] drsný; hrubý; neotesaný; přibližný; **–ly** [-li] ~ **speaking** zhruba řečeno

**round** [raund] kulatý; okrouhlý; okružní: kruh; okruh; řada; kolem, okolo

**route** [ru:t] cesta, trať, trasa, dráha

**row** [rəu] řada; veslovat; [rau] rvačka, výtržnost; hádka

**royal** [roiəl] královský; **–ty** [-ti] královská hodnost; královská rodina; autorský honorář

**rub** [rab] třít (se); dřít (se); masírovat

**rubber** [rabə] guma; kaučuk

**rubbish** [rabiš] odpadky, smetí; nesmysl

**rucksack** [raksæk] batoh

**rudder** [radə] kormidlo

**rude** [ru:d] hrubý; nevychovaný; sprostý

**rug** [rag] vlněná pokrývka, pléd; kobereček

**rugged** [ragid] drsný; hrbolatý; robustní

**ruin** [ru:in] pád, zánik; zkáza; troska; **–s** [-z] zříceniny; zničit; zruinovat, zkrachovat

**rule** [ru:l] zásada; směrnice; pravidlo; řád, pořádek; vláda; vládnout, ovládat; linkovat; **as a ~** zpravidla

**ruler** [ru:lə] vládce; pravítko, měřítko

**rumour** [ru:mə] šeptanda, fáma; šířit fámy

**rump** [ramp] zadek, kýta

**run\*** [ran] běžet; jet; téci; znít; vést o cestě; **~ over** přejet koho; běh; útěk; cesta; traf

**runner** [ranə] běžec; pašerák; výhonek

**rupture** [rapčə] roztržka, rozkol; přetržení, přerušení; průlom; kýla

**rush** [raš] hnát (se); řítit se; spěch; nával; **–hour** [-auə] dopravní špička

**rusk** [rask] suchar

**rust** [rast] rez; rezivět

**rustic** [rastik] venkovský; venkovan, sedlák

**rustle** [rasl] šelest, šumot; šustit, šelestit

**rusty** [rasti] rezavý; zrezivělý, zašlý

**ruthless** [ru:θləs] nelítostný, bezohledný

**rye** [rai] žito

# S

**sabre** [seibə] šavle

**sack** [sæk] pytel; vak; sáček

**sacrament** [sækrəmənt] svátost

**sacred** [seikrid] posvátný; církevní, nedotknutelný; **~ to Venus** zasvěcený Venuši

**sacrifice** [sækrifais] oběť; obětovat

**sad** [sæd] smutný, zarmoucený; pochmurný

**saddle** [sædl] sedlo; zeměp. sedlo; osedlat

**safe** [seif] bezpečný; neporušený; sejf, trezor

**safeguard** [seifga:d] ochrana, zabezpečení; záruka; zajistit; ochraňovat

**safekeeping** [,seif'ki:piŋ] úschova

**safety** [seifti] bezpečí; bezpečnost; **–pin** [-pin] zavírací špendlík; **~ razor** holicí strojek

**sag** [sæg] prohýbat se; poklesnout; prohnutí

**sage** [seidž] mudrc; moudrý; šalvěj

**sail** [seil] plachta; loď; plavba; lopatka mlýnu; plavit se, plout; plachtit; **–or** [-ə] námořník

**saint** [seint] světec, svatý

**sake** [seik]: **for the ~ of** kvůli; **for my ~** kvůli mně; **for goodness ~!** proboha!

**salad** [sæləd] salát; **~ days** puberta

**salary** [sæləri] pevný plat měsíční

**sale** [seil] prodej; **–s** pl odbyt

**salesman\*** [seilzmən] prodavač; obch. cestující

**saliva** [sə'laivə] sliny

**salmon** [sæmən] pl i sg losos

**salt** [so:lt] sůl; slaný; (o)solit; **–cellar** [-selə] slánka; **–less** [-ləs] neslaný; **–y** [-i] slaný, solný

**salutation** [ˌsæljə'teišn] pozdrav; oslovení

**salute** [sə'lu:t] pozdrav; salutování; pozdravit

**same** [seim] stejný, shodný; **the ~** tentýž; **all the ~** přece jenom, stejně

**sample** [sa:mpl] vzorek; med. výtěr; okusit

**sanction** [sæŋkšn] sankce; povolení; povolit

**sand** [sænd] písek; posypat pískem; **–s** [-s] pl pláž; **–stone** [sænd-stəun] pískovec

**sandwich** [sænwidž] obložený chléb, sendvič

**sandy** [sændi] písčitý, písečný; nazrzlý

**sane** [sein] duševně zdravý, normální

**sanguinary** [sæŋgwinəri] krvavý, krvežíznivý

**sanitary** [sænitri] zdravotnický, hygienický

**sanitation** [sæni'teišn] kanalizace

**sanity** [sæniti] zdravý rozum, duševní zdraví

**Santa Claus** [sæntə klo:z] Santa Claus

**sap** [sæp] míza; svěžest; voj. zákop; podkopat

**sardine** [sa:'di:n] sardinka

**sash-window** [sæšwindəu] stahovací okno

**satchel** [sæčəl] brašna

**satiate** [seišieit] nasytit, uspokojit

**satisfaction** [ˌsætis'fækšn] uspokojení; spokojenost; zadostiučinění; odškodnění

**satisfy** [sætisfai] uspokojit; ukojit; přesvědčit

**Saturday** [sætədi] sobota

**sauce** [so:s] omáčka; šťáva; poleva; drzost, hubatost; **–pan** [-pən] pánev, kastrol

**saucer** [so:sə] talířek, podšálek

**sauerkraut** [sauəkraut] kyselé zelí

**saunter** [so:ntə] loudat se, courat se

**sausage** [sosidž] klobása, párek; salám

**savage** [sævidž] divoký; surový, brutální; primitivní, barbarský, divošský; divoch; surovec

**save** [seiv] (na)šetřit, spořit; ušetřit; náb. spasit, zachránit

**savings** [seiviŋz] pl úspory; ~ **bank** [bæŋk] spořitelna

**saviour** [seivjə] spasitel, zachránce

**saw*** [so:] pila; řezat pilou; **–dust** [-dast] piliny; **–mill** [-mil] pila podnik

**say*** [sei] říci, říkat; podotknout; tvrdit; sdělovat; **–ing** [-iŋ] úsloví, pořekadlo

**scaffold** [skæfəuld] lešení

**scale** [skeil] miska vah; stupnice; vážit se

**scales** [skeilz] pl váhy

**scar** [ska:] jizva; (z)jizvit se; poškrábat

**scarce** [skeəs] omezený, nedostačující; vzácný, řídký; **–ly** [-li] sotva, stěží

**scare** [skeə] poděsit, vystrašit; vyplašit; **–d** [-d] vyděšený, vystrašený, mající strach

**scarf** [ska:f] šála; šátek

**scarlet** [ska:lət] šarlat(ový); ~ **fever** spála

**scatter** [skætə] rozhazovat; rozsypávat; rozprášit; rozehnat; rozptýlit se

**scene** [si:n] scéna; jevištní výprava; **behind the –s** v zákulisí; **–ry** [-əri] krajina

**scent** [sent] čichat, cítit; navoněт; přen. vyslídit, vytušit; pach; stopa; čich

**sceptic** [skeptik] skeptik; **–al** [-l] skeptický

**sceptre** [septə] žezlo

**schedule** [skedžu:l] plán, rozvrh; jízdní řád

**scheme** [ski:m] schéma, plán, návrh

**scholar** [skolə] vzdělanec; stipendista; učenec, vědec; **–ship** [-šip] učenost; stipendium

**school** [sku:l] škola; **primary ~** [praiməri] základní škola; **at ~** ve škole; **~ year** [jiə] školní rok; **~ system** [sistəm] školství

**science** [saiəns] věda; nauka; um

**scientific** [ˌsaiən'tifik] vědecký

**scissors** [sizəz] pl nůžky; kleštičky

**scold** [skəuld] hubovat, nadávat komu

**scooter** [sku:tə] koloběžka; skútr

**scope** [skəup] rozhled; rozsah; kompetence; možnost, příležitost; hovor. mikroskop

**score** [sko:] zářez, vrub; výsledek zápasu, skóre

**scorn** [sko:n] opovržení; opovrhovat čím: **–ful** [-fl] opovržlivý, pohrdavý

**Scotch** [skoč] skotský; **the ~** Skotové; **–man***
[-mən] Skot; **Scottish** [skotiš] skotský

**scoundrel** [skaundrəl] darebák, ničema, bídák

**scout** [skaut] skaut; zvěd; posel; hlídka

**scowl** [skaul] mračit se; (za)kabonit se

**scramble** [skræmbl] škrábat se, drát se, tlačit
se; strkání; **–d eggs** míchaná vejce

**scrap** [skræp] kousek; cár; staré železo; **–iron**
železný šrot; **–s** [-s] zbytky; dát do starého
železa; odepsat, hodit přes palubu

**scrape** [skreip] øškrábat, ostrouhat, odřít

**scratch** [skræč] škrábnout, škrábat, vzdát zápas

**scrawl** [skro:l] čmárat, drápat; čmáranice

**scream** [skri:m] křičet, ječet, pištět; výkřik

**screen** [skri:n] zástěna, plenta; plátno promítací;
obrazovka; zaclonit; chránit; prosévat

**screw** [skru:] šroub; šroubovat; **–driver** [drai-
və] šroubovák; **~ top** [top] šroubovací víčko

**script** [skript] rukopis; scénář; kurzíva

**scrub** [skrab] drhnout kartáčem; dřít se

**scull** [skal] veslo; veslovat

**sculptor** [skalptə] sochař

**sculpture** [skalpčə] sochař; skulptura, plastika

**scurf** [skə:f] lupy; šupinky

**scythe** [saið] kosa; kosit

**sea** [si:] moře; **–gull** [-gal] racek; **by ~** lodí

**seal** [si:l] tuleň; pečeť; plomba; zapečetit

**seam** [si:m] jizva; šev; žíla horniny, ložisko

**seaman*** [si:mən] námořník

**seaplane** [si:plein] hydroplán

**search** [sə:č] hledat; prohledávat; hledání;
prohlídka; pátrání; **–light** [-lait] světlomet

**seashore** [si:šo:] mořský břeh

**seasick** [si:sik] trpící mořskou nemocí; **be* ~** mít
mořskou nemoc; **–ness** [-nəs] mořská nemoc

**seaside** [si:said] mořské pobřeží; **at the ~**
u moře

**season** [si:zn] roční doba, sezóna; okořenit

**seat** [si:t] sedadlo; sídlo; místo k sezení; **take***
**a ~** posadit se; **~ belt** [belt] bezpečnostní pás

**seclusion** [si'klu:žn] izolování, odloučení

**second** [sekənd] druhý; další; vteřina

**secondary** [sekəndəri] druhotný; podružný;
**~ school** střední škola

**second-hand** [sekəndhænd] obnošený, zá-
novní; použitý; antikvární

**second-rate** [sekənd'reit] podřadný

**secrecy** [si:krəsi] tajnost; diskrétnost

**secret** [si:krət] tajný; tajemství, záhada

**secretary** [sekrətəri] tajemník; ministr

**section** [sekšn] úsek, oddíl, část; sekce, oddělení; odstavec; řez

**sector** [sektə] geom. výseč, sektor, úsek, odvětví

**secure** [si'kjuə] zabezpečit; zajistit; opatřit, sehnat; bezpečný; jistý; dobře zabezpečený

**security** [si'kjuərəti] bezpečnost, jistota; záruka; bezpečnostní opatření

**sediment** [sedimənt] usazenina, nánosy

**seduce** [si'dju:s] svést sexuálně; obloudit

**see*** [si:] spatřit, vidět; chápat; dohlédnout; rozumět; navštívit; **I ~** rozumím, chápu; **let* me ~** ukažte; počkejte, já se podívám

**seed** [si:d] semeno; zrno; spermie, sperma; nasazený hráč v tenise; osévat; vysemenit se; zbavit jader; **–y** [-i] hovor. ošumělý, sešlý

**seek*** [si:k] hledat; usilovat; žádat oč

**seem** [si:m] zdát se; **–ing** [-iŋ] zdánlivý

**seize** [si:z] uchopit; zmocnit se čeho, zabavit

**seizure** [si:žə] uchopení, chycení; konfiskace

**seldom** [seldəm] zřídka, málokdy

**select** [si'lekt] prvotřídní; vybraný; vybrat (si); **–ion** [si'lekšn] výběr

**self-** [self-] předpona samo-, sebe-

**self-confidence** [,self'konfidəns] sebedůvěra

**self-conscious** [,self'konšəs] ostýchavý, nesmělý, rozpačitý, zaražený

**self-defence** [,selfdi'fens] sebeobrana

**selfish** [selfiš] sobecký; **–ness** [nəs] sobectví

**self-service** [,self'sə:vis] samoobsluha

**sell\*** [sel] prodávat, prodat; jít na odbyt; **–er** [-ə] prodávající

**semicircle** ['semi,sə:kl] půlkruh, polokruh

**semicolon** [,semi'kəulən] středník

**semolina** [,semə'li:nə] krupice

**send\*** [send] poslat (**for**/pro), zaslat, rozeslat; přimět; způsobit; **–er** [-ə] odesílatel

**senior** [si:niə] starší; nadřízený; senior

**sensation** [sen'seišn] vjem, cit; dojem; pocit; rozruch, senzace; **–al** [sen'seišənl] senzační, báječný, úžasný

**sense** [sens] smysl; zdravý rozum; **~ of humour** smysl pro humor; **make\* ~** dávat smysl

**sensible** [sensəbl] rozumný; znatelný; účelný
**sensitive** [sensətiv] citlivý; útlocitný
**sensual** [sensjuəl] smyslový; smyslný
**sentence** [sentəns] věta; rozsudek; odsoudit
**sentiment** [sentimənt] přecitlivělost, sentimentalita; cit; **–al** [senti'mentl] sentimentální
**separate** [seprət] oddělený; samostatný; odlišný, jiný; [sepəreit] oddělit (se); odloučit se
**separation** [sepə'reišn] oddělení; odloučení
**September** [sep'tembə] září
**septic** [septik] med. zhnisaný; přen. hnijící
**sequence** [si:kwəns] posloupnost, pořadí; následek; film. sekvence; jaz. souslednost
**serenity** [sə'renəti] jasnost, klid, pokoj
**serf** [sə:f] nevolník, otrok; **–dom** [-dəm] nevolnictví, otroctví
**series** [siəri:z] řada; série, sada; seriál; cyklus
**serious** [siəriəs] vážný; opravdový; seriózní
**sermon** [sə:mən] kázání, řeč; kázat
**serpent** [sə:pənt] had
**servant** [sə:vənt] sluha; **public ~** veřejný zaměstnanec; **civil ~** státní úředník
**serve** [sə:v] sloužit; obsloužit; zásobovat

**service** [sə:vis] služba; obsluha; údržba

**session** [sešn] zasedání; schůze, shromáždění

**set\*** [set] dát někam, položit, postavit; dát úkol; nařídit hodiny; usadit se; zapadnout o slunci; ~ **out** vydat se na cestu; souprava; sada; přístroj

**settee** [se'ti:] pohovka, divan

**settle** [setl] usadit (se); osídlit; urovnat; zaplatit, vyrovnat dluh; **–d** [-d] stálý, zavedený; **–ment** [-mənt] osada; vyrovnání; úhrada

**seven** [sevn] sedm; **–teen** [sevn'ti:n] sedmnáct; **–th** [-θ] sedmý; **–ty** [-ti] sedmdesát

**sever** [sevə] odtrhnout, oddělit; přerušit

**several** [sevrəl] několik, pár

**severe** [si'viə] přísný; krutý; striktní; strohý

**sew\*** [səu] šít, sešít, obšít, ušít

**sewer** [səuə] šička, švadlena; krejčí; [suə] stoka; **–age** [suəridž] kanalizace

**sewing machine** ['səuiŋ mə'ši:n] šicí stroj

**sex** [seks] pohlaví, sex, sexuálnost; pohlavní styk; **–ual** [sekšuəl] pohlavní, sexuální

**shabby** [šæbi] ošumělý, obnošený

**shade** [šeid] stín; stínování; chládek; odstín; stínítko; (za)stínit; vystínovat

**shadow** [šædəu] stín; (za)stínit; sledovat

**shady** [šeidi] stínící; stinný; podezřelý

**shaft** [ša:ft] rukojeť; držadlo; žerď; paprsek;
šachta; hřídel

**shake\*** [šeik] třást (se); (vy)třepat; mávat, po-
tácet se; **~ hands with** podat ruku někomu

**shall** [šæl, šəl] 1. os. bud. času I/we shall = I/we
will; povinnost **you ~ do\* it!** uděláš to!

**shame** [šeim] stud; hanba, ostuda; zahanbit;
**–ful** [-ful] ostudný; **–less** [-ləs] nestoudný,
nestydatý; drzý

**shampoo** [šæm'pu:] šampon; umýt si vlasy

**shape** [šeip] tvar, forma, podoba; utvářet, dát
tvar; **–ly** [-li] dobře utvářený, souměrný

**share** [šeə] díl, podíl; akcie; rozdělit si; po-
dílet se na; **–holder** [-həuldə] akcionář

**shark** [ša:k] žralok; lichvář, podvodník

**sharp** [ša:p] ostrý; špičatý; rázný, energický;
pronikavý, bystrý; **–en** [-n] nabrousit

**shatter** [šætə] roztříštit (se); podlomit zdraví

**shave** [šeiv] holit (se); ořezat; (o)holení

**shaven** [šeivn] oholený, vyholený

**she** [ši:] ona

**sheath** [ši:θ] pouzdro; pochva; prezervativ

**shed** [šed] svlékat; shazovat listí, parohy; kůlna

**sheep** [ši:p] sg i pl ovce

**sheet** [ši:t] prostěradlo; arch papíru; tabule skla

**shelf** [šelf] police, regál; převis skalní

**shell\*** [šel] skořápka; lusk; lastura; nábojnice; loupat; odstřelovat

**shelter** [šeltə] přístřeší; kryt, úkryt; útulek

**shield** [ši:ld] štít, záštita; chránit

**shift** [šift] přesunout, přenést, přemístit se; odstranit; posunovat (se); změna; posun

**shin** [šin] holeň; hovězí kližka

**shine\*** [šain] svítit; zářit, lesknout se; přen. vynikat; svit; lesk, záře, jasné světlo

**shiny** [šaini] lesklý, jasný, svítivý; slunný

**ship** [šip] loď; nalodit; dopravit lodí, poslat; **—ment** [-mənt] doprava lodí; lodní zásilka: **—wreck** [-rek] lodní vrak; ztroskotat; **–yard** (-ja:d] loděnice

**shirt** [šə:t] košile; blůza; **T-—** tričko

**shit** [šit] hovno; blbost

**shiver** [šivə] chvět se, třást se; chvění, mrazení

**shoal** [šəul] mělčina; hejno ryb

**shock** [šok] rána; otřes; otřást někým: pohoršit; **–ing** [-iŋ] odporný, hrozný; pohoršivý

**shoe** [šu:] polobotka, střevíc; bota; **–s** pl obuv; obout koho; **–maker** [-meikə] švec

**shoot\*** [šu:t] střílet; zastřelit; točit film; střílení; výhonek; natáčení

**shop** [šop] krám, obchod, prodejna, butik; dílna; obor, řemeslo; nakupovat

**shop assistant** ['šop ə,sistənt] prodavač

**shopkeeper** ['šop,ki:pə] obchodník, majitel obchodu

**shop window** [,šop 'windəu] výkladní skříň

**shore** [šo:] pobřeží, břeh, pláž

**short** [šo:t] krátký, nedostatečný; **be\* ~ of** mít nedostatek čeho

**shortage** [šo:tidž] nedostatek

**shortcoming** [šo:tkamiŋ] nedostatek, chyba

**shorten** [šo:tn] zkrátit (se); zestručnit

**shorthand** [šo:thænd] těsnopis

**shortly** [šo:tli] krátce, zanedlouho, brzy

**shorts** [šo:ts] šortky, krátké kalhoty

**shot** [šot] výstřel, rána; pokus; úder; hod; hovor. injekce i frťan; snímek; kulka; brok

**shoulder** [šəuldə] rameno; krajnice

**shout** [šaut] výkřik, volání; křičet, volat

**shovel** [šavl] lopata; nabírat, házet lopatou

**show\*** [šəu] ukázat; projevit; předvádět; **~ off** vychloubat se; **~ round** provádět po městě; podívaná; výstava; divadelní revue; estráda

**shower** [šauə] přeháňka, déšť; sprcha; pršet; osprchovat se; zahrnout čím

**shriek** [šri:k] vykřiknout; výkřik, zaječení

**shrill** [šril] pronikavý, ostrý; ječivý

**shrink\*** [šriŋk] srazit se, scvrknout se; uhýbat (**from**/před), ustoupit, stáhnout se

**shrub** [šrab] keř

**shrug** [šrag] (po)krčit rameny

**shuffle** [šafl] šoupat; šourat se, vléci se

**shun** [šan] vyhýbat se

**shut\*** [šat] zavřít; zavřený; **~ off** uzavřít, zastavit; **~ out** vyloučit; **~ up** zmlknout

**shutter** [šatə] okenice, roleta; fot. uzávěrka

**shuttle** [šatl] tkalcovský člunek

**shy** [šai] plachý, nesmělý, stydlivý

**sick** [sik] nemocný; cítící se špatně; **be\* ~** zvracet; **I am ~ of it** už toho mám dost

**sicken** [sikən] znechutit; zvedat žaludek

**sickle** [sikl] srp

**sickly** [sikli] chorobný, nezdravý

**sickness** [siknəs] nemoc; nevolnost

**side** [said] strana; hledisko, aspekt; ~ by ~ bok po boku; stranit; ~walk [-wo:k] chodník

**sieve** [siv] síto, řešeto; obléhání

**sigh** [sai] vzdychat; vzdech, vdechnutí

**sight** [sait] zrak; pohled; dohled; podívaná; spatřit, zahlédnout

**sign** [sain] znak; známka, značka; vývěsní štít; podepsat, pokynout

**signal** [signl] signál, znamení; signalizovat

**signature** [signəčə] podpis; signatura

**significance** [sig'nifikəns] význam, důleži-tost

**signify** [signifai] značit, znamenat; ukázat

**silence** [sailəns] mlčení, ticho; (u)mlčet

**silent** [sailənt] mlčící, tichý; nevyslovený

**silk** [silk] hedvábí; hedvábný; jemný, měkký

**silly** [sili] hloupý, pošetilý; směšný, legrační

**silver** [silvə] stříbro; stříbrný; stříbřitý

**similar** [similə] podobný, stejný; obdobný

**simple** [simpl] jednoduchý, snadný; prostý;
  **–minded** ['-maindid] prostoduchý
**simplicity** [sim'plisəti] prostota, jednoduchost
**simplification** [,simplifi'keišn] zjednodušení
**simplify** [simplifai] zjednodušit
**simulate** [simjuleit] předstírat, simulovat
**simultaneous** [,siml'teiniəs] simultánní
**sin** [sin] prohřešek, hřích; (z)hřešit
**since** [sins] od; od té doby co; protože
**sincere** [sin'siə] upřímný; opravdový, skutečný
**sincerity** [sin'serəti] upřímnost; opravdovost
**sing\*** [siŋk] zpívat (si); opěvovat; **–er** [-ə]
  zpěvák, pěvec
**single** [siŋgl] jeden, jediný; jednotlivý; jed-
  noduchý; svobodný
**sink\*** [siŋk] klesnout, klesat; potopit (se);
  (vy)hloubit; (vy)kopat; výlevka; stoka; dno
**sinner** [sinə] hříšník
**sip** [sip] hlt, urknutí; usrkávat, upíjet
**sir** [sə:, sə] pane oslovení; **Sir** před vlastním jmé-
  nem označuje šlechtický titul
**sister** [sistə] sestra; **–in-law** [sistərinlo:] šva-
  grová

**sit\*** [sit] sedět, posadit se; zasedat; **~ down** sednout si, posadit se; **~ up** zůstat vzhůru, nejít spát

**site** [sait] poloha; (stavební) místo; umístit

**sitting** [sitiŋ] zasedání; úřadující; **–room** [-ru:m] obývací pokoj

**situated** [sičueitid] položený, umístěný

**situation** [,sičuˈeišn] situace; poloha; místo

**six** [siks] šest; **–teen** [siksˈti:n] šestnáct; **–ty** [siksti] šedesát

**size** [saiz] velikost, rozměr; číslo

**skate** [skeit] brusle; bruslit; **–r** [-ə] bruslař

**skeleton** [skelitən] kostra; náčrt

**sketch** [skeč] náčrtek; skica; skeč; načrtnout

**ski** [ski:] lyže; lyžovat; **~ lift** lyžařský vlek

**skid** [skid] klouzat, dostat smyk

**skilful** [skilful] zručný, dovedný; obratný

**skill** [skil] zručnost, dovednost, obratnost; **–ed** [-d] kvalifikovaný; vyučený; obratný

**skin** [skin] pleť, kůže; slupka, kůra; loupat

**skip** [skip] poskakovat; přeskočit, vynechat; **–ping-rope** [-iŋrəup] švihadlo

**skirt** [skə:t] sukně; slang. kočka

**skull** [skal] lebka

**sky** [skai] obloha, nebe; **–lark** [-la:k] skřivan; **–line** [-lain] silueta; **–scraper** [-skreipə] mrakodrap

**slack** [slæk] chabý, mdlý; volný; **–s** [-s] dlouhé kalhoty; **–en** [-n] ochabnout, povolit

**slander** [sla:ndə] pomluva; pomlouvat

**slap** [slæp] udeřit; (po)plácat; pleskat; facka

**slash** [slæš] bičovat; rozpárat; seknutí; řez

**slaughter** [slo:tə] porážka dobytka; masakr, krveprolití; porážet zvířata; masakrovat

**slave** [sleiv] otrok; nevolník; (z)otročit

**sled(ge)** [sled(ž)] saně, sáňky

**sleep\*** [sli:p] spát; spánek

**sleeping pill** [sli:piŋ pil] prášek na spaní

**sleepy** [sli:pi] ospalý, rozespalý

**sleet** [sli:t] sníh s deštěm, plískanice

**sleeve** [sli:v] rukáv; přebal

**slender** [slendə] štíhlý, útlý; nepatrný

**slice** [slais] plátek; krajíc, nakrájet

**slide\*** [slaid] klouzat (se); vsunout, vysunout; klouznutí; klouzačka; diapozitiv

**slight** [slait] drobný, subtilní, křehký, nepatrný; nezávažný; **–ly** [-li] trochu, nepatrně

**slim** [slim] tenký, štíhlý, hubený

**slime** [slaim] sliz, hlen; řídké bahno

**sling\*** [sliŋ] prak; smyčka; mrštit

**slip** [slip] klouzat; uklouznout; uniknout; zasunout, nasadit; uklouznout; omyl; brebt; kombiné; povlak na polštář; kupón

**slipper** [slipə] trepka, pantofel

**slit** [slit] rozpárat, rozříznout; řez

**slops** [slops] splašky; brynda; špína

**slot** [slot] štěrbina; otvor, zdířka; **~-machine** [-mə'ši:n] automat na mince

**slow** [sləu] pomalý; těžko chápající; nudný

**slum** [slam] chudinská čtvrť; brloh, doupě

**slumber** [slambə] dřímat; dřímota

**slush** [slaš] bláto se sněhem, břečka

**sly** [slai] prohnaný, lstivý, úskočný

**smack** [smæk] mlasknout; plesknout; facka

**small** [smo:l] malý; úzký; slabý; ubohý

**smallpox** [smo:lpoks] neštovice

**smart** [sma:t] chytrý, bystrý, vychytralý; hezký; elegantní; prudký, ostrý, rychlý

**smash** [smæš] rozbít (se), roztříštit (se); narazit (**into**/do); smečovat; smeč; třesk, rozbití

**smear** [smiə] ušpinit, umazat; šmouha, skvrna

**smell\*** [smel] čich; pach; čichat; páchnout

**smelt** [smelt] tavit; rozpouštět

**smile** [smail] úsměv; usmívat se **(at/na)**

**smith** [smiθ] kovář; **–y** [smiði] kovárna

**smoke** [sməuk] kouř, dým; kouřit; udit

**smooth** [smu:ð] rovný, hladký; mírný; smířlivý; zmírnit; uhladit, urovnat

**smudge** [smadž] šmouha, skvrna; rozmazat

**smuggle** [smagl] pašovat

**smut** [smat] saze; skvrna; oplzlost

**snack** [snæk] přesnídávka; rychlé občerstvení; **–bar** [-ba:] bufet; snackbar

**snail** [sneil] hlemýžď; loudal

**snake** [sneik] had; plazit se; vinout se

**snap** [snæp] chňapnout; prasknout, přetrhnout (se); chňapnutí; snímek; ulomení

**sneak** [sni:k] plížit se; donášet, tajně vzít

**sneakers** [sni:kəz] pl tenisky

**sneer** [sniə] úsměšek; výsměch; ironicky se usmívat; pošklebovat se **(at/komu)**

**sneeze** [sni:z] kýchnout, kýchat; kýchnutí

**sniff** [snif] potahovat nosem; vdechovat nosem; čichat, ohrnovat nos

**snore** [sno:] chrápat; chrápání

**snout** [snaut] rypák, čenich

**snow** [snəu] sníh, sněžit; **–drop** [-drop] sněženka; **–storm** [-sto:m] vánice

**snowman\*** [snəumæn] sněhulák

**snub** [snab] ignorovat; odbýt, usadit

**so** [səu] tak; a tak; takto, takhle, také

**soak** [səuk] namočit, promočit (se), prosáknout

**soap** [səup] mýdlo; (na)mydlit

**soar** [so:] vyletět do výše; plachtit, tyčit se

**sob** [sob] zaštkání, vlyk; vzlykat, štkát

**sober** [səubə] střízlivý; skromný, střídmý

**sociable** [səušəbl] společenský, družný

**social** [səušl] společenský; sociální

**society** [sə'saiəti] společnost; spolek

**sock** [sok] ponožka; rána

**socket** [sokit] důlek oční; elektr. zásuvka

**soft** [soft] měkký, jemný; tavený; hebký, něžný; slaboch; **–en** [sofən] změkčit; změknout; **~ drink** nealkoholický nápoj

**soil** [soil] půda, země; ušpinit (se), zamazat (se)

**solace** [soləs] útěcha; utěšit, ulevit

**solar** [səulə] sluneční, solární

**solder** [soldə] pájka; spájet, svářet

**soldier** [səuldžə] voják, vojín

**sole** [səul] chodidlo; podrážka; výhradní, jediný; podrazit boty

**solemn** [soləm] slavnostní, důstojný; vážný

**solicit** [sə'lisit] vyžádat si; nabízet se na ulici

**solicitor** [sə'lisitə] právní poradce; obhájce

**solicitous** [sə'lisitəs] starostlivý; snaživý

**solid** [solid] pevný, tuhý; masivní; solidní; spolehlivý; těleso; **–s** pl tuhá strava, sušina

**solitary** [solitəri] osamělý; samotářský

**solitude** [solitju:d] samota; osamělost

**soluble** [soljubl] rozpustný; řešitelný

**solution** [sə'lu:šn] (vy)řešení; chem. roztok

**solve** [solv] řešit; rozřešit, objasnit

**solvent** [solvənt] solventní; rozpustný; rozpouštědlo

**some** [sam] nějaký, některý, několik; trochu; **–body** [-bodi] někdo; **–how** [-hau] nějak; **–one** [-wan] někdo; **–thing** [-θiŋ] něco; **–times** [-taimz] někdy; **–what** [-wot] poněkud; **–where** [-weə] někde, někam; přibližně

**son** [san] syn; **~-in-law** [-inlo:] zeť

**song** [soŋ] píseň, šlágr; **–book** zpěvník
**soon** [su:n] brzy, zakrátko, zanedlouho
**soot** [sut] saze; mour
**soothe** [su:ð] upokojit, ukonejšit
**sorcerer** [so:sərə] čaroděj, kouzelník
**sore** [so:] bolestivý, bolavý; bolák
**sorrow** [sorəu] starost; lítost; žal
**sorry** [sori]: **be*** ~ litovat; **(I am)** ~ promiňte!
**sort** [so:t] typ, sorta, druh, jakost; třídit
**sound** [saund] zvuk; tón, hlasitost; znít
**soup** [su:p] polévka; **clear** ~ hovězí vývar
**sour** [sauə] kyselý; trpký; zkažený; zkysnout
**source** [so:s] pramen; zdroj; informační zdroj
**south** [sauθ] jih; jižní; na jih
**southern** [saðən] jižní
**sovereignty** [sovrənti] svrchovanost
**sow*** [səu] (za)sít, rozsévat; zool. svině, prasnice
**spa** [spa:] lázně; léčivý pramen
**space** [speis] prostor; **–ship** raketa do vesmíru
**spacious** [speišəs] prostorný; rozlehlý
**Spain** [spein] Španělsko
**span** [spæn] oblouk; rozpětí; (pře)klenout
**Spanish** [spæniš] španělský; španělština

**spare** [speə] nadbytečný; rezervní; ušetřit; náhradní díl; rezervní kolo

**spark** [spa:k] jiskra; záblesk; jiskřit

**sparkle** [spa:kl] jiskřit, třpytit se; třpyt

**spasm** [spæzəm] křeč; med. spazma

**speak\*** [spi:k] říci, vyslovit, mluvit, hovořit, rozmlouvat; **–er** [-ə] mluvčí; řečník

**spear** [spiə] oštěp; napíchnout; harpunovat

**special** [spešl] zvláštní; speciální; výjimečný

**species** [spi:ši:z] sg i pl biol. druh

**specify** [spesifai] přesně určit, vymezit, specifikovat; upřesnit

**specimen** [spesəmən] ukázka, vzorek

**spectacle** [spektəkl] podívaná, atrakce

**spectacles** [spektəklz] pl brýle

**spectre** [spektə] strašidlo, duch, fantom

**speech** [spi:č] jazyk; řeč; proslov, projev

*speed\** [*spi:d*] rychlost; citlivost filmu; uhánět, pospíchat; **–y** [-i] spěšný, rychlý

**spell\*** [spel] kouzlo; hláskovat; psát pravopisně; znamenat; období

**spend\*** [spend] vydat, utratit peníze; spotřebovat; trávit, strávit čas

**spice** [spais] koření; kořenit

**spider** [spaidə] pavouk

**spike** [spaik] špička, bodec; klas; bodnout

**spill\*** [spil] rozlít (se); rozsypat (se)

**spin\*** [spin] příst; točit (se), vířit; víření

**spinach** [spinič] špenát

**spinal** [spainl] páteřní; **~ cord** mícha

**spinster** [spinstə] neprovdaná žena

**spirit** [spirit] duch; líh, alkohol

**spirited** [spiritid] živý, kurážný

**spit\*** [spit] slina; plivat; prskat; rožeň

**spite** [spait] rozzlobit; **in ~ of** navzdory čemu

**splash** [splæš] stříkat, šplouchat (se), pocákat; šplouchání; skvrna; hovor. senzace

**spleen** [spli:n] slezina; podrážděnost

**splendid** [splendid] skvělý, nádherný

**splendour** [splendə] nádhera, velkolepost

**splinter** [splintə] střepina, tříska; roztříštit se

**split\*** [split] rozštípat; rozštípnout; rozštěpit; rozštěpení; trhlina, prasklina; roztržka

**spoil\*** [spoil] rozmazlovat; kazit; pokazit

**spokesman\*** [spəuksmən] mluvčí

**sponge** [spandž] houba; mýt houbou

**spool** [spu:l] cívka; naviják; navíjet

**spoon** [spu:n] lžíce, lžička

**sportsman*** [spo:tsmən] sportovec

**spot** [spot] tečka; puntík; skvrna; mateřské znaménko; **--less** [-ləs] bez poskvrny

**spotlight** [spotlait] světlo reflektoru; osvětlit

**sprain** [sprein] vymknout si; vymknutí

**spray** [sprei] mžení; sprej; postřik; pokropit

**spread*** [spred] roztahovat; rozšířit; rozprostírat se; rozestřít, prostřít; rozpětí

**spring*** [spriŋ] pramenit; skočit; skok; pramen; pružnost; pero, pružina; jaro

**sprinkle** [spriŋkl] postříkat, pokropit; posypat

**sprite** [sprait] skřítek, šotek, víla

**sprout** [spraut] pučet, vyrážet; výhonek

**spruce** [spru:s] smrk; elegantní

**spur** [spə:] ostruha; pobízet

**spurious** [spjuəriəs] předstíraný, nepodložený, falešný, padělaný, podvržený

**spurt** [spə:t] rychlý běh, spurt; náhlé vzplanutí; zrychlení; zrychlit

**spy** [spai] špeh, špión; špehovat

**squalor** [skwolə] špína; bída

**squander** [skwondə] promrhat, promarnit

**square** [skweə] čtverec; pravoúhlý; čtverhranný; náměstí; druhá mocnina, umocnit

**squash** [skwoš] rozmačkat (se); natlačit dovnitř; squash sport; nával; sirup; ovocná šťáva

**squeeze** [skwi:z] stisknout; sevřít; vymačkat; protlačit (se); tlačenice; zmáčknutí

**squirrel** [skwirəl] veverka

**stab** [stæb] (pro)bodnout; bodná rána

**stable** [steibl] stálý, pevný, stabilní; stáj

**staff** [sta:f] štáb; zaměstnanci, personál; sbor učitelský; hůl, žerď

**stag** [stæg] jelen; spekulant

**stage** [steidž] jeviště; období, etapa, stadium; **–coach** [-kəuč] dostavník

**stain** [stein] poskvrnit, pošpinit, umazat; skvrna; **–less** [-ləs] neposkvrněný; nerezavějící

**stair** [steə] schod; **–case** [-keis] schodiště

**stake** [steik] kůl; kolík; hranice; částka vložená do sázky; sázka; vsadit

**stalk** [sto:k] stvol; lodyha; nožka sklenky; plížit se; vykračovat si; prohledávat

**stall** [sto:l] stánek; křeslo v divadle

**stamp** [stæmp] dupat; razítkovat; nalepit známku; dupnutí; razítko, poštovní známka

**stand\*** [stænd] stát; postavit; vydržet, snést; stanoviště; pozice; stojan; stánek

**standard** [stændəd] prapor, standarta; norma; měřítko; úroveň; standartní, normální

**star** [sta:] hvězda; hrát n. uvádět v přední roli

**starch** [sta:č] škrob; (na)škrobit

**stare** [steə] upřeně hledět, civět, upřený pohled

**starling** [sta:liŋ] špaček

**starry** [sta:ri] hvězdnatý

**start** [sta:t] začít; vydat se na cestu; zahájit; začátek; start; začátek, počátek

**starve** [sta:v] hladovět, umírat hlady; mučit hlady; ~ **out** vyhladovět

**state** [steit] stav; stát; vláda; protokol; státní, veřejný; slavnostní; stanovit; prohlásit, konstatovat; vyslovit, formulovat

**stately** [steitli] majestátní, okázalý

**statement** [steitmənt] oznámení, prohlášení; výpověď; osvědčení; údaj, tvrzení

**statesman\*** [steitsmən] státník, politik

**station** [steišn] stanice; nádraží; postavení; stanoviště; služebna, středisko

**stationer** [steišənə] papírník; **–y** [-ri] papírnické zboží, kancelářské potřeby

**statue** [stætju:] socha, pomník

**stay** [stei] zůstat; zdržovat se; bydlet; zarazit; podepřít; přítrž; pohyb; opora, podpěra

**steadfast** [stedfa:st] stálý, pevný, neochvějný

**steady** [stedi] pevný; stálý; upevnit (se), uklidnit (se), stabilizovat (se)

**steal\*** [sti:l] (u)krást; krádež

**steam** [sti:m] pára; vařit v páře; vypouštět páru

**steel** [sti:l] ocel; ocelový; zatvrdit

**steep** [sti:p] příkrý, strmý; přemrštěný

**steeple** [sti:pl] špičatá věž

**steeplechase** [sti:plčeis] překážkový dostih

**steer** [stiə] kormidlovat; řídit; kormidlo; Am. hovor. rada, tip; **–ing** [-iŋ] řízení

**step** [step] krok; schod; stupeň; udělat krok, kráčet; šlápnout; **~ inside!** vstupte!

**sterile** [sterail] neplodný, sterilní

**stern** [stə:n] přísný, tvrdý, tuhý, nevlídný

**stew** [stju:] dusit při vaření; dušené maso

**stick\*** [stik] hůl, tyčka, propíchnout; přilepit, nalepit; lpět, držet se

**sticky** [stiki] lepkavý; choulostivý situace

**stiff** [stif] tuhý, neohebný; **–en** [-n] ztuhnout

**still** [stil] nehybný; tichý, klidný; ticho; uklidnit, utišit; uspokojit; ještě, stále ještě; avšak, nicméně, přece jenom

**stimulant** [stimjulǝnt] dráždivý, povzbuzující

**stimulate** [stimjuleit] podráždit, podnítit; povzbudit, stimulovat

**sting\*** [stiŋ] žihadlo; bodnout, štípnout

**stingy** [stindži] lakomý, skoupý; mizerný

**stipulate** [stipjuleit] vymínit si, stanovit (si)

**stir** [stǝ:] hýbat (se), pohnout (se); míchat, zamíchat; míchání; hovor. poprask

**stitch** [stič] píchání, bodavá bolest; steh, šev; stehovat, sešít, zašít i med.

**stock** [stok] sklad; zásoba; živý inventář; akciový kapitál; bujón; zásobovat

**stockbroker** [stokbrǝukǝ] burzovní makléř

**stock exchange** ['stok iks,čejndž] burza cenných papírů

**stocking** [stokiŋ] punčocha, podkolenka

**stomach** [stamək] med. žaludek; hanl. pupek

**stone** [stəun] kámen; náhrobní kámen; pecka; kamenný; kamenovat; **–d** [-d] opilý

**stony** [stəuni] kamenitý; tvrdý jako kámen

**stool** [stu:l] stolička, sedátko; med. stolice

**stop** [stop] stavit (se); přestat, zadržet; ucpat; zastávka; stanice; zastavení; tečka za větou

**stoppage** [stopidž] přerušení; srážka z platu; med. ucpání

**stopper** [stopə] zátka; zátkovat

**storage** [sto:ridž] skladování, uskladnění

**store** [sto:] zásoba; sklad; uskladnit; Am. obchod

**stork** [sto:k] čáp

**storm** [sto:m] bouře; vánice; bouřit; zaútočit

**story** [sto:ri] příběh, historka; vypravování

**stout** [staut] tlustý, korpulentní; neohrožený, nepoddajný; černé pivo

**stove** [stəuv] kamna, sporák

**stow** [stəu] uložit, uskladnit; naložit loď, vůz; **–away** [stəuwei] černý pasažér

**straight** [streit] rovný, přímý; poctivý

**strain** [strein] napnout, napínat; napětí, vypětí; **–ed** [-d] napjatý; nucený

**strait** [streit] průliv, úžina; **–s** přen. tíseň

**strange** [streindž] cizí, neznámý; zvláštní, divný; **I feel\* ~** necítím se ve své kůži

**strangle** [stræŋgl] (u)škrtit, zadusit; potlačit

**strap** [stræp] popruh; řemen; připoutat se

**strategic** [strə'ti:džik] strategický

**straw** [stro:] sláma; slámka; slaměný

**stream** [stri:m] proud; tok; proudit; přetékat

**street** [stri:t] ulice; **–car** [-ka:] Am. tramvaj

**strength** [streŋθ] síla; pevné zdraví, intenzita

**stress** [stres] napětí, stres; důraz; přízvuk; zdůraznit, klást důraz

**stretch** [streč] roztáhnout (se); rozprostírat se pružnost, elasticita; časový úsek

**strew\*** [stru:] poházet, posypat, pokrýt; rozptýlit

**stricken** [strikn] postižený, zničený i přen.

**strict** [strikt] přesný; přísný; rigorózní

**strife** [straif] spor, svár, konflikt

**strike\*** [straik] udeřit, uhodit; razit minci; škrtnout; stávkovat; stávka; úder; nález

**string\*** [striŋ] provázek, šňůra; struna; řada; navlékat na šňůru; vyplést raketu

**strip** [strip] sloupnout, stáhnout, svléci; pruh

**stripe** [straip] proužek, pruh; **–ed** [-t] pruhovaný

**strive*** [straiv] snažit se, usilovat; bojovat

**stroke** [strəuk] úder, rána; rozmach; tempo; sport. odpal; med. mrtvice; (po)hladit

**strong** [stroŋ] silný, statný; pevný, bytelný

**structure** [strakčə] struktura; stavba; konstrukce, uspořádání

**struggle** [stragl] zápasit, bojovat; usilovat; zápas, boj, rvačka; úsilí, snaha

**studio** [stju:diəu] ateliér; studio

**studious** [stju:diəs] velice pečlivý; snaživý, pilný; úzkostlivý; vědecký, vědychtivý

**study** [stadi] studium; předmět studia; studovat, snažit se, pozorně sledovat

**stuff** [staf] materiál; věc(i), krámy; vycpat; nacpat; nadít krocana

**stumble** [stambl] klopýtnout; zakopnout

**stump** [stamp] pařez; pahýl; košťál

**stun** [stan] omráčit; ohromit

**stupefy** [stju:pifai] ohromit; otupit

**stupid** [stju:pid] hloupý; pitomý; nudný

**stutter** [statə] koktat; breptat; koktavost

**style** [stail] sloh; styl; móda; účes; druh, typ

**subdue** [səb'dju:] podrobit, potlačit; zmírnit

**subject** [sabdžekt] poddaný; podrobený; vy-
stavený; jaz. podmět; téma; subjekt

**submarine** [sabməri:n] podmořský, ponorka

**submerge** [səb'mə:dž] ponořit; zaplavit

**submit** [səb'mit] podrobit se; předložit;
ustoupit; přizpůsobit

**subordinate** [sə'bo:dinət] podřízený; podruž-
ný, vedlejší; [sə'bo:dineit] podřídit

**subscribe** [səb'skraib] přispět; předplatit si;
podporovat; předplatitel; přispěvatel

**subsequent** [sabsikwənt] následující, další

**subside** [səb'said] sesedat se; opadat; pole-
vovat; utišit (se); uklidnit se

**subsist** [səb'sist] existovat; udržet se naživu;
**–ance** [-əns] obživa

**substance** [sabstəns] podstata; jádro; látka

**substantial** [səb'stænšl] skutečný, hmotný:
podstatný; vydatný; důkladný; hutný

**substitute** [sabstitju:t] zástupce; náhradník;
náhražka; napodobenina

**subtract** [səb'trækt] odčítat, ubírat (**from**/na)

**suburb** [sabə:b] předměstí; okrajové sídliště

**subvention** [səb'venšn] podpora

**subvert** [sab'və:t] podvracet, ničit

**subway** [sabwei] podchod; podzemní dráha

**succeed** [sək'si:d] nastoupit; následovat; mít úspěch, podařit se

**success** [sək'ses] úspěch, zdar; **–ful** [-ful] úspěšný, zdárný

**successive** [sək'sesiv] postupný, následný

**succumb** [sə'kam] podlehnout

**such** [sač] takový; tak; **~ as** jako například

**suck** [sak] sát; cucat, lízat; **–er** [-ə] sosák; přísavka; hovor. hlupák

**suckle** [sakl] kojit

**suckling** [sakliŋ] kojenec

**sudden** [sadn] náhlý, nenadálý; **–ly** [-li] náhle

**sue** [sju:] žalovat u soudu; naléhavě prosit

**suffer** [safə] trpět; utrpět, strpět, zakusit; dovolit; **–ing** [safəriŋ] utrpení; trápení

**suffice** [sə'fais] stačit, dostačit

**sufficient** [sə'fišənt] dostatečný, postačující

**suffocate** [safəkeit] udusit, zadusit; dusit se

**sugar** [šugə] cukr; miláček; **–beet** [-bi:t] cukrová řepa; **–cane** [-kein] cukrová třtina

**suggest** [sə'džest] podnítit; vnuknout; navrhovat; tvrdit; poukazovat na; **–ion** [sə'džesčən] návrh, podnět; náznak; domněnka

**suicide** [su:isaid] sebevrah; sebevražda; **commit ~** spáchat sebevraždu

**suit** [sju:t] žaloba, proces; oblek; hodit se; vyhovovat; přizpůsobit

**suitable** [su:təbl] vhodný

**suitcase** [su:tkeis] kufr

**sulky** [salki] vzdorovitý, mrzutý

**sum** [sam] součet; částka, suma; sečíst; shrnout

**summary** [saməri] souhrnný; přehled, shrnutí

**summer** [samə] léto

**summit** [samit] vrchol, vrcholek; konference

**summon** [samən] povolat, obeslat k soudu; vyzvat; **–s** [-z] předvolání k soudu; obsílka

**sun** [san] slunce; výsluní; **–bathe** [-beið] slunit se; **–beam** [-bi:m] sluneční paprsek

**sunburn** [sanbə:n] opálení, spálení sluncem

**Sunday** [sandi] neděle

**sunflower** [sanflauə] slunečnice

**sunlight** [sanlait] sluneční světlo

**sunny** [sani] slunný, sluneční; usměvavý

**sunrise** [sanraiz] východ slunce

**sunset** [sanset] západ slunce

**sunshade** [sanšeid] slunečník

**sunstroke** [sanstrəuk] úžeh, úpal

**superb** [su:'pə:b] nádherný, úžasný, super

**supercilious** [ˌsu:pə'siliəs] arogantní; povýšený, drsný, přezíravý, pohrdavý

**superficial** [ˌsu:pə'fišl] povrchový; povrchní

**superfluous** [su:'pə:fluəs] přebytečný, nadbytečný, zbytečný

**superhuman** [ˌsu:pə'hju:mən] nadlidský

**superior** [su'piəriə] vyšší; lepší; kvalitnější; nadřízený; **–ity** [sju,piəri'orəti] nadřazenost

**supernatural** [ˌsu:pə'næčərəl] nadpřirozený

**superstition** [ˌsu:pə'stišn] pověra

**supervise** [su:pəvaiz] mít dohled; dozírat na, dohlížet na, kontrolovat

**supper** [sapə] večeře

**supply** [sə'plai] zásobovat; dodat, opatřovat; zásoba; dodávka; přísun; příkon

**support** [sə'po:t] podporovat; podpora

**suppose** [sə'pəuz] předpokládat, domnívat se, myslit

**suppress** [sə'pres] potlačit; zdolat; zatajit

**supreme** [su'pri:m] nejvyšší; nejlepší; svrchovaný; prvotřídní

**sure** [šuə] jistý; přesvědčený; spolehlivý; Am. hovor. ano, jistě

**surely** [šuəli] jistě, určitě

**surety** [šo:rəti] jistota, záruka; kauce; ručitel

**surf** [sə:f] příboj; vlnobití; surfovat

**surface** [sə:fis] povrch; hladina; plocha

**surfeit** [sə:fit] přejídání; přesycení; přejídat se

**surgeon** [sə:džən] chirurg

**surgery** [sə:džəri] chirurgie; ordinace

**surmount** [sə'maunt] překonat, převyšovat

**surname** [sə:neim] příjmení

**surpass** [sə'pa:s] převyšovat; vynikat nad: překročit, překonat, přetrumfnout

**surplus** [sə:pləs] přebytek; přebytečný

**surprise** [sə'praiz] úžas, údiv; překvapení; překvapit; ohromit

**surrender** [sə'rendə] vzdát se čeho; kapitulovat; vzdát se; kapitulace; vzdání se

**surround** [sə'raund] obklopit, obklíčit; **–ings** [-iŋz] pl okolí; prostředí

**survey** [sə:vei] přehled; prohlídka; znalecký posudek; [sə'vei] pozorovat, odborně posoudit, prohlédnout; vyměřovat

**survive** [sə'vaiv] přežít; zůstat naživu

**suspect** [sə'spekt] mít pochybnosti; podezřívat; [saspəkt] podezřelý člověk; pochybný

**suspend** [sə'spend] zavěsit; zarazit, zastavit; přerušit; suspendovat, vyloučit

**suspicion** [sə'spišn] podezření; pochyby

**sustain** [sə'stein] podpírat; unést; vydržet; utrpět; pomáhat; snášet; potvrdit

**swallow** [swoləu] zbaštit, polykat, polknout; doušek, hlt; polknutí; vlaštovka

**swamp** [swomp] bažina, močál

**swan** [swon] labuť

**swarm** [swo:m] hejno; roj; rojit se; hemžit se

**sway** [swei] kolébat se, kymácet se; houpání

**swear*** [sweə] (za)přísahat (se); zaklínat; odpřisáhnout; kletba, zaklení

**sweat** [swet] pot, pocení; hovor. dřina; potit se

**sweep*** [swi:p] nést se; hnát se; mést; smést; zametení; mávnutí, máchnutí; **–ing** [-iŋ] radikální; přesvědčivý; rozmáchlý

**sweet** [swi:t] sladký; milý; dobrý; roztomilý; moučník; **–s** [-s] sladkosti; **–en** [-n] osladit

**sweetheart** [swi:tha:t] milenec, milenka; miláček; milý, milá

**swell\*** [swel] nabobtnat, zduřet, nadouvat (se), otékat; **–ing** [-iŋ] otok, opuchlina

**swerve** [swə:v] prudce uhnout, odchýlit se, strhnout stranou; náhlá změna směru

**swift** [swift] rychlý, hbitý; okamžitý; rorýs

**swim\*** [swim] plavat; přeplavat; **–mer** [-ə] plavec; **–ming suit** [-iŋ sju:t] plavky

**swine** [swain] prase; vepř; přen. mizera, svině, darebák; **you ~!** ty hajzle!

**swing\*** [swiŋ] houpat (se), kývat (se); mávat čím; houpání; houpačka; změna, obrat

**swirl** [swə:l] vír; víření; vířit

**Swiss** [swis] švýcarský; Švýcar(ka)

**switch** [swič] rákoska; prut; vypínač; přepínač; změna, přechod; zmrskat; přepnout: **~ off** vypnout; **~ on** zapnout

**Switzerland** [switsələnd] Švýcarsko

**swoon** [swu:n] mdloby; omdlít

**sword** [so:d] meč, šavle

**sympathetic** [ˌsimpə'θetik] soucitný; solidární, sympatický, příjemný, milý

**sympathy** [simpəθi] soucit, lítost, soustrast

**syringe** [sirindž] injekční stříkačka

**system** [sistəm] systém, soustava; ústrojí, trakt

# T

**table** [teibl] stůl; stolek; deska stolní; předložit; **–spoon** [-spu:n] polévková lžíce

**tablet** [tæblət] tabulka; destička; tabletka

**taboo** [tə'bu:] tabu

**taciturn** [tæsitə:n] zamlklý, mlčenlivý

**tackle** [tækl] chopit se čeho, pustit se do čeho; vypořádat se s čím; výstroj, výzbroj

**tag** [tæg] etiketa, štítek; přívěsek; poutko

**tail** [teil] ocas, ohon; cíp; zadní část

**tailor** [teilə] krejčí; šít, ušít

**take\*** [teik] uchopit, vzít; zmocnit se; odvést; trvat; film. záběr; **~ off** svléci; **~ out** vyndat

**tale** [teil] vyprávění, historka; klep, pomluva

**talk** [to:k] mluvit, hovořit, povídat si; hovor, rozhovor; **–ative** [-ətiv] hovorný, povídavý

**tall** [to:l] vysoký, velký o lidech

**tame** [teim] krotký; fádní; krotit; ochočit

**tan** [tæn] tříslo; opálení; tangens; světlehnědá barva; bronz; opálit se; zhnědnout

**tangerine** [ˌtændʒəˈriːn] mandarinka

**tangle** [tæŋgl] změť, spleť; zamotat (se)

**tank** [tæŋk] nádrž, cisterna; tank; plnit nádrž

**tap** [tæp] (za)ťukat; (po)klepat; napustit; klepání, ťuknutí; kohoutek vodovodní; pípa

**tape** [teip] páska, stuha; pásek magnetofonový; **red ~** byrokracie

**tar** [ta:] dehet; asfalt; nadehtovat

**tardy** [ta:di] liknavý; opožděný

**target** [ta:git] terč; plán, úkol

**tariff** [tærif] tarif, sazebník; ceník

**tart** [ta:t] ovocný koláč, dort; jízlivý; kyselý

**task** [ta:sk] úkol, úloha; zadání

**taste** [teist] chuť; záliba, gusto, náklonnost; vkus; okusit; (o)chutnat; **–ful** [-ful] vkusný

**taut** [to:t] napnutý, těsný, natažený

**tax** [tæks] taxa, poplatek; daň; uložit daň

**tea** [ti:] čaj; svačina; čajovník; pít čaj; **– cup** [-kap] šálek na čaj; **–spoon** [-spuːn] kávová lžička

**teach\*** [tiːč] učit, vyučovat; **–er** [-ə] učitel(ka)

**team** [tiːm] mužstvo, tým, skupina

**tear** [tiə] slza; trhat, roztrhnout; slzet; **–s** pláč

**tease** [tiːz] škádlit, zlobit; popichovat

**technique** [tek'niːk] technika; způsob práce

**tedious** [tiːdiəs] únavný; nudný; nezáživný

**teeth** [tiːθ] pl **tooth**

**teetotaller** [‚tiːˈtəutlə] abstinent

**telephone** [telifəun] telefon; telefonovat

**television** [televižn] televize; **~ set** (TV set) televizor; **watch TV** dívat se na televizi

**tell\*** [tel] říci, povědět; vyprávět; vyřknout

**temper** [tempə] povaha; nálada; (z)mírnit

**temperate** [tempərət] umírněný, zdrželivý

**temperature** [tempračə] teplota; horečka

**tempest** [tempist] bouře; vichřice; bouřit

**temple** [templ] chrám; spánek, skráň

**temporary** [tempərəri] dočasný; provizorní

**tempt** [tempt] svádět, pokoušet; lákat, vábit; **–ation** [temp'teišn] pokušení, vábení

**ten** [ten] deset, desítka

**tenacious** [ti'neišəs] pevný, houževnatý, vytrvalý, úporný; spolehlivý, dlouhodobý

**tenant** [tenənt] nájemce; nájemník

**tend** [tend] mít sklon; směřovat; starat se

**tender** [tendə] něžný, jemný; citlivý; křehký; nabídka; tendr; nabídnout, podat

**tenement** [tenəmənt]: ~ **house** činžák

**tense** [tens] nervózní; strnulý; napjatý; strnulý; jaz. slovesný čas; napnout

**tension** [tenšn] napětí; tenze; rozpínání

**tent** [tent] stan; stanovat; med. tampón(ovat)

**tenth** [tenθ] desátý; desetina

**term** [tə:m] termín; semestr; doba, období; lhůta; **-s** [-z] podmínky; vztahy

**terminal** [tə:minl] konečný; koncový; nevyléčitelný; smrtelný; konečná stanice; terminál na letišti

**terminate** [tə:mineit] zakončit; končit

**terminus** [tə:minəs] hranice; mezník; konečná stanice

**terrible** [terəbl] hrozný, strašný, příšerný

**terrify** [terəfai] vyděsit, vystrašit

**test** [test] test, zkouška; (vy)zkoušet, prohlédnout

**testify** [testifai] svědčit, dosvědčit

**testimonial** [‚testi'məuniəl] doporučení, posudek

**testimony** [testiməni] svědectví, důkaz

**text** [tekst] text; **–book** [-buk] učebnice; příručka, cvičebnice, sborník, skripta

**textual** [tekstjuəl] textový

**textile** [tekstail] textilní; **–s** [-z] pl textilie

**than** [ðæn, ðən] než, nežli

**thank** [θæŋk] děkovat, poděkovat; díky; **–ful** [-ful] vděčný; **–less** [-ləs] nevděčný

**that** [ðæt] to, tamten, tenhle, ten; který; že; aby

**thaw** [θɔ:] (roz)tát; rozmrazit; (roz)tání, obleva

**the** [ðə] člen určitý před samohláskou; před souhláskou [ði], [ði:]; zájmeno ukazovací ten, ta, to

**theatre** [θiətə] divadlo scéna i budova

**theft** [θeft] krádež, odcizení

**their** [ðeə], **–s** [ðeəz] jejich

**them** [ðem] je 4. p. osob. zájm. 3. os. množ. č.

**themselves** [ðəm'selvz] (oni) sami; ony, ona; sebe, se

**then** [ðen] pak, potom; tehdy, tenkrát; tedy

**there** [ðeə] tam, tamhle; no tak; **–abouts** [ðeərəbauts] poblíž; tak nějak; **–by** [ðeə-'bai] tím; **–fore** [ðeəfɔ:] proto; **–upon** [ðeərə'pɔn] nato; následkem toho

**these** [ði:z] pl **this**

**they** [ðei] oni, ony, ona

**thick** [θik] silný, tlustý; hustý; zahuštěný; silně; **–en** [-n] zhoustnout; zahustit; **–et** [-it] houština; **–ness** [-nəs] tloušťka; hustota

**thief\*** [θi:f] zloděj; **stop ~!** chyťte zloděje!

**thigh** [θai] anat. stehno

**thin** [θin] tenký, slabý; hubený; řídký; (roz)ředit

**thing** [θiŋ] věc; předmět; záležitost; tvor

**think\*** [θiŋk] myslit; přemýšlet

**third** [θə:d] třetí, třetina; hud. tercie

**thirst** [θə:st] žízeň; velká touha; žíznit

**thirteen** [θə:'ti:n] třináct; **–th** [-θ] třináctý

**thirty** [θə:ti] třicet; třicítka

**this** [ðis] tento, ten, tenhle, toto, tenhleten

**thorn** [θo:n] trn, osten; trní

**thorough** [θarə] úplný; dokonalý; naprostý

**thoroughfare** [θarəfeə] hlavní dopravní tepna

**though** [ðəu] ačkoli; třebaže; ale; i když

**thought** [θo:t] myšlení; myšlenka; názor; **–ful** [-ful] zamyšlený; přemýšlivý; hloubavý; ohleduplný, pozorný, uvážený

**thousand** [θauznd] tisíc; tisícerý dík

**thrash** [θræš] (z)bít; (z)tlouci, nařezat; napráskat

**thread** [θred] nit, vlákno; tech. závit; navlékat

**threat** [θret] hrozba; **–en** [-n] hrozit; ohrožovat

**three** [θri:] tři; trojka; **–fold** [-fəuld] trojitý

**threshold** [θrešəuld] práh; mez

**thrifty** [θrifti] spořivý, šetrný

**thrill** [θril] nadšení, rozechvění; napětí, vzrušení; vzrušit, napnout; **–er** [-ə] detektivka

**throat** [θrəut] hrdlo; krk

**throb** [θrob] bít, tlouci, bušit, pulsovat

**throne** [θrəun] trůn

**throng** [θroŋ] zástup, dav, tlačenice, tlačit se

**throttle** [θrotl] (u)škrtit (se); tech. škrtící klapka

**through** [θru:] skrze; prostřednictvím; přímý

**throughout** [θru'aut] všude, po celém…

**throw*** [θrəu] házet, hodit, vrhnout; hod

**thrust*** [θrast] vrazit, strčit; rýpnutí, štalec

**thumb** [θam] palec na ruce; stopovat auta

**thunder** [θandə] hrom, hřmění; hřmět; burácet; **–storm** [-sto:m] bouřka, hromobití

**Thursday** [θə:zdi] čtvrtek

**thus** [ðas] tak, takto; tedy, tudíž; a tak tedy

**tick** [tik] tikot, tikání; zool. klíště; tikat

**ticket** [tikit] lístek; vstupenka; jízdenka; kupón

**tickle** [tikl] (po)lechtat; dráždit; (po)šimrat

**tide** [taid] příliv a odliv; proud; čas; plynout

**tidy** [taidi] úpravný; uklizený, čistý, uspořádaný; pěkný; uklidit, upravit, uspořádat

**tie** [tai] zavázat, svázat, přivázat; vázanka; pouto; stuha; řemínek, tkanička; šněrování

**tight** [tait] napnutý; těsný; **–en** [-n] napnout (se); utáhnout; stáhnout

**tile** [tail] obkladačka, dlaždice; taška na střeše; vykachlíkovat

**till** [til] do, až do; až; dokud ne; obdělávat půdu; orat; příruční pokladna

**tilt** [tilt] naklonit (se); nachýlení, sklon

**timber** [timbə] stavební dříví; kláda, trám

**time** [taim] čas, doba; lhůta; (na)časovat

**timely** [taimli] včasný; aktuální; příhodný

**timetable** [taimteibl] jízdní řád; rozvrh hodin

**timid** [timid] bojácný, plachý, ostýchavý

**tin** [tin] cín; Br. konzerva; konzervovat; pocínovat

**tinfoil** [tinfoil] staniol

**tinge** [tindž] nádech; zabarvení; zabarvit

**tinkle** [tiŋkl] cinkat, zvonit; cinkání; zvonění

**tint** [tint] odstín, nádech; zabarvit, tónovat

**tiny** [taini] nepatrný, malý, drobný, mrňavý

**tip** [tip] kopeček, špička, cíp; spropitné; tip, rada; dát spropitné; tipovat

**tiptoe** [tiptəu] tiše; chodit po špičkách

**tire** [taiə] Am. pneumatika; unavit (se), utahat se

**tissue** [tišu:] biol. tkáň; papírový kapesník

**title** [taitl] nadpis, titul, název; označení; titulovat

**to** [tu, tə] do, k, na, až, pro

**toast** [təust] toast, topinka, opékaný chléb; přípitek; opékat chléb; připít

**tobacco** [tə'bækəu] tabák

**toboggan** [tə'bogən] sáňky; sáňkovat

**today** [tə'dei] dnes; dnešní den, dnešek

**toe** [təu] prst na noze; špička

**toffee** [tofi] mléčná karamela, tofé

**together** [tə'geðə] spolu, dohromady

**toil** [toil] dřít se, lopotit se; dřina, námaha

**toilet** [toilət] toaleta, záchod; úprava vzhledu

**token** [təukən] znamení; symbol; poukázka

**tolerable** [tolərəbl] snesitelný; dost dobrý, slušný, přijatelný; dostatečný, průměrný

**tolerate** [toləreit] snášet, tolerovat

**tomb** [tu:m] hrob; hrobka, náhrobek

**tomorrow** [tə'morəu] zítra; zítřek

**ton** [tan]: **metric ~** tuna

**tone** [təun] zvuk, tón; naladit; tónovat

**tongs** [taŋz] pl kleště, kleštičky

**tongue** [taŋ] anat. jazyk; řeč, mluva

**tonight** [tə'nait] dnes večer

**tonsils** [tonslz] anat. krční mandle

**too** [tu:] také, rovněž

**tool** [tu:l] pracovní nástroj, nářadí

**tooth** [tu:θ] zub; **–ache** [-eik] bolení zubu; **–brush** [-braš] kartáček na zuby

**top** [top] vršek; hořejšek; uzávěr; povrch

**topic** [topik] téma, námět; **–al** [-l] tematický

**topmost** [topməust] nejvyšší

**top price** [top prais] nejvyšší cena

**tortoise** [to:təs] želva suchozemská

**torture** [to:čə] mučení, trýznění; mučit

**toss** [tos] hodit; mrštit; zmítat se; hod, vrh

**total** [təutl] celkový, úplný; součet, úhrn

**touch** [tač] dotknout se, dotýkat se; dojmout; vnímat hmatem; dotek; hmat, pocit; styk

**tough** [taf] tuhý; silný; houževnatý; obtížný

**tour** [tuə] cesta, túra; cestovat, procestovat

**tournament** [tuənəmənt] turnaj

**tow** [təu] vléci, táhnout; vlečení, vlek; koudel

**toward(s)** [tə'wo:d(z)] směrem k, ke ku; blízko

**towel** [tauəl] ručník, utěrka

**tower** [tauə] věž; tyčit se, čnět

**town** [taun] město; ~ **centre** střed města; ~ **council** magistrát; ~ **hall** radnice

**toxic** [toksik] jedovatý, otravný

**toy** [toi] hračka; hrát si; sloužící k hraní

**trace** [treis] stopa; (vy)sledovat, zjistit původ

**track** [træk] stopa; dráha; kolej

**trade** [treid] obchod; živnost; obor, odvětví; obchodovat; **–mark** [-ma:k] obchodní známka

**traffic** [træfik] doprava, silniční provoz; dopravní ruch; obchodování

**tragic** [trædžik] tragický, smutný, žalostný

**trail** [treil] táhnout, vléci (se); stopovat; plazit se; stopa; stezka; **–er** [-ə] přívěsný vůz

**train** [trein] vlak; vlečka; cvičit, (vy)školit; trénovat; **–ing** [-iŋ] výcvik, školení; trénink

**traitor** [treitə] zrádce, vlastizrádce

**tram** [træm] tramvaj; jet, dopravit tramvají

**tramp** [træmp] trmácet se pěšky; pochodovat; toulat se; vandrák, tramp; dlouhá chůze

**trample** [træmpl] zašlapat, (u)dupat

**tranquil** [træŋkwil] klidný, pokojný, tichý

**transaction** [træn'zækšn] obchod, transakce

**transcription** [træn'skripšn] přepis, kopie

**transfer** [træns'fə:] převádět, přemisťovat; převést; převézt; přesídlit; [trænsfə:] přemístění; převod, přenos; odsun

**transform** [træns'fo:m] přeměnit, přetvořit

**transit** [trænzit] přechod, průjezd, přeprava, tranzit; Am. městská doprava; přepravit

**translate** [trænz'leit] přeložit, překládat

**translation** [trænz'leišn] překlad

**transparent** [træn'spærənt] transparentní; průhledný; zřejmý; otevřený, jasný

**transpire** [træns'paiə] vypařovat se

**trap** [træp] past, léčka; Br. dvoukolák; polapit

**trash** [træš] brak; šmejd; Am. odpadky, smetí

**travel** [trævl] cestovat; pohybovat se; jet; cestování; **–ler** [trævlə] cestovatel; cestující

**traverse** [trə'və:s] přejít napříč, překročit; přeletět; [trævəs] příčný; překročení; přechod

**tray** [trei] podnos, tác(ek); plochá miska

**treachery** [trečəri] zrada, proradnost, faleš

**tread\*** [tred] šlápnout; stoupnout; chůze

**treason** [tri:zn] (vele)zrada; vlastizrada

**treasure** [trežə] poklad; vzácnost; cenit si

**treat** [tri:t] zacházet; pojednávat; hostit; ošet-
řovat; chem., tech. upravovat; potěšení, rozkoš

**treatment** [tri:tmənt] zacházení; léčení; léčba

**treaty** [tri:ti] smlouva, dohoda, pakt

**tree** [tri:] strom; rodokmen; posázet stromy

**tremble** [trembl] chvět se; třást se; bát se

**tremendous** [trə'mendəs] strašlivý, obrovský

**trespass** [trespəs] prohřešit se; přestoupit

**trial** [traiəl] zkouška; pokus; přelíčení; pro-
ces

**triangle** [traiæŋgl] trojúhelník; hud. triangl

**tribe** [traib] kmen domorodců; rod; třída lidí

**tribunal** [trai'bju:nl] soud; tribunál, soudní dvůr

**tribute** [tribju:t] poplatek; daň; pocta, úcta

**trick** [trik] trik; úskok; podvod; podvést

**trifle** [traifl] maličkost, drobnost; špetka

**trim** [trim] upravený, úhledný; přistřihnout,
zastřihnout; upravit, ozdobit; aranžovat

**trip** [trip] cupitat; poskakovat; klopýtnout; za-
kopnout; cesta, vyjížďka; výlet; zakopnutí

**triple** [tripl] trojitý, trojnásobný; trojnásobek

**trolley** [troli] servírovací stolek; kára, vozík;
drezína; **–bus** [-bas] trolejbus

**troops** [tru:ps] pl vojsko, vojenské jednotky

**tropic** [tropik] obratník; **–s** [-s] tropy

**trouble** [trabl] neklid; starost; nesnáz; souže-
ní; námaha; konflikt; rušit; obtěžovat, trápit,
zlobit; **–some** [-səm] nepříjemný, rušivý

**trough** [trof] koryto, žlab

**trousers** [trauzəz] kalhoty

**trout** [traut] pstruh; lovit pstruhy

**truck** [trak] Br. nákladní vagón; Am. kamión,
nákladní auto; dodávka

**true** [tru:] pravý, věrný; pravdivý; upřímný

**truffle** [trafl] lanýž

**truly** [tru:li]skutečně, *opravdu*; pravdivě,
věrně; **yours ~** s veškerou úctou v závěru do-
pisu

**trumpet** [trampit] trubka; trumpeta

**trunk** [traŋk] kmen; trup; chobot

**trust** [trast] víra, důvěra; trust; důvěřovat; doufat; **–ed** [-id] věrný, důvěryhodný; osvědčený, spolehlivý; **–ee** [tras'ti:] správce

**trustworthy** ['trast,wə:ði] důvěryhodný

**truth** [tru:θ] pravda; **–ful** [-ful] pravdivý; pravdomluvný; odpovídající skutečnosti

**try** [trai] pokusit se; snažit se; vyzkoušet

**tube** [tju:b] trubka; trubice, roura; hadice; Br. hovor. londýnské metro

**tuck** [tak] vsunout, zastrčit; zřasit; založit

**Tuesday** [tju:zdi] úterý

**tuition** [tju'išn] vyučování, výuka; školné

**tulip** [tju:lip] tulipán

**tumble** [tambl] kácet se; svalit se; převalovat se

**tumbler** [tamblə] sklenice bez nožky; akrobat

**tumultuous** [tju:'maltjuəs] divoký, bouřlivý

**tune** [tju:n] melodie, nápěv; ladit, naladit

**tureen** [tə'ri:n] polévková mísa

**turf** [tə:f] trávník, drn; **the ~** dostihy

**Turkey** [tə:ki] Turecko

**turkey** [tə:ki] krocan, krůta

**turmoil** [tə:moil] vřava, rozruch, zmatek

**turn** [tə:n] otočit (se), obrátit (se); měnit, přeměňovat; stát se čím; otočení; otočka; zatáčka; závit; záhyb; **~ off** vypnout; **~ on** zapnout; **~ out** vyhnat; obrat; pořadí

**turner** [tə:nə] soustružník

**turning-point** [tə:niŋpoint] kritický bod; zvrat

**turnover** [tə:nəuvə] obch. obrat; obratový

**turtle** [tə:tl] želva mořská

**tutor** [tju:tə] vychovatel, soukromý učitel

**twelfth** [twelfθ] dvanáctý; dvanáctina

**twelve** [twelv] dvanáct; dvanáctka

**twentieth** [twentiəθ] dvacátý; dvacetina

**twenty** [twenti] dvacet; dvacítka

**twice** [twais] dvakrát; nadvakrát

**twilight** [twailait] soumrak, svítání, úsvit

**twins** [twinz] pl dvojčata

**twinkle** [twiŋkl] mihotat se; leknout se; třpyt

**twirl** [twə:l] kroutit (se), točit (se); víření

**twist** [twist] (z)kroutit (se); překrucovat

**two** [tu:] dvě, dva, oba; dvojka; dvojice

**type** [taip] typ; druh; písmeno; druh písma; psát na stroji; **–writer** [-raitə] psací stroj

**typical** [tipikl] typický, svérázný, příznačný

**typist** [taipist] písař(ka) na stroji

**tyre** Am. **tire** [taiə] Br. pneumatika

# U

**udder** [adə] vemeno; struk

**ugly** [agli] ošklivý, škaredý, ohyzdný; nebezpečný situace; nepříjemný

**ulcer** [alsə] vřed; **stomach ~** žaludeční vřed

**ultimate** [altimət] poslední; konečný

**umbrella** [am'brelə] deštník; ochrana

**umpire** [ampaiə] rozhodčí, sudí v tenise

**un-** [an-] předpona vyjadřující zápor ne-, bez-

**unable** [an'eibl] neschopen

**unacceptable** [ˌanək'septəbl] nepřijatelný

**unaccountable** [ˌanə'kauntəbl] záhadný, nevysvětlitelný; neodpovědný

**unbalanced** [an'bælənst] nevyrovnaný

**unbelievable** [anbi'li:vəbl] neuvěřitelný

**uncle** [aŋkl] strýc

**uncomfortable** [an'kamftəbl] nepohodlný

**uncommon** [an'komən] neobyčejný, nezvyklý

**uncompromising** [an'komprəmaiziŋ] nekompromisní, nesmlouvavý

**unconscious** [an'konšəs] nevědomý, neúmyslný; v bezvědomí; podvědomí

**undamaged** [ʌn'dæmidžd] nepoškozený

**undeniable** [ˌʌndi'naiǝbl] nepopíratelný, nesporný

**under** [ʌndǝ] pod; za; při; méně než

**underclothing** ['ʌndǝˌklǝuðiŋ] spodní prádlo

**underdone** [ˌʌndǝ'dʌn] nedovařený, nedopečený

**underestimate** [ˌʌndǝr'estimeit] podceňovat

**undergo*** [ˌʌndǝ'gǝu] podrobit se čemu, podstoupit, snášet

**undergraduate** [ˌʌndǝ'grædžuǝt] univerzitní student, vysokoškolák; **~ study** vysokoškolské studium

**underground** [ʌndǝgraund] podzemní

**underline** [ʌndǝ'lain] podtrhnout, zdůraznit

**underneath** [ʌndǝ'ni:θ] pod; vespod

**understand*** [ʌndǝ'stænd] (po)rozumět, chápat; pochopit; usuzovat

**undertake*** [ʌndǝ'teik] převzít; podniknout

**underwear** [ʌndǝweǝ] spodní prádlo

**underworld** [ʌndǝwǝ:ld] podsvětí

**undeserved** [ʌndi'zǝ:vd] nezasloužený

**undeveloped** [ʌndi'velǝpt] zaostalý

**undo*** [ʌn'du:] odčinit; napravit; rozepnout; rozvázat; odmontovat; **~ing** [-iŋ] zkáza, záhuba

**undoubted** [an'dautid] nepochybný

**undress** [an'dres] svléci (se)

**undue** [an'dju:] nevhodný, nepatřičný

**uneasy** [an'i:zi] znepokojený, nepříjemný

**unemployed** [anim'ploid] nezaměstnaný

**uneven** [an'i:vn] nerovný; hrbolatý; lichý

**unexpected** [anik'spektid] neočekávaný

**unfair** [an'feə] nepoctivý; nespravedlivý

**unfavourable** [an'feivərəbl] nepříznivý

**unfinished** [an'finišt] nedokončený

**unfold** [an'fəuld] rozestřít, rozvinout; otevřít

**unfortunate** [an'fo:čənət] ubohý, nešťastný;
 **–ly** [-li] bohužel, naneštěstí

**unhappy** [an'hæpi] nešťastný, smutný

**unhealthy** [an'helθi] nezdravý; škodlivý

**unicorn** [ju:niko:n] jednorožec

**uniform** [ju:nifo:m] uniforma; stálý, stejný

**unify** [ju:nifai] sjednotit

**union** [ju:niən] spojení; svaz; sdružení

**unique** [ju'ni:k] ojedinělý, jedinečný; skvělý

**unit** [ju:nit] jednotka, celek; voj. skupina

**unite** [ju'nait] spojit (se), sjednotit (se)

**universe** [ju:nivə:s] vesmír, kosmos

**unjust** [an'džast] nespravedlivý, nečestný

**unkind** [an'kaind] nevlídný, nelaskavý

**unknown** [an'nəun] neznámý; záhadný

**unless** [an'les] jestliže ne, ledaže, když ne

**unlike** [an'laik] rozdílný, nestejný, nepodobný; na rozdíl od; **–ly** [an'laikli] nepravděpodobný; neuvěřitelný, bizarní, nevhodný

**unlimited** [an'limitid] neomezený

**unload** [an'ləud] složit, vyložit náklad

**unlock** [an'lok] odemknout; odhalit

**unmarried** [an'mærid] neženatý, svobodný

**unnecessary** [an'nesəsəri] nepotřebný, zbytečný

**unpardonable** [an'pa:dənəbl] neodpustitelný

**unpleasant** [an'pleznt] nepříjemný

**unreal** [an'riəl] neskutečný; neuvěřitelný

**unreliable** [anri'laiəbl] nespolehlivý

**unstable** [an'steibl] nestálý; proměnlivý

*unsteady* [an'stedi] nestálý, kolísavý

**untidy** [an'taidi] nepořádný; neupravený

**until** [an'til] až do; až, dokud ne

**untiring** [an'taiəriŋ] neúnavný

**unusual** [an'ju:žuəl] neobyčejný, neobvyklý

**up** [ap] nahoru, vzhůru; nahoře

**upbringing** [ˈʌpˌbriŋiŋ] vychování, výchova

**upkeep** [ʌpkiːp] údržba, udržování

**upon** [əˈpon] na; ~ **my honour** na mou čest

**upper** [ʌpə] horní, vrchní, hořejší

**upright** [ʌprait] vzpřímený, kolmý, svislý; přímý; poctivý, čestný; rovně, zpříma

**uprising** [ˈʌpˌraiziŋ] povstání, vzpoura

**upset** [ʌpˈset] převrátit, zarmoutit; rozrušit

**upside-down** [ˌʌpsaidˈdaun] vzhůru nohama, obrácené, naruby; převrácený, obrácený

**upstairs** [ʌpˈstεəz] nahoře, nahoru; v prvním poschodí, v horním patře

**upward** [ʌpwəd] směřující vzhůru, stoupající, vzestupný; –s nahoru

**urge** [əːdž] pobízet, nutit, naléhat; nutkání

**urgent** [əːdžənt] naléhavý, nutný, neodkladný

**urine** [juərin] moč

**us** [ʌs] nás, nám, námi; **all of** ~ my všichni

**usage** [juːsidž] použití; obyčej, zvyk(lost)

**use** [juːs] užívání, použití; užitek; [juːz] (po/vy)-užívat; aplikovat, spotřebovat

**used to** [juːst tə] zvyklý na

**useful** [juːsful] užitečný, praktický, účelný

**useless** [juːsləs] neužitečný, zbytečný; marný
**usher** [ašə] uvaděč, biletář; pořadatel; uvádět
**usual** [juːžuəl] obyčejný, obvyklý; **as ~** jako
obyčejně; **–ly** [-i] obyčejně, obvykle
**utensil** [juːˈtensl] potřeba pro domácnost
**utility** [juːˈtiləti] užitečnost, prospěšnost
**utilize** [juːtilaiz] využít; zužitkovat, upotřebit
**utmost** [atməust] maximální, nejzazší, nej-
vyšší; vychol; nejvyšší míra, stupeň
**utter** [atə] naprostý, úplný; holý, čirý; vyjádřit

# V

**vacancy** [veikənsi] volný pokoj v hotelu; volné
místo pracovní; proluka; prázdno, volný čas
**vacant** [veikənt] prázdný, volný, neobsazený;
bezmyšlenkovitý, nepřítomný duchem
**vacation** [vəˈkeišn] Br. prázdniny; Am. dovolená
**vaccinate** [væksineit] očkovat
**vacuum* cleaner** [ˈvækjuəmˌkliːnə] vysavač
prachu; **vacuum*** vzduchoprázdno; vysávat
**vain** [vein] zbytečný, marný; marnivý, ješitný
**valid** [vælid] platný; účinný; odůvodněný

**valley** [væli] údolí

**valour** [vælə] odvaha; udatnost

**valuable** [væljuəbl] vzácný, cenný, hodnotný

**value** [vælju:] význam, hodnota; cena; ocenit, odhadnout; vážit si, cenit si

**van** [væn] dodávkový vůz; obytný přívěs

**vanish** [væniš] zmizet, ztratit se; vyprchat

**vapour** [veipə] pára; lehká mlha, výpary

**variable** [veəriəbl] proměnlivý, nestálý, variabilní; kolísavý; vrtkavý

**varied** [veərid] rozmanitý, pestrý, různý

**variety** [və'raiəti] rozmanitost; odrůda; výběr

**various** [veəriəs] různý, rozličný, rozmanitý

**varnish** [va:niš] lak, lakovat, glazurovat

**vary** [veəri] různit se, lišit se (**from**/od)

**vase** [va:z; Am. veiz] váza

**vast** [va:st] obrovský, nesmírný, rozlehlý

**vault** [vo:lt] klenba; skok, přeskok

**veal** [vi:l] telecí maso

**vegetable** [vedžətəbl] rostlinný, zeleninový; zelenina, rostlina; **green –s** čerstvá zelenina

**vehicle** [vi:ikl] vozidlo, vůz

**veil** [veil] závoj; rouška; zahalit, zakrýt; zatajit

**vein** [vein] žíla, tepna; nálada; přen. sklon

**velvet** [velvit] samet; profit

**venerable** [venərəbl] úctyhodný, ctihodný

**vengeance** [vendžəns] pomsta, odveta

**ventilate** [ventileit] ventilovat, větrat; vyjádřit

**venture** [venčə] odvážit se; riskovat; akce

**verb** [və:b] sloveso

**verbal** [və:bl] ústní; doslovný; jazykový

**verdict** [və:dikt] rozsudek; výrok; názor

**verge** [və:dž] pokraj; obvod; kraj, okraj

**verify** [verifai] zkontrolovat, ověřit si; potvrdit

**vermin** [və:min] havěť, hmyz; pakáž

**versatile** [və:sətail] mnohostranný; všestranný, univerzální

**verse** [və:s] verš; strofa; verše, poezie

**version** [və:šn] překlad; verze; znění

**vertical** [və:tikl] kolmý; svislý, vertikální

**very** [veri] velmi, velice, moc

**vessel** [vesl] nádoba; plavidlo, loď

**vest** [vest] Br. nátělník, tričko; Am. vesta

**veterinary** [vetrənəri] zvěrolékařský, veterinární; ~ **surgeon** Br., Austr. veterinář(ka)

**via** [vaiə] směrem přes

**viable** [vaiəbl] životaschopný

**vibrate** [vai'breit] chvět se, třást; vibrovat

**vice** [vais] neřest; slabina; zlozvyk

**vicinity** [vi'siniti] okolí, sousedství; blízkost

**vicious** [višəs] krutý; zlý; zlomyslný

**victim** [viktim] oběť

**victorious** [vik'to:riəs] vítězný

**victory** [viktəri] vítězství, výhra

**video** [vidiəu] video, videokazeta, videokamera; **–tape** [-teip] nahrát na videokazetu

**view** [vju:] výhled, rozhled, pohled; názor; prohlížet si; posuzovat, chápat

**vigour** [vigə] síla, energie, vitalita, elán

**vile** [vail] hanebný, sprostý, odporný, hnusný

**village** [vilidž] vesnice, obec; **–r** [-ə] vesničan

**vine** [vain] vinná réva; popínavá rostlina

**vinegar** [vinigə] ocet

**vineyard** [vinjəd] vinice, vinohrad

**vintage** [vintidž] vinobraní; ročník vína

**violence** [vaiələns] prudkost; násilí, násilnost

**violent** [vaiələnt] prudký; násilný; násilnický

**violet** [vaiələt] fialka; fialový

**violin** [ˌvaiə'lin] housle; **–ist** [-ist] houslista

**viper** [vaipə] zmije

**virgin** [və:džin] panna, panic

**virile** [virail] mužný; plodný, potentní

**virtual** [və:čuəl] skutečný; téměř absolutní

**virtue** [və:ču:] ctnost; mravnost; počestnost

**virtuous** [və:čuəs] ctnostný, mravný, čestný

**visible** [vizəbl] viditelný; patrný

**vision** [vižn] zrak; vidění, vize, představa

**visit** [vizit] navštívit; návštěva; pobyt

**visual** [vižuəl] vizuální, zrakový; názorný; viditelný; **–ize** [vižuəlaiz] představit si

**vital** [vaitl] životní; životně důležitý; energický

**vitality** [vai'tæləti] vitalita

**vivid** [vivid] živý, čilý, temperamentní, svěží

**vocabulary** [və'kæbjələri] slovník, slovníček; slovní zásoba

**vogue** [vəug] obliba, móda

**voice** [vois] hlas; slovesný rod

**void** [void] prázdný, pustý; neobsazený

**volume** [volju:m] svazek knihy; objem; obsah, kapacita; hlasitost; sytost, mohutnost

**voluntary** [voləntəri] dobrovolný, nepovinný

**volunteer** [volən'tiə] dobrovolník; dobrovolně se přihlásit (**for**/na, k)

**vomit** [vomit] zvracet; zvracení

**vote** [vəut] hlasování; hlasovací právo; hlas; hlasovací lístek; volit; (od)hlasovat

**vouch** [vauč] ručit, zaručit (se); **–er** [-ə] ručitel; doklad, poukaz, kupón, stvrzenka

**vow** [vau] slib, přísaha; slavnostně slíbit

**vowel** [vauəl] samohláska

**voyage** [voidž] cesta, plavba; plavit se

**vulgar** [valgə] vulgární; hrubý, nevychovaný

**vulnerable** [valnərəbl] zranitelný

# W

**wad** [wod] svazek; ucpávka; vycpat; zmačkat

**wade** [weid] brodit se; brouzdat (se)

**wafer** [weifə] oplatka; hostie; pečeť

**wage** [weidž], **–s** [-iz] mzda, výplata

**wag(g)on** [wægən] nákladní vůz, vagón

**wail** [weil] kvílení, nářek; kvílet, naříkat

**waist** [weist] pas část těla; **–coat** [weiskəut] vesta; **–ed** [-id] vypasovaný

**wait** [weit] čekat, počkat; ~ **in** počkat doma

**wait|er** [weitə] číšník; **–ress** [weitris] servírka

**wake\*** [weik] **(up)** probudit (se); **–ful** [-ful] bdělý; **–n** [-ən] probudit; připomenout

**walk** [wo:k] jít pěšky; procházet se; chůze; procházka;stezka; **–er** [-ə] chodec, turista; **go\* for a ~** jít na procházku

**wall** [wo:l] stěna, zeď, ohrada

**wallet** [wolit] náprsní taška; brašna

**wallpaper** ['wo:l,peipə] tapeta; tapetovat

**walnut** [wo:lnat] vlašský ořech

**waltz** [wo:ls] valčík; tančit valčík

**wander** [wondə] putovat, bloudit; potulovat se; zatoulat se; **–er** [-rə] poutník

**want** [wont] nedostatek; nouze; potřeba; chtít, potřebovat, toužit

**war** [wo:] válka; válečný

**ward** [wo:d] nemocniční oddělení; svěřenec

**wardrobe** [wo:drəub] skříň na šaty

**warehouse** [weəhaus] skladiště

**warm** [wo:m] teplý; vřelý, srdečný; (o)hřát (se)

**warmth** [wo:mθ] teplo; vřelost, srdečnost

**warn** [wo:n] upozornit; varovat; **–ing** [-iŋ] upozornění; varování, výstraha; poplach

**warrant** [worənt] oprávnění, zmocnění; plná moc; zatykač; **–y** [-i] záruka

**warrior** [woriə] válečník

**wary** [weəri] ostražitý, opatrný

**wash** [woš] umýt (se); prát; opláchnout, smýt, setřít; **–basin** [-beisn] umyvadlo

**washing machine** ['wošiŋ mə,ši:n] pračka

**wasp** [wosp] vosa

**waste** [weist] pustý; odpadový; zpustošit; plýtvat; mrhat; odpadlý; ztráta

**wastebasket** ['weis,ba:skit] Am. odpadkový koš

**watch** [woč] hodinky; hlídka, stráž; bdít; hlídat; pozorovat; dívat se, sledovat

**water** [wo:t] voda; zalévat; ředit; **–colour** [-kalə] akvarel

**waterfall** [wo:tfo:l] vodopád

**waterproof** [wo:təpru:f] nepromokavý, vodotěsný; nepromokavý plášť

**wave** [weiv] vlnit se; mávat; ondulovat vlasy; vlna; mávnutí; **–length** [-leŋθ] vlnová délka

**wax** [wæks] vosk; voskový; (na)voskovat

**way** [wei] cesta, silnice; vzdálenost; trasa; metoda; způsob; postup; **by the ~** mimochodem; **in a ~** určitým způsobem

**we** [wi:] my

**weak** [wi:k] slabý, chabý, chatrný, křehký; nepevný; **–en** [-n] oslabit; slábnout; kolísat

**wealth** [welθ] majetek, bohatství, boháči; hojnost; **–y** [-i] bohatý, zámožný

**weapon** [wepən] zbraň

**wear*** [weə] nosit na sobě; obnosit; šatstvo

**weary** [wiəri] unavený; omrzelý; únavný

**weather** [weðə] počasí

**weave*** [wi:v] tkát; plést; **–r** [-ə] tkadlec

**web** [web] tkanina, tkanivo; pavučina

**wedding** [wediŋ] svatba, sňatek

**wedge** [wedž] klín; zaklínit, vmáčknout (se)

**Wednesday** [wenzdi] středa

**weed** [wi:d] plevel; slang. mariánka; odplevelit

**week** [wi:k] týden; **–day** [-dei] všední den; **–ly** [-li] týdenní; týdně; týdeník

**weep*** [wi:p] plakat; naříkat

**weigh** [wei] vážit; mít váhu; **–t** [-t] váha; závaží; břemeno; zatížit závažím; **–y** [-i] závažný; těžký

**welcome** [welkəm] uvítání, přijetí; vítaný; uvítat; přivítat; ~! vítáme vás!

**weld** [weld] svářet, svařovat kovy

**welfare** [welfeə] blahobyt; prosperita; péče

**well\*** [wel] dobře, správně; studna; studánka

**well-known** [,wel'nəun] známý, proslulý

**well-to-do** [,weltə'du:] zámožný, majetný

**west** [west] západ; západní; na západě; **–ern** [-ən] západní; western film, kniha

**wet** [wet] mokrý, vlhký, promáčený; deštivý

**what** [wot] co; kolik; jaký; **–ever** [wot'evə] cokoli; všechno, co

**wheat** [wi:t] pšenice; **Indian** ~ kukuřice

**wheel** [wi:l] kolo; kruh; volant; tlačit, postrkovat; **–barrow** [-bærəu] kolečko trakař

**when** [wen] kdy; když; až

**whenever** [wen'evə] kdykoli; vždycky, když

**where** [weə] kde; kam; ~ **are you going?** kam jdete?; ~ **from?** odkud?

**whereabouts** [weərəbauts] kde(pak); kam(pak); přibližné místo pobytu

**wherever** [weə'revə] kdekoli; kamkoli

**whether** [weðə] zda, zdali

**which** [wič] který; jaký; kdo; co; jenž, což

**while** [wail] chvíle; zatímco; kdežto

**whip** [wip] bič; krém, pěna; bičovat; kuch. šlehat

**whirl** [wə:l] vír; točit (se), vířit

**whisper** [wispə] šeptat (si); šepot

**whistle** [wisl] pískání; píšťala; pískat, hvízdat

**white** [wait] bílý; bělost; **(the ~)** běloch

**who** [hu:] kdo; který; jenž; **~ knows** kdoví

**whole** [həul] celý, úplný; celek, všechno

**whore** [ho:] děvka, kurva

**whose** [hu:z] čí; koho; jehož, jejíž, jejichž

**why** [wai] proč; jakže

**wide** [waid] široký; širý; rozsáhlý široko

**widow** [widəu] vdova; ovdovět; **–er** [-ə] vdovec

**width** [widθ] šířka, šíře; všestrannost

**wife\*** [waif] žena, manželka

**wig** [wig] paruka

**wild** [waild] divoký, nezkrocený, ztřeštěný

**wilderness** [wildənəs] divočina, pustina

**wilful** [wilful] záměrný; úkladný; svéhlavý, tvrdohlavý, umíněný

**will** [wil] vůle; závěť, poslední vůle; přání; pomocné sloveso tvořící budoucí čas; způsobové slo-

veso vyjadřující přání, ochotu, vůli; odkázat;
**make\* one's ~** udělat závěť

**willing** [wiliŋ] ochotný; poslušný; dobrovolný

**willow** [wiləu] vrba

**win\*** [win] zvítězit, vyhrát; získat; výhra

**wind\*** [wind] vítr; dech; zatáčka; točit (se)

**windmill** [windmil] větrný mlýn

**window** [windəu] okno; výkladní skříň

**wine** [wain] víno; **~ cellar** vinný sklípek

**wing** [wiŋ] křídlo; peruť

**winner** [winə] výherce; vítěz

**winter** [wintə] zima; přezimovat

**wipe** [waip] otřít, utřít, utírat; stírat; smazat;
**~ out** vytřít; zničit; **–r** [-ə] stěrač

**wire** [waiə] drát; telegram, depeše; telegrafovat; upevnit drátem; zavést elektřinu

**wireless** [waiələs] bezdrátový

**wisdom** [wizdəm] moudrost, uvážlivost

**wise** [waiz] moudrý, učený; rozumný, chytrý

**wish** [wiš] přát (si); chtít; přání, touha

**wit** [wit] důvtip; vtip; **–s** pl inteligence

**witch** [wič] čarodějnice

**with** [wiθ] s, se; u; **~ care!** opatrně!

**withdraw\*** [wiŏ'dro:] odejít; stáhnout žalobu; odvolat; vyzvednout si peníze

**wither** [wiŏə] (z)vadnout, (u)schnout; vysílit

**withhold\*** [wiŏ'həuld] odepřít; zadržet

**within** [wiŏin] v dosahu, uvnitř; během

**without** [wiŏaut] bez, mimo

**withstand\*** [wiŏ'stænd] odolat, vydržet

**witness** [witnəs] svědek; svědectví; svědčit; ověřit podpisem

**witty** [witi] vtipný, duchaplný

**wolf** [wulf] vlk; hltat

**woman\*** [wumən] žena; **–ly** [-li] ženský

**women** [wimin] pl **woman**

**wonder** [wandə] div, zázrak; údiv; divit se, žasnout; **–ful** [-ful] skvělý, úžasný, báječný

**wood** [wud] les; dřevo; dříví; **–en** [-n] dřevěný

**wool** [wul] vlna; **–len** [wulən] vlněný

**word** [wə:d] slovo; výraz; stylizovat

**work** [wə:k] práce; činnost, tvorba; dílo; pracovat; fungovat; **–er** [-ə] pracovník; dělník

**workshop** [wə:kšop] dílna; seminář, kurz

**world** [wə:ld] svět; světový; **–ly** [-li] světský; pozemský; **–wide** [-waid] (celo)světový

**worm** [wə:m] červ; ubožák; závit šroubu

**worry** [wari] sužovat; trápit (se); starost, trápení, soužení

**worse** [wə:s] horší; hůře; **–n** [-n] (z)horšit (se)

**worship** [wə:šip] bohoslužba; uctívání; uctívat, klanět se, zbožňovat

**worst** [wə:st] nejhorší; nejhůře

**worth** [wə:θ] cena, hodnota; cenný, mající hodnotu; stojící za; **–less** [-ləs] bezcenný

**worthy** [wə:ði] důstojný; hoden, zasluhující *co*

**would** min. čas od will; pomocné sloveso pro tvorbu podmiňovacího způsobu; **I ~ rather wait** já bych raději počkal; **I ~ be\* glad if he come\*** byl bych rád, kdyby přišel

**wound** [wu:nd] rána, zranění; ranit, zranit

**wrap** [ræp] (za)balit, ovinout; obal; přehoz, šála, šátek; **–per** [-ə] obal; obálka; **–ping paper** [-iŋ] balicí papír

**wreath** [ri:θ] věnec; **–e** [ri:ð] ověnčit, ovinout (se)

**wreck** [rek] zkáza; ztroskotání lodi; vrak; troska; zničit; ztroskotat; zruinovat

**wrench** [renč] zkroucení; francouzský klíč

**wrestle** [resl] zápasit, potýkat se

**wring*** [riŋ] (za)kroutit; ždímat; svírat

**wrinkle** [riŋkl] vráska, fald, záhyb; zmačkat

**wrist** [rist] zápěstí; **–watch** [-woč] náramkové hodinky

**write*** [rait] psát, napsat; **~ back** odepsat

**writer** [raitə] pisatel; spisovatel, autor, básník

**writing** [raitiŋ] psaní; písmo; **in ~** písemně; **~ paper** dopisní papír; **–desk** [-desk] psací stůl

**writhe** [raiθ] kroutit (se), svíjet se; trápit se

**wrong** [roŋ] nesprávný, špatný; ublížit, ukřivdit; urazit; v nepořádku; nesprávně, chybně; **you are ~** nemáte pravdu

**wrought** [ro:t] tepaný

**wry** [rai] křivý, zkroucený; zkřivit (se); zkroutit (se); vinout (se); odchylovat (se)

# X

**xenophobia** [ˌzenəˈfəubiə] xenofobie

**xerox** [ziəroks] xerox přístroj i kopie

**Xmas = Christmas** [krisməs] vánoce

**X-ray** [eksˈrei] rentgenovat; **~ machine** rentgenový přístroj

## Y

**yacht** [jot] jachta; jachtařit, plachtit

**yard** [ja:d] yard (0,91 m); dvůr

**yawn** [jo:n] zívat, zívnutí

**year** [jiə] rok; ročník; **–ly** [-li] roční, každoroční; (každo)ročně

**yearn** [jə:n] toužit; **–ing** [-iŋ] touha

**yeast** [ji:st] kvasnice, droždí

**yell** [jel] ječet, křičet; žvanění, ječení; výkřik

**yellow** [jeləu] žlutý; hovor. zbabělý

**yes** [jes] ano

**yesterday** [jestədi] včera

**yet** [jet] už, zatím, dosud; přesto, a přece

**yield** [ji:ld] plodit; dávat; vynášet; výnos

**yolk** [jəuk] žloutek

**you** [ju:] vy; ty; vám, tobě

**young** [jaŋ] mladý; mladický; **~ people** mládež

**your** [jo:], **yours** [jo:z] váš; tvůj

**yourself** [jo:'self], **yourselves** [jo:'selvz] vy sám (sami); ty sám; se, sebe

**youth** [ju:θ] mládí; mládež; mládenec, mladík; **–ful** [-ful] mladistvý

# Z

**zeal** [zi:l] horlivost, zápal

**zebra crossing** [ˌzebrə ˈkrosiŋ] přechod pro chodce

**zero** [ziərəu] nula; **~ gravity** stav beztíže; **four degrees above/below ~** čtyři stupně nad/pod nulou

**zero-rated** [ˈziərəuˌreitid] nezdanitelný

**zest** [zest] elán, nadšení; jiskra, říz

**zip** [zip] zip; zdrhovadlo; **~ up** zapnout na zip; svištět, hnát se, upalovat; **–fastener** [-ˈfa:snə] zip; **–code** [-ˌkəud] Am. poštovní směrovací číslo

**zodiac** [zəudiæk] astrol. zvěrokruh, zvířetník

**zonal** [zəunl] pásmový, zónový

**zone** [zəun] pásmo; zóna; oblast

**zoo** [zu:] zoologická zahrada

**zoology** [zəuˈolədži] zoologie

**zoom** [zu:m] hučení, bzučení; transfokátor

**zucchini** [zu:ˈkini] Am. cuketa, cukina

# SEZNAM NEPRAVIDELNÝCH SLOVES

**abide** být věrný, dodržovat - **abode (abided),
abode (abided)**
**arise** vzniknout - **arose - arisen**
**awake** probudit (se) - **awoke - awoken**
**be** být - **was, were - been**
**bear**[1] nést - **bore - borne**
**bear**[2] rodit - **bore - born**
**beat** bít, tlouci - **beat - beaten**
**become** stát se - **became - become**
**befall** postihnout - **befell - befallen**
**behold** spatřit - **beheld - beheld**
**bend** ohnout - **bent - bent**
**bid** nabídnout - **bid - bid**
**bind** vázat - **bound - bound**
**bite** kousat - **bit - bitten**
**bleed** krvácet - **bled - bled**
**blow** foukat - **blew - blown**
**break** lámat - **broke - broken**
**breed** plodit - **bred - bred**
**bring** přinést - **brought - brought**

**broadcast** vysílat rozhlasem - **broadcast** - **broadcast**

**build** stavět - **built** - **built**

**burn** hořet, pálit - **burnt (burned)** - **burnt (burned)**

**burst** prasknout - **burst** - **burst**

**buy** koupit, kupovat - **bought** - **bought**

**cast** hodit - **cast** - **cast**

**catch** chytit - **caught** - **caught**

**choose** zvolit, vybrat si - **chose** - **chosen**

**cling** lpět - **clung** - **clung**

**come** přijít - **came** - **come**

**cost** stát o ceně - **cost** - **cost**

**creep** plazit se - **crept** - **crept**

**cut** krájet, řezat - **cut** - **cut**

**deal** jednat - **dealt** - **dealt**

**dig** kopat - **dug** - **dug**

**do** dělat - **did** - **done**

**draw** táhnout - **drew** - **drawn**

**dream** snít - **dreamt (dreamed)** - **dreamt (dreamed)**

**drink** pít - **drank** - **drunk**

**drive** hnát - **drove** - **driven**

**dwell** bydlit - **dwelt** - **dwelt**

**eat** jíst - **ate** - **eaten**

**fall** padnout - **fell** - **fallen**

**feed** krmit - **fed** - **fed**

**feel** cítit - **felt** - **felt**

**fight** bojovat - **fought** - **fought**

**find** nalézt - **found** - **found**

**fly** letět - **flew** - **flown**

**forbear** zdržet se - **forbore** - **forborne**

**forbid** zakázat - **forbade** - **forbidden**

**forget** zapomenout - **forgot** - **forgotten**

**forgive** odpustit - **forgave** - **forgiven**

**freeze** mrznout - **froze** - **frozen**

**get** dostat - **got** - **got** (Am. **gotten**)

**give** dát - **gave** - **given**

**go** jít - **went** - **gone**

**grind** mlít - **ground** - **ground**

**grow** růst - **grew** - **grown**

**have** mít - **had** - **had**

**hang** pověsit, viset; oběsit se - **hung (hanged)** - **hung (hanged)**

**hear** slyšet - **heard** - **heard**

**heave** zvednout - **hove (heaved)** - **hove (heaved)**

**hew** sekat - hewed - hewn (hewed)

**hit** udeřit - hit - hit

**keep** držet - kept - kept

**kneel** pokleknout - knelt (kneeled) - knelt (kneeled)

**know** znát - knew - known

**lay** položit - laid - laid

**lead** vést - led - led

**lean** opřít (se) - leant (leaned) - leant (leaned)

**leap** skákat - leapt (leaped) - leapt (leaped)

**learn** učit se - learnt (learned) - learnt (learned)

**leave** opustit - left - left

**lend** půjčit - lent - lent

**let** nechat - let - let

**lie** ležet - lay - lain

*light* zapálit - lit (lighted) - lit (lighted)

**lose** ztratit - lost - lost

**make** dělat - made - made

**mean** mínit - meant - meant

**meet** potkat - met - met

**pay** platit - paid - paid

**put** položit - **put** - **put**
**read** číst - **read** - **read**
**rid** zbavit se - **rid** - **rid**
**ride** jet - **rode** - **ridden**
**ring** zvonit - **rang** - **rung**
**rise** vstávat - **rose** - **risen**
**run** běžet - **ran** - **run**
**say** říkat - **said** - **said**
**saw** řezat pilou - **sawed** - **sawn (sawed)**
**see** vidět **saw** - **seen**
**seek** hledat - **sought** - **sought**
**sell** prodávat - **sold** - **sold**
**send** poslat - **sent** - **sent**
**set** umístit - **set** - **set**
**sew** šít - **sewed** - **sewn**
**shake** třást - **shook** - **shaken**
**shear** stříkat - **sheared** - **shorn**
**shoot** střílet - **shot** - **shot**
**show** ukazovat - **showed** - **shown**
**shut** zavřít - **shut** - **shut**
**sing** zpívat - **sang** - **sung**
**sink** klesat - **sank** - **sunk**
**sit** sedět - **sat** - **sat**

sleep spát - **slept** - **slept**

slide klouzat - **slid** - **slid**

slit rozpárat - **slit** - **slit**

smell čichat - **smelt (smelled)** - **smelt (smelled)**

sow sít - **sowed** - **sown (sowed)**

speak mluvit - **spoke** - **spoken**

speed spěchat; urychlit - **sped** - **sped**

spell hláskovat - **spelt (spelled)** - **spelt (spelled)**

spend strávit - **spent** - **spent**

spill rozlít - **spilt (spilled)** - **spilt (spilled)**

spin příst - **spun** - **spun**

spit plivat - **spat** - **spat**

split rozštípnout - **split** - **split**

spoil zkazit - **spoilt (spoiled)** - **spoilt (spoiled)**

spread rozprostřít - **spread** - **spread**

stand stát - **stood** - **stood**

steal krást - **stole** - **stolen**

stick strčit - **stuck** - **stuck**

sting píchnout - **stung** - **stung**

stink páchnout - **stank (stunk)** - **stunk**

**strew** posypat - **strewed** - **strewn (strewed)**
**stride** kráčet - **strode** - **stridden**
**strike** udeřit - **struck** - **struck**
**strive** usilovat - **strove** - **striven**
**swear** přísahat - **swore** - **sworn**
**sweep** mést - **swept** - **swept**
**swell** otékat - **swelled** - **swollen (swelled)**
**swim** plavat - **swam** - **swum**
**swing** mávat - **swung** - **swung**
**take** brát - **took** - **taken**
**teach** vyučovat - **taught** - **taught**
**tell** říci - **told** - **told**
**think** myslit - **thought** - **thought**
**throw** házet - **threw** - **thrown**
**thrust** vrazit - **thrust** - **thrust**
**tread** šlapat - **trod** - **trodden**
**understand** rozumět - **understood** - **understood**
**wake** vzbudit - **woke** - **woken**
**wear** nosit na sobě - **wore** - **worn**
**weave** tkát; klikatit se - **wove (weaved)** - **woven (weaved)**
**weep** plakat - **wept** - **wept**

win získat - won - won
wind točit - wound - wound
withdraw odejít - withdrew - withdrawn
wring ždímat - wrung - wrung
write psát - wrote - written

## MÍRY A VÁHY

| | |
|---|---|
| 1 inch | = 2,54 cm |
| 1 foot | = 12 inches = 30,48 cm |
| 1 yard | = 3 feet = 91,44 cm |
| 1 mile | = 1760 yrds = 1,609 km |
| 1 pint | = 0568 l, Am. 0,47 l |
| 1 gallon | = 4,546 l, Am. 3,785 l |
| 1 pound | = 453 kg |
| 1 stone | = 6,35 kg |

## VÝPOČET TEPLOTY

| | |
|---|---|
| °Fahrenheit | $= (9/5 \times °C) + 32$ |
| °Celsius | $= (°F - 32) \times 5/9$ |

# ČÍSLOVKY

## Číslovky základní:

| | | | |
|---|---|---|---|
| 0 | **zero** [ziərəu] | 19 | **nineteen** [nain'ti:n] |
| 1 | **one** [wan] | | |
| 2 | **two** [tu:] | 20 | **twenty** [twenti] |
| 3 | **three** [θri:] | 21 | **twenty-one** |
| 4 | **four** [fo:] | 22 | **twenty-two** |
| 5 | **five** [faiv] | 23 | **twenty-three** |
| 6 | **six** [siks] | 24 | **twenty-four** |
| 7 | **seven** [sevn] | 25 | **twenty-five** |
| 8 | **eight** [eit] | 26 | **twenty-six** |
| 9 | **nine** [nain] | 27 | **twenty-seven** |
| 10 | **ten** [ten] | 28 | **twenty-eight** |
| 11 | **eleven** [i'levn] | 29 | **twenty-nine** |
| 12 | **twelve** [twelv] | 30 | **thirty** [θə:ti] |
| 13 | **thirteen** [θə:'ti:n] | 40 | **forty** [fo:ti] |
| 14 | **fourteen** [fo:'ti:n] | 50 | **fifty** [fifti] |
| 15 | **fifteen** [fif'ti:n] | 60 | **sixty** [siksti] |
| 16 | **sixteen** [siks'ti:n] | 70 | **seventy** [sevnti] |
| 17 | **seventeen** [sevn'ti:n] | 80 | **eighty** [eiti] |
| 18 | **eithteen** [ei'ti:n] | 90 | **ninety** [nainti] |

**100 one hundred** [wan handrəd]

**109 one hundred and nine** [wan handrəd ən nain]

**200 two hundred** [tu: handrəd]

**300 three hundred** [θri: handrəd]

**365 three hundred and sixty-five** [θri: handrəd ən siksti faiv]

**1'000 one thousand** [wan θauznd]

**2'000 two thousand** [tu: θauznd]

**3'000 three thousand** [θri: θauznd]

**1'000'000 one million** [wan miliən]

**2'000'000 two million** [tu: miliən]

**$10^9$ one milliard** Br. [wan milia:d]

**$10^9$ one billion** Am. [wan biliən]

**$10^{12}$ one billion** Br. [wan biliən]

**$10^{12}$ one trillion** Am. [wan triliən]

## Číslovky řadové

| | |
|---|---|
| **1**[-st] | **the first** [ðə fə:st] |
| **2**[-nd] | **the second** [ðə sekənd] |
| **3**[-rd] | **the third** [ðə θə:d] |
| **4**[-th] | **the fourth** [ðə fo:θ] |
| **5**[-th] | **the fifth** [ðə fifθ] |
| **6**[-th] | **the sixth** [ðə siksθ] |
| **7**[-th] | **the seventh** [ðə sevənθ] |
| **8**[-th] | **the eigth** [ði: eitθ] |
| **9**[-th] | **the ninth** [ðə nainθ] |
| **10**[-th] | **the tenth** [ðə tenθ] |
| **11**[-th] | **the eleventh** [ði: i'levnθ] |
| **20**[-th] | **the twentieth** [ðə twentiiθ] |
| **30**[-th] | **the thirtieth** [ðə θə:tiəθ] |
| **100**[-th] | **the hundredth** [ðə handrədθ] |
| **1'000**[-th] | **the thousandth** [ðə θauznθ] |

# ČÍSLOVKY NÁSOBNÉ

**once** [wanz] jednou
**twice** [twais] dvakrát
**three times** [θri: taimz] třikrát
**four times** [fo: taimz] čtyřikrát
**five times...** atd.

# ZLOMKY

| | | |
|---|---|---|
| 1/2 | **one half** [wan ha:f] | |
| 1/3 | **one third** [wan θə:d] | |
| 1/4 | **one fourth** [wan fo:θ] | |
| 1/10 | **one tenth** [wan tenθ] | |
| 2/3 | **two thirds** [tu: θə:dz] | |
| 2/4 | **two fourths** [tu: fo:θs] | |
| 5/6 | **five sixths** [faiv siksθs] | |
| 7/10 | **seven tenths** [sevn tenθs] | |
| 12 1/2 | **twelve and a half** [twelv ən ə ha:f] | |
| 3,14 | **three point one four** [θri: point wan fo:] | |

# URČITÝ A NEURČITÝ ČLEN

Před podstatnými jmény, kromě vlastních, je v angličtině většinou člen. V případě, že před podst. jménem je jméno přídavné, je člen před ním.

**člen určitý the** (se pojí s jednotným i množným číslem)

a) výslovnost před souhláskou <u>ðə</u>
   např. *the boy, the car*

b) výslovnost před samohláskou <u>ði:</u>, <u>ði</u>
   např. *the autumn*

**člen neurčitý** má dva tvary a pojí se jen s jednotným číslem

a) před samohláskou **an**
   např. *an exchange*
   vyslovujeme <u>æn</u>, <u>ən</u>

b) před souhláskou **a**
   např. *a rabbit, a girl, a tart*
   vyslovujeme <u>ə</u>, <u>ei</u>

# MATEMATICKÉ TERMÍNY

a) **0** = [əu] nula telefonního čísla
   = **zero** nula na měřidlech nebo v rovnicích
   = **nought** v číslech
   = **nil** ve sportu

b) **+** plus
   **−** minus
   × times, multiplied by
   **:** divided by
   = equals, is equal to
   $2 × 3 = 6$ two times three are six
   $7 + 8 = 15$ seven and eight are fifteen
   $10 − 3 = 7$ ten minus three are seven
   $20 : 5 = 4$ twenty divided by five make four

c) **parentheses** závorky
   **round brackets** kulaté závorky
   **brackets, square brackets** hranaté závorky

# ČESKO-ANGLICKÝ SLOVNÍK

# CZECH-ENGLISH DICTIONARY

## 2. část

# A

**a** and; ~ **také** as well as; ~ **přece** and yet; ~ **tak** and so; ~ **sice** namely; mat. and, plus; hud. **A dur** A major, **A mol** A minor; písmeno **velké A** capital A; **malé A** small A

**abeced|a** alphabet, ABC; **–ní** alphabetical

**absence** absence; **neomluvená** ~ without leave; ~ **v práci** absence from work

**absolutní** absolute; sovereign

**absolvent** graduate; ~ **VŠ** university graduate

**absolvovat** finish, graduate; zkoušku pass; ~ **vysokou školu** graduate from a university; ~ **školu** finish one's studies at school

**abstinent** teetotaller

**abstraktní** abstract; ~ **umění** abstract art

**absurdní** absurd, ludicrous, preposterous

**aby** (in order) that, so that, (in order) to + inf.: **přišel, ~ mi pomohl** he came to help me

**aby ne** in order not to + inf.; so that

**ačkoli** though, although

**adaptovat** adapt; renovate, convert

**administrativa** administration; paperwork

**adresa** address; ~ **podniku** place of business

**adres|ář** directory; **–át** addressee; **–ovat** address

**advokacie** legal profession

**advokát** solicitor, lawyer, Am. attorney

**aerolinie** airlines (pl), airways

**aféra** scandal, incident affair; **milostná ~** love affair

**africký** African

**Afričan, –ka** African

**Afrika** Africa

**agent** agent; obch. sales representative

**agentura** agency; **tisková ~** news agency

**agrese** aggression

**agresívní** aggressive; válčící belligerent

**ahoj** při setkání hallo i hello; Am. hi; při loučení bye, see* you, cheerio

**akademick|ý** academic; **–ý malíř** artist; **–á hodnost** degree

**akce** action; organizovaná campaign

**akcie** share, stock

**akcionář** shareholder, stockholder

**akciová společnost** (joint)stock company

**akciový kapitál** share capital

**aklimatizovat se** zvyknout si settle down; get\*/
become\* acclimatized

**akt** čin; v divadle action, act; obraz. fotografie nude

**aktiv|a** assets; **~ a pasiva** assets and liabiliti-
es; **–ita** activity, participation; **–ní** active

**aktovka** briefcase, bag; div. one-act play

**aktualizovat** modernize; make\* update

**aktualita** topical news; current event

**aktuální** topical, modern, up-to-date

**akutní** acute; problémy urgent

**akvarel** water-colour

**ale** but; formálně however; **~ i** not only… but
(even); **~ jdi** come\* on!; **~ přece** but still; **~
také** but also

**alej** avenue

**alespoň** at least, (pro každý případ) at any rate

**alimenty** dětem maintenance; ženě alimony,
child\* support

**alkohol** alcohol; nápoj spirit; Am. slang. hooch

**americký** American

**Američan, –ka** American

**Amerika** America; **Severní ~** North America

**ananas** pineapple

**anděl** angel; ~ **strážný** guardian angel; **–íček** cherub

**angažovat** engage; ~ **se** commit oneself

**anekdota** historka anecdote; vtip joke

**angína** tonsillitis; bolení v krku sore throat

**anglick|ý** English; **–y** in English; **mluvit –y** speak* English

**Angličan** Englishman*; **–ka** Englishwoman*

**angličtin|a** English; **–ář** English teacher; student of English

**Anglie** England

**angrešt** gooseberry

**ani** nor, not even; ~ **jednou** not once; ~ **v nejmenším** not in the least; ~ **trochu** not a bit; **není to ~ černé ~ bílé** it's neither black nor white; ~ **ryba ~ rak** neither fish, flesh nor fowl

**ani – ani** neither – nor

**ano** yes; **myslím, že ~** I think* so

**anténa** aerial; Am. antenna*

**antický** antique, ancient; literatura classical

**antika** antiquity; the ancient world

**antikoncep|ce** birth control, contraception, family planning; **–ční** contraceptive

**antikvariát** second-hand bookshop / Am. book-store

**apartmá** v hotelu suite

**apatický** apathetic, indifferent

**apelovat** na koho appeal to sb.

**aplikovat** (na) apply (to)

**Arab** Arab, Arabian; **a–ský** Arabic

**argument** argument; **–ovat** argue

**arch** (papíru) sheet (of paper); listina roll

**archeologi|e** archaeology; **–cký** archaeological

**architekt** architect; **–onický** architectural

**architektura** architecture

**archív** archives (pl); úřad record office

**aritmetický** arithmetical

**arktický** arctic

**armáda** army, the forces (pl); jednotky troops

**artista** artiste; performer

**asfalt, –ový** asphalt

**asi** about, some, probably, perhaps; ~ **ne** hardly; ~ **v pět hodin** at about five o'clock; ~ **máš pravdu** you may be* right, perhaps you are right; ~ **jako** something like

**Asie** Asia; **asijský** Asian

**asistent, –ka** assistant; vysokoškolský **odborný ~** assistant lecturer; Am. professor

**asistovat** komu při čem assist sb. at st.

**asociální** antisocial

**aspirin** aspirin

**aspoň** at least

**astronaut** astronaut, spaceman\*; **–ika** astronautics

**astronom|ie** astronomy; **–ický** astronomical

**ať** let\*; **~ jde** let\* him go\*; **~ to řekne** let\*her say\* it; **~ ... nebo** whether ... or

**ateliér** studio

**atentát** assassination, attempt; **~ na koho** an attempt on a sb's life\*

**atlantický** Atlantic; **A–ý oceán** the Atlantic Ocean

**atlas** soubor map atlas; látka satin

**atlet** athlete; **–ický** athletic; **–ika** athletics (sg)

**atmosféra** atmosphere; **~ podniku** feel of the place; **~ přátelství** friendly atmosphere

**atom** atom; **–ový** atomic

**auto** car; nákladní lorry; Am. truck

**autobus** bus, coach; **zmeškat ~** miss the bus;
  **–ové nádraží** bus terminal, coach statition

**autokempink** caravan site; Am. trailer camp

**automat** prodejní slot machine; hud. jukebox;
  telefonní payphone; hrací fruit machine

**automobilista** motorist

**autoopravna** car service, car repair shop

**autor** spisovatel author, writer; **–ka** woman
  author n. writer; **~ písní** songwriter

**autorita** authority; **–tivní** authoritative

**autorsk|é právo** copyright; **–ý honorář** royalties

**autoservis** servis station

**autostop** hitch-hiking; **jet –em** hitchhike

**autoškol|a** driving school; **dělat –u** take*dri-
  ving lessons

**avšak** but, however

**azbest** asbestos

**azyl** asylum; **žádat o politický ~** ask for po-
  litical asylum

**až** as far* as; časově till, until; **~ do zítřka** till
  tomorrow; **~ když** only when; **~ ~** more than
  enough; **~ za chvilku** wait a moment; **~ do-
  sud** up to now

# B

**baba, bába** pejor. (old)hag, old witch
**babička** grandmother, granny, grandma
**bábovka** marble cake; hanl. o člověku softie
**baculatý** chubby, plump; žena buxom
**bačkory** slippers, a pair of slippers
**bádání** research (work), exploration
**bádat** investigate, do* research work
**badatel, –ka** research worker, explorer
**bageta** French stick loaf*, baguette
**bagr** excavator
**bahnitý** blátivý muddy; močálovitý swampy
**bahno** mud, bog, swamp; slime
**báječný** wonderful, magnificent, fabulous
**báje** myth; bajka fable
**bakalář** Bachelor
**baktérie** bacterium*, germ
**balada** ballad
**balení** packing, wrapping, packaging
**balet** ballet; **–ka** ballet-dancer
**balík, –íček** parcel, packet, package
**balit** pack(up), wrap(up), roll up

**balkón** balcony

**balon, –ový** balloon, ball; **–ek** rubber ball

**baltsk|ý** Baltic; **B–é moře** the Baltic Sea

**balvan** boulder

**bambus** bamboo

**banán** banana; tech. (zástrčka) **–ek** plug

**banda** gang, band; lot

**bandita** bandit, gangster

**bank|a** bank; **–omat** cash dispenser; **–éř** banker; **–ovka** (bank)note; **–ovní** bank(ing); **–ovní účet** bank account; **–ovní vklad** bank deposit

**bankrot** bankruptcy; failure

**bar** night club

**barevný** coloured, colorful

**barv|a** colour, paint; **ztratit –u** go* pale

**barvit** paint; vlasy dye

**báseň** poem; **básnička** rhyme

**básní|k** poet; **–řka** poetess

**bát se** fear, dread, be* afraid of (čeho / st.)

**baterie** battery; **kulatá ~** cylindrical battery

**baterka** (electric) torch; Am. flashlight

**batoh** knapsak, rucksack

**batole** toddler

**bavit** amuse, entertain; **~ se** have* a good* time, enjoy oneself; budit zájem interest, attract

**bavlna, bavlněný** cotton

**bazén** krytá plovárna swimming pool; nádrž basin, reservoir

**bázeň** fear, worry

**bázlivý** timid, faint-hearted, fearful

**bažant** pheasant

**bažina** swamp, bog; **–tý** boggy, marshy

**bělo|ch** white (man*); **–ši** the whites

**běloška** white woman*

**bdělost** watchfulness; lookout; přen. vigilance

**bdělý** watchful, wakeful; ostražitý vigilant

**bedna** case, chest, box

**bědovat** nad čím lament over st.; moan

**bedra** loins, shoulders

**běh** run; závod race; průběh course

**během** in, within, during

**beletrie** fiction

**belhat se** hobble, limp

**benzín, –ový** petrol, Am. gas

**ber|an** ram; **–ánek** lamb

**berl|a** crutch; **chodit o –ích** walk on crutches

**beton** concrete

**bez** without; **~ důvodu** without any motive / reason; keř **modrý ~** lilac; **černý ~** elder

**bezbarvý** colourless, dull

**bezbolestný** painless

**bezcenný** worthless, of no value, valueless

**bezdrátový** wireless

**bezcharakterní** unprincipled

**bezmocný** helpless, powerless

**bezmyšlenkovitý** mindless; reckless

**beznadějný** hopeless, desperate

**bezodkladný** immediate, urgent

**bezohledný** inconsiderate; reckless; ruthless

**bezpečnost, –ní** safety; týkající se policie security

**bezpečný** safe, secure; spolehlivý reliable

**bezplatný** free (of charge)

**bezpodmínečný** unconditional, absolute

**bezpochyby** undoubtedly, unquestionably

**bezpracný** effortless

**bezpráví** injustice, lawlessness

**bezstarostný** careless, carefree; easy-going

**bezúhonnost** integrity, impeccability

**bezúhonný** blameless; impeccable, spotless

**bezvadný** faultless, flawless, perfect
**bezvědomí** unconsciousness
**bezvýsledný** futile, vain, fruitless
**bezvýznamný** insignificant, unimportant
**běžec** runner; **–ký, běžící** running
**běžet** run*, hurry, haste; **oč běží?** what's up?
**běžný** current, usual, common, ordinary
**béžový** beige
**bible** the Bible
**bič, –ovat** whip; mrskat flog; déšť lash
**bída** poverty, distress, misery
**bídný** poor, miserable; druhořadý shabby
**bikin|y** bikiny; **–kové kalhotky** bikini briefs
**bílek** white of egg
**bílit** na slunci bleach; natřít paint white
**bíl|ý** white; **–á káva** white coffee
**biograf** cinema; Am. the movies
**biologi|cký** biological; **–e** biology
**bít** tlouci beat*; trestat bitím trash; hodiny strike*;
      **~ do očí** be* striking; **~ se** fight*
**bit|va** battle; **–evní pole** battle-field
**bižutérie** artficial jewellery
**blaho** bliss, happiness; **–byt** affluence

**blahodárný** benificial, healthy, wholesome

**blahopřání** congratulation; good wishes (pl)

**blahopřát** komu k čemu congratulate sb. on st.

**bláhový** silly, foolish; naivní naive

**blátivý** muddy; sníh sludgy

**bláto** mud; **je ~** it is muddy

**blatník** mudguard; Am. fender

**blázen** pošetilec fool, lunatic; šílenec madman*

**bláznit** být blázen do be* crazy about

**blázniv|ý** ztřeštěný crazy; duševně nemocný insane, mad; **–ě se zamilovat** fall* madly in love

**blbost** nesmysl nonsense, rubbish; tupost idiocy

**blb|ý** hloupý silly, stupid; slabomyslný idiotic, imbecile; **je mi –ě** I feel* sick

**blednout** turn (grow*), pale, fade (away)

**bled|ý** pale; sickly; **–ě modrý** pale blue

**blecha** flea

**blesk** lightning, flash, shine; **–ový** ligtning

**blikat** blink, flicker, flash

**blízk|o;** **–ý** near, close to; **je to –o** it is a short way; **–o hlavního města** close to the capital; **–ost** proximity, vicinity, nearness

**blížící se** forthcoming, coming soon

**blížit se** get\* near, approach; come\* close

**blok** domů block; na psaní writing pad

**bloudit** wander; be\* astray, be\* lost

**blůza** blouse, tunic

**blýskat se** glitter, glisten; shine\*

**bob** bean; saně bob-sled

**bobul|e** berry; **–oviny** soft fruit

**boční** side, lateral

**bod** point, item; **~ smlouvy** article; **nejvyšší ~** the top; **~ mrazu** freezing point

**bodlák** thistle; trn růže thorn

**bodnout** stab, prick

**bodnutí** sting; nožem stab; náhlá bolest twinge

**boháč** rich man\*; **–i** the rich

**bohatství** wealth, riches, fortune

**bohatý** rich, wealthy; událostmi eventful

**bohužel** unfortunately; I am sorry to say\*, re-grattably; I am affraid

**bochník** loaf\* (of bread)

**boj** jednotlivce fight; úsilí struggle; sport. contest

**bojácný** timid, shy

**bojiště** battlefield

**bojovat** proti čemu fight*, struggle, strive* against sth.; vypořádat se s čím cope with sth.

**bojovník** fighter, warrior; přen. advocate

**bok** těla hip; strana side; pas waist

**bol|ák; –avý** sore, aching; vřed ulster

**bolest** pain, ache; **–ivý** painful, sore

**bomba** bomb; na plyn bottle

**bonbón** sweet, Am. candy; **ovocný ~** drops pl

**bonboniéra** box of sweets, box of chocolates

**borovice** pine (tree)

**bořit** stavby pull down; zničit ruin, destroy

**bota** vysoká boot; polobotka shoe

**bouda** booth, hut; horská chalet; pro psa kennel

**bouchnout** bang, slam, pound

**boule** rána bump, swelling; vydutí bulge

**bouře** storm, tempest; vzplanutí citů outburst

**bouřka** thunderstorm, storm

**box** boxing; **–ovat** box

**brada** chin; vousy beard

**bradavice** wart, verruca

**bradavka** nipple

**bradla** parallel bars pl

**brak** garbage, waste, trash; pulp literature

**brambor, –ový** potato; **–y** pl potatoes

**brána** gate; v plotě wicket

**bránit (se)** chránit se před kým defend oneself from sb.; proti čemu oppose sth./against sth.; odolat čemu withstand* sth.; překážet hinder

**brank|a** sport. goal; vrátka gate; **–ář** goalkeeper

**brašna** bag; školní satchel, schoolbag

**brát** take*; **~ podporu** v nezaměstnanosti be* on the dole; **~ na vědomí** note; accept

**bratr** brother; **nevlastní ~** step-brother

**bratranec** cousin

**bratrs|ký** brotherly; **–tví** brotherhood

**Brit** Britisher, Briton, Englishman*; **–ánie** Britain; **Velká –ánie** Great Britain

**britský** British

**brokolice** broc(c)oli

**brosk|ev** peach; **–voň** peachtree

**brouk** bug, beetle; **velký ~** chafer

**brousit** obrušovat grind*; ostřit whet, sharpen

**brouzd|at se** paddle; **–aliště** paddling pool

**brož** brooch

**brožura** booklet; obv. reklamní leták brochure

**bručet** growl; grumble; ve vězení do* time

**brunet** dark-haired man\*; **–ka** brunette
**brusinka** cranberry
**bruslař, –ka** skater
**brusl|e; –it** skate; **kolečkové –e** roller skates
**brutál|ní** brutal, beastly; **–ita** brutality
**brýle** glasses pl; **ochranné ~** goggles pl
**brzda** brake; **záchranná ~** emergency brake
**brzdit** brake; držet na uzdě curb
**brzký** early; předčasný premature
**brz|o, –y** zakrátko soon, before long; časně early
**břečka** slush
**břeh** řeky bank; pobřeží coast; mořský shore
**břemeno** weight, burden; náklad load
**březen** March
**břicho** belly; anat. abdomen
**břitva** razor
**bříza** birch (tree)
**buben** drum; **přijít na ~** come\* under the hammer
**bubl|at** bubble, gurgle; **-ina** bubble
**buď – anebo** either –or
**budík** alarm-clock; lék. pacemaker
**budit** awake\*; **~ se** wake\* up; dojem arose
**budiž** all right then, agreed

**budouc|í; –nost** future; **–í manžel** future husband
**budova** building; **výšková ~** high-rise biulding
**budovat** build* up, construct
**bufet** snack-bar, refreshment room, espresso, sandwich bar; **školní** canteen
**Bůh, bůh** God, god
**buchta** filled cake; baked yeast bun
**bujný** o vegetaci luxuriant; bohatý rank
**bulva** eyeball
**bunda** větrovka windcheater; nepromokavá s kapucí anorak; zvl. teplá jacket
**buň|ka** cell; **–ěčný** cellular; **–ičina** cellulose
**burácet** storm, roar
**burz|a** exchange; **~ cenných papírů** stock exchange; **–ián** stockbroker
**bydl|et** live (u / with); v hotelu stay (at a hotel), stay with; trvale reside; **–iště** residence, dwelling-place
**býk** bull
**bylin|a** herb; **–ný** herbal
**byt** flat; Am. apartment; Br. podnájem lodgings; **~ a strava** board and lodging; **–ový** housing, home; **–ové zařízení** home furnishings
**být** be*; **co je ti?** what is the matter with

you?; **co je to?** what is it?; **kolik je hodin?** what is the time? **ona je Češka** she is Czech; **~ tebou** if I were you; exist; **je na Marsu život?** does life* exist on Mars?

**bytí** existence, being

**bytná** landlady

**bytost** being, creature; **lidská ~** human being

**bývalý** former, ex-; **~ manžel** ex-husband

**bzučet** buzz, hum

# C

**cedit** strain; **~ něco skrz zuby** mutter sth.

**cedník** strainer, **~ na čaj** tea strainer

**cela** cell

**celek** whole; jednotka unit; **jako ~** as a whole

**celer** celery; hlíza celery root

**celistv|ost** integrity, entirety; **–ý** compact, solid

**celkem** zhruba on the whole; dohromady altogether; **~ vzato** generally speaking; docela quite

**celkový** úhrnný total, entire, overall; všeobecný general

**celní** custom(s); **~ prohlášení** customs declaration; **–k** customs officer

**celnice** customs house, office

**celodenní** all-day, twenty-four hour

**celostátn|ě** nationwide; **–í** national, nationwide, all-state

**celoživotní** lifelong

**celý** všechen all; v plném počtu whole; časově po **~ rok** all (the) year; **celou hodinu** a full hour; neporušený entire, complete, whole

**cen|a** price, cost, value, worth; **udat –u** quote a price; výhra prize; řád award; **–ový** price

**ceník** price list

**cenný** valuable, precious

**centrála** head office; headquarters

**cest|a** way, road, path, drive, route, journey, tour; **šťastnou –u** pleasant journey

**cestovat** travel; okružně po světě tour

**cestovatel** traveller

**cestovní** travel(ling); **~ pas** passport

**cestující** traveller; passenger

**cév|a** vessel; **–ní** vascular

**cibule** kuch. onion; dužnatá část kořene bulb

**cihla** brick; ~ **sýra** round cheese

**cikán** gipsy; **–ka** gipsy woman*

**cíl** snaha aim; úkol objective; místo určení ~ **ces-ty** destination; goal, finish

**cinkat** tinkle, clink, jingle

**cíp** země edge, tip; látky corner, hem

**církev, –ní** church; ~ **sňatek** church wedding

**císař** emperor; **–ství** empire

**cistern|a** cistern, tank; **–ová loď** tanker

**cit** schopnost cítit feeling; vzrušující cit emotion

**cit|át** quotation; **–ovat** quote

**cítit** mít pocit feel*, čichem smell*; páchnout reek

**citlivý** sensitive, sensible; bolestivý tender

**citový** emotional, přecitlivělý sentimental

**citrón, –ový** lemon; **čaj s –em** lemon tea

**civilista** civilian

**civilizace** civilization

**civilní** civil, civilian; ~ **sňatek** civil marriage

**cívka** reel; nití spool

**cizí** neznámý strange; zahraniční foreign, alien

**cizin|a** foreign country; **v –ě, do –y** abroad

**cizinec** foreigner; cizí člověk stranger

**clo** customs (pl); poplatek duty

**co** what, which; **~ se týče** as to, as regards, in point of; kolik how much; **~ je to?** what is this?; **~ si přejete?** what would you like?

**cop** plait, pigtail; Am. braid

**couvat** (step) back, withdraw*; autem reverse

**ctít** respect, honour; uctívat worship, look up to

**ctitel** admirer, adorer

**ctižádost** ambition, aspiration; **–ivý** ambitious

**ctnost** virtue; **–ný** virtuous

**cukr** sugar; **krystalový ~** granulated sugar; **kostkový ~** lump sugar; **hroznový ~** grape sugar; **–ovka** řepa sugarbeet; nemoc diabetes

**cukrář** confectioner, pastry cook

**cukřenka** Br. sugar-basin; Am. sugar bowl

**cval** gallop

**cvičení** škol. i těl. exercise; výcvik training, drill

**cvičit** exercise; koho drill, train; opakování practise

**cvičitel** instructor, trainer; sport. coach

**cvik** skill; obratnost drill, practise

**cyklista** cyclist; hovor. biker

**cyklus** cycle, round, course

**cynický** cynical; **cynik** cynic

**cypřiš** cypress

# Č

**čaj** tea; ~ **bez cukru** tea without sugar; **–ník** teapot; **–ový** tea; **–ová lžička** teaspoon

**čaloun|ík, –ěný** upholsterer

**čáp** stork

**čára** line; tah stroke; ~ **života** life* line

**čárka** rozdělovací čárka ve větě comma; tah stroke; **ležatá** ~ dash; **spojovací** ~ hyphen

**čaroděj** sorcerer, wizard; **–nice** witch, hag

**čas** time; jaz. tense; **mít** ~ be* free; **volný** ~ free time; **mít málo –u** be* short of time; ~ **od –u** from time to time; **–em** in time; **–ně, –ný** early

**časopis** periodical, magazine; odborný journal

**časový** jaz. temporal; aktuální up-to-date, topical

**část** part; portion; **náhradní** ~ spare part; skupina section; města district, area

**částečn|ě** partly, in parts; **–ý** partial

**částka** sum, amount (of money)

**často** often, frequently, commonly

**častý** frequent; opětovný repeated

**Čech** Czech; **–y** Bohemia

**čekárna** waiting room

**čekat** na koho wait for sb., expect sb.

**čelist** kleští i anat. jaw; kost jawbone

**čelit** face, resist; withstand*

**čelní** front; **čelný** prominent, leading

**čelo** anat. forehead; přední část front

**čep** ucpávající plug; otočný pivot

**čepic|e** cap; **smeknout –i** take* off one's cap

**černoch** black, African; hanl. Negro

**čern|ý** black; **–é pivo** stout

**čerpat** pump, draw*

**čerstv|ý** fresh; **–é natřeno!** wet paint!

**čert** devil; **–ík** little* devil

**červ** worm; larva grub

**červivý** wormy

**červen** June

**červenat (se)** be* red; v tváři blush

**červenec** July

**červený** red, sytě blood-red

**česat** vlasy comb; **~ ovoce** pick, pluck; **~ se** comb one's hair

**česnek, –ový** garlic

**česk|y** in Czech; **–ý** Czech; z Čech Bohemian

**čest** honour, virtue; **se ctí** honourably; dívky virginity; **–ný** honest, fair; titul honourable

**Češka** Czech woman*, Czech girl

**čeština** Czech

**četa** voj. troop; policejní squad; **–ř** sergeant

**četba** reading; **povinná ~** required reading

**četný** numerous; frequent

**čí** whose

**číhat** lurk; **~ na koho** spy upon sb.

**čich** smell*, sniff, scent; přen. smysl of smell; **–at** k čemu sniff at sth.; smell*

**čilý** živý lively; agilní agile, active, keen

**čím – tím** the – the; **čím víc dostáváš, tím víc chceš** the more you get*, the more you want

**čin** act; jednání action; trestný offence; hrdinský deed; **být dopaden při –u** be* caught red-handed

**činit** do*, make*; **~ se** do* one's best

**činitel** mat. factor; veřejný agent, official

**činnost** activity; work; **veřejná ~** public work; mechanická operation; **v –i** in operation; **uvést v ~** put* into operation

**činžák** tenement house, block of flats

**činže** (house) rent

**čip** výpoč. tech. microchip, chip

**čípek** v ústech uvula; med. suppository

**číslice** cipher, figure; **arabská ~** Arabic numeral

**číslo** number; velikost size; výtisk issue; copy

**číslovat** number

**číslovka** numeral

**číst** read\*; **kniha se dobře čte** the book reads well\*; **čtu rád** I like reading

**čistící** cleaning; **~ prostředek** cleaner

**čistit** clean(up), cleanse; chem. dry-clean; skvrny remove; boty polish; vodu, vzduch purify; **~ si zuby** brush one's teeth

**čistota** cleanness; pořádek tidiness

**čistý** tidy, clean; ryzí pure; nepopsaný blank

**číše** glass, bow, cup

**číšn|ice** waitress; **–ík** waiter, barman\*

**čitelný** legible; **těžko ~** difficult to read\*

**článek** novinový article; řetězu link; galvanický cell

**člen** mat. member; jaz. article; **–it se** break\* up

**člověk** bytost man\*, person; human being, všeobecný podmět one, you; hovor. fellow

**člun** boat; **nafukovací ~** rubber dinghy

**čmára|t** scrawl, scribble; **–nice** scribble

**čmelák** bumblebee

**čočk|a** sklo lens; luštěnina lentils; **–ová polév-ka** lentil soup

**čokoláda** chocolate

**čtenář** reader; **–ský** reader's

**čtrnáct** fourteen; ~ **dní** a fortnight; **–ý** four-teenth; **–idenní** fortnightly, biweekly

**čtverec** square

**čtvrt, čtvrť** quarter; město district; **–ý** fourth; **za –é** fourthly

**čtvrtek** Thursday

**čtyř|i** four; **byli jsme** ~ there were four of us; **–icátník** a fourty-year old man*; **–ka** four; **–icet** forty

**čumět** gape; **na co** stare at sth.

**čurák** vulg. prick, cock, dick

# D, Ď

**ďábel** devil; **–ský** fiendish, devilish

**dále** further, further on, on; come* in; **a tak** ~ and so on; **čím dál tím více** more and more

**daleko** far*, a long way; **~ lepší** far* better; **je to jen 10 km** - it's only 10 km away

**dalekohled** binoculars (pl); hvězd. telescope

**dalekosáhlý** far-reaching, extensive

**daleký** vzdálený faraway, far off; cesta long

**dálka** distance; dosah range

**dálkov|ý** doprava long-distance; **-é ovládání** remote control; **-é topení** district heating

**dálnice** Br. motorway; Am. highway

**dálnopis** zpráva telex; přístroj teleprinter

**další** v řadě next, following; navíc further

**dám|a** šach., karet. lady, queen; **-ský** ladies', lady's, woman's; hovor. **-ské prádlo** undies; **obchod s -ským prádlem** underwear shop

**daň** tax; **~ z příjmu** income tax; **-ové přiznání** declaration of income

**dar** gift, present; příspěvek donation

**darebák** scoundrel, rascal; wreton, rogue

**darovat** present, give*; příspět donate

**dařit se** get* on; be* successful, do* well

**dáseň** gum

**dát** komu give* sb. (to sb.); někam place, put*; **~ co do pořádku** put sth.right; **~ si pozor**

take\* care; **~ se do práce** start work; **co si
–e?** what will you have\*?

**datel** woodpecker

**datle** date

**datum** date; **dnešní ~** today's date; **osobní
data** personal details

**dav** mob, crowd (of people)

**dávk|a** portion; léku dose; příděl ration; peněžní
rate; **–ovat** dose; **–ování** dosage, dispensing

**dávno** long ago; long time ago; for a long time

**dávný** ancient; long past; very long ago

**dbalý** conscientious

**dbát** pečovat o koho take\* care of sb., mind; peč-
livý careful; **~ čeho, na co** pay\* attention to sth.

**dcera** daughter

**debat|a** debate, discussion; **–ovat** discuss

**dědeček** grandfather; hovor. granpa

**dědic** čeho heir to sth.

**dědická daň** estate duties (pl)

**dědictví** heritage, inheritance; odkaz legacy

**dědičn|ost** heredity; **–ý** hereditary

**dědit** po kom inherit from sb.; movitost succeed to

**defekt** obecně defect; auta puncture, flat tyre

**deficit** deficit; **–ní** losing

**dech** breath; **bez –u** out of breath

**děj** action; liter. plot; chem. process; **–ství** act

**dějin|y** history; **–ný** historic

**děkan** dean; **–át** dean's office

**dekora|ce** decoration; div. scenery; **–ční** decorative, ornamental

**děkovat** komu za co thank sb. for st.; **děkuji (vám)** thank* you, thanks; **děkuji, nechci** no, thank you

**dělat** make*; **~ kávu** make* coffee; **~ chyby** make* mistakes; do*; **co tu děláte?** what are you doing here?; pracovat work; **~ zkoušku** take* an exam; **u– zkoušku** pass an exam

**dělení** division

**dělit** divide; **~ se** branch out; štěpit se split*, part

**délka** length; zeměp. longitude

**dělnice** working woman*; včela worker

**dělník** worker, workman*; **pomocný ~** labourer; **vyučený ~** skilled worker

**demokra|cie** democracy; **–tický** democratic

**demonstr|ace** demonstration; hovor. demo; shromáždění meeting; **–ovat** demonstrate

**den** day; **všední ~** week-day; **~ pracovního volna** holiday; **za dne** in daytime

**deník** noviny journal, daily; zápisník diary

**denně** daily, every day

**depres|e** depression; the dumps (pl); **–ívní** depressive; **mít –e** be* in depression, feel* down

**deprimovaný** depressed, downcast

**deprim|ovat** depress; **–ující** gloomy

**děravý** full of holes; zub hollow; propíchnutý punctured; perforated

**deset** ten; **–ina** tenth; **–inný** decimal

**děs** horror; zděšení fright; **–it** frighten, scare; **–ivý** horrifying, terryfying

**deska** board, plate, cover, **gramofonová ~** record, **pamětní ~** memorial plaque

**déšť** rain, shower; **deštivý** rainy

**deštník** umbrella

**detektiv** detective; **–ka** detective story, thriller

**dět|inský** childish, childlike; nevyzrálý immature; **–ský** childish; child's, baby's; jako dítě childlike; **–ství** childhood; ranné infancy

**devadesát** ninety; **–ý** ninetieth

**devatenáct** nineteen

**děvče** girl; milá girl-friend; služebná maid

**devět** nine

**děvka** slut, tart, whore; **–ř** womanizer

**devizy** foreign exchange

**dezert** dessert, sweet course; **–ní** dessert

**dezinfekce** disinfection, sterilization

**diabet|ik, –ický** diabetic

**dialog** dialogue; Am. dialog

**diapozitiv** slide

**diet|a** diet; **–y** travelling expenses; **–ní** diet; **–ní strava** dietary food; **držet –u** be* on a diet

**diktát** dictation; politický příkaz dictate

**diktatura** dictatorship

**díky** thanks; **~ čemu** thanks to sth.

**díl** součást part; kus piece; podíl portion

**díl|na** workshop; **–o** work; **umělecké ~** work of art

**diplomat** diplomat; **–ický** diplomatic

**dír|a** hole; v pneumatice puncture; v zubu cavity; mezi zuby gap; **myší –a** mouse hole; **nosní –ka** nostril; **klíčová –ka** keyhole; **knoflíková –ka** buttonhole

**dirig|ent** conductor; **–ovat** conduct

**disciplína** discipline; odvětví branch; sport. event

**disertace** thesis\*, theses (pl)

**diskrétní** discreet; tactful; ohleduplný considerate

**diskont, –ní** discount

**diskotéka** zábavní klub discotheque; hovor. disco; sbírka record collection

**dít se** happen, occur; **co se děje?** what is the matter?; what's up?; konat se take\*place

**dítě** child\*, infant, baby, kid

**div** wonder, marvel, miracle

**divadelní** dramatic; theatre

**divadlo** theatre; **loutkové ~** puppet show

**divák** spectator; televizní TV viewer

**dívat se** look, sledovat watch, view

**divit se** wonder, be\* surprised

**dív|ka** girl; **–čí** sg girl's, pl girls'

**divný** zvláštní strange; podivný peculiar

**divočina** wilderness; **divoch** savage

**divoký** wild, savage, fierce, furious

**dlaň** palm; open hand

**dláto** chisel

**dlažba** pavement; kostky cobbles

**dlaždice** tile

**dlážd|it** pave; **–ěný** paved
**dlouh|o** long, for a long time; **–ý** long; tall
**dluh** debt; **mít –y** be* in debt
**dluž|it** owe; **–ník** debtor
**dnes** today; nowadays; **~ večer** tonight
**dnešní** present-day; today's; modern
**dno** bottom; řeky, moře bed
**do** to, in, into, by; o čase to, till, until, up to
**dob|a** time; časový úsek period; roční season;
**od té –y** since; **v dnešní –ě** nowadays; **v poslední –ě** lately, recently; **pracovní –a** working time; geol. období Age; **–a ledová** the Ice Age; **–a vánoc** Christmas time
**doběhnout** dohonit reach; napálit take* in
**dobírk|a: na –u** cash on delivery; **poslat něco na –u** send* sth. C. O. D.
**dobrá!** good!, very well!, all right!
**dobro** good*; blaho welfare, well-being
**dobročinn|ost** charity; **–ý** charitable
**dobrodruh** adventurer
**dobrodružný** adventurous; riskantní risky
**dobrodružství** adventure; milostné affair
**dobrosrdečný** good-hearted, good-natured

**dobrovolník** volunteer

**dobrovoln|ý** voluntary, free; **–ě** of one's own free will, voluntarily

**dobr|ý** good\*; **to je –é** it will do\*; **v –ých rukou** in good\* hands; **–ý čaj** a nice cup of tea

**dobře** well\*; all right; **je mi ~ I** feel\* well\*

**dobý|t** conquer, capture; **–vat** těžit mine

**dobytek** livestock; hovězí cattle; nadávka vulg. bastard, swine

**dobyvatel** conqueror; žen ladykiller

**docela** úplně completely; **~ nahý** completely naked; do značné míry all, quite; **vede se mu ~ dobře** he is doing quite well\*

**docent** senior lecturer; Am. associate professor

**dočasný** temporary; nestálý passing

**dočkat se** wait; dožít se čeho live to see\* sth.

**dodání** delivery

**dodat, dodávat** zboží supply; doručit deliver; přidat add

**dodatečný** navíc additional, supplementary; pozdější subsequent

**dodatek** addition; doplněk supplement

**dodatkový** supplementary, additional

**dodavatel** supplier; **hlavní** ~ chief supplier

**dodávka** zboží delivery; elektřiny supply of electricity; aut. van; Am. truck

**dodělat** finish; complete

**dodnes** till the present day, up to now

**dodrž|ovat, –et** slib keep*; pravidla observe

**dohadovat se** argue, negotiate; tušit guess

**dohled** inspection, supervision

**dohlížet** supervise, watch; sledovat monitor

**dohoda** agreement, arrangement

**dohonit, dohnat** overtake*; ~ **zameškané** make* up for st.; učivo catch* up on; ~ **koho k zoufalství** drive* sb. to despair

**dohromady** together, all in all, altogether

**dojem** impression, effect; **celkový** ~ overall impression; **–ný** moving, touching

**dojetí** emotion, pathos

**dojit** milk

**dojít** pošta arrive, come*; pro koho co go* and fetch; get*; go* and see*; k čemu take* place

**dojmout** move, touch; ~ **koho k slzám** move sb. to tears

**dokázat** vinu prove; nezvratně demonstrate; achieve, accomplish; zvládnout manage

**dokazovat** argue; prove; ukázat demonstrate

**doklad** document, evidence; i důkaz proof

**dokola** round, all around

**dokonalý** džentlmen perfect; naprostý thorough

**dokonce** even

**dokonč|it** complete, finish; **-ení** completion

**dokořán** wide open

**doktor** doctor; **-ka** woman*/lady doctor

**dokud** as long as; zatímco while; ~ **ne** till, until

**dokument** document; osobní **-y** identity papers; práv. instrument; **-ární** documentary; **-ovat** provide documentary evidence for

**dolar** dollar; Am. hovor. buck

**dole** down; níže below; **-jší** bottom

**dolní** lower, bottom

**dolovat** těžit mine, extract; přen. rummage

**doložit** support by; přidat add; k dopisu enclose

**dolů** down(wards); po schodech downstairs

**doma** at home, indoors; o městě in one's home town; o zemi in one's native country; **nebýt ~** be* out

**domácnost** household; žena v **-i** housewife*

**domáhat se** demand, claim, call for

**domluva** jednání negotiation; porada consultation; výtka rebuke, reprimand

**domluvit se** agree, compromise

**domnívat se** suppose, believe, expect, assume

**domorod|ec** native; **–ý** native; místní local

**domov** home; **–ní** house; **–ní dveře** front door

**domýšliv|ost** conceit, vanity; **–ý** conceited

**donutit** make*, force, compel

**doopravdy** really; vážně seriously

**dopadnout** fall* down; strike* the ground; zločince catch*; nějak come* out, turn out

**dopálit** irritate, annoy, upset*

**dopis** letter; **doporučený ~** registered letter; **milostný ~** love letter; **obchodní ~** business letter; **–ní papír** writting paper; **–ovat si** correspond

**doplatek** additional payment, surcharge

**dopl|něk** supplement; práv. amendment; jaz. complement; **módní –ňky** accessories; **–nění** completion; **–ňkový** supplementary

**doplnit** complete; palivo fill up

**doplňovací volby** by-election

**dopodrobna** in full, in (great) detail

**dopoledn|e** morning; u časových údajů am, a. m.;
  **každé –e** in the mornings; **–í** morning
**doporučení** recommendation, reference
**doporučený** všeobecně recommended; **~ dopis**
  registered letter
**doporučit** recommend; radit advise
**doprav|a** subst. transport, traffic; **osobní ~**
  passenger services; **–ní** traffic, transport;
  **–ní prostředek** vehicle, means of transport;
  adv. (to the) right; **–né** transport charge
**dopravovat** transport, carry; letecky fly*; lodí ship
**doprovázet** ženu i hud. accompany, go* with
**doprovod** družina suite; company, escort
**dopřát** komu co let* sb. have* sth.; grant; **~ si**
  afford; **nemohu si to ~** I can't afford it
**dopředu** kam forward, ahead; předem in advance;
  **sedněte si ~** sit in front; **jeďte ~** go* forward
**dopustit** allow, permit; **~ se** čeho commit sth.
**dorazit** kam reach, arrive at
**dorozumět se** s kým communicate with sb.
**dorozumění** understanding
**dort** cake; ovocný flan; gateau
**doručit** deliver; bring*; předat hand in

**dosáhnout** nač reach; cíle attain; achieve; **~ kompromisu** reach a compromise; **~ úspěchu** be* successful; **dosažení** achievement

**doslov** epilogue, postscript

**dospěl|ý** adult, grown-up; **pro –é** for adults

**dospět** někam arrive, come*; dorůst grow* up

**dost** enough, fairly, rather; **děkuji, mám ~** no more, thank* you; **mám ~ peněz** I've got enough money; **je ~ chudý** he's fairly pour

**dostačující** sufficient, adequate

**dostat** get*, obtain; **~ hlad** get* hungry

**dostat se** z čeho get* out of st.; **~ se** kam get* to; **jak se dostanu do ...?** how can I get* to ...?

**dostatečný** sufficient, adequate

**dostatek** plenty; hojnost abundance

**dostavit se** k někomu report to sb.; turn up; **dostavte se do ...** come* to ...; problémy arise*

**dostupn|ý** k dispozici available; finančně accessible; **–é ceny** reasonable prices

**dosud** till now, so far*, up to now

**dosvědčit** confirm, testify; witness; **dosvědčím vám to** I'll testify to that for you

**dotace** grant, subsidy

**dotaz** enquiry; question; **vznést ~** bring* up a question; **–ník** questionnaire; **–ovat se** make* enquiries, enquire; raise a question

**dotěrný** troublesome; impertinent, nosey

**dotýkat se** rukou touch; týkat se concern

**doufat** hope; **doufám, že ano** I hope so

**doušek** draught; malý sip; velký gulp

**doutnat** oheň smoulder; naděje glimmer

**doutník** cigar; **kouří –y** he is a cigar smoker

**dovážet** import

**dovědě|t se** know*, learn*, get* to know*; slyšet hear*; **–l jsem se, že...** I've heard that...

**dovednost** skill; technická craft

**dovedný** skilled, skillful; competent

**dovést** kam take*, lead*, show*; umět něco know* (how to do* sth.), be* able to

**dovnitř** in; směr indoors; **pojďte ~** come* in

**dovolat se** komu telefonem get* through to sb.

**dovolávat se** claim, call for, appeal to

**dovolená** holiday, leave; Am. vacation; **letní ~** summer holiday; **mateřská ~** maternity leave; **zdravotní ~** sick leave

**dovolení** permission, leave

**dovolit** allow, permit; ~ **si** afford

**dovoz** import; supply; **–ní clo** import duty; dodavatel **–ce** importer

**dovršit** crown; top, cap; dokončit complete

**dovtípit se** guess; take* a hint

**dozadu** back(wards)

**dozírat** supervise; watch over, oversee*

**doznání** confession, admission

**dozor** supervision; **–ce** superviser; hlídač keeper

**dozrát** mature; ~ **v muže** mature into a man*

**doživotní** lifelong; ~ **renta** life* annuity

**dráha** course; oběžná orbit; železnice railway; životní career; jízdní roadway

**draho** dear; **je tu** ~ it's expensive here; **–cenný** costly, precious

**drahokam** precious stone, jewel; broušený gem

**drahý** oslovení dear; o ceně expensive, costly

**drak** mytol. dragon; papírový kite; **pouštět –a** fly* a kite

**dráp** claw; ptačí talon

**drastický** drastic; změna radical

**drát** wire; ~ **se** kam push forward

**dražba** auction, public sale

**dráždění** irritation; **dráždidlo** stimulant

**dráždi|t** stimulate; oči irritate; provokovat provoke; **–vý** irritable; pokožka sensitive

**drhnout** scrub; ~ **co** rub hard

**drobit (se)** crumble, moulder

**drobnost** trifle, trivial thing; cetka trinket

**droga** drug; **měkká/tvrdá ~** soft/hard drug

**drogérie** Br. chemist's; Am. drugstore

**drsný** coarse; rough, harsh; počasí severe

**drti|t** grind*, crush, shatter; **–vý** crushing

**drůbež** poultry, fowls; **–árna** poultry farm

**druh** člověk friend; hovor. mate; společník companion; studentský fellow; ženy common-law husband; typ, druh sort, kind; zboží article; biol. species pl; **–ořadý** second-rate; **–otný** secondary

**druhý** second; jiný the other

**družice** satellite; ~ **země** earth satellite

**druž|ka** companion; **–ička** bridesmaid

**družstevní** cooperative; **–k** member of a cooperative

**drzost** impertinence, arrogance; hovor. cheek

**drz|ý** cheeky, insolent, arrogant; impertinent

**držadlo** handle; držátko holder

**držet** keep*, hold*, stick together; ~ **se** hold* on; keep* to; ovládnout se control oneself

**držitel** rekordu holder, possessor; vlastník owner

**dřevěný** wooden

**dřev|o** wood; staveb. timber; **–natý** woody

**dřina** drudgery, toil, hard work

**dřít (se)** odírat rub; drudge; toil; škol. cram

**dříve** před čím before; kdysi formerly; sooner

**dřívější** former, earlier, previous

**dub** oak

**duben** April; **v dubnu** in April

**duha** rainbow; **pít jako ~** drink* like a fish*

**duch** strašidlo ghost; spirit; **v –u** in one's mind

**důchod** příjem income; penze pension; **jsem v –u** I'm retired; **–ce** (old-age) pensioner

**duchov|enstvo** clergy; **–ní** duševní spiritual; nábož. religious; kněz clergyman*

**důkaz** mat., práv. proof; materiály evidence

**důkladn|ý** thorough; **–ě** thoroughly

**důl** mine; uhelný pit, coalmine

**důležitý** important, significant

**dům** budova house; building; příbytek home, house; **činžovní ~** Br. block and flats

**důmyslný** ingenious

**dunět** dělo thunder; hrom roll; throb

**dupat** stamp, clump, tap

**důraz** emphasis*, stress; **–ný** emphatic

**dusík** nitrogen

**dusit** vařením stew; med. suffocate; vztek choke, smother; **~ se smíchem** choke with laughter

**důsledek** consequence, result, effect

**důsledný** consistent

**dusn|ý** close; parný sultry; nevětraný stuffy; **dnes je –o** it's very close today

**důstojn|ík** officer; **–ická hodnost** officers' rank; **–ý** vážený dignified; titul reverend

**duše** soul; pneu tube; míče bladder

**duševní** mental; **~ práce** intellectual work

**dutina** cavity, hollow; **ústní ~** oral cavity

**důtka** reprimand, rebuke

**dutý** hollow, concave; přen. blank

**důvěr|a** confidence, trust; **mít –u k čemu** have* trust in sth.; **nemít –u k čemu** have* no confidence in sth.; **–ný** confidential; intimate

**důvěryhodný** trustworthy; pravý authentic

**důvěřivý** credulous, trustful, trusting

**důvěřovat** komu trust; **~ si** be* confident

**důvod** reason; účel purpose; **–ný** legitimate

**důvtip** wit, ingenuity; **–ný** ingenious

**dvac|et** twenty; **–átý** twentieth; **–áté století** the twentieth century

**dvanáct** twelve; **–ý** twelfth

**dvě, dva** two; **dvakrát** twice

**dveř|e** door; **za –mi** outside the door; **jít otevřít ~** answer the door; **~ nejdou zavřít** the door won't close

**dvojčata** twins pl

**dvojic|e** couple, pair; **ve –ích** in pairs

**dvojitý** double; složený twofold

**dvojsmyslný** ambiguous, equivocal

**dvoulůžkový pokoj** double room

**dvoupatrový dům** two-storey house

**dvůr** courtyard; dvorek yard; panovnický court

**dýchání** respiration, breathing

**dýchat** breathe; odb. respire; rostlina transpire

**dychti|t** po čem be*eager for sth., strive, aim at sth.; **–vý** eager, keen

**dýka** dagger

**dým** smoke; **~ výparů** fume; **–ka** pipe

**dynamický** dynamic

**dýně** pumpkin

**džem** jam; pomerančový marmalade

**džbán** jug; **–ek** mug

**džíns|y** jeans; **–ovina** denim; **–ový** denim

# E

**edice** edition; knižnice library

**efekt** effect; dojem impression; **–ní** effective

**ekonom** economist; **–ický** hospodárný economical; hospodářský economic; **–ie** věda economics; hospodářství, hospodaření economy

**elegantní** elegant, smart, stylish; hovor. chic

**elektrárna** power plant; power station

**elektri|cký** electric(al); **–kář** electrician

**elektřina** electricity

**email, –ový** enamel, glaze

**emigra|ce** emigration; žít v **–ci** live in exile; **–nt** emigrant, exile

**encyklopedie** encyclopaedia

**energi|e** energy, power; elán drive; **–cký** energetic; vitální vigorous; **–cky** vigorously

**erotický** erotic(al), amorous

**esej** essay

**eso** ace

**esteti|cký** aesthetic(al); **–ka** aesthetics

**estráda** show; variety

**etapa** stage, period, phase

**evaku|ace** evacuation; **–ovat** evacuate

**evangelík** Protestant; Lutheran

**evangelium** Gospel

**eventuálně** possibly, perhaps

**eventuální** prospective, potential, possible

**Evropa** Europe; **–n** European

**evropsk|ý** European; **E–á unie** European Union

**exemplář** copy; kus specimen

**exhibi|ce** exhibition; **–ční** exhibitional

**exil** exile; **–ová vláda** government in exile

**existen|ce** existence, living; **–ční minimum** living wage; subsistence level

**existovat** exist, be*

**exkurse** excursion; (study) trip

**expedice** výprava expedition; odeslání despatch

**expedovat** dispatch, send* off

**expert** expert; **–iza** expert's report

**explo|dovat** explode; **–ze** explosion
**experiment** experiment; **–ální** experimental
**exponát** exhibit, showpiece
**export, –ní** export; **–ovat** export
**extern|í** external, part-time; **~ studium** extramural studies (pl); **–ista** external student

# F

**fack|a** slap in the face; **–ovat** slap sb. on the face; **dostat –u** get* a slap on the face
**fakt** fact; **to je ~** that's a fact; **~?** really?; **–ický** actual, real; **–a** data
**faktur|a** invoice; **–ovat** invoice, charge
**fakulta** faculty; **Pedagogická ~** Faculty of Education; **Přírodovědecká ~** Faculty of Science
**faleš** falsehood; **–ný** false, forged
**falšovat** falsify, adulterate, forge
**fanoušek** fan, devotee; **filmový ~** film freak
**fantazie** fancy; imagination
**far|a** parsonage; **–ář** parson, rector
**farm|a** farm; **–ář** farmer
**fašis|mus** fascism; **–ta** fascist

**favorit** favourite

**fáze** phase; časová period

**fazol|e** beans (pl); **–ový lusk** string bean

**fén** hair dryer

**fenka** bitch

**festival, –ový** festival; **na –u** at the festival

**fial|ka** violet; **–ový** purple, violet

**figura** figure; div. postava character

**filé** plátek fillet; **rybí ~** fillet of fish*; **hovězí ~** a slice of beef

**film** umění i fot. film; **černobílý ~** black-and--white film; **barevný ~** colour film; **dokumentární ~** documentary film; **–ovat** shoot* a film; **–ový** film; **–ový herec** film actor

**filozof** philosopher; **–ie** philosophy

**financ|e** finances; **–ovat** podpořit sponsor

**finanční** financial, ... of finance

**firma** firm, company; velký podnik concern; štít sign

**fix** felt-tip pen; marker

**flegmatický** phlegmatic, impassive

**flek** skvrna patch, splodge, stain; karet. double; **–atý** špinavý stained; pokožka spotty

**flétna** flute

**flirt** affair; **–ovat** s kým flirt with sb.

**fňukat** brečet whimper; stěžovat si moan

**fond** fund; **penzijní ~** pension fund

**fontána** fountain

**form|a** tělesná form; tvar shape; **být ve –ě** be\* fit/in form; společenská conventions; k odlévání mould, cast; **–ovat** form, shape, mould

**formalit|a** formality; **úřední –y** official procedure

**formáln|í** formal; povrchní perfunctory; **–ě** formally; **–ost** formality

**formát** size, format; **kapesní ~** pocket size

**formulář** form; Am. blank; **vyplnit ~** fill in (Am. out) a form

**formulovat** formulate, word, define, phrase

**fotbal, –ový** football; Am. soccer; **–ista** football player; **–ový zápas** football match

**fotograf** photographer; **amatérský ~** amateur photographer; **–ický** photographic; **–ie** obor photography; obrázek photo, picture

**fotografovat** photograph, take\* pictures

**foukat** blow\*; **fouká vítr** the wind is blowing

**frak** tails (pl); tailcoat

**Franc|ie** France; **–ouz** Frenchman*
**francouzsk|ý** French; **–y** in French
**fráze** phrase; **otřepaná ~** cliché
**frekven|ce** frequency; **–tovaný** frequented, busy; **–tovaná silnice** a busy road
**fréza** milling cutter, milling machine
**fronta** bojiště, polit. front; řada queue; Am. line
**froté** látka terry cloth; **~ ručník** Turkish towel
**fungovat** function, work, operate
**funkce** function; úřad office; obecně job
**fušer** bungler, botcher
**fyzický** physical, material; práce manual
**fyzik|a** physics; **–ální** physical
**fyziolog** physiologist; **–ický** physiological

# G

**galanterie** obchod haberdasher's; zboží haberdashery; **kožená ~** leatherware
**galantní** gallant; kavalírský chivalrous
**galerie** div. gallery; umění art gallery
**garan|ce** guarantee, warranty; **–ční listina** guarantee certificate

**garáž** garage; **dát vůz do ~e** garage the car
**garda** guard
**garsoniéra** bed-sitter; studio flat
**gauč** sofa bed; **rokládací ~** convertible sofa
**gáz|a** gauze; **–ový obvaz** gauze dressing
**genera|ce, –ční** generation
**geniální** of genius, ingenious, brilliant
**geolog** geologist; **–ický** geologic(al)
**geometr|ie** geometry; **–ický** geometrical
**gesto** gesture; **prázdné ~** empty gesture
**glóbus** globe; **globální** global
**gól** goal; **dát ~** score; **dostat ~** get* a goal
**grafi|cký** graphic; **–ka** graphic art
**gram** gram, gramme
**gramati|ka** grammar; **–cký** grammatical
**granát** voj. shell; **ruční hand shell**; **kámen** garnet
**gratis** free (of charge)
**gratul|ace** congratulation; **–ovat komu** congratulate sb.; **–uji ti k narozeninám** Happy Birthday to you
**guma** rubber; **žvýkací ~** chewing gum
**guvernér** governor
**gymnastika** gymnastics

**gymnázium** grammar school; Am. high school
**gynekolog** gynaecologist; **–ický** gynaecological; **–ie** gynaecology

# H

**habr** hornbeam
**háč|ek** hooklet, (fish)hook; **–kovat** crochet
**had** snake; **–í jed** snake poison; **jedovatý ~** poisonous snake; **hřát si –a na prsou** nurse a viper in one's bosom
**hádank|a** a riddle; **vyluštit –u** solve a riddle
**hádat** guess; estimate; **~ se** quarrel, argue
**hadice** hose, tube
**hádka** quarrel, squabble, row, argument
**hadr** rag, scrap; na prach duster; na podlahu floor cloth; **–y** slang. šaty togs, rags
**háj** grove
**hájit** chránit protect, defend; u soudu plead; zvěř preserve; střelit guard; **~ se** defend oneself
**hák** hook; **řeznický ~** butcher's hook
**hala** předsíň hall; hotelová vestibule; dílenská workshop; **sportovní ~** indoor sports hall;

**výstavní** ~ exhibition hall; **nádražní** ~ station hall; **příjezdová** ~ arrivals lounge

**halenka** blouse; **~ s dlouhými rukávy** blouse with long sleeves; **~ bez rukávů** blouse without sleeves

**hamižn|ý** greedy; **–ost** greed

**hanba** shame, disgrace

**hanebný** disgraceful, mean; nestoudný shameless

**hanlivý** pejorative, abusive

**hanobit** defame; nadávkami abuse; urážet insult

**hantýrka** slang, jargon

**harpuna** harpoon

**hasák** alligator wrench

**hasicí přístroj** fire extinguisher

**hasič** fireman*

**hasit** oheň extinguish, put* out; žízeň quench; vápno slake; **hašené vápno** slaked lime

**hašteřivý** quarrelsome, wrangling

**havári|e** accident, crash, breakdown; **došlo k –i** there's been a crash; **auto–** car accident

**havarijní:** ~ **pojištění** accident insurance; ~ **služba** break-down service

**havarovat** have* an accident, crash

**hazard** hazard, gamble; **–ní** risky; odvážný reckless; **–ní hráč** gambler

**hazardovat** gamble, take* risks

**házet** throw*, cast*; lopatou shovel

**hbit|ý** jemný nimble, agile; prompt; **–ost** agility

**hebk|ý** soft, smooth; **–ost** softness

**hedváb|í, –ný** silk; **umělé –í** rayon; **čisté –í** pure silk; **–né punčochy** silk stockings

**hejno** ptáků flock; much swarm

**here|c** actor; **–čka** actress

**heslo** reklamní, polit. slogan; watchword, password; slovníku entry

**hezk|ý** dívka lovely, pretty; chlapec handsome; **to je od vás –é** it's nice of you; **–y** nicely

**histori|cký** historical; **–e** history; příběh story

**hlad** hunger; **mít ~** be* (feel*) hungry; **–ovět** starve, hunger; **–ový** hungry, greedy

**hladin|a** surface, level; **na –é** on the surface

**hladit** caress, stroke; leštit polish; zvíře pet

**hladk|ý** smooth; **–é vítězství** clear victory

**hlas** voice; volební vote; **–atel** annoucer, speaker

**hlásat** declare, proclaim

**hlásit** report; announce; **~ se** k čemu advocate

**hlasit|ě** loudly, (a)loud; **–ý** loud; hlučný noisy;
  **–ost** loudness, volume

**hlasivky** vocal chords (pl)

**hláska** sound (of speach)

**hláskov|at** spell; **–ání** spelling

**hlasovací:** ~ **lístek** ballot, vote

**hlasovat** vote, poll; ~ **proti komu** vote against sb.

**hlava** head; **bolí mě** ~ I have* a headache

**hlávka** head; ~ **salátu** head of lettuce

**hlavn|ě** mainly, chiefly; **–í** main, principal,
  chief, top

**hledat** look for, seek*, search for

**hledět** look, stare, watch, gaze

**hledisk|o** point of view; **z –a účelnosti** from
  the point of view of purposefulness

**hlemýžď** snail

**hlen** phlegm

**hlídač** guardian, keeper, watchman*

**hlídat** střežit watch, guard; dítě look after, baby-
  sit*; sledovat koho keep* an eye on sb.

**hlídka** watch, guard, sentry, patrol

**hlína** earth, clay

**hliněn|ý** earthen; **–é nádobí** earthenware

**hloda|t** gnaw; **–vec** rodent

**hloub|ání** speculation; **–at** speculate, meditate, ponder; **–ka** depth; **do –y** in depth; **je tu ~** the water's deep here

**hlouček** knot (of people); small group

**hloupost** stupidity; trifle; **–i!** nonsense!

**hloup|ý** stupid, dull, foolish; **nebuď ~** don't be\* silly; **–oučký** naive, simple

**hlt** draught, gulp; **–at** devour, gulp

**hlubina** depth

**hluboký** deep

**hlučný** noisy, loud

**hluchoněmý** deaf-and-dumb

**hluchý** deaf; _přen._ k čemu dead calm

**hluk** noise; _nesnesitelný din_

**hlupák** fool, idiot

**hmat** smysl touch

**hmatat** touch, feel\*; **–elný** palpable, tangible

**hmota** matter, substance; **umělá ~** plastic

**hmyz** insect

**hnát** drive\*; **~ se** sweep\*, rush, dash

**hned** at once, immediately, right away

**hněď; hněd|ý** brown; **–ovlasý** brown-haired

**hněv** rage; prudký anger; **–at se** be* angry;
  **ne–ejte se** don't be* angry

**hniloba; hnít** rot, decay

**hnis** pus; **–at** fester; **–avý** festering

**hnízdo** nest

**hnoj|ení** fertilization; dung; **–it** manure, dung

**hnout** move, stir, shift; **~ se** move oneself

**hnůj** dung, manure; hovor. muck

**hnus** distaste, disgust

**hnutí** motion; i polit. movement

**hobl|ík** plane; **–ovat** plane (off, down)

**hod** vrh throw; **~ oštěpem** throwing the javelin

**hodin|a** 60 minut hour; **kolik je hodin?** what's
  the time?; **v kolik hodin?** what time? **za –u**
  per hour; **od 9-ti do 18–ti hodin** from nine
  a. m. to six p. m.; vyučovací lesson

**hodinky** watch; **náramkové ~** wrist watch

**hodiny** clock; **sluneční ~** sundial

**hodit** kámen throw*; dopis do schránky drop;
  **~ se** slušet go* with; být vhodný be* useful;
  **on se na tu práci nehodí** he is not cut* out
  for the job; **~ se k sobě** be* well-matched

**hodlat** intend, be* about

**hodně** much*, many*, a lot of, lots of; very
**hodnocení** evaluation
**hodnost** voj. rank; akademická degree
**hodnot|a** value, worth; **-ný** valuable
**hodnotit** evaluate, rate
**hodný** good*, kind; čeho worthy of
**hodovat** feast, banquet
**hoch** boy; známost boyfriend; Am. guy
**hoji|t** heal; ~ **se** heal up; **-vý** healing
**hojn|ost** plenty, abundance; **-ý** plentiful
**hokej** (ice) hockey; **pozemní** ~ field hockey;
  **-ka** hockey stick; **-ista** hockey player
**hold** homage; **-ovat** indulge in, go* in for
**holeň** shin
**holení** shaving; **voda po** ~ aftershave
**holící** shaving; ~ **strojek** safety razor; **elek-**
  **trický** ~ **strojek** electric razor
**holič** barber, hairdresser; **-ství** barber('s)
**holit (se)** shave (oneself)
**holínky** high boots; gumové wellingtons
**holohlavý** bald
**holub** pigeon; **poštovní** ~ carrier pigeon
**holý** bare, naked; samotný plain

**hon; –it** chase, hunt

**honorář** fee; autorský royalties

**hor|a** mountain; **jet na –y** go* to the mountains

**horeč|ka** fever; **mít –u** have* a fever; **máte –u?** have* you got a temperature?

**horko** hot; **je mi ~** I'm hot

**horlivý** zealous; dychtivý eager; enthusiastic

**hornatý** mountainous

**horník** miner; v uhelných dolech coal miner

**hornina** nerost mineral; rock

**horolezec** mountaineer; **–tví** mountaineering

**horský** mountainous, mountain

**horší** worse*, inferior; **v nejhorším** at the worst

**hořčice** mustard

**hořet** burn*, be* on fire; **hoří!** Fire!

**hořk|ý** bitter; **–nout** grow* bitter; **–ost** bitterness

**hořlav|ina** combustible; **–ý** inflammable

**hospoda** pub, tavern, public house; s ubytováním inn; Am. bar

**hospodárnost** economy, thriftiness

**hospodář** householder; rolník farmer

**hospodaření** economy; housekeeping

**hospodář|ský** economic; selský farm; obchodní business, trade; **–ství** economy; **národní –ství** national economy; v zeměd. farm

**hospodařit** s čím be\* economical with; v zeměd. farm, manage a farm

**hospodyně** housekeeper, housewife\*

**host** guest, customer; **pokoj pro –y** guest room; **–ina** feast, banquet; **svatební –ina** wedding reception; **–it** čím entertain; zvát koho treat to sb.; **–itel** host; **–itelka** hostess

**hostovat** give\* a guest performance

**hotel** hotel; **drahý/levný ~** an expensive/a cheap hotel; **ubytovat se v –u** put\* up at a hotel; **bydlet v –u** stay at a hotel; **–iér** hotel-keeper, hotelier

**hotov|o** ready, O. K.; **je to už ~?** is it ready now?; **–ý** ready, prepared; finished

**hotovost** cash, ready money

**houb|a** mushroom; **jedlé –y** fungi; **jedovaté –y** toadstools; **smažené –y** fried mushrooms; **rostou zde –y?** do\* mushrooms grow here?; mycí sponge; **–ovitý** spongy

**houkačka** horn

**houkat** hoot, howl, blow\* the horn

**houpačka** swing, see-saw

**housenka** caterpillar

**houska** (plaited) roll; **slaná ~** salted roll; **~ s máslem** roll and butter; **~ se šunkou** ham roll

**housle** violin; **hrát na ~** play the violin

**houslista** violinist

**houstnout** thicken, become* thick

**houština** thicket, underwood

**houževnatý** usilovný tough, stubborn; pilný, pracovitý industrious

**hovězí (maso)** beef (meat); **~ vývar** beef broth

**hovno** vulg. shit, turd, crap

**hovor** talk, chat, conversation; telef. call; **–né** telephone charge; **–ový** colloquial, informal

**hovořit** speak*, talk, discuss

**hr|a** play; sport. game; **nerozhodná ~** draw; **hazardní –y** gambling; **–cí automat** hudební jukebox, výherní gambling machine

**hrabat** rake; **~ se** poke around

**hrab|ě** count, earl; **–ěnka** countess; **–ství** county

**hrábě** rake

**hráč** player; hazardní gambler

**hrač|ka** toy, plaything; **–ářství** toyshop

**hrad** castle; **–ba** zeď wall; barrier; plot fence

**hrách** peas, zrnko pea

**hrana** edge, corner; **–tý** angular, square

**hranice** frontier, border; **státní ~** state border; boundary; **~ mezi ...** boundary between ...

**hraničit** adjoin, border, neighbour

**hrát** play; divadlo perform, act; gamble; **~ ša-chy/kopanou** play chess/football; **hraje dobře hokej** he is good\* at ice hockey; **kdo hraje?** who's playing; **tady něco nehraje** there's something wrong with it; **~ si** play

**hráz** dike; přehrada dam; přístavní mole

**hrbol** bump; **–atý** bumpy; **–ek** bump

**hrdin|a** hero; **–ka** heroine; **–ský** heroic

**hrdlo** throat; láhve neck

**hrd|ý** nač proud of sth.; **–ě** proudly; with pride

**hrne|c** pot, jar; **–ček** mug, little\* pot

**hrob** grave; **–ka** tomb; **–ník** gravedigger

**hroch** hippo(potamus\*)

**hrom** thunder; **~ bije** a lighting strikes

**hromada** heap; pile; **~ knih** pile of books

**hromadit (se)** accumulate; sbírat collect

**hrot** point, tip, edge; pera nib

**hroutit se** collapse, break\* down

**hrozba** threat, menace

**hrozen** vína bunch (of grapes); cluster

**hrozinky** raisins

**hrozi|t** komu čím threaten sb. with st.; ohrožovat menace; **–vý** formidable, threatening

**hrozný** terrible, awful; počasí dreadful

**hrst** handful, fistful

**hrtan** throat, larynx

**hrub|ý** člověk rude; přibližný rough; látka coarse; mzda gross; neslušný graceless; **mluvit –ě** have\* a foul mouth; celkový general

**hrudník** chest; kniž. bosom; **hruď** breast

**hrušk|a** plod pear; strom pear-tree; **–ovitý** pear-shaped; hovor. **chytit koho na –ách** catch\* sb. with his pants down

**hrůz|a** horror, terror; **–ný** horrific

**hřát** warm (up), heat up; give\* warmth

**hřbet** ruky back; páteř backbone; knihy spine

**hřbitov** městský cemetery; u kostela churchyard

**hřeben** comb; horský ridge; kohoutí crest

**hřebí|ček** small nail; koření clove; květina carnation; **–k** nail, tack

**hřešit** sin; **~ proti Bohu** sin against God

**hřib** boletus; **atomový** –~ mushroom cloud

**hří|ch** sin; **–šník** sinner; **–šný** sinful

**hřiště** dětské playground; sportsground

**hříva** mane

**hubený** lean, thin, slim; nuzný meagre

**hubička** kiss

**hubit** exterminate

**hubnout** lose* weight; záměrně slim

**huč|et** howl; **–í mi v hlavě** my head is buzzing

**hud|ba** music; **mám rád –bu** I like music; **–ební** musical; **–ebník** musician

**hůl** stick, club; **golfová ~** golf club

**hulákat** shout, bawl, yell

**humani|smus** humanism; **–ta** humanity

**humor** humour; **–ný** humorous, funny

**huňatý** shaggy; chlupatý hairy

**husa** goose*; **pečená ~** roast goose

**hustý** mlha dense; vlasy, polévka thick

**hutn|ík** founder, smelter; **–ictví** metallurgy

**hvězda** star; **filmová ~** film star

**hvězdá|rna** observatory; **–ř** astronomer

**hvízdat** na koho whistle at sb.

**hýbat (se)** stir, move; **nehýbejte se** don't move

**hýčkat** spoil; (over)indulge; *rozmazlovat* pamper

**hygien|a** hygiene; **–ický** hygienic, sanitary

**hymna** anthem; **státní ~** national anthem

**hypotéka** mortgage

**hýři|t** *čím* revel in sth.; **–t penězi** squander one's money; **–vý** debauched, profligate

**hysteri|cký** hysterical; **–e** hysteria

**hyzdit** disfigure, deface

**hýždě** buttocks (pl)

# CH

**chabý** feeble, poor; *mdlý* faint, wear

**chaloupka** little* cottage, cabin

**chalupa** *víkendová* cottage

**chaos** chaos

**chápání** grasp, comprehension

**chápa|t** understand*; *nahlížet* see*, follow; **chápu** I see*; **–vý** understanding, quickwitted

**charakter** character, nature; **–istický** characteristic; **–ní** honest, upright

**charta** charter

**chat|a** cottage; turistická chalet; **–rč** hut, cabin

**chatrný** poor, lame; budova dilapidated

**chemi|cký** chemical; **–e** chemistry; **–k** chemist

**chirurg** surgeon; **–ie** surgery

**chlad** cool(ness), cold, chill; **–ící zařízení** cooling plant; **–nička** hovor. fridge; **–it** cool off, chill, ice; **–nout** get*/go* cold, become*cold

**chladnokrevně** in cold blood

**chladn|ý** nepříjemně cold, chilly; osvěžující cool; **–o** cold; **je mi –o** I am cold; **–é počasí** cold weather; **–é přijetí** cold reception

**chlapec** boy; lad; známost boyfriend

**chlazený** cooled; **~ vodou** water-cooled

**chléb** bread; **~ s máslem** bread and butter

**chlebíček** obložený, dvouvrstvý sandwich

**chlebník** knapsack, lunchbox; voj. haversack

**chlév** kravský cowshed

**chlubit se** pride oneself; boast, take* pride

**chlup** hair; **–atý** hairy; látka fluffy

**chmel** rostlina hop-plant; plodina hops

**chmýří** soft hair, down, fuzz

**chňapnout** po čem snatch, snap at sth., grab

**chobot** trunk; **–nice** octopus

**chod** course; stroje gear; jídla dish, course

**chodba** corridor; spojovací passage; domu hall

**chodec** walker; v městské dopravě pedestrian

**chodidlo** sole; punčochy foot*

**chodit** go*; ~ **po městě** go* about the town; ~ **s dívkou** go* out with a girl; **chodíte často do kina?** do* you often go* to the cinema?; ~ **do školy** go* to school; procházet se walk

**chodník** pavement; Am. sidewalk

**chopit se** seize, tackle

**chorob|a** illness, disease; **nakažlivá ~** infectious desease; **duševní ~** mental illness; **–opis** case history; **–oplodný zárodek** pathogenic organism

**choulit se** shrink*, cower; wrap up

**choulostivý** delicate, sensitive; ticklish

**chov, –ný** breeding

**chování** conduct, behaviour; způsoby manners pl

**chovat** dobytek rear; dítě nurse; ~ **se** behave; conduct; ~ **se dobře/špatně** behave well*/badly*

**chrabrý** brave

**chrám** temple; křesťanský cathedral, minster

**chránit** protect, shelter, take* care

**chrápání; chrápat** snore

**chraptět** speak* in a hoarse voice

**chraptivý** hushy, hoarse

**chromý** lame

**chronický** chronic

**chrup** (set of) teeth; **umělý** denture

**chrupavka** cartilage, gristle

**chřadnout** languish, waste away, fade away

**chřest** asparagus

**chřestýš** rattle-snake

**chřipka** influenza; hovor. flu

**chtíč** lust

**chtít** want; **přát si** wish, desire; **zamýšlet** intend

**chudák** poor man* (woman*); **–u!** poor you!

**chudnout** get* poor

**chudob|a** poverty; **žít v –ě** live in poverty

**chud|ý** poor, needy; **–í** the poor (the needy)

**chuchvalec** clot, ball, lump, cloud

**chumáč** bunch, tuft, flock

**chumelenice** snowstorm

**churavět** sicken, be* unwell

**churavý** indisposed, unhealthy, of poor health

**chuť** smysl taste; určitá flavour; k jídlu appetite

**chutn|at** taste, appeal to; **–ý** tasty, delicious

**chůva** nurse, nanny

**chůze** walk, gait, pace, walking

**chválit** praise; koho speak* highly of sb.

**chvályhodný** commendable, praiseworthy

**chvástat se** čím boast of sth.

**chvat** haste, hurry; zápasnický grip, hold

**chvění** vibration, trembling; zimou shiver

**chvět se** shake, tremble; zimou shiver

**chvíl|e** while, moment; **každou –i** any moment; **před –í** just now, a short while ago

**chyba** mistake; vada fault, failing; omyl error

**chybět** be* missing, be* absent; postrádat miss

**chybný** incorrect, mistaken; závadný defective

**chystat** prepare, make* ready; **~ se** get* ready

**chytit** catch*, capture; vznítit se catch* fire

**chytrý** clever, intelligent; moudrý wise, smart

# I

**i** and, as well; **ty i já** both you and I

**ideál** ideal; **–ní** ideal; perfect

**idealizovat** idealize

**idiot** fool, idiot; **–ský** idiotic

**idol** idol; role model

**ideologi|cký** ideological; **–e** ideology

**igelit, –ový** plastic; **–ová taška** plastic bag

**ignorovat** ignore

**ihned** at once, immediately

**ilegální** illegal; **ilegalita** illegality

**ilustrace** illustration

**ilustrova|ný** illustrated; **–t** illustrate

**iluze** illusion; pipe-dream

**imponovat** impress, make* an impression

**impozantní** imposing, stately

**impuls** impulse; podnět stimulus*

**imunita** med. immune system, immunity; **po-slanecká ~** parliamentary privilege

**imunní** proti čemu immune from sth.

**Indián** Indian

**informac|e** information, details (pl); **podat –i** give* an information

**informační kancelář** enquiry office

**informovat** koho o čem inform sb. of / about sth.

**injek|ce** injection; **–ční stříkačka** syringe

**inkaso** cashing; **–vat** cash in, collect

**inkoust** ink; **–ové pero** fountain pen
**inovace** innovation
**inscenovat** div. put* on the stage; produce
**instalatér** fitter, plumber
**instalovat** fit (up), install, put* in
**instruk|ce** instruction; **–tor** instructor, trainer
**inteligence** intelligence; hovor. brains
**inteligentní** intelligent, clever; bystrý bright
**intenz|ita** intensity; **–ívní** intensive
**internát** boarding-school; hostel
**interní** internal
**intimní** intimate; **~ přítel** close friend
**invalid|a** disabled person, invalid; **–ní dů-chod** invalidity (disability) pension
**invent|ář** inventory, stock; **–ura** stocktaking
**investice** investment
**investovat** do čeho invest, put* money into sth.
**inzer|át** advertisement; **–ovat** advertise
**inzerovat** advertise
**inzulín** insulin
**inženýr** engineer; **strojní ~** civil engineer; **ze-mědělský ~** agricultural engineer; **–ský** engineering; **–ství** engineering

**Ir** Irishman*; **–ka** Irishwoman*; **–ové** the Irish; **–sko** Ireland; **irský** Irish

**ironický** ironic(al)

**Ital, –ka, i–ský, i–ština** Italian

**izolace** isolation

**izolovat** tech. insulate; nemocného isolate

**Izrael** Israel; **–ec, –ka** Israeli; **i–ský** Israeli

# J

**já** I, me, myself; hovor. **to jsem ~** it's me důraz

**jabl|ko** apple; **rajské ~** tomato; **–oň** apple(-tree)

**jadern|ý** fyz., biol. nuclear; **–é zbraně** nuclear weapons

**jádro** kernel, seed; nucleus*; řeči core

**jahod|a** strawberry; **lesní –y** wild strawberries

**jachta** yacht

**jak** how, what, as; **~ to vypadá?** what does it look like?; **~ se máte?** how are you?; **~ se vám tu líbí?** how do you like it here?

**jakkoli** anyhow, anyway, however

**jakmile** as soon as, once

**jako** as, like; **padnout ~ ulitý** fit like a glove; **vážíme si ho ~ státníka** we respect him as a statesman*; **–by** as if, as though

**jakost** quality; **–ní** first-class, high-quality

**jaksi** rather, in a certain manner, somehow

**jak|ý** what, which, what sort of; **–ou velikost si přejete?** what size do you want?

**jakýkoli** any, whatever

**jáma** pit, hollow, hole; **jamka** podpažní armpit

**jarní, jaro** spring; **na jaře** in spring (time)

**jas** bright, light; obrazovky brightness

**jasan** ash(-tree)

**jásat** rejoice, cheer, jubilate

**jasný** bright, clear; **~ hlas** clear voice; zářivý bright; srozumitelný lucid, obvious

**jatk|a, –y** slaughterhouse

**játr|a, –ový** liver

**javor** maple

**jazyk** tongue; **mateřský ~** mother tongue; hovor. **držet ~ za zuby** hold one's tongue; řeč language; **cizí –y** foreign languages; **–ový** of language(s), language; lingual

**ječet** yell, scream, shriek

**ječ|men, –ný** barley; med. **–né zrno** sty(e)

**jed** poison; **–ovatý** poisonous

**jeden** one; **~ ... druhý** one ... the other; **~ nebo druhý** either ... or; **ještě ~ šálek** another cup; **je mi to jedno** it's all the same to me, I don't care; **jedním slovem** in a word

**jedenáct** eleven; **–ý** eleventh

**jedinec** individual

**jedinečn|ý** unique; **–ost** uniqueness

**jediný** only, sole; **ani ~** not a single

**jedle** fir(-tree)

**jedlý** edible; poživatelný a chutný eatable

**jednání** činnost action; postup proceeding; obchodní business discussion, chování behaviour; hry act; zacházení treatment

**jednat** postupovat act; obch. deal\*; počínat si behave; radit se confer, negotiate; **–el** obch. zástupce sales representative; spolku secretary

**jednoduchý** simple, single, plain; snadný easy

**jednoroční** one-year

**jednosměrný: ~ provoz** one-way traffic

**jednostranný** one-sided

**jednot|a** unity, union; **–it** unify, unite

**jednotka** voj., mat. unit

**jednotlivě** one by one, individually

**jednotliv|ec** individual; **–ost** detail, particular; **–ý** single, individual; **–ě** individually

**jednotvárný** monotonous; uneventful, tedious

**jednou** once, one day; **~ pro vždy** once for all; **jednoho dne** some day

**jednoznačný** unambiguous, definite

**jehla** needle, pin; výtv. um. **suchá ~** dry point

**jehličí** needles; **–natý strom** coniferous tree

**jehně** lamb; **–čí** of lamb, lambs

**jeho** his, its; **–ž** whose; o věcech of which

**jej** him, it; **–ich** their, of theirs; **–í** her

**jelen** stag, deer

**jemný** fine, tender; ušlechtilý gentle

**jenom** only, just, solely; **~ aby** if only

**jeptiška** nun

**jeřáb** stroj i pták crane; strom rowan

**jeřabina** rowanberry

**jeskyně** cave; grotto

**jesle** crib, manger; **dětské ~** nursery; **denní ~** day nursery

**jestli, –že** if; **–že ne** unless

**jestřáb** hawk

**ješitn|ý** conceited, vain; **–ost** vanity, conceit

**ještě** still, even, yet; ~ **lepší** still better; ~ **než** before; ~ **trochu čaje** some more tea

**ještěrka** lizard

**jet** go*, drive*, travel, ride*; ~ **na kole** ride* a bicycle; **jede tento vlak do ...?** is this the right train for ...?; **být v provozu** operate

**jetel** clover

**jev** phenomenon*

**jeviště** stage; **politické** ~ political scene

**jevit se** appear, manifest, prove

**jezdec** rider, horseman*; šach. knight

**jezero** lake

**jezevčík** dachshund; žert. sausage dog

**jezevec** badger

**ježek** hedgehog

**ji, jí** her

**jícen** gullet; sopky crater

**jídeln|a** dining-room; **–í lístek** dining menu

**jídlo** strava food; pokrm dish; denní meal

**jih** south; **na –u** in the south; **–ovýchod(ní)** south-east; **–ozápad(ní)** south-west

**jinak** v opačném případě otherwise; navíc ještě else; **~ nikdo** nobody else

**jinovatka** hoarfrost

**jiný** other, another; **kdo ~?** who else?

**jisk|ra** spark; **~ naděje** shred of hope; **–řit** sparkle

**jíst** eat*; **stravovat se** have* one's meals

**jist|ě** certainly, sure, surely; **nevím to ~** I don't know* it for certain; **ona ~ přijde** she's sure to come*; **–ý** certain, sure; **být si –ý** be* sure

**jít** go*, come*; **musím už ~** I must be* off; **šel byste se mnou?** would you like to come* with me?; **~ do školy** go* to school; **procházet se** walk; **pojedeme nebo půjdeme?** shall we ride* or walk?; **čas get* on; ~ na jedenáctou** get* on for eleven

**jitro** morning

**jízda** ride, journey

**jízdenka** ticket; **zpáteční ~** return ticket

**jízdné** fare; travelling expenses

**jízdní řád** time-table; Am. schedule

**jízliv|ý** malicious; spiteful; **–ost** spitefulness

**jizv|a** a scar; **–ovitý** scarred; **zjizvit** scar

**již** already, yet; **~ zase** again; **banka má ~ zavřeno** the bank has already closed

**jižní** south, southern; **J–America** South America

**jmění** fortune, wealth; movité personal estate; nemovité real estate

**jmeniny** name day

**jméno** name; **rodné (křestní)** ~ first name

**jmen|ovat** call, name; ustanovit appoint; **–ovat se** be* called; **–uji se Jan** my name is John

**jmenovitý** specified

**jogurt** yoghurt, yogurt

# K

**k, ke** směrem to, toward(s); **jít ~ moři** walk towards the sea; o čase towards, about; **~ šesté hodině** about six o'clock; účel by, for; **~ čemu je to?** what is it for?

**kabaret** music-hall, cabaret; **–ní** cabaret

**kabát** plášť coat; sako jacket; **zimní ~** overcoat, wintercoat; **vzít si ~** put* a coat on; **svléknout si ~** take* off one's coat

**kabel** cable

**kabel|a** bag, satchel; **cestovní ~** travelling bag; **–ka** handbag; **kožená –ka** leather handbag

**kabina** cabin; pilota cockpit; ~ výtahu cage

**kácet** fell, cut* down

**kačer** drake, male duck

**kadeř** curl, lock; **–avý** curly

**kadeř|nictví** hairdresser's; **–ník** hairdresser

**kachna** duck; **divoká ~** wild duck

**kajuta** cabin; s lůžkem berth

**kakao** cocoa

**kal** mud, slush; usazený ooze

**kalamita** calamity, disaster

**kalendář** calendar; **osobní ~** diary

**kalhotky** pl pants; pl knickers; hovor. pl panties; **dvoje ~** two pairs of panties

**kalhoty** pl trousers; **flanelové ~** flannels; **krátké ~** shorts; **dámské ~** slacks

**kalich** cup, goblet

**kalkulace** calculation

**kalkulačka** pocket calculator; **–ovat** calculate

**kalný** muddy; nejasný dim; turbid

**kaluž** pool, puddle

**kam** where (...to); ~ **jinam** where else; ~ **jede ten vlak?** where is that train going? ~ **je-**

**dete na dovolenou?** where are you going for your holiday

**kamarád** friend; hovor. mate; **–it se** be* friends

**kamarádství** fellowship, friendship

**kamelot** newsboy; paperboy

**kámen** stone; **zubní ~** tartar

**kamen|itý, –ný** stone, stony, of stone

**kamkoli** wherever, anywhere

**kamna** stove; na vaření cooker; přenosná heater

**kampaň** campaign

**kanál** sewer, drain, gutter, canal; televizní channel

**kanalizace** sewerage (system), drainage

**kanár(ek)** canary

**kancelář** office; **advokátní ~** lawyer's office; **informační ~** inquiry office

**kandid|át** candidate; **–ovat** put* up; **~ na co** stand* as candidate for sth.

**káně** buzzard

**kantýna** jídelna canteen; bufet snack bar

**kapacita** capacity

**kapalin|a** liquid, fluid; **–ová brzda** hydraulic brake

**kapat** drip, trickle; odkapávat fall* in drops

**kapel|a** band; **–ník** bandmaster

**kapesné** pocket money

**kapesní** pocket, pocket-size; **~ zloděj** pick-pocket; **~ slovník** pocket dictionary

**kapesník** handkerchief, hanky

**kapitál** capital; **počáteční ~** starting capital

**kapitalistický** capitalist(ic)

**kapitán** captain

**kapitola** chapter

**kapka** drop; trocha a bit, dash, spot

**kaple** chapel; boční shrine

**kapr** carp

**kapsa** pocket; **náprsní ~** breast pocket

**kapuce** hood, cape

**kapusta** cabbage; růžičková Brussels sprouts (pl)

**karafiát** carnation

**kára** cart, push-cart

**kárat** blame, reproach, rebuke

**karbanátek** meatball; **rybí ~** fishcake

**kariér|a** career; **–ista** climber

**karikatur|a** caricature; kreslená cartoon; **–ista** cartoonist

**karikovat** make* a cartoon of

**karneval** carnival

**karosérie** (carriage) body

**kart|a** card; **hrát –y** play cards

**kartáč** brush; **–ek** little brush; **–ek na zuby** toothbrush; **–ovat** brush (up); **~ se** brush one's clothes

**karton** lepenka cardboard; krabice carton

**kartotéka** card index, file, catalogue

**kasárna** barracks, quarters (pl)

**kaše** pulp; **bramborová ~** mashed potatoes

**kašel** cough; **dostat ~** get* a cough

**kašl|at** cough; **na to –u** I don't care a rap about it; **–e na školu** he doens't care a bit about school

**kašna** (public) fountain

**kaštan** chestnut; **jedlý ~** sweet chestnut

**katastrofa** catastrophe, disaster

**katedrála** cathedral; Br. středověká minster

**kategorie** category, class, rank

**katol|ický, –ík** Catholic

**kauc|e** bail; **složit –i** give* security

**káv|a** coffee; **vařit –u** make* coffee

**kavárna** café; Am. cafeteria

**kaz** flaw, defect, fault

**kázat** preach

**kazatel** preacher; **–ka** woman* preacher

**kázeň** discipline

**kaze|ta** magnetofonová cassette; video– videotape, video cassette; hovor. tape; na šperky casket, jewel box; hovor. **–ťák** tape recorder

**kazit** spoil*; **~ se** decay; go* bad; get* spoiled

**kazov|ý** imperfect, faulty; **–é zboží** rejects

**každodenní** daily, every day

**každoroční** yearly, annual

**každ|ý** adj. před podst. jm. every; **–ý týden** every week; z urč. počtu each; **v –ém pokoji jsou dvě křesla** each room has two chairs; **–ý z vás** each of you; ze dvou either; člověk everyone, everybody, anyone

**kbelík** pail, bucket

**kč** Czech crown(s)

**kde** where; **~ jste?** where are you?

**kdekdo** everybody

**kdekoli** wherever, anywhere

**kdesi** somewhere

**kdo** who, which; **~ je to?** who is it?

**kdokoli** whoever, whichever

**kdosi** somebody, someone

**kdy** when, ever; **~ se vrátíš?** when will you come* back?; **~ mám přijít?** when should I come*?

**kdyby** if; **i ~** even if

**kdykoli** whenever, at any time

**kdysi** once; dávno long ago

**když** when, as, whenever; **~ chceš** if you like

**kedluben** kohlrabi, turnip cabbage

**kelímek** (paper/plastic) cup

**keram|ika** ceramics; **–ický** ceramic

**keř** bush, shrub

**kino** cinema, Brit. the pictures; Am. movies

**kláda** log, beam

**kladiv|o** hammer; sport. **hod –em** hammer throw

**kladka** pulley

**kladný** affirmative, positive

**klakson** horn

**klam** deception; zdání illusion; **–at** be* deceptive, delude; **–ný** deceptive, false, wrong

**klanět se** bow; hluboce bow low

**klapka** clap, valve; flap; rey

**klas** ear (of corn)

**klasický** classic(al); **~ příklad** classic example

**klást** lay*, put*, place; **~ cíle** set* targets

**klášter** mužský monastery; ženský convent

**klátit se** stagger, swing*

**klaun** clown

**kláves|a** key; **–nice** keyboard

**klavír** piano; **hrát na ~** play the piano

**klec** cage; ptačí birdcage

**klečet** kneel*

**kleknout si** kneel* down

**klempíř** tinsmith

**klenba** vault; **gotická ~** Gothic vaults

**klenot** jewel, gem; **–nictví** jeweller's

**klenout se** vault, arch

**klepat** na dveře knock, tap; koberec, maso beat*; pomlouvat gossip

**klepy** gossip, scandal

**kles|at, –nout** snižovat se go* down, fall*; prudce drop; upadat v hodnotě decline in price; chátrat sink*; **–nout na mysli** lose* heart; **–ání** úrovně decline; teploty drop, fall; **–avý** falling, downward

**kleště** uchopovací tongs; štípací pincers

**klevetit** gossip; pomlouvat slander

**klíč** key; tech. wrench; **houslový** ~ treble clef

**klid** pokoj quiet, peace; nečinnost rest; vyrovnanost calm, calmness; **zachovat** ~ keep\* calm; **–ný** quiet, still; **ovládající se** calm

**klient** client, customer

**klika** door handle, knob; stroje crank

**klikatý** winding, zigzag, meandering

**klima** climate; **–tický** climatic; **–tizace** air-
-conditioning

**klín** část těla lap; **sedět komu na –ě** sit\* on sb's
knee; nástroj wedge; **–ový** wedge-shaped

**klinika** clinic

**klíště** tick

**klít** swear\*, curse

**klížit** glue

**klobása** sausage

**klobouk** hat; **nasadit si** ~ put\* on one's hat

**klokan** kangaroo

**klon|it se** incline; **–ím se k tomuto názoru**
I'm inclined to this opinion

**klokta|t** gargle (one's throat)

**kloub** joint; prstu knuckle

**klouzat** slide, glide, skid

**klozet** lavatory; water-closet, toilet, WC

**klub** club; budova clubhouse

**klubov|ka** clubchair, easy chair; **–na** clubroom

**kluk** boy; v kartách jack; přítel boyfriend

**klus** trot; **–at** run*, trot

**kluzák** glider

**kluziště** skating-rink, ice-rink

**kluzk|ý** slippery; zamrzlá **–á cesta** slippery road

**kmen** trunk; jaz. slova stem; domorodců tribe

**knedlík** dumpling

**kněz** priest, clergyman*

**knih|a** book; **brožovaná/vázaná ~** paperback/ hardback book; **vydat –u** publish a book; účetní ledger; zool. third stomach; **–ař** bookbinder; **–ařství** dílna i profese book-bindery; **–kupec** bookseller; **–kupectví** bookshop; **–ovna** library; doma bookcase; **–ovník, –ovnice** librarian

**knír** moustache; **nosit –ek** have* a moustache

**kníže** prince; **–cí** princely; **–ctví** principality

**knoflík** button; ozdobný stud; ladící knob

**kober|ec** carpet; **–eček** předložka rug

**kobliha** doughnut

**kobyl|a** mare; **–ka** grasshopper

**kocour** tom(–cat)

**kocovin|a** hangover; **mít –u** have* a hangover

**kočár** carriage, coach; **–ek** dětský pram; Am. baby carriage

**kočka** cat; **kočička** pusy, kitten

**kód** code; **tajný ~** secret code

**kohout** cock; výpustný tap; Am. faucet

**kohoutek** cock; pušky trigger; vodovodu tap

**kojenec** suckling, baby

**koketovat** flirt

**kokrhat** crow

**koks** coke

**koktat** stutter, stammer

**kola** coke

**koláč** cake; s náplní pie; **jablečný ~** apple pie

**kolébat (se)** sway, rock; **~ dítě** rock a baby

**kolébka** cradle

**kolečko** (small) wheel; stavební, zahradnické wheelbarrow; salámu slice

**koled|a** carol; **vánoční –a** Christmas carol; **–ovat** go* carol-singing

**koleg|a, –yně** colleague; hovor. mate; obch. counterpart; **–ialita** cooperativeness; **–iální** cooperative, helpful

**kolej** želez. track, rail, line; studentská hostel; Am. dormitory; vyjetá rut, wheel track

**kolek** fiscal stamp

**kolekce** collection, assortment; soubor set

**kolektiv** group, team; **–ní** collective

**kolem** předložka round, around; **jet ~ nádraží** go* past the station; čas about; **~ jedenácté hodiny** about eleven o'clock; mimo past; **až půjdu ~** when I walk past; příslovce **~ dokola** all (a)round

**koleno** knee; **na –u** on one's knees; **po –u** on all fours; **odřené ~** a grazed knee

**kolik** nepočitatelné how much; počitatelné how many; **~ je vám let?** how old are you?; **od –a máte otevřeno?** when does it open?; **~ to stojí?** how much does it cost*?; **~ je hodin?** what is the time?

**kolík** peg, stake; **~ na prádlo** clothes peg

**kolísa|t** vary, hesitate; **–vý** unstable, unsteady

**kolmice** perpendicular

**kolmý** vertical, perpendicular

**kol|o** wheel; **náhradní –o** spare wheel; jízdní bicycle; hovor. bike; **jet na –e** ride* a bicycle; **závodní –o** racing bicycle; sport. lap, round; **první –o soutěže** the first round of the competition; kruh circle; kotouč disc; svinutý coil

**koloběžka** scooter

**kolotoč** merry-go-round

**kolovat** circulate, go* round

**komár** gnat, mosquito

**kombin|ace** combination; **–ovat** combine

**kombiné** slip; underskirt

**kombinéza** overall; **dětská ~** rompers

**komediant** comedian; hanl. show-off, poseur

**komedie** comedy

**koment|ář** commentary; **–átor** commentator; **–ovat** give* a commentary; make* comments

**komerčn|í** commercial; **–ost** commercialism

**komet|a** comet; **ohon –y** tail of a comet

**komfort** comfort; good* equipment; **–ní** pohodlný comfortable; luxusní luxury; vybavený well-equipped

**komický** comic(al), funny

**komín** chimney; lodní funnel; tovární stack

**komisař** police superintendant

**komise** commission; board; **školská ~** school board; obch. zboží on sale

**komora** chamber; lumber-room; temná darkroom

**kompaktní** compact; **~ disk** compact disc, CD

**kompas** compass

**kompenzace** compensation

**kompeten|ce** competence; **–tní** competent

**kompletní** complete, entire

**komplikovaný** complicated, complex

**komponovat** compose

**kompot** stewed fruit, preserved fruit

**kompromitovat (se)** compromise (oneself)

**komunikace** communication

**koňak** brandy; francouzský cognac

**konat** do*, perform; make*; **~ se** take* place

**koncentrace** concentration

**koncepce** conception

**koncept** draft, sketch; rough copy

**koncern** concern, trust

**koncert, –ní** concert; **–ovat** give* a concert

**koncipovat** draft, draw* up
**koncovka** ending, termination
**koncový** end, final
**končetin|a** limb; **dolní –y** the lower limbs
**končit** end, close, be* over, break* up
**kondenz|átor** condenser; **–ovaný** condensed
**kondom** condom, sheath
**konec** end, close, ending; zakončení conclusion
**konečn|ě** finally, at last, eventually; **–ý** final,
    terminal, definitive; **–ý termín** deadline
**konečník** rectum, anus
**konev** can, pitcher; zahradní watering-can
**konexe** connections, influential friends
**konfek|ce** ready-made clothes; obchod clot-
    hes shop; **kupovat v –i** buy* clothes off the
    peg; **–ční** ready-made, ready-to-wear
**konferenc|e** conference; **účastnit se ~** attend
    a conference; **–iér** master of ceremonies (MC)
**konflikt** conflict
**konfront|ovat** confront; **–ace** confrontation
**kongres** congress, assembly
**koníček** záliba hobby
**konkrétn|í** concrete; **–ě** in concrete terms

**konkur|ence** competition; **–enční** competitive; **–ent** competitor, rival; **–ovat** komu v čem compete with sb. in st.

**konkurs** soutěž competition; **vypsat ~** put* up for competition; úpadek bankruptcy

**konstatovat** tvrdit state; shledat note

**konstruk|ce** construction, structure; **–tér** construction engineer; **–tivní** constructive

**kontakt** contact, touch; **navázat ~ s kým** make* contact with sb.; **–ní čočky** contact lens

**konto** account; bankovní bank account

**kontrol|a** control, check; **–ní** control, check; **–ovat** control, check, supervise; examine

**konvalinka** lily of the valley

**konverz|ace** conversation, talk; hodina conversation class; **–ovat** converse, talk

**konvice** pot, kettle; **čajová ~** tea-pot

**konzerv|a** tin; Am. can; **–árenský průmysl** canning industry; **–ační prostředek** preservative

**koordinovat** coordinate

**kop, –anec** kick; **pokutový ~** penalty; **–áč** digger, navvy; **–ačky** football boots; **–aná** football; **–at** nohou kick; give* a kick, dig*

**kop|ec** hill; hromada heap; **–covitý** hilly

**kopí** spear, lance

**kopie** copy, duplicate; uměleckého díla replica

**kopírovat** copy, print, imitate

**kopr** dill; **–ová omáčka** dill sauce

**kopřiv|a** nettle; **–ka** nettle-rash; med. urticaria

**kopyto** hoof*; **všechno na jedno ~** all alike

**koráb** vessel, ship

**korál** živočich coral; **–e** náhrdelník coral neck-lace; **–ek** bead; **–ový** coral

**korek** cork

**korekt|ní** correct; **–ní chování** correct beha-viour; **–ura** oprava correction; obtah proof

**koresponden|ce** correspondence; **–ční** postal

**korigovat** correct, set* sth. right; (proof) read*

**kormidelník** steersman*; člunu cox

**kormidlo** helm, rudder; **–vat** steer; sport. cox

**korpulen|ce** corpulence; **–tní** stout, fat

**korun|a, –ka** crown; **–ovat** crown

**korupce** corruption, bribery

**koryto** trough; **~ řeky** riverbed

**kořen** root; base; **–ová zelenina** root vege-tables; **–ka** spice-box; **–áč** flowerpot

**kořen|í** spice; **–ěný** spicy, hovor. hot
**kořist** loot, prey; catch; **–it** loot
**kos** blackbird
**kosa** scythe; **kosit** mow*, cut*, reap
**kosmeti|cký** cosmetic, beauty; **–ka** cosmetics
**kosmick|ý** cosmic, space; **–á loď** spaceship
**kosmonaut** astronaut, spaceman*; **–ický** astronautic, space
**kost** bone; **~ a kůže** skin and bone
**kostel** church; **–ník** sexton, sacristan
**kostk|a** cube; hrací die; **–ovaný** check, checked
**kostra** skeleton; frame
**koš** basket; hamper; **–íkář** sport. basketball player; basket-maker; **–íková** basketball
**košile** shirt; **pánská jednobarevná ~** plain--coloured shirt; **~ s krátkým/dlouhým rukávem** short/long-sleeved shirt
**koště** broom
**kotě** kitten, puss(y)
**kotel** boiler
**kotleta** chop; cutlet; **telecí ~** veal cutlet; **přírodní ~** fried chop; **smažená ~** chop fried in bread crumbs; **vepřová ~** pork chop

**kotlík** kettle

**kotník** ankle; **vyvrtnout si** ~ sprain one's ankle

**kotouč** disk, ring, coil; svitek roll

**kotrmelec** somersault, tumble

**kotv|a** anchor; **–ít** lie* at anchor

**koule** ball; geom. sphere; sport. shot

**koupat** bath; Am. bathe; ~ **se** ve vaně have* a bath

**koup|ě** purchase, dobrá bargain; **ke –i** for sale

**koupel** bath; **–na** bathroom

**koupit** buy*; obstarat purchase; podplatit bribe

**kouř|it** smoke; **nevadí Vám ~?** do you mind the smoke?; **přestal jsem –it** I gave* up smoking

**kousa|t** bite*; give* a bite; **–t maso** chew meat; **–avý** vicious; poznámka sarcastic

**kousek** piece, bit; ~ **chleba** a piece of bread

**kout, –ek** corner, **jídelní** ~ dinette; **v –ě** in the corner; **oční –ek** corner of the eye; o kováři hammer

**kouzelník** magician; čaroděj sorcerer, wizard

**kouzelný** magic; okouzlující charming

**kouzl|it** conjure; **–o** magic; půvab charm

**kov** metal; **drahé –y** precious metals; **–ový** metallic; zboží metal; **–oprůmysl** metal industry; **–árna** smithy

**kovář** (black)smith; **–ská výheň** smith's hearth

**kovat** forge, hammer

**kovoobráběcí** metal-working

**koz|a** goat; podstavec trestle; **–y** vulg. tits

**kožen|ý** leather; **–ka** imitation leather

**kožešin|a** fur; **–ový kabát** fur coat

**kožich** srst fur, coat; kabát fur coat

**kožní** skin; ~ **lékař** dermatologist

**kra** (ice) floe

**krab** crab

**krabi|ce** box, case; ~ **od bot** shoe box; **–ička** small box; **–ička cigaret** cigarette packet

**kráčet** march, walk

**krádež** theft; v samoobsluze shop-lifting

**kraj** okraj edge, margin; zeměp. country, region, landscape; **–an** countryman*, compatriot: **–anka** fellow countrywoman*; **–ina** landscape, countryside

**krájet** cut*, carve, slice

**krajíc** slice, piece

**krajk|a, –y** lace

**krajn|í** outside; extreme, supreme; **–ě** extremely; **–ost** extreme

**král** king; **–ovna** queen; **–ovna krásy** beauty queen; **–ovský rod** royal; **–ovství** kingdom

**králík** rabbit; **–árna** rabbit hutch

**krás|a** beauty, **vyrostla do –y** she's grown into a beauty; **–ně** beautifully, nicely; **–ný** beautiful, nice, lovely; pretty; **to je –né!** that's lovely!

**krasobrusl|ení** figure-skating; **–ař, –ařka** figure-skater

**krást** steal\*; drobnosti lift

**krát** mat. times; **tři ~ pět** three times five

**krátce** in short, in a word; for a short time

**krátit (si)** shorten; make\* shorter; mzdu reduce, cut\* down; **~ se** get\* shorter

**krátkodobý** short-term

**krátkozraký** short-sighted

**krátk|ý** short; stručný brief; **–é kalhoty** shorts

**kráva** cow; **dojná ~** cow in milk

**kravata** tie

**krb** fireplace

**krčit** kolena bend\*; **~ se** choulit se shrink\*, cringe; mačkat se crease

**krčma** pub, tavern

**krejč|í** tailor; **–ová** dressmaker; **dámský ~** ladies' tailor, dressmaker; **–ovství** dressmaking

**krém** cream; na boty polish; sladký custard

**kresba** drawing, picture; skica sketch

**kreslit** draw*; skicovat sketch

**krev** blood; **otrava krve** blood poisoning

**kriket** cricket

**kriminál** prison, jail

**kriti|cký** critical, crucial; **–k** critic; **–a** criticism, recenze review; **–zovat** criticize

**kriz|e** depression, crisis*; **–ový** critical

**krk** neck; **bolení v –u** sore throat

**krmi|t** feed*; **~ se** feed* oneself; dítě z prsu breast feed*; **–vo** fodder, feed

**krocan** turkey

**kroj** national costume; **lidový ~** folk costume

**krok** step; tempo pace; **~ za –em** step by step

**krokodýl** crocodile

**kromě** vedle toho besides, in addition to; vyjma except; **každý ~ mě** everybody except me

**kropit** sprinkle, spray

**krot|ký** tame, meek; **–it se** control oneself

**kroup|y** hail; **–ová polévka** barley broth; **padají ~** it's hailing

**kroutit** otočit turn; násilně wring*, twirl, screw; **~ se** twist, wind*, wriggle

**krouž|ek** ring; circle; **–it** wheel, circle

**krtek** mole

**kruh** circle, ring; **hrnčířský ~** potter's wheel; **rodinný ~** family circle; **–ovitý** circular, round

**krumpáč** pick, pickaxe

**krunýř** brnění, pancéřování armour; zvířat shell

**krupobití** hailstorm

**krušný** hard, severe

**krut|ý** cruel, harsh; **–á zima** severe winter

**kruž|idlo, –ítko** compasses (pl); **–nice** circle

**krvác|et** bleed*; **~ z nosu** have* a nosebleed; **rána –í** the wound is bleeding; **–ení** bleeding

**krve|prolití** bloodshed; **–smilství** incest

**krychl|e** cube; **–ový** cubic; **–ový metr** cubic metre; **–ový obsah** cubic content

**krysa** rat; přen. bastard

**krystal** crystal; **–ický** crystalline; **–izovat** crystallize; **–ový cukr** granulated sugar

**kryt** shelter; cover

**krytina** roofing, tiles; (roof) covering

**krýt** zakrýt i chránit cover; chránit shield; **krytý bazén** indoor swimming pool

**křeč** spasm, cramp; **žaludeční –e** stomach cramps; **–ové žíly** varicose veins

**křeček** hamster

**křehk|ý** fragile, frail; **–é pečivo** crisp biscuits

**křemen** flint; quartz; **–itý** siliceous

**křen** horseradish

**křeslo** (arm)chair; div. stall; v hledišti seat

**křest** baptism, christening; **přijmout ~** be* baptized

**křesťan, –ka** Christian; **–ské učení** Christian doctrine; **–ství** Christianity

**křestní: ~ jméno** Christian (first) name; **~ list** birth certificate

**křičet** cry, scream, shout; dítě howl

**kříd|a** chalk; **–lo** ptačí, voj., polit. wing; okna leaf

**křik** cry, scream, shriek; **–lavý** barva loud; hlučný noizy; **–nout** cry; **–nutí** cry, shout; hovor. yell

**křivda** wrong, injustice

**kříž** náb. crucifix, cross; v kartách club; **–ek** small cross; **–em** napříč crosswise; **–it (se)** cross

**křižník** cruiser

**křižovatka** crossroads, crossing; Am. intersection

**křtít** christen, baptize

**kter|ý** which, who, that; **–ou barvu?** what colour?; **–ou ulicí mám jet?** which street should I take*?

**kudrnatý** curly, curl-headed, frizzy

**kudy** which way; **~ mám jít?** which way should I go*?; **~ se dostanu na letiště?** how can I get* to the airport?

**kufr** suitcase; auta boot; Am. trunk

**kufřík** small suitcase; **–ový** portable

**kuchař** cook; **–ka** cookery book; **–it** cook; **–ský** cooking; **–ské předpisy** cooking recipes

**kuchyně** kitchen; vaření cooking; národní cuisine

**kukačka** cuckoo

**kukuřice** maize, Indian corn

**kůl** post; špičatý stake; tyč pole

**kulatý** round

**kulh|at** limp; belhat se hobble; **–avý** limping

**kulič|ka** bead; hrací marble; **–ový** ball

**kůlna** shed, outhouse

**kultur|a** culture; **–ní** cultural

**kulturist|a** bodybuilder; **–ika** bodybuilding
**kůň** horse; šach. knight
**kupa** heap; uspořádaná pile; slámy stack
**kupé** compartment
**kupit se** accumulate, cluster
**kupní** purchase; ~ **cena** purchase price;
  ~ **smlouva** contract of purchase
**kupón** coupon, voucher
**kupovat** buy*, purchase
**kupředu** forwards, ahead; jít ~ go* ahead
**kůra: zemská ~** the eart's crust; stromu bark
  pomeranče peel
**kuri|ozita** curiosity, rarity; **–ózní** strange, odd
**kůrka** crust (of bread)
**kurs** školení course; směnárenský rate; ~ **valut**
  rate of exchange
**kurva** vulg. whore
**kurzíva** italics
**kuřá|cký** smoking, for smokers; **–ák, –ačka**
  smoker; **–árna** smoking-room
**kuře** chicken; **–cí maso** chicken (meat)
**kus** piece, lump; uřezaný cut, slice
**kutálet (se)** roll

**kutil** handyman\*, do-it-yourself man\*

**kůzle** kid

**kůž|e** lidská skin; nevydělaná hide; zpracovaná leather; **promoklý na –i** soaked to skin

**kužel** geom. cone; sport. club; **–ovitý** conical, cone-shaped; **–ky** skittles sg

**kvalifikace** qualification, play-off

**kvalifikovat (se)** qualify

**kvalit|a** quality; **–ní** (high) quality

**kvantita** quantity; **–tivní** quantitative

**kvap** haste, hurry; **–em** in a hurry, at a rush

**kvas** ferment; **–ný** fermenting; **–it** ferment

**kvasnice** yeast, leaven

**kvést** bloom, flower; blossom; firma flourish

**květ** flower; ovocných stromů blossom; **–enství** inflorescence; **–ovaný** látka flowery, flowered

**květák** cauliflower

**květen** May

**květin|a** flower; **–áč** flowerpot; **–ový** floral

**květnatý** řeč flowery; louka ablaze with flowers

**kvůli** because of, for the sake of

**kybernetic|ký** cybernetic; **–ka** cybernetics

**kýč** kitsch, trash; **–ovitý** kitschy

**kyčel** hip; **–ní kloub** hip joint
**kýchat, kýchnutí** sneeze
**kýl** keel; **–a** rupture
**kymácet (se)** sway (from side to side)
**kyprý** půda loose; pečivo light; žena plump
**kyselina** acid; **~ sírová** sulphuric acid
**kyselit** make* sth. sour, acidify
**kyselka** mineral water
**kysel|ý** acid, sour; **–é zelí** sauerkraut
**kyslík** oxygen; **–ová maska** oxygen mask
**kýta** joint, leg; **vepřová ~** leg of pork
**kytar|a** guitar; **–ista** guitarist, guitar player
**kytice** bouquet, bunch of flowers
**kyvadlo** pendulum; **–vá doprava** shuttle service
**kývat (se)** swing*, be* loose; hlavou nod
**kývn|out** give* a nod; **~ na rozloučenou**
wave sb. goodbye; **–utí** nod, wave

# L

**labil|ita, –nost** instability; **–ní** unstable
**labora|nt** laboratory, assistant; **–toř** laboratory; hovor. lab; **–torní** laboratory

**labuť** swan

**labužn|ický, –ík** gourmet

**laciný** cheap, low-priced, inexpensive; povrchní superficial, shoddy

**lačný** hungry; čeho eager for

**ladit** tune, harmonize

**láhev** bottle; polní ~ flask; ~ **mléka** a bottle of milk; ~ **od piva** a bottle of beer

**lahodný** delicate, delicious, tasty

**lahůdk|a** delicacy, dainty; **–ářství** delicatessen (shop); **–ový** výběrový select; sýr choice

**laický** lay; neodborný amateurish

**laik** layman*, outsider

**lajdácký** zahálčivý careless; nedbalý slovenly, sloppy, messy

**lak; –ovat** varnish, paint; **–ovaný** varnished

**láka|t** lure, attract; svádět tempt; **–vý** tempting; nabídka attractive, alluring

**lakom|ec** miser; **–ý** mean, stingy, greedy

**lámat** break*, crack; sazbu make* up; opt. refract

**lampa** lamp; **stolní ~** table lamp

**lano** rope; z kovu cable; **–vá dráha** funicular/cable railway

**lapat** catch*; ~ **po dechu** gasp for breath

**larva** larva*

**lasička** weasel

**láska** love, affection; ~ **k bližnímu** charity

**laskav|ost** kindness; služba favour; **–ý** gracious, gentle; vlídný kind, good*; přívětivý nice

**látat** darn, mend; záplatou patch (up)

**látka** material; textilie cloth; hmota stuff

**laťk|a** lath; sport. bar; **shodit –u** knock off the bar

**lavi|ce** bench, desk; **–čka v parku** bench

**lavina** avalanche; Am. snowslide

**láz|eň** koupání bath; **–ně s léčivými prameny** spa (pl); baths, health resort; **jet do –ní** go* to a spa; **–eňský host** visitor at a spa

**leb|ka** skull; **–eční kost** cranial bone

**lecjaký** many a; all sorts of ... (pl)

**leckd|e** in various places; **–o** various people; **–y** at times, now and then

**léčba, léčení** treatment, cure, therapy

**léčit** treat, cure; ~ **se** undergo* medical treatment; bylinkář **–el** herbalist, herb doctor

**léčiv|o** medicine, drug; **–ý** healing, curing

**léčka** trap; nástraha pitfall

**led** ice; **–ovec** glacier, iceberg; **–ový** ice, gla-
cial; studený icy, ice-cold

**leden** January

**lednička** refrigerator; hovor. fridge

**ledvin|a** kidney; kuch. **-ka** kidney; **umělá –a**
artificial kidney; **–ový** renal

**legitim|ace** card; **–ovat se** show* one's papers

**legra|ce** fun; **z ~** for fun; **–ční** funny, comical

**lehátko** deck-chair; ve vlaku couchette

**lehkomyslný** frivolous, reckless, careless

**lehký** váhou light; snadný easy, simple

**lehnout si** položit se lie* down; ke spánku go*
to bed

**lecht|at** tickle; **–ivý** ticklish; erot. saucy

**lék** medicine, drug; **~ proti bolestem** pain-
killer; **–árenský** pharmaceutical; **–árna**
chemist's; **–árnictví** pharmacy; **–árnička**
first-aid box; **–árník** pharmacist, chemist

**lékař** doctor, Am. physician; **dětský ~** paediatri-
cian; **odborný ~** specialist; **zubní ~** dentist;
**–ský** of medicine, medical

**leka|t** frighten, scare; **–vý** easily frightened

**lekc|e** lesson; **dát komu –i** teach* sb. a lesson

**lem, –ovat** border, hem, edge, trim

**len** flax

**len|ivý** sluggish; lazy, idle; **–och** lazybones; **–ost** laziness; **–ošit** idle, be\* lazy

**lépe, lepší** better

**lep|idlo** paste, glue, gum; **–kavý** sticky

**les** wood; rozsáhlý forest; **–ník** forester

**lesbi|cký, čka** lesbian

**lesk** záře shine; po vyleštění polish; blýskavý glance; **–lý** vlas shiny; papír glossy; bright; **–nout se** shine, glisten, glitter

**lest** trick

**lešení** scaffold(ing), frame

**lešt|it** polish; **–ící** polishing; **–idlo** polish

**let** flight; spěch haste; **zkušební ~** test flight

**letec** pilot; **vojenský ~** air force pilot; **–ky** by plane, by air; **poslat –ky** send\* by airmail

**letadl|o** (air)plane, aircraft; **tryskové ~** jet: **vystoupit z/nastoupit do –a** get\* off/board a plane; **~ přistává/startuje** the plain is landing/taking off

**leták** pamphlet, leaflet

**letět, létat** fly\*; uhánět speed

**letiště** airport, voj. airfield; postel double bed

**lét|o** summer; **v –ě** in summer; **–ní** summer

**letopoč|et** date; **před naším –tem** B. C. (before Christ); **našeho –tu** A. D. (anno Domini)

**letos** this year; **~ v zimě** this winter

**lev** lion; **lvice** lioness; **lvíče** lion cub

**lev|ák, –ačka** left-handed person, left hander

**levhart** leopard

**levice** polit. the Left; ruka left hand

**levný** cheap, inexpensive

**levý** left; left-hand

**lézt** creep*, crawl; šplhat climb

**lež** lie; **nevinná ~** white lie

**lež|atý** horizontal; **–et** lie, rest; be* situated

**lhá|ř** liar; **–t** lie, tell* lies

**lhostejn|ý** indifferent; **–ost** indifference; apathy

**lhůt|a** term, time limit; **výpovědní ~** period of notice; **dodržet –u** meet* a deadline

**líbánky** honeymoon

**líbat** kiss; **líbá tě** v dopisech love ...

**liberál, –ní** liberal

**líbit se** like, enjoy; **líbí se mi to** I like it

**líbivý** příjemný pleasing, appealing; hanl. slick,
ingratiating; na pohled sleek, glossy

**libovat si** take* pleasure, indulge

**libovolný** any; náhodný random

**libra** pound

**líc** tvář cheek

**lidé** people; Am. folks; **před lidmi** in public

**lidový** popular; public

**lid|ský** human; **–stvo** humanity, mankind

**líh** spirit; **lih|ovar** distillery; **–ovina** liquor,
spirit; **–ový** alcoholic

**lichot|it** flatter; **–ivý** flattering; **–ka** flattery

**lich|ý** odd; **–á čísla** odd numbers

**liják** downpour

**likér** liqueur

**límec** collar; **připínací ~** detachable collar

**limonáda** citronová lemonade; soft drink; ho-
vor. fizzy drink

**linka** line; telefonní extension

**líný** lazy; pomalý sluggish

**líp|a** lime (tree)

**lisova|t** press; **–ný** pressed

**list** stromu leaf*, paper; papíru sheet

**list|í** foliage; **–natý strom** deciduous tree

**lístek** ticket; karta card; papíru slip; **jídelní ~** menu

**listina** písemnost document; seznam list

**listonoš** postman\*; **–ka** postwoman\*

**listopad** November; **v –u** in November

**lišit** distinguish; differentiate; **~ se** od koho differ from sb., contrast, vary

**liška** fox

**lít (se)** pour (down); **lije jako z konve** it's pouring with rain, the rain is coming down in buckets

**liter|atura** literature; **–árni** literary

**líto: je mi ~** I am sorry; **–st** regret, pity

**litovat** koho be\* sorry for sb.; čeho feel\* sorry about sth.; **ne– času** spare no time

**líz|at** lick; **–átko** lollipop; hovor. lolly

**loď** ship; menší boat; obch. vessel; **–ěnice** shipyard; **–stvo** fleet, marine, navy

**lodník** sailor, seaman\*

**loket, –ní** elbow; **mít dobré lokty** be\* pushing

**lokomotiva** locomotive, engine

**Londý|n** London; **–ňan** Londoner

**loni** last year; **loňský** last year's

**lopata** shovel; rypadla scoop

**lopatka** na smetí dustpan; anat. shoulder blade; mlýna blade

**losovat** draw*/cast* lots; mincí toss up

**loterie** lottery; **věcná ~** raffle

**loučit se** s kým say* goodbye to sb.

**louka** meadow, green field

**loupat** ovoce peel, pare; kůže come* off

**loup|ež** robbery; v bytě burglary; **–it** rob

**loutka** div. puppet; maňásek glove puppet

**lov** hunt, chase; **–ec** hunter; **–ecký** hunting; **–iště** hunting ground; **–ná zvěř** game; **–it** zvěř hunt; se psy chase; ryby fish

**ložisko** kuličkové bearing; geol. deposit, bed; lék. focus*, centre

**ložnice** bedroom; **obytná ~** bed-sitting room

**lstivý** cunning, crafty, sly, artful

**luk** bow; **–ostřelba** archery; **–ostřelec** archer

**lump** scoundrel, crook; **–árna** dirty trick

**lupínky** bramborové crisps (pl); Am. chips

**lupy** dandruff sg

**lusk** pod; **hrachový ~** pea pod

**luštěniny** pulse

**luštit** solve, make* out

**luštitel** křížovek crossword enthusiast
**lux** hoover; **–ovat** vacuum, hoover
**luxus** luxury; **–ní** luxurious, de luxe, high-class
**lůžko** bed; **–vý vůz** sleeping car
**lyri|cký** lyric(al); **–ka** lyric poetry
**lysina** pleš bald head, bald spot
**lysý** bald; holý bare
**lýtko** calf\*; calf bone
**lyž|ař,–ařka** skier; **–ařský** skiing; **–e** ski; **–ová-
ní na běžkách** cross-country skiing; **–ovat** ski
**lžíce** spoon; množství spoonful; **polévková ~**
tablespoon; **obouvací ~** shoehorn
**lžička** teaspoon; **~ cukru** teaspoonful of sugar
**lživ|ý** false; nepravdivý untrue; **–ost** falseness

# M

**macecha** stepmother
**maceška** pansy, heartsease
**máčet** máčením změkčovat soak; povrch wet
**mačkat** ruku press; **~ se** o látce crumple, crease;
**látka se mačká/nemačká** the material creases/
is crease-resistant; vymačkat squeeze

**magnet** magnet; **–ický** magnetic

**magnetofon** tape recorder

**maják** lighthouse

**majetek** peníze fortune; possession, property, estate; **nemovitý** ~ real estate; **movitý** ~ personal effects (pl); osobní belongings (pl)

**majitel** proprietor, owner

**majonéza** mayonnaise

**major** major

**majoránka** marjoram

**mák** poppy(-seed); **vlčí** ~ corn poppy

**mak|ovice** poppy-head; **–ový** poppy-seed

**malátný** languid, weary, sluggish

**malba** painting; nátěr paint

**malebný** picturesque, scenic

**málem** nearly, almost, next to

**malíček** na ruce little* finger; na noze little* toe

**maličkost** trifle, small thing; dárek a small gift; **to je** ~ it's not worth mentioning

**malina** raspberry

**malíř** painter; pokojů decorator

**málo** nepočitatelné little*; počitatelné few

**maloměst|o** provincial town; **–ský** provincial

**maloobchod** retail trade; **–ní cena** retail price

**malovat** paint; **~ akvarelovými barvami** paint in watercolours; **~ portrét** paint a portrait; decorate; **~ byt** decorate a flat

**malta** mortar; plaster

**malý** little*, small; postavou short; oděv tight

**maminka** mum(my); Am. mom

**mandarinka** tangerine; bez jadérek satsuma

**mandle** almond; krční tonsils (pl)

**manšestr** corduroy; **–áky** corduroys (pl)

**manžel** husband; **–ka** wife*; **–ství** marriage

**manžeta** cuff

**mapa** map; složka portfolio

**margarín** margarine

**marmeláda** jam, marmalade

**marn|ě** in vain; **–ý** vain, useless, futile

**marnotratný** extravagant, wasteful

**masakr** slaughter, massacre

**masívní** massive, solid

**maska** mask; **plynová ~** gasmask

**maskovat** disguise, mask, conceal

**másl|o** butter; **chléb s –em** bread and butter

**masný** meat; **~ průmysl** meat industry

**maso** k jídlu meat; živé flesh

**masov|ý** z masa meat; **–á konzerva** tinned meat; hromadný mass; **–á výroba** mass production

**masožrav|ý** carnivorous; **–ec** carnivore

**mast** ointment, liniment; **–nota** grease

**mastit** grease, lard

**mastn|ý** maštěný greasy; **–é vlasy** greasy hair; tučný fatty; **–ý krém** rich cream

**materiál** material; hovor. stuff

**mateřs|ký** maternal, motherly; **–ká škola** nursery school; **–tví** motherhood, maternity

**matice** nut (of a screw)

**matka** mother; **nevlastní ~** stepmother

**matný** dim, dull; vzpomínka vague

**matrace** mattress; **nafukovací ~** air-bed

**maturit|a** school leaving-examination; Br. A Level; **dělat –u** take*/sit* for a leaving-examination; **–ní** leaving-examination

**máv|at, –nout** rukou wave; křídly flap

**mazat** tech. oil, lubricate; tabuli wipe; gumou erase

**maxim|ální, –um** maximum

**mazlit se** caress, pet, cuddle, fondle

**mdloba** faintness, swoon, dizziness

**mdlý** světlo faint, dim; pohyb languid; jídlo dull

**meč** sword; **–oun** swordfish

**med** honey

**měď** copper; **–ěný drát** copper wire

**medaile** medal; **zlatá ~** gold medal

**medicína** medicine; **medik** medical student

**medvěd** bear; **lední ~** polar (white) bear

**mechan|ik** mechanic; **–ika** mechanics; **–ický** mechanical; **–izace** mechanization

**měkký** soft, tender; pečivo fresh

**melodi|e** melody; Am. tune; **–cký** melodious

**meloun** melon; **vodní ~** water melon; **ananasový ~** cantaloup(e)

**měna** currency; **tvrdá ~** hard currency

**méně** nepočitatelné less; **~ vody** less water; počitatelné fewer; **~ knih** fewer books

**měnit (se)** peníze change; situaci alter; vzájemně turn, alternate

**menstruace** menstruation, period

**menší** smaller; **menšina** minority

**menza** students' dining hall

**meruňk|a, –ový** apricot

**měř|ení** measurement; **–it** measure; **~ čas** time; **kolik to měří?** how much does it measure?

**měřítko** rule; scale; standard, criterion

**měsíc** na nebi moon; kalendářní month; **dvakrát za ~** twice a month; jiných planet satellite

**měsíčn|ík** monthly; **–ě** monthly

**mést** sweep*

**město** town; velké city; **hlavní ~** capital

**městský** town, city; lázně municipal

**metla** rod, switch; cane

**metod|a** method; **–ický** methodical

**metr** metre; na měření rule; **–ický** metric

**metro** underground; Am. subway

**mez** boundary; krajní limit

**mezera** gap, interval, space, break

**mezi** dvěma between; více než dvěma among

**míč** ball; **tenisový –ek** tennis ball

**migréna** migraine

**mihnout se** flash, twinkle

**mícha** spinal cord

**míchat** kaši stir, blend, mix; karty shuffle

**míjet** koho pass by sb.; čas pass; go* past

**miláček** darling, pet; oblíbenec favourite

**míle** mile; **námořní** ~ sea mile

**milen|ec** lover; **–ka** mistress

**miliarda** milliard; Am. billion

**mili|ón** million; **–onář** millionaire

**milosrdný** merciful; dobročinný charitable

**milostn|ý** love; **–á aféra** love affair

**milov|aný** beloved; **–at** love, make* love; **–at se
s kým** make* love to sb.; **–ník** lover, admirer

**mil|ý** dear, lovable; laskavý kind; **je to od vás
velmi –é** it's very nice of you

**mimo** vyjma except; navíc besides; ven out of,
outside; ~ **město** out of town; kolem past, by;
stranou to the side; **–chodem** by the way, inci-
dentally; **–řádný** extraordinary, exceptional

**minc|e** coin; **–ovna** mint

**minerál|ka** mineral water; **–ní** mineral

**mínění** opinion, view, judgement

**ministerstvo** ministry; Am. department; ~ **škol-
ství** Ministry of Education; ~ **zahraničí** Fo-
reign Office; ~ **financí** Ministry of Finance

**ministr, –yně** minister, Secretary of State

**mínit** mean*; mít v úmyslu intend, plan

**minout** netrefit se miss; časově pass, go* by

**minul**|**e** last time; **–ost** the past

**minulý** předešlý last, previous; uplynulý past

**mír** peace; **uzavřít ~** conclude peace

**mír**|**a** measure, measurement; velikost size; **oblek na –u** made-to-measure suit; **úroková –a** interest rate; měřidlo gauge

**mírnit** rychlost reduce; požadavky moderate; bolest easy; **~ se** keep* one's temper

**mírn**|**ý** gentle, temperate, peaceful; **–ě** mildly

**mírov**|**ý** peace; **–á smlouva** peace treaty; **–é hnutí** peace movement

**mířit** aim, be* directed; směřovat kam head for

**mísa** dish, bowl; **miska** dish, small bowl

**mísit (se)** mix; zasahovat interfere

**místenka** seat reservation ticket

**místní** local; ... of the place

**místnost** room

**místo** prostor place, room; lokalita locality, site; povolání post; koho/čeho instead of sb./sth.

**mistr** master; dílenský foreman*; sport. champion

**místy** here and there, sporadically

**mít** vlastnit have*, possess, own; **~ kdy** have* time; **~ pravdu** be* right; **nemám čas** I

haven't got time; **mám raději kávu než čaj**
I prefer coffee to tea; **máte pravdu** you are
right; **co máte k jídlu?** what have\* you got
to eat; **~ se** užívat si enjoy oneself; **mějte se
dobře** have\* a good time; **jak se máte?** how
are you?; **mám se dobře** I'm fine

**mix|ér** blender; **–ovat** mix

**mizerný** miserable, wretched; počasí beastly

**mizet** disappear, vanish; barva fade

**mládě** young (one); šelmy cub

**mládenec** young man\*, youth; **starý ~** bachelor

**mládež** youth, young people; **–nický** youth

**mladík** young man\*, youth, lad

**mladistvý** juvenile; youthful

**mladší** younger, junior

**mladý** young; víno new

**mlátit** bít někoho beat\*; obilí thresh

**mlčen|í** silence; **–livý** taciturn; tichý silent

**mlč|et** be\* silent; nereagovat say\* nothing; **–te!** be\*
quiet!; **–ky** silently, in silence; without a word

**mlék|o** milk; **kravské –o** cow's milk; **–árna**
dairy; **–árenské výrobky** dairy products

**mlha** hustá fog; lehká mist; **je ~** it is foggy

**mlít** kávu grind\*; obilí mill

**mluvit** speak\*, talk; ~ **nahlas** speak\* loudly

**mluvnic|e** grammar; **–ký** grammatical

**mlýn** mill; **–ek na kávu** coffee grinder

**mlynář** miller; **–ský** miller's

**mnich** monk

**mnohdy** many\* times, often

**mnohem** much\*, far\*; ~ **lepší** much\* better

**mnoho** ve vazbě s počítat. podst. jm. many\*, a great
number; hovor. a lot of; ve vazbě s nepočítat.
podst. jm. much\*, a lot of, plenty of; a great
deal; ~ **štěstí** good\* luck; ~ **práce** much\*
work; **má ~ starostí** he has many\* (lots of)
problems; **příliš ~** too much\*; **–krát** many\* times

**mnohý** nejeden many\*; četný numerous

**množství** number, quantity

**moc** power; pravomoc authority; násilí force;
**plná ~** power of attorney

**moci** be\* able, be\* in a position to, can\*; smět
may\*; **mohl bych** I could, I might; **mohu si
to zkusit?** may I try it on?; **nemohu** I cannot

**mocn|ý** mighty, powerful; **–ost** power

**moč** urine; hovor. water; **–ový** urinary

**močit** urinate, pass water, make* water

**mód|a** fashion, style; **přijít do –y** come* into fashion; **být v –ě** be* in fashion

**model** model; design; mock-up; **–ář** modeller; **–ářství** modelling; **–ka** model; **–ovat** model; plasticky shape, mould

**modern|í** šaty fashionable; up-to-date; modern; **–izovat** modernize

**modlit se** pray; **modlitba** prayer

**módní** fashionable, trendy

**modr|ý** blue; **světle/tmavě –ý** light/dark blue; **–ofialový** blue purple

**modřín** larch

**modřina** bruise; pod okem black eye; **je samá ~** he's a mass of bruises

**mohutný** massive, solid; objemný bulky

**mokr|ý** wet, moist; **je to –é** it's wet

**mol** moth; prožraný od –ů moth-eaten

**monopol** monopoly

**montáž** montování fitting, assembly; **–ní hala** assembly hall; hudební montage

**montér** fitter, mechanic; **–ky** overall

**montovat** fit, assemble; put* up

**moped** moped
**morál|ka** morals; morale; **–ní** moral
**Morava** Moravia; **M–n, M–nka, moravský** Moravian
**morče** guinea pig
**morfium** morphia, morphine
**moř|e** sea; **u –e** at the seaside; **za –em** overseas; **–ský** marine, sea; **–ská nemoc** seasickness
**mosaz** brass; **–ný drát** brass wire
**most** bridge; **Karlův ~** Charles Bridge; **~ přes řeku** bridge across the river; **za –em** beyond the bridge; **spálit za sebou –y** burn* one's boats
**mošt** must; jablečný cider
**motiv** motive; **–ace** motivation; **–ovat** motivate
**motocykl** motorcycle
**motor** motor, engine; **čtyřtaktní ~** four-stroke engine; **seřídit ~** adjust the engine; **~ netáhne** the engine has no acceleration; **–est** motorway restaurant; **–ismus** motor sport; **–ista** motorist; **–ový motor**
**motouz** cord, string
**motyka** hoe
**motýl** butterfly; **–ek** bow tie; sport. butterfly

**moučník** dessert, sweet; pečivo pastry

**moudr|ý** wise; **–ost** wisdom

**moucha** fly; **roj much** swarm of flies

**mouka** flour; hrubá meal

**moz|ek** brain; důvtip brains; **–kový** brain

**možná** perhaps, maybe

**možn|ost** possibility, chance; výběr option; **–ý** possible, likely

**mračit se** člověk frown; obloha be\* cloudy

**mrak** cloud; přen. gloom; **dešťový ~** rain cloud

**mramor,** **–ový** marble

**mraven|ec** ant; **–iště** ant hill

**mráz** frost; **je 20 stupňů mrazu** it's twenty degrees below zero; **je velký ~** there's a severe frost

**mraznička** freezer

**mražen|ý** frozen; **–é potraviny** frozen food

**mrhol|it** drizzle; **–í** it's drizzling

**mrkev** carrot

**mrtvice** mozková stroke; srdeční heart failure; **ranila ho ~** he had a stroke

**mrtvola** corpse, dead body

**mrtvý** dead; **~ inventář** dead stock

**mrzák** cripple; disabled person

**mrzet** be* sorry, feel* sorry; **to mě velmi mrzí** I'm very sorry about that

**mrznout** freeze*; **mrzne** it is freezing

**mrzut|ý** věc annoying, unpleasant; nevrlý peevish; **to je –é** that's a pity

**mříž** lattice; bars (pl), railings (pl)

**msta** vengeance, revenge

**mstít se** revenge oneself

**mstivý** revengeful

**můj** my, mine; **ten pes je ~** the dog is mine; **~ pes je támhle** my dog is overthere

**muset** must; have* (got) to, be* obliged to; **musím jít** I must be* going; **nemusíte spěchat** you needn't hurry

**můstek** na loď gangway; sport. ski jump; zubní bridge

**muzeum** museum

**muž** man*, male; **–ský** male, masculine; **–ný** virile, manly; **–stvo** team; posádka crew

**my** we; **~ všichni** all of us

**mýdlo** soap; **–vý** soap; **mydlit** soap, lather

**mýlit se** be* mistaken, be* wrong

**mýlka** error, mistake

**mylný** wrong, erroneous

**myslet** think\*; **myslíte?** do you think\* so?; **často na vás myslím** I often think\* of you

**myš** mouse\*

**myšlen|í** thinking, thought; **–ka** thought, idea

**mýt (se)** wash (oneself); rinse; ~ **nádobí** wash the dishes; ~ **si vlasy/ruce** wash one's hair/ hands

**mytí** washing; ~ **vlasů** hair washing

**mzda** pay, wage(s), salary; **jaká je u vás průměrná ~?** what's the average wage in your country?

# N

**na** kde, kdy on, at, in; ~ **dovolené** on holiday; ~ **stole**, ~ **stůl** on the table; ~ **začátku** at the beginning; ~ **nádraží** at the station; ~ **vánoce** at Christmas; ~ **horách** in the mountains; ~ **jaře** in Spring; ~ **ulici** in the street kam for, to; **jet ~ Moravu** go\* to Moravia; **jít ~ procházku** go\* for a walk; **práce ~ 3 dny** a job for three days

**nabarvit** dveře paint; ~ **si vlasy** dye one's hair

**nabídk|a** offer; k sňatku proposal; **odmítnout/
přijmout –u** refuse/accept an offer; **po-
ptávka a –** demand and supply

**nabíjet** zbraň load; baterii charge

**nabízet** offer, make* an offer

**náboj** charge; patrona cartridge

**nábožens|ký** religious; **–tví** religion; **jakého
jste –tví?** what religion are you?

**nabrousit** sharpen, grind*

**nabýt** získat acquire, gain; na objemu increase

**nábyt|ek** furniture; **sektorový/starožitný ~** unit/
antique furniture; **–kářství** furniture shop

**náčelník** chief, leader

**načerpat** draw*; **~ nové síly** draw* new
strength; **~ vodu/benzín** pump water/petrol

**náčiní** kit, equipment; **řemeslnické ~** tools

**náčrt** sketch, outline

**nad** above, over; **~ stůl** above the table; **tři
stupně ~ nulou** three degrees above zero; **~
vchodem** above the entrance; **letět ~ Alpa-
mi** fly* over the Alps

**nadání** talent; dar gift

**nadaný** na co talented for sth., gifted in sth.

**nadarmo** in vain, without success

**nadávka** insult, bad* name, swearword, oath

**nadbyt|ečný** superfluous, reduntant, unnecessary; **–ek** abundance; blahobyt affluence

**naděj|e** hope; **mít –i na úspěch** have* a good* chance of success; **oprávněná ~** justified hope; **–ný** hopeful, promising

**nádhera** splendour, magnificence; **–ný** splendid, gorgeous, magnificent, wonderful

**nadchnout** inspirovat inspire

**nadílka** presents

**nadívaný** stuffed, filled; **nádivka** stuffing

**nadjezd** overhead crossing, flyover

**nadměrný** excessive, extra large

**nádobí** utensils (pl); jídelní dishes (pl)

**nádor** tumour; **zhoubný ~** malignant tumour

**nadpis** title, head line

**ňadra** breasts, bosom (pl); **za ~** at one's bosom

**nádraží** railway, station; **hlavní ~** the main station; **jak se dostanu na ~?** which way is it to the station?

**nádrž** menší tank, basin; větší reservoir; **plnou ~, prosím** a full tank, please

**nadřízený** jaký superior, senior; kdo boss

**nadsázka** exaggeration

**nadšen|í** enthusiasm; **–ý** enthusiastic

**nadto** moreover, besides; in addition

**nadváha** overweight; zavazadla excess baggage

**nadvýroba** overproduction

**nadzdvihnout** lift; raise

**nafta** oil

**nafukov|at** blow* up; **–ací matrace** air bed

**nahlas** aloud; nemluvte ~ speak* quietly

**náhl|e** suddenly, all of a sudden; **–ý** sudden

**nahlédnout** do čeho look into sth., peep

**nahluchlý** hard of hearing

**nahnout** tilt, tip, bend*

**náhod|a** chance, coincidence; **–ou** by chance; **–ný** accidental

**nahodilý** accidental; random

**nahoru** up; po schodech upstairs; **pojďte ~** come* up; **~ a dolů** up and down

**nahoře** up, v patře upstairs; on top

**náhrad|a** compensation, substitute; **–ou za co** return for sth., exchange for sth.

**nahradit** kompenzovat compensate, make\* up for; koho kým replace sb. by sb.; **–elný** replaceable; škoda reparable

**náhradní** reserve, spare; ~ pneumatika spare tyre

**náhradník** substitute, stand-in; sport. reserve; zmocněnec proxy

**nahrá|t** sport. pass; ~ pásek record sth. on tape, tape; **–vka** sport. pass; zvuková recording

**náhrdelník** necklace

**náhrobek** tombstone, tomb

**nahromadit (se)** heap up, accumulate, amass

**nah|ý** naked, nude; **svléci se do –a** strip

**nachla|dit se** catch\* a cold; **být –zený** have\* a cold

**náchyln|ost** inclination, tendency; **–ý** prone

**naiv|ita** naivety; **–ka** naive person; **–ní** naive

**najednou** suddenly, all of a suddden

**nájem** hire, renting, leasing; **–ce** tenant; **–né** rent; **–ník** tenant; pokoje lodger; Am. roomer; **–ní smlouva** contract of lease

**najíst se** have\* sth. to eat\*, take\* some food

**najít** find\*; come\*across; ~ **si ženu** get\* a wife\*

**najmout** hire; místnost rent; do práce engage

**nákaza** infection; **nakažlivý** infectious

**nakazit** infect; ~ **se chřipkou** get* the flu

**náklad** břemeno load; lodní cargo; výdaje cost; expense; počet výtisků number of copies

**nakládat** zboží load; zacházet s kým treat, handle with sb.; zeleninu pickle; ovoce preserve

**nakladatel** publisher; **–ství** publishing house

**nákladný** expensive, costly

**naklánět se** lean*

**nakloněný** inclined; šikmý sloping; **být ~ čemu** be* inclined to sth.

**náklonnost** sklon inclination; přízeň affection

**nakonec** finally, in the end

**nákup** purchase, shopping; **–čí** purchaser

**nakupovat** shop, go* shopping, buy*

**nálad|a** mood, temper; **–ový** moody, fickle

**nalad|it** tune, put* in tune; **–ěný** tuned

**nalakovat** varnish

**naléha|t** press, urge; **–vý** urgent, pressing

**nalepit** stick*, put* on; **nálepka** na láhvi label

**nálet** air raid

**nalévat** pour into, infuse

**nalevo** left, to the left, on the left

**nález** find; objev discovery; med. diagnosis*

**nalézt** find*; objevit discover; kam crawl in sth.

**náležet** komu belong to sb.

**nález|itý** appropriate; patřičný proper; důkladný thorough; **–itě** properly; thoroughly; **–itosti** essentials (pl)

**nalíčit** make* up; ~ **se** make* one's face up

**nalít** pour into, infuse

**nálož** charge

**naložený** okurky pickled; maso salted

**namáčet** soak

**námah|a** effort, trouble, pains; **tělesná ~** physical exertion; **bez –y** with ease

**namáha|t** svaly exert; ~ **se** exert oneself; snažit se try hard, take* pains; **nenamáhejte se!** don't bother!; **–vý** tiring, difficult; oči strain

**namalovat** paint; ~ **se** make* up one's face

**namastit** grease, lubricate

**namazat** olejem lubricace, oil; máslem butter; ~ **se** hovor. get* tight

**namátkou** at random

**náměstí** place, square; kruhové circus

**námět** suggestion, theme; téma subject

**namích|at** mix; **–nout** annoy; **~ se** get\* angry
**namířit** nač aim, level at sth.
**namísto** instead of
**namítat** proti čemu object to sth., mind
**namočit** soak; hovor. dunk
**namydlit** soap; **~ se** soap oneself down
**namyšlený** conceited; hovor. bigheaded
**nanejvýše** at the utmost, at the most
**naobědvat se** have\* one's lunch (hl. jídlo dinner)
**naopak** v protikladu on the contrary; **právě ~**
   on the very contrary; **~ jsem velmi rád** on
   the contrary I'm very glad
**naostřit** sharpen
**nápad** idea, **ani ~!** no idea!; **–itý** resourceful,
   full of ideas; **–ník** suitor; **–ný** conspicious,
   striking, loud
**napad|ení** attack; vpád raid; **–nout** zaútočit at-
   tack; sníh fall\*; mít nápad occur
**napětí** polit. i nervové tension; elektr. voltage; **~ 220**
   **voltů** two hundred and twenty voltage; **jaké je**
   **tu elektrické ~?** what's the voltage here?
**napína|t** strain; **–avý** thrilling; **~ film** thriller
**nápis** inscription; firma sign; label

**napít se** have* a drink

**náplast** (sticking) plaster; Am. Band-Aid

**náplň** filling; ~ **koláče** cake filling; obsah contents; náhradní refill; do tiskárny cartridge

**napln|it** fill (up); complete; **-ěný** filled

**napodobit** copy, imitate; zfalšovat fake

**nápoj** drink; **nealkoholické -e** soft drinks

**napomáhat** help, assist

**naposledy** finally, last(ly), for the last time

**napovědět** naznačit hint; suggest; ve škole prompt

**napravit** chyby put* right, correct, remedy; zlepšit improve, better; odčinit make* amends

**napravo** (to the) right; kde on the right

**naprosto** entirely, utterly, absolutely

**naproti** opposite; ~ **sobě** opposite each other

**např.** e. g. (for example), for instance

**napřed** in front, first (of all); before, in advance

**napříč** across, crosswise; **cesta ~ Anglií** a journey across England

**napsat** write*; zapsat put* down; ~ **domů** write* home; **napište nám brzy** write* to us soon; ~ **pohled** write* a postcard

**napudrovat se** powder one's face

**napuchlý** swollen; oči puffy

**napůl** half

**napumpovat pneumatiku** pump up the tyre

**náram|ek** bracelet; **–kové hodinky** wristwatch

**náraz** silný impact; úder s otřesem shock; dunivý bump; **–ník** bumper

**narazit** nač hit* sth.; udeřit bump, strike*

**narážka** allusion, hint; tech. stop, pin

**narcis** narcissus

**narkoman, –ka** drug addict; **–ie** drug addiction

**náročný** demanding; zkouška strenuous, difficult; vybíravý choosy

**národ** nation, people; **narodit se** be* born

**národ|ní** national; lid. popular; **–nost** nationality; **jaké jste –nosti?** what is your nationality?

**nárok** claim; right; **–y** demands

**narozen|í** birth; **–iny** birthday; **–ý** born

**nárt** instep

**naruby** wrong side out, inside down

**náruč|í** arms (pl) čeho armful; **~ květin** armful of flowers; **vzít do ~** take* into one's arms

**narůst, –at** grow*; přen. increase

**nárys** outline, design

**naruš|ovat** disturb, disrupt; **–ení** disruption

**narýsovat** draw*; zhruba outline

**nářadí** tools (pl), kit; tělocvičné apparatus*

**nářečí** dialect; **místní ~** local dialect

**nařezat** nakrájet cut* (up); na plátky slice; zbít thrash

**nařídit** poručit order; úředně decree; hodiny set*

**naříkat** complain; lament, moan

**nařízení** order; **podle ~** according to orders

**nařknout** accuse, charge

**nasadit** set*, put* on; **~ si brýle** put* on one's glasses; květiny plant; zavést bring* in

**naschvál** on purpose, deliberately

**násil|í** violence, force; **–ím** by force; **–nický** brutal, violent; **–ník** brutal person, brute

**násled|ek** consequence, effect; výsledek result; **–kem** owing to; **–kem nehody** due to an accident; **–ná schůzka** follow-up meeting

**násled|ování** follow-up; **–ovat** follow; come* after; **–ující** following, subsequent

**naslepo** at random; blindly

**naslouch|at** komu listen to sb.; tajně overhear*; **–átko** pro nedoslýchavé hearing aid

**násob|ení** multiplication; **–ek** multiple

**násobi|t** multiply; **–lka** multiplication table

**naspěch: mít ~ be\*** in a hurry

**nasra|ný** pissed off; **–t** koho piss sb. off

**nastartovat** start up

**nasta|t** set\* in, come\*, start, begin\*; **–lo jaro** spring has come

**nastěhovat se: ~ do bytu** move into a flat

**nastolit** install, introduce, establish

**nastoupit** do řady form up; do vlaku get\* into; **~ na místo** take\* up a post

**nástroj** implement, instrument, tool

**nástup|ce** successor; **–iště** platform

**nastydnout** catch\* a cold

**nasvačit se** dopoledne have\* a snack

**nasypat** pour; sprinkle, scatter

**nasytit** jídlem feed; chem. saturate; potřeby meet\*

**náš** our, ours; **naše** our; **to je ~** it is ours

**našroubovat** screw on/in

**naštěstí** luckily, fortunately

**natáčky** curlers; **natočit si vlasy** curl one's hair

**natáhnout** prodloužit pull, stretch; hodiny wind\* up (a clock); ruku hold\* out, reach out; uši strain; **~ si kalhoty** put\* on one's trousers

**nátělník** vest, undershirt

**nátěr** paint, coating; **natěrač** painter

**natírat** paint, coat

**nátlak** pressure; **vykonávat** ~ exert pressure

**nauč|it** teach*; ~ **se** learn*; **–ný** educational
   **–ný slovník** encyclopaedia; **kde jste se –il
   anglicky?** where did you learn* English?

**náušnice** earrings (pl)

**navádět** instigate, incite

**navázat** styky enter into relations

**navečeřet se** have* dinner, have* supper; **jdu
   se** ~ I'm going to have* my supper

**navíc** ještě in addition to sth.; peníze extra

**navíjet** roll up, wind* up; na cívku reel in

**navlhčit** moisten, wet*; houbou sponge

**návod** instructions pl; pokyny directions (pl);
   podnět instigation; **–it** atmosféru create

**navoně|t** perfume, scent; ~ **se** put* on perfume;
   **–ný** perfumed

**návrat** return, comeback

**návrh** nabídku proposal, suggestion; tech. design,
   project; na schůzi motion; smlouvy draft; zákona
   bill; **udělat** ~ make* a suggestion; **–ář** designer

**navrhnout** propose, suggest; výrobek design
**návštěv|a** visit; kratší call; **–ník** visitor, guest
**navštívenka** visiting card, calling card
**navštívit** call (on), visit; krátce drop in
**návyk** habit; **vytvořit si ~** form a habit
**navyknout** accustom; **~ si** nač get* used to sth.
**navzájem** one another, each other, mutually
**navzdory** in spite of, (in) despite of
**navždy** for ever, for good and all
**nazdar** hallo, hello; hi; při loučení bye-bye,
   cheerio; **nazdařbůh** aimlessly
**název** name, title; **~ knihy** title of a book
**názor** opinion, view (on, about); **podle mého**
   **–u** in my opinion; **jaký je váš ~?** what is
   your opinion?
**nazpaměť** by heart; **učit se ~** learn* sth. by heart
**nazpět** back; drobné change; **máte ~ za ...?**
   have* you got change for ...?
**naz|vat** name, call; **–ývat** call; **~ se** be* called
**naživu** alive; **zůstat ~** stay alive
**ne** no, not; **zda ano či ~** whether yes or not
**nealkoholický** non-alcoholic; **~ nápoj** soft drink
**nebe** heaven, sky; **pod širým –m** in the open air

**nebezpeč|í** danger; **to je –né** that's dangerous

**nebo** or; v opačném případě or else; **–li** or; **–ť** for

**nebojácn|ý** fearless, dauntless; odvážný brave; **–ost** fearlessness

**nebydlící** homeless

**nebývalý** unprecedented, extraordinary

**necelý** incomplete; less than

**neciteln|ost** heartlessness, callousness; **–ý** heartless, callous; neznatelný insensible

**něco** something; **~ za ~ tit** for tat; v otázce anything; **máte něco k jídlu/k pití?** do you have* anything to eat*/to drink*?

**necudný** shameless, obscene

**nečekaný** unexpected

**nečinn|ost** inactivity, idleness; **–ý** idle; inactive

**nečistota** impurity; špína dirt

**nedaleko** od čeho not far* from/of sth.; nearby

**nedávn|o** lately, recently; **–ý** late, recent

**nedbal|ost** negligence, carelessness; opomenutí neglect; **–ý** careless; povrchní slapdash

**nedbat** neglect; přehlížet disregard

**neděl|e** Sunday; **každou –i** on Sundays

**nedobrovolný** involuntary

**nedočkavý** impatient; anxious

**nedokonalý** imperfect; vadný faulty

**nedokončený** unfinished; nehotový incomplete

**nedopatření** oversight; **–m** by an oversight

**nedorozumění** misunderstanding

**nedostat|ečný** insufficient; škol. unsatisfactory; **–ek** shortage, lack, vada defect, drawback

**nedostupný** inaccessible, unattainable

**nedotčený** untouched; celistvý intact

**nedůstojný** undignified, unworthy

**nedůvěr|a** distrust; pochyby mistrust; nevíra disbelief; **mám –u ke komu** I don't trust sb.

**nedůvěřovat** mistrust, distrust

**neforemný** formless, shapeless

**neformální** informal; **~ šaty** casual clothes

**něha** tenderness, gentleness

**nehet** nail; na ruce fingernail; na noze toenail

**nehezký** plain, unattractive; bad*

**nehledě k** apart from, regardless of

**nehoda** accident; **dopravní ~** car accident

**nehospodárný** uneconomical, wasteful

**nehybný** immobile, motionless

**nechápat** fail to understand\*, misunderstand\*

**nechat** dovolit let\*, leave\*; uložit keep\*; přestat stop; **~ kouření** stop smoking; ponechat leave\*; **mohu si to tu ~?** can I leave\* it here?

**nechu|ť** disgust; odpor aversion, dislike; odmítavá reluctance; **–tný** o jídle tasteless

**nějak** somehow; **~ jinak** some other way

**nějak|ý** some, some kind of; v otázce any; **máš u sebe –é peníze?** do you have\* any money on you?; **~ pán** a man\*

**nejasn|ý** mlhavý hazy, unclear; rozmazaný faint, dim; neurčitý vague; **–ost** lack of clarity

**nejbližší** the nearest, the next

**nejdále** farthest, furthest; **co ~** as far\* as possible

**nejdříve** first (of all), in the first place; **co možno ~** as soon as possible; **~ příští rok** at the earliest next year

**nejhorší** the worst

**nejist|ý** uncertain, insecure; **–ota** uncertainty

**nejlépe, nejlepší** the best\*

**nejméně** alespoň at least

**nejmenší** the least, the smallest

**nejprve** (at) first, first of all

**nejpozději** at the latest

**nejspíše** most likely, I daresay*

**nejvíce** most; **co ~** as much as possible

**nejvýše (= nanejvýše)** at (the) most

**nejvyšší** the highest; vrchní supreme; **~ soud** Supreme Court

**někam, někde** somewhere; v otázce a záporu anywhere; **je to někde blízko?** is it anywhere near here?; **~ jinde** somewhere else

**někdejší** former, sometime

**někdo** somebody, someone; v otázce a záporu anybody, anyone; **–y** občas sometimes; occasionally

**neklid** unrest; **politický ~** political unrest; nesnáz trouble; nervozita restlessness; **–ný** restless

**několik** several, a few, some; **~ lidí** several people

**nekompromisní** uncompromising

**nekonečný** infinite, endless, never-ending

**některý** one; s plurálem some, any (kind of)

**někudy** some way; any way

**nekuřá|k** non-smoker; **–cký** non-smoking

**nekvalifikovaný** unskilled, unqualified

**nekvalitní** inferior, of poor/bad* quality

**nelidský** inhuman; krutý cruel

**nelítostný** merciless; bezohledný ruthless, harsh

**nelogický** illogical

**nelze** it is not possible

**nemačkavý** crease-resistant

**nemajetný** poor, needy

**nemanželský** illegitimate

**Němec, n–ký, n–ky** German; **–ko** Germany

**neměnný** unchangeable, constant

**nemístný** out of place, impertinent

**nemluvně** baby, infant

**nemoc** illness; určitá disease; lehká indisposition; **–en** ill, sick; **–enské pojištění** sickness benefit, health insurance

**nemocn|ice** hospital; **–ý** sick, ill; člověk patient

**nemoderní** old-fashioned

**nemovitost** real estate

**nemožn|ý** impossible; **–ost** imposibility

**nemravný** immoral, indecent; slovo nasty

**němý** dumb, speechless; film silent

**nenadál|e** suddenly, unexpectedly; **–ý** sudden

**nenahraditelný** irreplaceable; škoda irreparable; ztráta irretrievable

**nenápadný** inconspicuous, discreet; barva quiet

**nenasytný** insatiable; chtivý greedy

**nenávi|dět** hate; silněji detest; **na smrt ~** hate deadly; **–st** hatred; **–stný** venomous

**neobsazený** unoccupied); místo vacant

**neobvyklý** unusual, exceptional; divný odd

**neobydlený** uninhabited; neobývaný unoccupied

**neodborn|ík** layman*, amateur; **–ost** amateurishness; **–ý** amateurish, dilettante, unprofessional

**neodolatelný** irresistible

**neohrožený** intrepid, dauntless, fearless

**neochota** reluctance, unwillingness

**neomezený** unlimited, boundless; moc absolute

**neopatrný** careless, unwary; ukvapený rash

**neoprávněný** unauthorized, unjustified

**neozbrojený** unarmed

**nepatrný** slight; maličký tiny, minute

**neplatn|ý** invalid, useless; **pas je ~** the passport isn't valid; **–ost** invalidity; smlouvy nulity

**neplodn|ý** sterile, infertile; **–ost** sterility

**nepoctiv|ý** nečestný dishonest; proti pravidlům unfair; **–ost** dishonesty, crookedness

**nepohodlný** uncomfortable

**nepochybn|ě** no doubt, undoubtedly; **–ý** indubitable; **to je –é** it's beyond dispute

**nepoměr** disproportion; imbalance; **–ný** disproportionate; velký excessive

**nepopsaný** blank

**nepopulární** unpopular

**neporozumět** misunderstand*

**nepořádek** disorder; hovor. mess

**neposlušn|ý** disobedient; **–ost** disobedience

**nepostradatelný** indispensable, essential

**nepoškozený** undamaged, infact

**nepotřebný** unnecessary, useless

**nepovinný** voluntary, optional

**nepozorn|ý** careless, inattentive; **–ost** carelessness; **chyba z –osti** a careless mistake

**nepraktický** člověk impractical; nástroj unsuitable

**nepravděpodobn|ý** improbable; nemožný unlikely; **–ost** improbability, implausibility

**nepravdivý** untrue; falešný false

**neprodejný** not for sale

**neprodleně** immediately, without delay; okamžitě instantly

**nepromokavý** waterproof; **~ plášť** raincoat

**neprospěšný** useless, unprofitable

**neprovdaná** unmarried, single

**nepřátels|ký** unfriendly; postoj hostile; země enemy; **–tví** unfriendliness; enmity

**nepřesn|ý** inaccurate; **–ost** inaccuracy

**nepřesvědčivý** lame, unconvincing

**nepřetržitý** continuous; stálý constant

**nepříčetný** insane, irresponsible; hovor. cross

**nepřijatelný** inacceptable

**nepříjemn|ý** disagreeable, unpleasant; otravný troublesome; **–ost** difficulties, trouble

**nepřiměřený** inadequate, inappropriate

**nepřím|ý** indirect; **–á řeč** indirect speech

**nepřípustný** inadmissible; nevhodný improper

**nepřirozený** unnatural; strojený affected

**nepřítel** enemy; odpůrce opponent

**nepřítomn|ý** absent; distracted; **–ost** absence; **v –osti koho** in the absence of sb.

**nepříznivý** unfavourable; počasí severe

**nereálný** unreal; plán unrealistic

**nerez** stainless; **–avějící** stainless (steel)

**nerost, –ný** mineral

**nerovný** uneven, nestejný unequal; povrch rough

**nerozpustný** insoluble

**nerv** nerve; **jde mi to na –y** it gets on my nerves; **neztratit –y** keep* calm; **–ák** film. cliffhanger, thriller; **–ový, –ózní** nervous

**neshoda** disagreement, dispute

**neschopn|ý** unable, incapable; nekvalifikovaný incompetent; **–ost** inability; **je v pracovní –osti** he is on sick leave

**neschůdný, nesjízdný** impassable

**neskromný** immodest, pretentious

**neskutečný** unreal, imaginary; klamný illusory

**neslučitelný** incompatible; inconsistent

**neslušn|ý** indecent, improper; **–ost** improper, behaviour

**nesměl|ý** shy, diffident; **–ost** shyness

**nesmírně** exceedingly, immensely

**nesmrtelný** immortal

**nesmysl** nonsense, absurdity; **to je ~** that's nonsense; **–ný** absurd, foolish, pointless

**nesnadný** difficult, hard, uneasy

**nesnáz** trouble, difficulty

**nesouhlas** disagreement, disapproval; **–ný** conflicting

**nesouhlasit** disagree

**nesoulad** discrepancy; disharmony, discord

**nespokojený** discontent(ed), dissatisfied

**nespolečenský** unsociable

**nespolehlivý** unjust; unreliable

**nesporný** positive, indisputable

**nespravedliv|ý** unjust, unfair; **–ost** injustice

**nesprávný** wrong, incorrect

**nesrovnatelný** incomparable

**nést** carry; **~ něco na zádech** carry sth. on one's back; odpovědnost i plody bear*; **~ následky** take* the consequences; **~ riziko** take* the risks; podepírat support; kartu lead*

**nést se** vznášet se fly*; carry oneself

**nestálý** člověk unsteady; počasí changeable

**nestejn|ý** unequal; **–ost** inequality, difference

**nestravitelný** indigestible

**nestvůr|a** monster; **–ný** monstrous

**nestydat|ý** impudent, shameless; **–ost** impudence, shamelessness; cheek

**neškodn|ý** harmless; **–ost** harmlessness

**nešťastn|ý** unhappy; smolař unlucky; ubohý miserable; **–á náhoda** bad* luck, misfortune

**neštěstí** pocit unhappiness; smůla bad* luck; misfortune; katastrofa disaster; nehoda accident

**netečný** impassive; lhostejný indifferent

**neteř** niece

**netěsný** leaky, leaking

**netopýr** bat

**netrpěliv|ý** impatient; **–ost** impatience

**neúčinný** systém inefficient; lék ineffective

**neukázněn|ý** indisciplined; **–ost** indiscipline

**neúměrný** disproportionate

**neúmysln|ý** unintentional; **–ě** unintentionally

**neúnavn|ý** untiring; **–ě** indefatigably

**neúplný** incomplete; deficient

**neuposlechnout** disobey

**neurčitý** indefinite; nejasný vague

**neúspěch** failure; mít ~ be* unsuccessful

**neúspěšn|ý** unsuccessful; **–ost** lack of success

**neustál|ý** constant, continual; **–e** constantly

**neutr|alita** neutrality; **–ální** neutral

**neuvěřitelný** incredible, unbelievable

**neužitečný** useless; rada unhelpful

**nevdě|čný** ungrateful; **–k** ungratefulness

**nevěr|a** adultery; **–ný** unfaithful, faithless

**nevěsta** bride; snoubenka fiancèe, girlfriend

**nevěstinec** brothel

**nevhod** at the wrong time; **–ný** inconvenient

**nevin|ný** innocent; **–a** innocence

**nevkus** bad* taste; **–ný** tasteless

**nevlídný** unkind, unfriendly; počasí harsh

**nevolnost** discomfort; žaludeční sickness

**nevšední** extraordinary; krása rare

**nevyčerpatelný** inexhaustible

**nevýhod|a** disadvantage; **–ný** disadvantageous

**nevychovan|ý** ill-mannered; **–ost** bad* manners

**nevýkonný** inefficient

**nevyléčitelný** incurable

**nevýnosný** unprofitable, unproductive

**nevyrovnaný** unbalanced; účet unsettled

**nevzdělan|ý** uneducated; **–ost** lack of education

**nezákonn|ý** nedovolený unlawful; protiprávní illegal; **–ost** unlawfulness, illegality

**nezaměstnan|ost** unemployment; **podpora v –osti** unemployment benefit; hovor. doll; **–ý** unemployed, out of work; **–ým vstup zakázán** authorized personnel only

**nezapomenutelný** unforgettable

**nezasloužený** undeserved

**nezařízený** unfurnished

**nezávisl|ý** independent; **–ost** independence

**nezbytný** imperative, indispensable

**nezd|ar** failure; **–árný** mischievous

**nezdravý** unhealthy, sick; škodlivý harmful

**nezdvořil|ý** impolite; **–ost** impoliteness

**nezkušený** inexperienced

**nezletil|ý** minor; **–ec** minor; **–ost** minority

**neznalost** ignorance

**neznámý** unknown, unfamiliar; kdo stranger

**nezodpovědn|ost** irresponsibility; **–ý** irresponsible

**nezvěstný** missing

**než** than, before, until; **jiný ~** different from

**nežádoucí** undesirable

**něžn|ý** jemný gentle; milenec tender; **–é pohlaví** the gentle, fair sex; **–ost** tenderness

**nic** nothing, not a thing; **skoro ~** hardly anything; **o ~ víc než ...** no more than ...

**nicméně** nevertheless

**ničit** destroy; demolovat demolish; **–el** wrecker

**nijak** by no means; in no way

**nikam** nowhere; v záporu not anywhere

**nikde** nowhere; v záporu not anywhere

**nikdo** nobody; v záporu not anybody, no one

**nikdy** never, at no time; **vůbec ~** never ever

**nikterak** by no means, not at all

**nit** thread; **–ěný** cotton

**nízk|o, -ý** low (down); **–otučný** low-fat

**nížina** lowlands (pl)

**nižší** lower, inferior

**noc** night; **přes ~** overnight; **dobrou ~!** good\* night!; **noční hlídač** watchman\*; **noční koši-le** nightgown; **je otevřeno přes ~?** is it open during the night?; **–ovat** stay the night

**nocle|h** night's lodging; **~ na jednu noc** a ro-om for one night; **kolik stojí ~?** how much is it for one night?; **–hárna pro mládež** youth hostel; **–žník** (overnight) guest

**noha** dolní končetina; nábytku leg; od kotníku dolů foot; **plochá ~** fallen arches; **dát si –u přes –u** cross one's legs; **mít –y do X** be\* knock-kneed; **–vice** trouser leg; **–tý** leggy

**nos** nose; **teče jí krev z –u** her nose is bleeding

**nosit** carry; šaty wear\*; **–el** držitel bearer, holder
**nosítka** stretcher
**notář** notary (public); **–ství** notary's office
**nouze** chudoba poverty; nedostatek want, need
**novina** news; a piece of news
**novin|y** (news)paper; **–ář** journalist
**nový** new, fresh, modern; **zbrusu ~** brand new
**nud|a** boredom, tedium; **to je ~** that's boring;
   **z –y** out of boredom; **umírat –ou** be\* bored stiff
**nudis|mus** naturism; **–ta, –tka** nudist; **–tická**
   **pláž** nudist beach
**nudle** noodle; **vlasové ~** vermicelli; u nosu snot
**nud|ný** tedious, boring; všední unevetful, dull;
   **–it se** feel\* bored, be\* bored
**nukleární** nuclear; **~ odpad** nuclear waste
**nul|a** zero; **pod/nad –ou** below/above zero;
   sport. nil; **prohrát 3:0** lose\* three nil
**nutit** force, urge, compel; **~, aby něco udělal**
   force him to do\* sth.; nalehát press
**nutn|ý** necessary; naléhavý urgent; **–ě** neces-
   sarily, urgently; **–ost** necessity
**nůž** knife\*; **kuchyňský ~** kitchen knife\*
**nůžky** scissors (pl)

**nynější** present, present-day
**nyní** now, these days, at the present time

# O

**o** about, against, by, of, on; s údajem času at;
   **o tobě** about you; **o vánocích** at Christmas
**oba** both; **vy ~** both of you
**obal** cover, packing, fold; **–it** wrap (up); **–ový**
   packaging, wrapping
**obálka** dopisní envelope; knihy dust jacket
**obava** fear; starostlivost anxiety; pochyby mis-
   giving; **být bez obav** have* no fear
**obávat se** fear, be* afraid (of)
**občan** citizen; **–ský** civil; **–ství** citizenship
**občas** now and then, from time to time, occa-
   sionally; **–ný** occasional, sporadic
**občerstv|ení** refreshments (pl); snack; **–it se**
   refresh oneself
**obdělávat** cultivate; orat till, farm
**obdiv** k čemu admiration; **–ný** admiring; **–ovat**
   **se** komu/čemu admire sb./sth.; **–ovatel** admir-
   er; **–uhodný** admirable

**období** period; roční season; term

**obec** vesnice village; společenství community; **náboženská ~** congregation, parish; samosprávná municipality

**obecenstvo** audience; sport. spectators

**obecný** common, general, universal

**oběd** lehký lunch; hlavní jídlo dinner; **co si dáte k –u?** what will you have* for lunch?; **–vat** have* dinner (lunch)

**oběh** circulation, run; **–nout** run* round

**obejít** go* round; nepříjemné evade; **~ se** bez čeho do* without sth.

**obejmout** embrace; srdečně hug; **~ se** embrace

**obelstít** podvést deceive, outwit, trick

**oběť** koho sacrifice; čeho victim; neštěstí casualty; **–ní** sacrificial

**obět|ovat** sacrifice; **–avý** devoted

**obeznámený** s čím familiar with sth.

**obhájce** defender; u soudu defence lawyer

**obhajovat** defend; zastávat stand* up for; před soudem plead

**obhajoba** defence

**obhlídka** inspection

**obchod** business, commerce, trade; transakce transaction; výhodný bargain; prodejna shop; **zahraniční** ~ foreign trade

**obchodn|í** commercial, business; ~ **dům** department store, shopping centre; ~ **značka** trademark; **–ík** business man*, tradesman*; **–ice** business woman*; majitel malého obchodu shopkeeper

**obchodovat** carry on trade, trade, deal*

**obil|í** Br. corn, cereals; Am., Austr. grain; **–nář-ský** corn-growing; **–niny** cereals

**obinadlo** bandage; **pružné** ~ elastic bandage

**objasnit** make* clear; vysvětlit explain, clarify

**objednaný** ordered; **jsem** ~ **na 9 hodin** I have* an appointment for nine o'clock

**objednat** order; ~ **se** make* an appointment; **chci se** ~ **na zítra** I'd like to make* an appointment for tomorrow; ~ **si taxi** order a taxi; ~ **si zájezd** book the trip

**objednávka** order

**objekt** object; **–ivita** objectivity; **–ivní** objective

**objem** volume; capacity; **–ný** bulky

**objet** go* round; v dopravě bypass; tour

**objetí** embrace, hug

**objev** discovery; **–it** discover; zjistit find* out

**objevit se** appear; znenadání turn up, emerge

**objímat** embrace, hug

**objímka** socket; sleeve

**objíždět** bypass; **objížďka** dočasná bypass

**obklad** compress; sádrový plaster; stěn facing

**obklíč|it** surround, encircle; **–ení** encirclement

**obklopit** surround; **~ se** surround oneself with

**oblačn|o** cloudy weather; **je –o** it's cloudy; **–ost** cloudiness; **–ý** cloudy

**oblak** cloud; **dešťový ~** rain cloud

**oblast** region, area; district; rozsah působnosti sphere, field; **–ní** regional

**obléci** dress, put* on; **~ se (si)** get* dressed, put* on one's clothes; **oblečení** clothes (pl)

**oblek** suit; **pracovní ~** working clothes

**obleva** thaw; **je ~** the thaw has set in

**obliba** popularity, liking for

**oblíbený** u koho popular with sb., favourite

**obličej** face; **smát se komu do –e** laugh in sb's face

**obligace** bonds, debenture

**obloh|a** sky; **jasná/zatažená ~** clear/overcast sky; **hvězdná ~** starry sky; kuch. **s –ou** garnished, with trimmings

**oblouk** arch. arch; mat. arc; ohyb cesty curve, bend; **–ovitý** arch-shaped, arched

**oblý** round, rounded; **–ch tvarů** chubby

**obměna** modification, variation

**obměňovat** modify, diversify; pozměnit alter

**obnažený** stripped, naked

**obnos** amount, sum

**obnošený** shabby, worn-out

**obnov|a** původního stavu restoration; renovace renovation; opětné zahájení renewal; **–it** restore; opět začít resume; **–it styky** resume contacts

**obočí** eyebrows (pl); **nabarvit ~** tint eyebrows

**obohatit** enrich; **~ se** enrich oneself

**obojek** dog collar

**obojí** both; **–ho pohlaví** of both sexes

**obojživelný** amphibious

**obor** vědní branch, sphere; pracovní profession

**oboustranný** mutual; látka reversible

**obouvat se (si)** put* on (one's shoes)

**obr** giant

**obrábět** work up, shape, machine

**obrácen|ý** turned over, reversed; vzhůru nohama upside down; **–ě** the other way

**obracet** turn round; **~ se** round; v posteli toss and turn

**obran|a** defence; **–ný** defensive

**obránce** defender; v kopané back

**obrat** turn; obchodní turnover; úsloví idiom

**obrátit** turn, reverse; **~ se** na koho contact sb., appeal to sb.

**obratlovec** vertebrate

**obratný** clever, skilful, deft, skilled

**obraz** picture, painting; **co představuje ten ~?** what does this painting represent?; **–árna** picture gallery; **–ný** figurative, symbolic; **–otvornost** imagination; **–ový** pictorial

**obrazov|ka** screen; **na –ce** on the screen

**obroubit** border, edge, hem

**obroučky brýlí** spectacle ribs

**obrovský** gigantic, huge, vast, enormous

**obruba** border; látky hem, edge; chodníku kerb

**obrys** outline, contour; **načrtnout něco v hrubých –ech** outline in rough

**obřad** ceremony; ritual; **svatební ~** wedding ceremony; **−ní** ceremonial

**obsadit** vojensky occupy; sedadlo engage

**obsah** capacity; **~ knihy** the content of the book; objem volume; aut **~ válců** the cylinder's volume; **−ovat** contain, comprise

**obsazen|o** taken; telef. engaged; **−ý** occupied; **všechny pokoje jsou −y** all the rooms are booked; **−í** occupation; div. cast

**obsloužit** serve, attend to

**obsluh|a** attendance, service; **ceny včetně −y** inclusive terms; **−ovat** zákazníka attend to, serve; stroj operate

**obstarat si** provide, get*, obtain

**obšírný** full, detailed; zdlouhavý lengthy

**obtěž|ovat** trouble; **promiňte, že −uji** excuse my troubling you; hovor. bother; **ne−ujte se** don't bother about that; být nevhod annoy

**obtíž** difficulty, trouble; **−ný** difficult, hard

**obuv** footwear; **−ník** shoemaker

**obvaz** bandage, dressing; **−ový** dressing

**obvázat** bind up, dress, bandage

**obvesel|it, −ovat** amuse, entertain, cheer up

**obvin|ění** accusation, charge; **křivé ~** false accusation; **–it** koho z čeho accuse sb. of sth.; práv. indict; **–ěný** (the) accused

**obvod** kruhu circle; okrsek district; elektr. circuit

**obvykle** usually; **–ý** usual, common, standard

**obyčej** habit, custom; **–ně** usually, generally; **–ný** usual, ordinary; všední common

**obydlený** inhabited; occupied

**obydl|í** dwelling; bydliště domicile ; **–it** zabrat occupy; osídlit settle; zalidnit populate

**obývací pokoj** living room, sitting room

**obývat** inhabit; držet obsazeno occupy

**obyvatel** inhabitant; **–stvo** population

**obzor** horizon, sky-line; **na –u** on the horizon

**obzvláště** especially, in particular

**obžalovaný** defendant; the accused

**ocas** tail; **–ní ploutev** tail fin

**oceán** ocean; **Atlantský ~** the Atlantic Ocean

**ocel** steel; **–árna** steelworks; **–ový** steel

**ocenit** uznat appreciate; odhadnout estimate, value; kriticky assess; vážit si think* highly of

**ocet** vinegar; **naložený v octě** pickled

**octnout se** find* oneself, fall* into

**očekáv|at** await, expect; **–ání** expectation

**oči** eyes; **oční** eye; **~ lékař** eye specialist

**očíslovat** number

**očistit** clean; **~ si boty** clean one's shoes

**očkov|at** proti čemu inoculate against sth., vaccinate; **jsem –án** I have been vaccinated; **–ání** vaccinaton, inoculation

**od** from, off, since (pouze o čase) ; **~ – do** from – to/till; **~ koho** who from?; **~ rána** since the morning; **~ kolika je otevřeno?** when do they open?

**odběratel** customer, subscriber

**odboč|it** od tématu digress; turn; **–it vpravo/ vlevo** take* a turning to the right/to the left; **–it od tématu** digress from the subject; **–ení** turning; **–ka cesty** turning; filiálka branch

**odbor** oddělení department, section; **–y** trade unions; Am. labor unions; **–ář** trade unionist; Am. member of a labor union

**odborn|ík** expert, specialist; **–ý** expert, skilled; **–ý posudek** expert opinion; **–é znalosti** expert knowledge

**odbyt** sales (pl); marketing; **jít na ~** sell* well*

**odčítat** subtract, deduct, take* off

**óddech** rest, break; **pracovat bez –u** work without rest; **–nout si** have* a rest

**oddělen|ě** separately; **–í** separation; oddíl department, compartment, section

**odděl|ený** separate; **–it** separate, detach

**oddíl** section, division; v dopr. prostředku compartment; sport. club; voj. detachment; policejní squad

**odebrat** take* away; zboží purchase, buy*; **~ se na cestu** set* out on a journey

**odečíst** deduct, subtract; na daních take* off

**odehrá|t** play off; **~ se** take* place; **děj se vá v Anglii** the action takes place in England

**odejít** depart, go* away; odkud leave*; **kam odešel?** where did he go*?; **odešel už před týdnem** he left a week ago; **~ ze školy** leave* school

**odemknout** unlock; **nemohu ~** I can't unlock

**odepnout** řemínek unstrap; knoflík unbutton

**odepřít** pomoc refuse; si co deny oneself sth.

**odesílatel** sender

**odeslat** zboží dispatch; dopis send* (off)

**odestlat postel** make* up a bed for the night

**oděv** clothes, clothing; **–ní** clothing

**odevzdat** deliver; peníze hand over/in

**odezv|a** response; **nalézt –u** meet* with response

**odhad** estimate; **podle mého –u** in my estimation; **–nout** estimate, judge; škodu assess

**odhalit** bare, show*; reveal, disclose, uncover; pomník unveil, detect; podvod show* up

**odhodlání** determination

**odhodlat se** decide, make* up one's mind

**odchod** departure; **~ do důchodu** retirement

**odchýlit se** deviate, digress, diverge

**odchylka** deviation; rozdíl difference

**odjet** leave*, depart; **kdy odjíždíte?** when are you leaving?; **~ z města** leave* the city

**odjezd** departure; **před –em** before departure

**odkaz** dědictví heritage, legacy; na něco reference to sth.; **kulturní ~** cultural heritage

**odkázat** dědictví bequeath; nač refer to sth.

**odklad** delay; **~ voj. služby** deferment

**odkládat** delay, put* off, postpone

**odklidit** remove, take* away, clear away; **~ ze stolu** clear the table

**odkrýt** uncover, detect, take* off, disclose

**odkud** where … from; **~ jste?** where are you from?

**odlet** flight, departure; **~ letadla** the take-off of the plane; **–ět** fly* away; depart by plane, take* off; **kdy odlétá letadlo do Prahy?** when does the plane for Prague take* off?

**odliš|it** distinguish, differentiate; **~ se** differ; differentiate; **–ný** different; **–nost** difference

**odliv** ebb, low tide; **za –u** at low tide

**odloučit** separate, isolate

**odlož|it** na později postpone, put* off; stranou lay* sth. away; **~ si** take* off; **–ený** na později postponed

**odměn|a** reward; prémie bonus; honorář fee; **peněžitá ~** financial reward; **za –u** as a reward; **–it koho za co** give* sb. a reward for sth.

**odmít|nout, –at** refuse; zamítnout decline, reject; **–nutí** refusal, rejection; hrubé rebuff

**odmlouvat** drze answer back, talk* back

**odmontovat** dismount, take* off, remove

**odnášet** carry away, take* away; **odneste kufry k taxíku!** take* these cases to the taxi

**odněkud** from some place; from somewhere

**odnož** offshoot

**odolat** resist, withstand*

**odol|ný** resistant, sturdy; **~ proti ohni** fireproof; **–nost** resistance

**odpad** odtok sink; odpadky waste; stoka sewer, drain; **radioaktivní ~** radioactive waste

**odpadky** waste, rubbish; smetí litter

**odpadnout** fall* off, drop off; be* cancelled

**odplouv|at** sail off; **odkud –á loď do ...?** from where does the ship sail for ...?

**odpočinek** rest; **polední ~** after-dinner rest

**odpočinout si** have* a rest, relax

**odpoledne** afternoon; kdy in the afternoon

**odpor** resistance, opposition; nechuť disgust, repulsion; **–ný** disgusting

**odporovat** příčit se contradict; klást odpor resist, oppose, protest

**odpově|ď** reply, answer; **–dět** answer, replay

**odpovědný** responsible; **kdo je za to ~?** who is responsible for that?

**odpovědnost** responsibility; **na vlastní ~** at one's own risk

**odprosit** apologize

**odpřisáhnout** swear*

**odpůrce** adversary, opponent

**odpustit** forgive*, pardon; **odpusťte, prosím** please, forgive* me; excuse me; **odpusť(te), že vyrušuji** forgive* me for intruding

**odpuz|ovat** repel, repulse; **–ující** repulsive

**odraz** odlesk reflection; odskok bounce, rebound

**odrazit, odrážet** ránu knock off, strike* off; voj. drive* back; od břehu cast* off; **~ se** v zrcadle reflect, be* reflected; odskočit bounce (off)

**odrůda** variety

**odřen|ina** kolena graze; laku scratch; **–ý** grazed; scratched

**odříci** cancel; **~ schůzku** cancel an appointment

**odřít** rub off; **~ si** koleno graze; lak scrape; **~ se na noze** graze one's leg

**odřízn|out** cut* off; **–utý od světa** cut* off from the outside world

**odsoudit** condemn; vynést rozsudek sentence

**odsouzenec** convict, convicted person

**odstavec** paragraph, section

**odstěhovat se** move out

**odstín** shade, hue; přen. nuance

**odstoup|ení** resignation, abdication; **–it** z úřadu resign; dozadu step back; z cesty step aside

**odstranit** příčiny remove, do\* away with; odpadky clear away, koho liquidate, eliminate; ~ **nečistotu** remove the dirt

**odstrčit** push off, push back

**odsun** transfer; **–out** postpone, put\* off; přemístit displace; vojska withdraw\*

**odškodn|é** compensation, damages (pl), indemnity

**odškodnit** indemnify; ~ **se** compensate oneself for a loss

**odšroubovat** screw off, unscrew

**odtáhnout** skříň pull away; odejít draw\* off

**odtamtud** from there

**odté|ci, –kat** flow\* off, drain away

**odtrhnout** list z bloku tear\* off, rip off; odloučit separate; ~ **se** od čeho break\* away from sth., come\* off

**odtučňovací kůra** slimming (reducing) diet

**odtud** from here

**odůvodn|ění** justification; **–it** justify

**odvah|a** courage; **nemám –u** I haven't got the courage; **dodat si –u** pluck up one's courage

**odvázat** untie, undo\*

**odváž|it se** troufnout si dare*; riskovat venture, risk; **–ný** bold, courageous, brave

**odvděčit se** reciprocate, repay*

**odvést** pryč take* away; **odvedu Vás tam** I'll take* you there; pozornost divert; na vojnu conscript, recruit

**odvet|a** retaliation; revenge; **–ný zápas** return match; **–ná opatření** retaliatory measures

**odvětit** komu reply to sb., answer; stroze retort

**odvézt** take* away, carry away

**odvolání** zrušení repeal, withdrawal; práv. proti čemu appeal against sth.; někoho recall, removal

**odvolat** call off, withdraw*; zrušit cancel; tvrzení take* back; prohlášení recall; ~ **se** na co refer to sth.; práv. ~ **se** proti čemu appeal against sth.

**odvoz** transport; ~ **odpadků** refuse collection

**odzbroj|ení** disarmament; úplné ~ complete disarmament; **–it** disarm

**odznak** badge; **sportovní** ~ sport's badge

**ofina** fringe

**ohebný** flexible, supple

**oheň** fire; **rozdělat** ~ make* a fire

**ohlas** response; **ohlásit** announce, report

**ohled** respect, consideration; **v tomto –u** in this respect; **–ně** as to, as regards

**ohlédnout se** look back, look round

**ohledupln|ý** considerate; **–ost** consideration

**ohni|sko** focus*; **–vý** focal; **–ště** fireplace

**ohnivzdorný** fire-resistant, fireproof

**ohnout (se)** bend*; skloněním bow

**ohnutý** bent, curved

**oholit** shave*; **~ se** have* a shave, shave* oneself

**ohrad|a** enclosure, fence; **–it** enclose, fence

**ohraničit** pozemek border, bound; pojem limit, define; pravomoc restrict

**ohromný** huge, enormous, immense

**ohřát (se)** warm (oneself) up, heat up

**ohyb** bend, curve, fold, bow

**ochla|dit** cool; ledem chill; v ledničce refrigerate; **–dit se** grow* cool; **–zení** cooling

**ochlazený** potraviny refrigerated; nápoj chilled

**ochočit** tame, domesticate

**ochota** willingness, helpfulness; **děkuji Vám za –u** thank* you for your kindness; **–ný** willing, obliging, kind

**ochran|a** protection, preservation; **–a život-
ního prostředí** environmental protection;
**–a památek** preservation of monuments;
kondom condom, sheath; **–ka** bodyguards

**ochraňovat** protect, save from

**ochrom|it** paralyse; **–ený** čím paralysed with sth.

**ochutnat** taste; **smím ~?** may I taste it?

**ojedinělý** isolated, unique, sporadic

**ojetý vůz** second-hand car, used car

**okamžik** moment; **za ~** in a moment

**okamžit|ě** immediately, at once; **–ý** imme-
diate, instant; **–á úleva** instant relief

**okartáčovat** brush off

**oklamat** deceive

**oklika** roundabout way; **je to zbytečná ~** it's
an unnecessary roundabout way

**okno** window; **rozbité ~** broken window

**oko** eye; na punčoše ladder; sítě mesh; **na ~** for
make-believe; **bolí mě oči** my eyes ache

**okolí** surroundings (pl), environs (pl)

**okolnost** circumstance

**okolo** místně (a)round; časově about

**okořenit** season, flavour

**okouzl|it** charm, fascinate; **–ující** charming

**okraj** margin, edge; **po okraj** to the brim

**okrást** rob; **~ koho o čas** waste sb.'s time

**okres, –ní, okrsek** district; Am. county

**okruh** circuit, round; **okružní** circular

**okup|ace** occupation; **–ovat** occupy

**okurka** cucumber; **kyselá ~** pickled gherkin

**okusit** taste, sample, try

**olej** oil; **~ na opalování** sun-tan oil; **stolní ~** cooking oil; **smažit na –i** fry in oil; aut. **vyměnit/zkontrolovat ~** change/check the oil; **–nička** oil can; **–ový nátěr** oil paint

**olejomalba** oil-painting

**olemovat** obroubit hem, edge; keři, stromy border

**oliv|a, –ový** olive; **–ově zelený** olive green

**olizovat** lick, lick off; **~ se** lick one's lips

**oloupat** peel; **~ se** peel off

**olov|o** lead; **–ěný** lead, leaden; **–nice** plumb line

**olše** alder(tree)

**omáčka** sauce; **rajská ~** tomato sauce

**omalov|ánky** colouring book; **–at** decorate, paint

**omámit** pobláznit infatuate; drogou drug; stun

**omast|ek** fat; **bez –ku** without fat

**omastit** co add fat to sth.; plech grease
**omdl**‖**ít** faint; **bylo mi na –ení** I felt faint/dizzy
**omeleta** omelette; **sladká ~** sweet omelette
**omez**‖**ení** limitation, restriction; **–ený** časem, fin. limited; duševně dim; **–it** limit, restrict; snížit reduce; **–it se** nač confine oneself to sth.
**omítka** plaster; jemná parget
**omluv**‖**a** apology; **–it** excuse; **~ se** apologize
**omrze**‖**t se** weary; **–lo mě to** I'm fed up with it, I'm sock of it
**omrzlina** frostbite*; **omrznout** get* frostbitten
**omyl** mistake, error; trapný blunder; **–em** by mistake; **být na –u** be* mistaken
**on** he; **~ sám** himself
**ona** she; **~ sama** herself
**onanovat** masturbate
**onemocně**‖**ní** illness, sickness; **–t** fall* ill, become* ill, be* taken ill
**oni** they; **~ sami** themselves
**ono** it; **~ samo** itself
**opačný** opposite, reverse
**opak** contrary; **úplný ~** quite the contrary; **–ování** repetition; **–ovat** repeat; učivo revise

**opálený** sunburnt, tanned, suntanned

**opáli|t se** get* tanned, get* a suntan; **kde ses tak –l?** where did you get* that tan?

**opalovačky** bikini, shorts and top

**opalovat se** sunbathe

**opar** mist; na rtu herpes, cold sore

**opařit** scald; **~ se** get* scalded

**opasek** belt

**opatrn|ý** careful, cautious; **–ost** caution, care

**opatrovat** take* care of, tend, look after

**opatření** measure; zákona provision; **předběžné ~** precaution; **učinit ~** take* measures

**opéka|t** roast, grill; toast; **–č topinek** toaster

**oper|a** opera; **–ní skladatel** opera composer

**opera|ce** operation; **–ční sál** operating theatre

**opěradlo** backrest, armrest

**opereta** musical comedy, operetta

**operovat** koho nač operate on sb. for sth.

**opět** again

**opic|e** monkey, ape; hovor. **mít –i** be* tight

**opil|ec** drunk; alkoholik drunkard; **–ý** drunk

**opírat se** oč lean* against sth.

**opis** copy, duplicate; **ověřený ~** certified copy

**opít** intoxicate, make* drunk; ~ **se** get* drunk

**opláchnout** rinse, wash up; ~ **se** have* a wash

**oplatek** wafer

**oplatit** pay* back, repay*

**oplodnit** biol. fertilize; ženu make* pregnant; obohatit stimulate, enrich

**oplotit** fence, enclose

**oplývat** čím abound in sth., be* rich in sth.

**oplzl‖ý** vtip lewd; dirty, obscene; **–ost** lewdness; obscenity

**opojení** intoxication

**opom‖íjet** neglect, ignore; **–inutí** neglect

**opona** curtain; železná ~ Iron Curtain

**opon‖ent** opponent; **–ovat** komu object to sb., contradict sb., oppose sb.

**opora** support

**opotřebovat (se)** wear* (out)

**opováž‖it se** dare; **–livý** foolhardy, rash

**opovrhovat** kým despise sb.

**opovrž‖ení** contempt; **–livý** contemptuous

**opozdit se** be* late, be* overdue, be* delayed

**opozi‖ce, –ční** opposition

**opožděný** late, delayed; retarded

**opracovat** work up; strojem machine

**oprášit** dust; brush up

**oprava** chyby correction; auta repair

**opravář** repairman*

**opravdový** skutečný real, true; vážný earnest

**opravdu** indeed, really

**opravit** chybu correct; spravit repair, mend

**oprávn|ění** authorization, title; plná moc warrant; **–it** zmocnit entitle, authorize

**opřít se** oč lean against sth.

**opsat** copy; ve škole crib; přen. vyjádřit se jinak express in other words, paraphrase

**opti|cký** optical; **–ka** optics

**optimis|mus** optimism; **–ta, –tický** optimist

**opuchlý** swollen; puffy

**opust|it** leave*; odchodem quit; zanechat osudu abandon; **–ily ho síly** his strength failed him

**opuštěný** abandoned, deserted; lonely

**oranžový** orange

**orat** plough, Am. plow

**ordina|ce** surgery; **–ční hodiny** surgery hours

**orel** eagle

**orgán** organ; **výkonný ~** executive body

**organický** organic

**organismus** organism

**organiza|ce** organization; **–ační** organizing; **–ovat** organize; **–ovaný** organized

**orgasmus** orgasm

**orgie** orgy; **pořádat ~** have* orgy

**orchestr** orchestra; kapela band; **komorní symfonický ~** chamber symphony orchestra; **džezový ~** jazzband

**orient|ace** orientation, bearings, direction; **ztratil jsem –aci** I've lost my bearings; **umět se –ovat** know* all the ropes

**originál, –ní** original

**ořech** nut; **vlašský ~** walnut; **–ový** nutty

**osa** axis*; stroje axle

**osada** settlement, community

**osaměl|ost** solitude, loneliness; **–ý** lonely, solitary, lonesome; **žít –e** live in seclusion

**osamostatnit se** gain independence

**osazenstvo** staff, crew, personnel

**osel** vulg. donkey; přen. ass; **ty jsi ale ~!** what an ass you are!

**osevní** sowing; **osít** sow*; **osivo** seed corn

**oslabit** weaken; reduce; na burze soften

**osladit** sweeten

**oslav|a** celebration; hovor. party; **–it** celebrate

**oslovení** v dopise greeting; form of address

**oslovit** koho jménem address sb. by name

**osm** eight; **–ý** eighth; **–desát** eighty; **–desátý** eightieth; **–náct** eighteen; **–ihodinová pra-covní doba** eight-hour working day

**osob|a** person; **–itý** individual; **–ní** personal; **–ní doklady** identity papers; **–ně** personally; **–nost** personality

**osolit** salt, put* salt on

**ospalý** sleepy, drowsy; **jsem ~** I feel* sleepy

**ospravedlnit** zdůvodnit justify; zbavit nařčení exonerate; **~ se** justify oneself

**osprchovat se** take* a shower; **kde se mohu ~?** where can I take* a shower?

**ostatn|ě** after all, besides; **–í** the other, the rest

**ostrov** island, isle

**ostružina** blackberry

**ostr|ý** nůž sharp; úhel acute; jídlo hot; voj. náboj live; **–ost** sharpness; acuity; jídlo hotness

**ostř|í** edge; **–it** sharpen; **–ílený** seasoned

**ostříhat** cut\*; **dát se ~** have\* a haircut

**ostud|a** shame, disgrace; **dělat –u** komu be\* a disgrace to sb.; **–ný** shameful, disgraceful; scandalous; **–né chování** disgraceful behaviour

**ost|ych** shyness, timidity; **–ýchavý** shy; stydlivý bashful

**osud** fate, destiny; fortune; **–ný** fatal

**osuš|it** dry (up); utřením wipe sth. dry; **~ se** dry oneself; **–ka** bath towel

**osvědčení** certificate, testimony

**osvětl|ení** lights, lighting, illumination; **umělé ~** floodlights; **–it** light\* up; objasnit clarify

**osvěž|ení** refreshment; **–it** refresh

**osvobodit** propustit set\* free; z nesvobody liberate; zprostit obvinění acquit; **~ se** free oneself

**osvojit si** jazyk acquire; dítě adopt

**ošetř|it, –ovat** attend to, nurse; **–ovatelka** nurse

**ošidit** swindle, cheat, defraud

**oškliv|ý** ugly, nasty; **–é počasí** nasty weather

**otáčet (se)** turn (round), revolve

**otázka** question; sporná issue, problem

**otazník** question mark

**otec** father; **otcovs|ký** paternal; **–tví** paternity

**otéci** swell\*; hovor. puff up; **oteklý** swollen

**otěhotnět** become\* pregnant, conceive

**oteplit se** warm up; **otepluje se** it's getting warmer; **oteplovačky** salopettes

**otevřen|ý** open; **je –o** it's open; **kdy je –o?** when do they open?

**otevřít (se)** open; **nemohu ~ okno** I can't open the window; **~ si účet** open an account

**otoč|it (se)** turn; **–te se** turn round

**otok** swelling

**otrava** poisoning; nuda i člověk bore

**otrávit** poison; otravovat se bore; **~ se** take\* poison

**otrhaný** ragged, shabby

**otro|k** slave; **–cký** slavish; servilní servil

**otřást** shake\*, shock, shatter

**otřes** při zemětřesení tremor; shake, shock; med. **~ mozku** concussion; **–ný** ghastly, shocking

**otřít** wipe off, mop, rub; **~ prach** dust

**otupělý** dull; otrlý callous

**otuž|ilý** hardened; **–ovat se** become\*hardened

**otvírací doba** opening hours

**otvírák konzerv, lahví** tin opener, bottle opener

**otvírat** open; start, commence

**otvor** opening; díra hole; zející gap; štěrbina slot

**otyl|ost** obesity; **–ý** corpulent, obese

**ovace** ovation; **bouřlivé ~** standing ovation

**ovce** sheep\*; **černá ~ rodiny** the black sheep of the family; **ovčácký pes** sheepdog

**ovdovět ona/on** be\* left a widow/windower

**oves** oats (pl); **–ná kaše** porridge; **–ná mouka** oatmeal

**ověřit (si)** správnost verify; doklad authenticate

**ovládání** control; **dálkové ~** remote control

**ovlád|at, –nout** jazyk master; území control; někoho dominate; **~ se** keep one's temper

**ovoc|e** fruit; **čerstvé ~** fresh fruit; **–nář** fruit grower; **–nářství** fruit-growing; **–ný sad** orchard; **–ný koláč** fruit cake

**ovšem** of course; it is true, sure

**ovzduší** atmosphere; climate

**ozbroj|ený** armed; **–it** arm

**ozdob|a** ornament, decoration; **–ný** decorative, ornamental; **–it** decorate, ornament

**označ|ení** sign, mark, designation; **–it** nálepkou label; značkou mark; cenu give\*; pořadí indicate

**oznámení** announcement

**oznámit** announce, inform; formálně sdělit no-
tify

**ozón** ozone; **–ová díra** the hole in the ozone layer

**ozřejmit** make* sth. clear

**ozubení** tech. toothing; **–ý** toothed

**ozvat se** znít resound, sound; vzpomínky awaken

**ozvěna** echo, resonance

**ožehavý** delicate, tricky, awkward

**oženi∥t** marry; **~ se** get* married; **–l jsem se**
I got married; **znovu se ~** marry again

**oživ∥ení** revival; **–it** koho bring* back to life*

**ožrat** listí eat* off; **~ se** opít se get* drunk

# P

**pac, –ička** little* hand; **–ka** zvířete paw

**pacient, –ka** patient; **ambulantní ~** outpatient

**pád** fall; **volný ~** free fall; vlády overthrow; jaz.
case

**pad∥at** fall*; **–á sníh** it's snowing; voják die;
**–nout v boji** be* killed in action

**paděl∥aný** faked, forged; **–at** forge, falsify;
**–atel** forger; **–ek** forgery, fake

**padesát** fifty; **–ý** fiftieth; **–iny** fiftieth anniversary/birthday

**pádit** run\*, rush, dash

**pádlo, –vat** paddle

**padn|out** fall\*, drop; o šatech fit; **oblek Vám velmi dobře –e** the suit fits you very well\*; **–out kolem krku** throw\* one's arms round sb.'s neck; **–out za oběť** become\* a victim

**pahorek** hillock, rise

**pahýl** stub, stump, end

**pach** odour, smell; **páchnout** reek, stink\*

**páchnoucí** bad\* smelling; sýr strong

**pak** then, afterwards, next; later

**páka** handle, lever; aut. **rychlostní ~** gear lever

**palác** palace; **renesanční ~** renaissance palace

**palačinka** pancake

**palb|a** fire; **zastavit –u** cease fire

**palčivý** burning; naléhavý acute, pressing

**palec** na ruce thumb; na noze big toe; míra inch (coul = 2,54 cm); **držet palce** komu keep\* one's fingers crossed for sb.

**paličatý** stubborn, obstinate

**pálit** burn\*; střílet fire; bolest smart; pálenku distil

**palivo** fuel; **–vé dříví** firewood; **–vá směs** fuel mixture

**pálivý** jídlo hot; bolest smarting; slunce saltry

**pálka** kriketová, na stolní tenis bat; **–ař** v kriketu batsman*

**palm|a, –ový** palm tree

**palub|a** deck; **na –ě** aboard; **přes –u** overboard

**památ|ka** připomenutí memory; věc, upomínka remembrance; souvenir; hist., velká monument; **umělecká ~** art treasure; hist. malá historic relic; **–ník** monument, memorial; **–ný** memorable

**pamatovat si** nač remember sth.

**pamě|ť** memory; **–tní** memorial

**pan** před jménem zkr. Mr.; před titulem se zkr. neužívá **~ doktor** Doctor; **~ profesor** Professor; oslovení **–e doktore** Doctor; **–e** Sir

**pán** man*, gentleman*, master

**panelák** block of flats

**panenka** hračka doll; oční pupil; dívka girl, maid

**pánev** anat. pelvis; kuch. pan; geol. basin

**paní** Mrs., Madam, mistress, lady

**pan|na** virgin; **–enský, –ický** viriginal; půda virgin

**pan|enství** virginity; **ztratit –enství** lose* one's virginity; **–ic** virgin

**panovat** v zemi rule, reign; převládat prevail

**panovník** monarch, sovereign; vládce ruler

**pantofle** slippers (pl); **být pod –m** be* henpecked

**papež** pope

**papír, –ový** paper; **dopisní ~** notepaper; **toaletní ~** toilet paper; **cenné –y** securities; **–nictví** stationer's

**papouš|ek, –kovat** parrot

**paprika** zelenina green (red) pepper; koření **pálivá (sladká) ~** hot (mild) paprika

**paprs|ek** ray; **sluneční –ky** sun beams

**pár** pair; manželský couple; **–a** steam, vapour

**párat** unstitch, unsew*, undo*

**párátka** toothpicks

**parcela** plot, site; Am. parcel

**párek** viz **pár** uzenka frankfurter, sausage; **milenecký ~** loving couple; **~ holubů** pair of pigeons

**parf|ém** parfume, scent; **–umérie** chemist's; oddělení cosmetics, parfumery

**park** park; vozový fleet; **městský ~** town park; **zámecký ~** parkland

**parket** dance floor

**parket|a** parquet; **–ář** parquet layer; **–ová podlaha** parquet floor; hovor. **to není moje ~** it's not my cup of tea

**park|oviště** car park; parking area; **–ovací světlo** parking light; **–ovat** park; **může se zde –ovat?** is it allowed to park here?

**parlament** parliament; **–ární** parliamentary

**parník** malý steamer; steamship; **zámořský ~** ocean liner

**parn|ý** sultry, close; **je –o** it's sultry

**part|a** pracovní team; veselá company; kluků gang; **–e** death notice

**partie** část part; hra game, match; **šachová ~** a game of chess

**partner,** **–ka** partner; **obchodní ~** business partner

**paruka** wig

**pas** cestovní passport; **váš ~ je (ne)platný** your passport is (not) valid; **–ová kontrola** passport examination

**pás** belt; **podvazkový ~** suspender belt; **bezpečnostní ~** safety belt; tanku track; zeměp.

girdle, belt; **~ lesů** forest belt; část těla waist;
**těsný v pase** too tight at the waist

**pasažér** passenger, traveller

**pás|ek** kalhotový belt; **–ka** magnetofonová tape;
**video–** videotape; **lepící ~** stick tape; do psacího
stroje i smuteční ribbon; **–mo** belt, zone; míra tape

**paseka** clearing, glade; přen. havoc

**pas|íva** liabilities; **–ivita** passivity; **–ivní** passiv

**past** trap; **~ na myši** mouse* trap; jáma pitfall

**pást se** graze, pasture

**past|a** paste; zubní tooth* paste; **–ovat** polish

**pastelka** coloured pencil, cryon

**pastýř** shepherd

**paš|erák** smuggler; **–ovat** smuggle

**paštika** paté; v konzervě pasty

**pat** šach. stalemate

**pata** punčochy heel; úpatí foot

**pátek** Friday; **v ~** on Friday

**páteř** backbone, spinal column

**patnáct** fifteen; **–ý** fifteenth

**pátr|ání** investigation, search; **–at** search;
**~ po příčině** čeho search for the cause of sth.;
**–avý pohled** a questioning look

**patrn|ě** apparently, probably; **–ý** evident

**patro** poschodí storey, floor; anat. palate

**patrona** cartridge; **slepá ~** blank cartridge

**patrový autobus** double-decker

**patřičný** due, respective

**patřit** komu belong to sb.; **komu to patří?** who does it belong to?; mezi rank among

**pauza** interval, stop; **polední ~** lunch break

**pavouk** spider; **pavučina** cobweb

**paže** arm; **pod paží** under one's arm

**pec** furnace; kuch. oven; **péci** bake, roast, make\*

**pecka** stone; voj. pip

**péče** care, solicitude; **povinná ~** due diligence

**pečen|ý** baked, roast; **hovězí vepřová –ě** roast beef pork

**pečivo** baked goods, pastry, **sladké ~** pastries

**pečlivý** careful, solicitous

**pečovat** care, take\* care of; **~ o rodinu** provide for one's family; **–elka** home help

**pekáč** pan; na maso roasting pan

**pekař** baker; **–ství** baker's

**pekl|o** hell; **přijít do –a** go\* to hell

**pěkný** fine, nice; dívka pretty; hoch handsome

**pěkně** nicely, prettily; **dnes je ~** it's nice today

**pěna** foam; mýdlová lather; mořská spume

**peněž|enka** purse; **–ní** financial, monetary

**penis** penis

**peníz** coin; **–e** money; **–e v hotovosti** cash, ready money; **nemít –e** have\* no money; **půjčit si/ztratit –e** borrow/lose\* money

**penz|e** důchod pension; životní období retirement; **jít do ~** retire; v hotelu board; **s plnou/ poloviční –í** with full/partial board; **–ion** boarding house; **–ista** (old-age) pensioner

**pepř** pepper; **–enka** pepperbox; **–it** pepper

**perfektní** perfect, flawless

**perioda** period; měsíčky period, menstruation

**perl|a** pearl; **–eť** mother-of-pearl; **–orodka** pearl oyster; **–ový náhrdelník** pearl necklace

**perník** gingerbread

**pero** ptačí feather; psací pen; plnicí fountain pen; **kuličkové ~** ballpoint pen; pružina spring; **–kresba** pen-and-ink drawing

**perspektiv|a, –ní** perspective; **–ně** perspectively; **pohled z ptačí –y** bird's eye view

**peří** feather(s); **–čko** prachové down

**peřina** duvet; prošívaná deka quilt, eiderdown

**pes** dog; **hlídací ~** guard dog; **lovecký ~** hound

**pesimis|mus** pessimism; **–ta** pessimist; **–tický** pessimistic, gloomy

**pěst** fist; **na vlastní ~** on one's own risk

**pěstovat** rostliny cultivate, grow\*; sport. go\* in for, do\*

**pestrý** jídelníček varied; barevný colourful

**pěšina** path, pathway; ve vlasech parting

**pěšky** on foot\*; **jít ~** walk, go\* on foot\*

**pět** five; **–iboj** pentathlon; **–ina** fifth

**petržel** parsley; koření parsnip

**pevn|ě** fast, firmly; **–ost** fort, fortress; firmness; **–ý** firm, solid, stable, steady

**pevnina** continent, mainland

**pih|a** freckle; **–ovatý** freckled

**píchnout** sting\*, prick; pneumatiku puncture

**pil|a** nástroj saw; závod sawmill; **–iny** sawdust

**píle** deligence, industry, application

**pilní|k** file; **–ček na nehty** nail file

**piln|ý** industrious, hard-working; urgent; **mít napilno** be\* busy; **pracovat –ě** work hard

**pilulka** pill; antikoncepční the pill

**pinzeta** tweezers (pl)

**písař, –ka** na stroji typist

**pisatel, –ka** writer, author

**písči|na** sands, sandbank; **–tý** sandy

**pís|ek** sand; **hrubý ~** gravel; **–kový cukr** castor sugar; **–kovec** sandstone

**písemn|ě** in writing; **–ý** written, in writing

**píseň** song; popěvek air

**písk|ání** whistling; **–at** whistle, pipe; zápas referee; myš squeak; signál pip

**písm|eno** letter; **malé/velké ~** small/capital letter; **–o rukopis** handwriting; tiskařské type, script; **latinské –o** roman script; **tiskacím písmem** in block letters

**píšťal|a** pipe; **–ka** whistle

**pít** drink*; opíjet se have* a drink problem, drink* hard; **pije mi krev** she's driving me crazy

**pitva** dissection, autopsy; **–t** dissect

**pivnice** public house, pub, tavern

**pivo** beer; **světlé ~** light beer; **–var** brewery

**placen|í** payment; **–ý** paid

**plácnout** slap, smack; **~ si** shake* hand

**pláč** weeping, crying; **plačtivý** weepy

**placht|a** lodi sail; přikrývka canvass cover; nepromokavá tarpaulin; **–it** na vodě sail; na větroni glide; **–ovina** canvas

**plach|ý** shy; opatrný cautious; zvíře timid; **–ost** shyness; zvířete timidity

**plakat** weep*, cry; ~ **nad kým** weep* for sb.

**plakát** poster, bill

**plamen** flame; šlehající blaze, flare; **být v –ech** be* in flames, be* ablaze; **–ný** řeč stirring

**plán** plan, schedule; záměr intention; ~ **města** street map; ~ **cesty** schedule of journey; **–ovat** plan; **–ovat si** make* plans; **–ovitý** systematic, methodical

**plan|ý** barren; záměr vain, futile, idle; slib hollow; poplach false; **–é jablko** crab apple

**plápolat** blaze, flame, flicker, waver

**plastick|ý** plastic; **–á chirurgie** plastic surgery

**plašit** scare, frighten; ~ **se** get* frightened

**plášť** coat; ~ **do deště** raincoat; pneu tire

**plat** pay, salary; jednorázově payment

**platit** pay*; týkat se apply; být v platnosti be* valid; ~ **hotově** pay* cash

**plátno** cloth, linen; canvass; filmové screen

**platnost** validity; **uvést v ~** put* into effect

**platn|ý** valid; **–á smlouva** lawful contract

**plav|at** swim*; float; **–ba** voyage, cruise; **–čík** lifeguard; **–ební** navigation; shipping; **–ec** swimmer; **–ecký** swimming; **–idlo** craft, vessel; **–it se** sail, cruise

**plavky** dámské swimsuit; pánské swimming trunks

**plavovláska** blonde

**plaz** reptile; **–it se** crawl; **–ivý** crawling

**pláž** beach; **–ový** beach

**plech** tin, sheet metal; **–ovka** Am. tin, can

**plemeno** breed; race; **lidské ~** human race

**plenit** plunder, desolate

**ples** ball, party; **pořádat ~** give* a ball

**plesniv|ý** mouldy; **–ět** go* mouldy

**plést** košíky weave*; svetr knit, twist; mást puzzle

**pleť** complexion; **–ová voda** face lotion

**plevel** weed

**plíce** lungs (pl); **plicní** lung, pulmonary

**plískanice** sleet, slush

**pliv|at, –nutí** spit*; **–nout komu do tváře** spit* in sb's face

**pln|ý** full, postava plump; hotel booked; **–á moc** power(s), authorization; úřední warrant

**plod** fruit; zárodek embryo; **–ina** crop; **–it** strom breed*, bear*, give*; potomstvo produce; zlo cause; **–nost** fertility; **–ný** fertile; fruitful

**ploch|a** area, space; surface; **–ý** flat, level

**plomba** zubní filling; pečeť seal

**plošina** platform, plateau; autobusu deck

**plot** fence; železný railing

**plout** sail, float; **~ proti proudu** sail against the tide; **–ev** fin; potápěčská flipper

**ploužit se** sneak; drag

**plov|ák** float; bóje buoy; **–árna** swimming pool; **–oucí** floating

**pluk** regiment; **–ovník** colonel

**plyn** gas; **zemní ~** natural gas; **–oměr** gas-meter; **–árna** gasworks; **–ový hořák** gas-burner

**plynn|ě** fluently; **hovořit ~ anglicky** speak* fluent English; **–ý** skupenství gaseous; **plynulý** o řeči fluent

**plyš** plush; **–ový koberec** plush carpet

**plýtva|t** waste, lavish; **–ání** wastage

**pneumatika** tyre; Am. tire

**po** after; for; in; ~ **tři roky** for three years; ~ **dvou dnech** in two days; over ; ~ **celém světě** all over the world; along; ~ **ulici** along the street

**pobízet** podmínit incite, prompt; popohnat urge

**poblíž** near, not far\* from

**pobočka** branch (office)

**pobouřit** outrage, stir, irritate

**pobožný** pious, religious

**pobřeží** coast, shore

**pobyt** stay; **místo –u** residence, domicile

**poc|it** feeling, sensation; **–ítit** feel\*; zakusit experience

**pocta** honour; lichotka compliment

**poctít** favour, honour

**poctiv|ý** honest, fair, righteous; **–ost** honesty

**počasí** weather; **pěkné ~** fine weather

**počát|eční** initial, original; **–ek** origin, beginning

**počet** number; číslo figure; **–ný** numerous

**početí** conception

**počínat si** behave, act

**počítač** computer, PC; **–ka** calculator

**počítat** provádět mat. úkon do\* arithemetics, count, calculate; řadit number; spoléhat se reckon

**pod** under; *níže než* below; **~ oknem** below the window; *méně než* less than

**podařit se** succeed; **podařilo se mi** I succeeded, I was successful

**podat** *předat* hand, pass, give\*; *obsloužit* serve

**podceňovat** underestimate, underrate

**poděkov|ání** thanks (pl); **–at** thank

**podél** along; **–ně** lengthways

**podepřít** prop up, support, back

**podepsat** sign; **~ se** sign one's name

**podezřelý** suspicious; suspected

**podezřívat** *z čeho* suspect of sth.

**podíl** share, portion; **–et se** share, participate

**podívat se** *nač* look at sth.; have\* a look at sth.

**podivný** strange, peculiar; *divný* odd, weird

**podivuhodný** admirable, wonderful

**podlaha** floor; **parketová ~** parquet floor

**podle** according to, in accordance with, along

**podlehnout** succumb, yield; be\* defeated

**podložit** underlay\*, put\* sth. under; *důkaz* found

**podmanit** subjugate, subdue; **~ si** enthral

**podmínka** condition, term; circumstance

**podnájem** lodgings (pl); rent

**podnebí** climate; **mírné ~** temperate climate

**podnět** impulse, suggestion; **dát ~** initiate; **–ný** diskuse stimulating; návrh suggestive

**podnik** company, firm, enterprise; obchod business; **–ání** enterprise; **–atel** obch. businessman*, prům. idustrialist; **–avost** spirit of enterprise; **–avý** enterprising; **–nout** undertake*

**podob|a** form, shape; **–nost** resemblance; **–ný** similar, (a)like; **–at se** komu resemble sb.

**podotknout** point out, add, remark

**podpat|ek** heel; **bez –ků** without heel

**podpěra** bracket, support, prop, stay

**podpis, –ový** signature, subscription

**podplácet** bribe, corrupt

**podpor|a** support, backing; polit. promotion; sociální benefit; pomoc maintenance; **–ovat** support, maintain, keep*; mravně support

**podrážd|ění** irritation; **–dit** stimulate

**podrobit se** submit, yield

**podrobn|ě** in detail; **–ost** detail, particular; **–ý** detailed, particular, minute

**podržet (si)** keep*, retain, hold*

**podřadný** inferior, second-rate

**podstat|a** nature, essence, substance; **–ný** essential, substantial; **–né jméno** noun

**podstavec** stand, base; sochy pedestal

**podstoupit** undergo\*; take\* up

**podsvětí** underworld

**poduška** cushion; razítka pad

**podv|ádět** deceive, cheat; **–od** deception, deceit

**podvra|cet** subvert; **–tný** subversive

**podzemí** underground

**podzim** autumn; Am. fall; **–ní** autumn

**poezie** poetry; **poetický** poetic

**pohádka** fairytale; fable; folk tale

**pohár** cup, bowl; starobylý goblet

**pohladit** stroke, caress

**pohlaví** sex; **něžné ~** fair sex; **silné ~** stronger sex; **lidé obojího ~** people of both sexes

**pohlavní** sexual; **~ choroba** veneral disease

**pohlcení** absorption

**pohled** look; letmý glance; pohlednice postcard; výhled sight, view; **pěkná na ~** lovely to look at

**pohmožd|ěnina** bruise; **–it** bruise

**pohnout** move, stir, make\*

**pohodl|í** comfort, convenience; **–ně** at ease, comfortably; **–ný** comfortable, convenient

**pohon** drive, driving; **ruční ~** hand drive

**pohostin|ství** hospitality; **–ný** hospitable

**pohostit** treat, entertain; **děkuji vám za pohoštění** thank you for your hospitality

**pohotový** prompt, ready, prepared

**pohovka** couch, settee, sofa

**pohranič|í** border region; **–ní** border, frontier

**pohrd|ání** disdain, contempt; **–at** despise

**pohroma** calamity, catastrophe, disaster

**pohřbít** bury; vzdát abandon

**pohřeb** funeral, burial; **–ní obřad** burial service

**pohřešov|at** miss; **být –án** be* missing

**pohyb** motion, movement; sport. exercise

**pohybovat se** go* on, move; procede

**pocházet** come* from; o době date from

**pochod, –ovat** march, parade

**pochopení** understanding, comprehension

**pochopit** understand*, comprehend

**pochva** meče sheath; anat. vagina

**pochval|a** praise, compliment; **–ný** laudatory

**pochyb|ný** doubtful, dubious; **–ovat** doubt

**pojednávat** deal*, treat, discuss

**pojem** concept; představa notion, názor idea

**pojetí** conception, interpretation

**pojist|it** insure; **–ka** insurance policy; **uzavřít**
životní **–ku** insure one's life*; elektr. **–ka** fuse

**pojištění** insurance; **nemocenské ~** health in-
surance

**pokárat** reprimand, rebuke

**pokazit** spoil, damage, ruin

**poklad** treasure; **–na** nádražní ticket office

**pokládat** consider, take* for

**pokles** decrease, drop, decline, fall

**poklon|a** bow, compliment; **–it se** bow

**pokoj** klid peace, quiet; místnost room

**pokolení** generation; **lidské ~** mankind

**pokořit** humiliate, humble

**pokoušet se** try, attempt; svádět tempt

**pokračov|at** continue; **–ání** continuation

**pokrm** food, dish

**pokroč|ilý** advanced; **–it** make* progress

**pokrok** advance, progress; **–ový** progressive

**pokrýt** cover, roof; kobercem carpet

**pokrývka** cover, blanket; prošívaná quilt

**pokřivit** twist, distort, bend*

**pokud** časově as far* as; jestliže as long as

**pokus** oč attempt; vědecký experiment, test

**pokusit se** try, attempt

**pokušení** temptation

**pokut|a** fine, penalty; **–ový kop** penalty kick

**pokutovat** fine, penalize

**pokyn** instruction, direction; **–out** motion

**pole** field; šach square; **obilné ~** cornfield

**poledn|e** midday, noon; **v ~** at midday, at noon;
**v pravé ~** at high noon; **–ní** midday; **–ní pře-stávka** lunch break; **–ník** meridian

**polekat** frighten, alarm

**polemi|ka** controversy; **–cký** controversal

**polepšit** reform; **~ se** improve, correct

**polévka** soup; **masová ~** broth

**polibek** kiss; **políbit** kiss

**police** shelf*; pultová rack

**polic|ie, –ejní** police; **–ista** policeman*

**políčko** patch

**politik** politician, statesman*; **–a** politics

**polknout** swallow, gulp

**polobotka** shoe

**poloha** situation, position, location
**polovi|ční, –na** half
**položit** lay*, put*
**položka** účetní entry; zapsaná item; částka sum
**polštář** na sezení cushion; pod hlavu pillow
**pomáhat** help, aid, assist
**pomal|ý** slow; **–u** slowly
**poměr** proportion, rate; přátelský vztah relation, relationship; milostný affair; **–ný** relative
**pomeranč** orange
**pomfrity** chips; Am. French fries
**pomlka** break, pause; hud. rest
**pomlouvat** slander; v tisku, písemně libel
**pomník** monument, memorial
**pomoc** help, aid, assistance, relief; **první ~** first aid; **okamžitá ~** immediate help
**pomocí** by means of
**pomocník** assistant, helpmate, helper
**pomsta** revenge, vengeance
**pomyslit si** think*, fancy, intend
**pondělí** Monday; **Velikonoční ~** Easter Monday
**ponechat si** keep*, retain
**poněkud** rather, somewhat, a little

**poněvadž** because; na začátku věty since

**ponížení** degradation, humiliation

**ponor** draught; **–ka** submarine

**ponožka** sock; **kotníčková** ~ ankle sock

**popálit** burn*; ~ **si ruku** burn* one's hand

**popel** ashes; **–ář** dustman*; **–avý** ash-coloured

**popírat** contradict; zapírat deny, contest, dispute

**popis** description, account; **–ovat** describe

**poplach** alarm; **planý** ~ false alarm

**poplatek** fee, charge; **telefonní** ~ telephone charge; **poštovní** ~ postage

**poplatník** taxpayer

**poplést** mix up, puzzle, mess up

**poprášit** dust, sprinkle

**poprav|a** execution; **–it** execute

**popřípadě** respectively

**popřít** deny, negate, disclaim

**popsat** describe, give* a description

**poptávka** dotaz inquiry; po zboží demand

**popud** impulse; **na čí** ~ at sb's instigation

**popudit** irritate, provoke, incense

**porada** meeting, conference

**poradce** adviser, právní counsellor

**porad|it** advise, suggest; **–it se** consult; **–it si**
make*out; **–na** advice bureau

**poranit** hurt*, injure; **~ se** get* hurt

**porazit** knock down, overthrow*; sport. de-
feat

**porážka** defeat, dobytka slaughter

**porod** childbirth; **–it** give* birth to; **–nice** ma-
ternity hospital; **–nost** birth rate

**porot|a** jury; **–ce** juror

**poroučet** order, command

**porouchat se** get* out of order; break* down

**porozumění** understanding

**poruč|ík** lieutenant; **–it** order, command

**porucha** trouble, fault; breakdown, disorder

**porušit** break*; násilně violate, damage

**pořád** always; napořád forever; stále still; **–at**
put* in order, order; uspořádání arrange, give*;
**–ek** order, routine; **v –ku!** all right!, Am.
O. K.; **dát do –ku** put* in order

**pořadí** order, sequence, turn

**pořádn|ý** proper, sound, orderly; o jídle sub-
stantial, square; **–ě** properly, pretty

**pořekadlo** saying

**posadit** seat; ~ **se** sit\* down, take\* a seat;
  **kam se mám ~?** where shall I sit\* down?
**posádka** letadla crew; vojenská garrison
**poschodí** floor, storey
**poskakovat** hop, skip, jump about
**poskvrnit** stain; dishonour
**poskytnout** give\*, provide; udělit grant
**poslanec** deputy; Br. MP (Member of Parliament)
**poslání** mission, role
**poslat** send\*; lodí ship; ~ **poštou** send\* by post
**posledn|í** last, latest; **-ě** last time
**poslouchat** listen to; být poslušný obey
**posloužit** komu serve sb.; ~ **si** help oneself
**posluchač** listener; na VŠ undergraduate
**poslušný** obedient, dutiful
**posoudit** judge, review, comment on
**pospíchat** hurry, be\* in a hurry
**postava** figure, stature; v knize character
**postavit** dům build\*; umístit put\*; vztyčit stand\* up
**postel** bed; **vstát z -e** get\* out of bed
**postoj** attitude; těla pose; posture
**postoupit** advance, get\* on; move forward
**postrádat** nemít lack; hledat miss, be\* without

**postrkovat** push forward

**postřeh** perception; sharp eye

**postřik** spray, spraying; **postříkat** sprinkle

**postup** vzestup advance; metoda procedure, method; pokrok progress; **–ně** gradually; **–ný** gradual; **–ovat** vpřed advance, pass; jednat act, take* steps (measures); pokračovat proceed

**posudek** judgement, review; osobní reference

**posunout** shift, advance, move

**posypat** sprinkle, scatter

**pošetilý** foolish, silly

**poškodit** damage, harm, affect; úmyslně injure; dobrou pověst discredit

**pošt|a** mail, post office; **poslat –ou, dát na –u** post, am. mail; **–ovné** postage

**pot** sweat, perspiration; **–it se** perspire, sweat

**potáhnout** coat, cover; nosem sniff; kovem plate

**potají** in secret, secretly

**potápěč** diver; **–ská výzbroj** diving equipment

**potěšen** glad, pleased; **–í** delight, pleasure

**potíž** difficulty, trouble; překážka hitch

**potkat** meet*, come* across, run* across

**potlačit** suppress, put* down

**potlesk** applause

**potmě** in the dark

**potok** brook, Am. creek; **horský** ~ mountain stream

**potom** pak then, afterwards, subsequently; později later on; ~ **když** after; **hned** ~ next

**potomek** descendant; dítě offspring

**potop|a** flood, deluge; **–it se** úmyslně dive

**potrava** food; krmivo feed; nourishment

**potrestat** punish; ~ **důtkou** reprimand

**potrubí** piping, pipeline; outlet

**potřeb|a** need, necessity; want; **–y pro domácnost** utensils; **toaletní –y** toilet things

**potřebovat** need, want; **nutně** ~ need badly

**potřebný** necessary

**potřeštěný** crazy; hovor. nuts

**potřít** smear, rub, spread*

**potvr|dit** správnost confirm, certify; příjem acknowledge; **–zení** doklad certificate

**pouč|ení** instruction, advice; **–it** inform, instruct

**poukaz** peněz remittance, voucher; reference

**poukázka** poštovní postal order, money order

**poušť** waste land, desert

**pouzdro** na cigarety case; krabička box

**pouze** only, just

**použít** use, make\* use of; aplikovat apply

**použit|í** use, application; **–ý** used; second-hand

**povaha** character, nature, temper

**povalovat se** lounge, idle, lie\* around

**považovat** consider, regard; zač take\* for sth.

**povědět** say\*, tell\*

**pověrčivý** superstitious

**pověřit** entrust, charge, delegate

**pověsit** hang\* (up), put\* up

**pověst** sláva fame, jméno reputation, vypravování tale, story, legend; rumour

**povídat** talk, tell\*, relate; **~ si** gossip, chat

**povídka** short story, tale

**povinen** obliged

**povinn|ost** duty; závazek obligation; **občanská –ost** civic duty; **–ý** compulsory, obligatory

**povod|eň** flood; **–ňová vlna** flood wave

**povolání** profession; occupation; job

**povolení** koncese licence; svolení permission

**povolit** allow; úředně license; šroub loose(n)

**povrch** surface; **–ní** superficial; shallow

**povstání** rebellion, uprising
**povstat** stand* up, get* up; vzbouřit se rebel, revolt; ~ **z popela** rise* from the ashes; vzniknout emerge, evolve
**povšimnout si** notice, take* notice
**povzbudit** cheer up, encourage; stimulate
**povzbuzující prostředek** stimulant
**pozad|í** background; **–u** behind, backward
**pozdě** late; **přijít ~ be\*** late; **–ji** later, afterwards
**pozdrav** greeting, salutation; **–it** greet; salute
**pozem|ek** ground, lot, plot; **–ský** wordly
**pozice** position; posture
**pozměnit** vary, alter, modify
**poznamenat** observe, remark; ~ **si** note, make* a note of, put* down, take* a note
**poznámka** remark, note, comment
**poznat** (get* to) know*; rozeznat recognize
**pozor** attention, notice; **–ně** attentively
**pozorovat** watch, observe; změnu notice
**pozoruhodný** remarkable, extraordinary
**pozůstal|ost** inheritance, estate; **–ý** mourner
**pozvání** invitation; **přijmout ~** accept invitation
**pozvat** invite; ~ **na večeři** invite to dinner

**pozvolna** gradually, gently, slowly

**požádat** ask, demand, request

**požadavek** demand; nárok claim; nezbytnost requirement; potřeba necessity; **mzdový ~** wage claim

**požár** fire, blaze; **–ní poplach** fire alarm

**požehn|ání** blessing; **–at** bless

**požitek** enjoyment, pleasure, delight

**prababička** great-grandmother

**práce** work, job; námaha labour

**pracovat** work, labour, operate

**pracovní doba** working hours

**pracovní úřad** employment agency

**pracovník** worker; zaměstnanec employee

**pračka** washing machine

**pradědeček** great-grandfather

**prádlo** spodní underwear; ložní bedclothes

**prach** dust; **utřít ~ z nábytku** dust the furniture; **střelný ~** gunpowder

**praktický** practical, functional; **~ lékař** GP

**prales** virgin forest

**pramen** spring; zdroj source; původ origin

**praní** washing

**praotec** forefather, ancestor

**prapor** flag, standard, banner

**prase** pig; Am. hog; **–čí chlívek** pigsty

**praskat** crackle, burst

**prášek** powder; **~ na spaní** sleeping pill

**práš|it** stir up, dust; **–kový** powdered

**prašný** dusty

**praštit** strike*, hit*, bang, punch

**prát** wash, do* the washing; opláchnout rinse

**pravd|a** truth; **to je ~** it is true; **máš –u** you are right; **nemáš –u** you are wrong

**pravděpodobn|ý** probable, likely, **–ě** probably

**pravdivý** true, truthful

**právě** just; **~ tento** this particular; **~ teď** just now; **~ teď odešel** he has just left

**pravideln|ý** regular; **–nost** regularity

**pravid|lo** rule; **výjimka potvrzuje ~** the exception proves the rule; **podle –el** by the rules

**právní** legal; **~ zástupce** lawyer, solicitor

**právník** lawyer; student law student

**právo** nárok right, claim; normy law

**pravomoc** legal force, authority, competence

**pravopis** spelling; **–ná chyba** spelling mistake

**pravý** right, right-hand; opravdový real; genuine

**praxe** practice

**prázdniny** Br. holidays; Am. vacation

**prázdný** empty, vacant; papír blank

**pražit** roast; slunce scorch

**prchat** před čím flee* from sth.; fly*, escape

**princ** prince; **–ezna** princess

**princip** principle; **–iální** fundamental

**prkno** board, plank; žehlící ~ ironing board

**pro** for, because of, on account of, owing to

**probádat** explore, investigate

**probl|ém** problem; **–ematický** problematic

**probodnout** stab, pierce

**probrat** záležitost go*through, deal* with

**probu|dit (se)** wake* (up); **–zení** awakening

**procento** jednotka per cent; podíl percentage

**proces** process; soudní trial

**proclít** declare

**procvičit** učivo learn*, study; tělo exercise

**proč** why, what for

**prod|at, –ávat** sell*, retail

**prodavač** shop assistant; Am. sales clerk

**prodej** sale; **být na** ~ be* for sale; **–ní cena**
selling price; **–ní automat** vending machine

**prodejna** shop; Am. store
**prodělat** ztratit na čem lose* on sth.; zakusit go*
through; operaci undergo*; absolvovat co ta-
ke* part in sth.
**prodlouž|ení** lhůty prolongation; délky elon-
gation; extension; **-it** šaty lengthen; prolong
**produkce** výroba production; tvorba output
**program** program(me), schedule; cestovní iti-
nerary; **denní ~** daily routine
**prohlásit** declare, announce; konstatovat state
**prohlédnout** med. examine; **~ si** have* a look
**prohlídka** inspection; lékařská examination
**prohloubit (se)** deepen; znalosti extend
**prohlubeň** hollow, cavity
**prohnaný** crafty, sly; artful, cunning
**prohrát** lose*; v hazadní hře gamble away
**procházet se** walk; loudavě stroll
**procházk|a** stroll, walk; **jít na –u** go* for a walk
**prochlad|lý** cold; **–nout** grow* cold
**projednat** discuss, deal* with
**projekt, –ovat** design; **–ant** designer
**projet** get* through; kolem pass, drive* past;
**~ se** go* for a drive

**projev** manifestation, display; proslov address, speech; umělecký expression

**projevit** show*, manifest, express

**projít** pass through; kolem pass by

**prokázat** prove, demonstrate, show*

**proklouznout** slip through

**prolhaný** mendacious; ~ **lhář** damned liar

**promarnit** squander, waste; čas idle away

**proměna** change, transformation

**proměnlivý** počasí changeable, variable

**promíchat** mix up; karty shuffle

**prominout** forgive*, excuse; **promiňte!** beg your pardon! pardon me! (I'm) sorry!

**promítat** project, screen, show*

**promoce** graduation ceremony

**promovat** graduate, take* one's degree

**promrhat** squander, waste

**promyslit (si)** think* sth. over, consider

**pronájem** hire, lease; **pronajmout** let*, rent

**pronásledování** persecution, pursuit

**proniknout** penetrate

**propadnout** fall* through; u zkoušky fail

**propag|ace** promotion; **–ovat** promote

**propíchnout** pierce, punch; pneu puncture

**proplatit** cash, pay\* (out)

**propustit** discharge; z práce dismiss, fire

**propustka** permit; pass

**prorazit** nárazem smash through; být úspěšný win\* through, win\* recognition

**prosadit** enforce; ~ **svou** carry one's point

**prosáknout** soak through

**prosba** request, appeal

**prosinec** December

**prosím** please; přitakání certainly, of course; při podávání předmětu here you are; na poděkování you're welcome

**prosit** ask; ~ **koho o co** ask sb. for sth.

**proslov** speech, address

**prospě|ch** benefit, profit, advantage; školní results (pl); **–šný** useful, beneficial

**prosperovat** prosper, flourish

**prostěradlo** sheet

**prostor** space; **–ný** spacious, roomy

**prostředek** střed middle, centre; means

**prostředí** ekol. environment; okolí surroundings

**prostřední** middle, central; medium size

**prostřednictvím** through, by means of
**prostřít** spread\*, strew\*; ~ **na stůl** lay\* the table
**prostý** jednoduchý simple, plain, bare; čeho free
**protější** opposite, the other
**proti** against, opposite; for; **–jed** antidote
**protiútok** counterattack
**protivník** adversary, opponent, rival
**protivný** unpleasant; nepříjemný tiresome, nasty
**protizákonný** illegal; ~ **čin** an unlawful act
**proto** therefore, that's why, for that reason
**protokol** minutes, proceedings
**protože** because; na začátku souvětí as, since
**proud** vody stream; elektr. current; plynu jet; lidí, slov flood
**proudit** stream; krev circulate, flood
**prouž|ek** stripe; **–kovaný** striped
**provádět** perform, practise, show\* round
**provaz** cord, rope; **–ový žebřík** rope ladder
**provázet** doprovodit accompany; městem guide
**provdat** marry; ~ **se** marry, get\* married
**prověrka** screening, check up, test
**provést** vykonat carry out, perform; městem show\*
**provin|ění** guilt, offence; **–ilec** offender

**provini|t se** offend; **–lý** guilty

**provize** commission, brokerage

**provolání** proclamation, manifesto

**provoz** traffic, service, working; **–ovat** carry on, practise; sport do*; řemeslo be*

**prozatím** meanwhile, (in the) meantime

**prozírav|ý** prudent, wise; **–ost** foresight

**prozkoumat** explore, investigate

**prozradit** betray, give* away; disclose, reveal; ~ **se** give* oneself away

**prožít** live through, experience

**prs** breast; **–a** hruď chest; **–atý** bosomy

**prskat** spit, sputter

**prst** finger; na noze toe; **–oklad** fingering

**prsten** ring

**pršet** rain, shower

**průběh** course, progress; **–ový** jaz. progressive

**průčelí** front (side), frontage, face

**prudký** intense, fierce

**pruh** streak, strip; **–ovaný** striped, streaky

**průhledný** transparent; jasný lucid

**průchod** passage, way through

**průjezd** passage, thoroughfare

**průkaz** document, card; **občanský ~** identity card; **řidičský ~** driving licence

**průkopník** pioneer; Am. trailblazer

**průliv** channel; **Lamanšský ~** the Channel

**průlom** breach; breakthrough

**průměr** average; geom. diameter; **–ný** average

**průmysl** industry; **lehký ~** light industry

**průplav** canal; **Panamský ~** Panama Canal

**průsmyk** pass

**průsvitný** transparent, diaphanous

**průšvih** pickle; **mít ~** be* in a pickle

**prut** rod; **rybářský ~** fishing rod

**průvan** draught; **sedět v –u** sit* in a draught

**průvod** procession; doprovod train; **–ní** attendant

**průvodce** companion, guide, guide-(book)

**průvodčí** conductor; ve vlaku guard

**průzkum** investigation, research

**pružina** spring; **pružný** elastic, flexible

**první** first; **na ~ pohled** at first sight

**prvotní** primary, primordial

**prvořídní** first-rate, first-class

**prý** they say*

**pryč** away, gone

**přání** wish, desire, congratulation; **jaké má-te ~?** what would you like?

**přát** wish, favour; **~ si** wish, desire

**přátelit se** s kým be* friends with sb.

**přátels|tví** friendship; **–ký** friendly

**přebor** championship; **–ník** champion

**přebytečný** superfluous, surplus, excess

**přebytek** surplus, excess

**přece** still, yet; **~ jen** anyway

**přeceňovat** overestimate

**přecpat** overload, overcrowd

**přečin** offence, misdemeanour

**přečkat** outlive, go* through

**před** before, ago, in front of

**předběžn|ý** preliminary; **–ě** preliminarily

**předčasný** premature, precocious

**předčíslí** telef. dialling code, city code

**předehra** overture, prelude; milostná foreplay

**předělat** remake*, do* again

**předem** beforehand, in advance

**předepsat** prescribe; úředně stipulate

**předešlý** last, previous, foregoing

**předevčírem** the day before yesterday

**především** above all, first of all

**předcházející** preceding, previous

**předcházet** časově precede; nemoci prevent

**předkládat** present, submit; pas produce

**předkrm** starter; **co máte jako ~?** what do you have* as a starter?

**předloktí** forearm

**předložit** present, submit; vyndat produce; put* forward

**předložka** jaz. preposition; koberec rug

**předmanželský** premarital

**předměstí** suburb

**předmět** object; obchodu article; hovoru topic

**přednáš|ející** lecturer; **–et** lecture; read*; **–ka** lecture; course; **chodit na –ky** hear* lectures

**předn|ě** first, in the first place; **–í** prominent

**přednost** priority, preference; **–a** head, principal

**předpis** prescription; **–y** regulations

**předplatit si** prepay*, subscribe to; book in advance

**předpoklad** assumption, supposition; **za –u, že** provided (that)

**předpokládat** assume, suppose; expect

**předposlední** last but one

**předpově|ď** forecast; **–dět** predict, foretell*

**předprodej** advance sale, advance booking

**předseda** chairman*, president

**předsevzetí** resolution

**předsíň** hall; v hotelu lobby

**představa** idea

**představen|í** performance, presentation, seznámení introduction; **–ý** chief, voj. superior

**představit** introduce, present; **–el** representative

**představit se** introduce oneself; **~ si** imagine

**představivost** imagination

**představit** introduce, present; **–el** representative

**předstíhnout** catch* up, overtake*; kvalitou excel

**předstírat** pretend, feign, simulate

**předstoupit** come* forward

**předsudek** prejudice

**předtím** before, earlier

**předvádět** show*, perform; **~ se** show* off

**předvést** dílo present, perform; koho bring*

**předvídat** anticipate, foresee*

**předvol|ání** soudní summons (pl); **–at** summon

**přehánět** exaggerate, overdo*

**přeháňka** shower

**přehled** review, survey; **~ zpráv** news summary
**přehlédnout** glance over, view; omylem overlook
**přehledný** lucid; graficky synoptic
**přehlídka** voj. parade; módní fashion show;
  hud. festival
**přehlížet** disregard; narážky ignore
**přehnaný** exaggerated, excessive
**přehodit** throw* over, throw* across; shift
**přehrad|a** barrier; údolní dam; **–it** cestu bar
**přecházet** pass, cross
**přechod** transition, passage; **–ný** temporary
**přejet** koho run* sb. over; skrz cross
**přejezd** crossing; **nechráněný ~** level crossing
**přejídat se** overeat*
**přejít** ulici cross; pominout wear* off
**překážet** interfere, hamper, hinder
**překážka** obstacle; sport. hurdle
**překlad** translation; nad oknem lintel
**překládat** translate; zboží reload
**překlenout** mostem bridge, span; rozdíly heal
**překonat** překážky overcome*; nemoc get* over
**překročit** cross, overstep; úvěr overrun*
**překvap|it, –ení** surprise; **–ený** surprised

**přelíčení** trial, hearing

**přeložit** text translate; přemístit transfer

**přeměna** change, transformation

**přemluvit** persuade, talk over; film dub

**přemoci** overcome*, conquer, defeat; ~ **se** ovládnout se master oneself

**přemýšl|et** think*, reflect; **–ivý** thoughtful

**přen|ést; –os** transfer; účetně carry over

**přepadnout** attack; surprise

**přepínat** switch over; overstrain

**přepis** transcription, copy

**přepln|it** overfill, overcrowd; **–ěný** overcrowded

**přeprava** transport, transit

**přeprav|ovat, –it** transport, carry, convey

**přepych** luxury; **–ový** luxurious; auto de luxe

**přerušit** break*, interrupt; dočasně suspend; telef. spojení disconnect; sport. nedokončit zápas abandon

**přes** nad over; napříč across; skrz through

**přesila** force, superiority

**přeskočit** overleap*, jump over; vynechat skip

**přesný** precise, exact, accurate, punctual

**přestat** stop, cease, discontinue; give* up

**přestavba** reconstruction, rebuilding

**přestávka** break; v řeči pause; sport., div. interval

**přestěhovat (se)** move

**přestupek** offence; **dopravní ~** driving offence

**přesvědč|ený** convinced; **–it** convince; o čem
persuade of sth.; **–it se** make* sure; **–ivý** ús-
pěch telling; důkaz convincing

**přeškrtnout** cross (out)

**přetéci** overflow*

**přetrh|at, –nout (se)** break*, snap

**přetvařovat se** pretend

**přetvořit** transform, reorganize

**převázat** tie over; fasten; ránu bandage

**převažovat** prevail, outbalance

**převést** carry across, ferry

**převládat** prevail, (pre)dominate

**převrat** overthrow; revolution

**převrhnout** turn over, overthrow*

**převýšit** exceed, surpass, outnumber

**převzít** moc take* over; zodpovědnost undertake*

**přezdívka** nickname

**přezkoumat** reconsider

**přež|ít** žít déle outlive, survive; **–ití** survial

**při** místně vedle by, on, near, near by, not far*;
~ **činu** in the act; účast in, at; doprovod with

**příběh** story, tale

**přiblížit se** approach, come* up to

**přibližn|ý** approximate; **–ě** approximately

**příbor** knife*, fork and spoon; cutlery

**příbuz|enství** relationship; **–ný** relative, relation

**příbytek** dwelling, residence

**příčin|a** cause; důvod reason; **–ný** causal

**příčný** transversal

**přidat** add; k platu get* a rise; ~ **se** join in

**přídav|ek** addition; k platu bonus; koncertní
encore; **rodinný –ek** family allowance; **–né
jméno** adjective

**příděl** portion, allocation; potravin ration

**přihlásit se** k pobytu register; apply for

**přihlížet** look on, watch

**příhod|a** incident; **–ný** suitable, convenient

**přihodit se** happen, occur

**přihrádka** shelf*, pigeonhole

**příchod** arrival; **pozdní** ~ late arrival

**příjem** plat income; čeho receipt; **–ce** receiver

**příjemný** agreeable, pleasant, nice

**přijet** come*, arrive; **příjezd** arrival

**přijím|ač** receiver; **–ací** reception; **–ací zkouš-ka** entrance examination

**přijít** come*, arrive, turn up

**příjmení** surname, family name

**přijmout** dárek accept; obdržet receive

**příkaz** order, command, instruction

**příklad** example, instance; **na–** for example

**příkop** ditch, dike; hradní moat

**přikročit** k čemu proceed to sth.

**příkrý** svah steep; v hovoru abrupt, harsh

**příkrý|t** cover; **–vka** cover, blanket

**přikývnout** nod

**přilba** helmet

**přilepit** stick on; **~ se** get* stuck

**příležitost** occasion, opportunity

**příliš** too; **–ný** excessive, extravagant

**příloha** dopisu enclosure; supplement

**přiložit** add; do kamen put*; obklad apply, enclose

**přiměřený** adequate, appropriate, reasonable

**přím|ka** straight line; **–ý** direct, straight; vzpří-mený upright; **~ vlak** through train

**přinést** bring*; fetch; **~ zisk** bring* profit

**případ** case, event; **–ně** possibly

**připadat** seem; **~ si jako...** feel\* like...

**připevnit** fasten, fix

**připí|chnout** pin; **–náček** drawing pin

**příplatek** additional payment, bonus

**připočíst** add

**připojit** attach, connect; **~ se** k čemu join sth.

**připomenout** remind; **~ si** recall

**připoutat** tie; **~ se** fasten one's seat belt

**přípravek** preparation

**priprav|ený** ready, prepared; **–it se** get\* ready

**připustit** admit; **přípustný** admissible

**přirážka** extra charge

**přírod|a** nature, scenery; **–ní** natural

**přirovná|vat** compare with; **–ní** comparison

**přirozen|ě** naturally, obviously; **–ý** natural

**příručka** book of reference, handbook

**přírůstek** increase, acquisition

**přísah|a** oath; **složit –u** take\* on oath

**příslib** promise; slavnostní vow

**přísloví** proverb

**příslušenství** doplňky accessories (pl); bytu conveniences (pl)

**příslušník** member; **státní ~** citizen; Br. subject
**příslušn|ý** competent; **–ost** státní nationality
**přísný** trest severe; **na koho** strict with sb.
**přispět** contribute
**příspěvek** contribution, allowance
**přispívat** contribute, make* for
**přistát** land, touch down
**přístav** port, harbour; **–iště** wharf
**přistěhovat se** move (in); **do země** immigrate
**přístroj** apparatus*, device
**přístup** access, approach; **–ný** accessible, open
**příšerný** horrible, monstrous, ghastly
**příšt|ě** next (time); **–í** following, next
**přít se** quarrel, argue, dispute
**přitažliv|ý** attractive; **–ost** attraction; sex appeal
**přítel, –kyně** friend; milý(á) boy(girl)friend
**přítomn|ý** present; **–ost** the present
**přivádět, přivést** bring* in, fetch
**přivázat** tie (up), bind* (up)
**přivít|at** welcome; **–ání** welcome
**přivlastnit si** appropriate, grab
**přivolat** call in, call up
**přívrženec** follower, supporter

**přivyknout si** get* used to, get* accustomed to

**přízemí** groundfloor; Am. first floor

**příz|eň** favour; **–nivý** favourable

**přiznat** admit, confess; **~ se** confess, own up

**přizpůsobit se** adapt, adjust; settle down

**přízvuk** accent, stress

**psací** writing; **~ stroj** typewriter; **~ stůl** desk

**psát** write*; na stroji type; **~ si deník** keep* a diary

**pstruh** trout

**pšeni|ce, –čný** wheat

**pták** bird; **–ovina** nonsense

**ptát se** nač ask about sth.; inquire

**publik|ace** publication; **–ovat** publish

**publikum** audience, spectators

**pud** instinct; **~ sebezáchovy** instinct of self-preservation; **pohlavní ~** sexual drive

**půda** pozemek land; soil; ground

**půdorys** ground plan

**puchýř** blister

**půjč|it** lend*; **~ si** borrow; za poplatek hire, rent; **–ka** loan; **–ovna aut** car hire

**puknout** burst, crack

**půl** half; jít na**–** go* halves; **–kruh** semicircle

**půlnoc** midnight; **o –i** at midnight
**pulovr** pullover, jumper, sweater
**pumpa** pump; **benzínová ~** petrol station
**punčochy** stockings
**působ|ení** activity, effect; **–it** cause, act, work
**pustina** wilderness, desert, wasteland
**pustit** let\*; upustit drop; propustit dismiss; vodu turn on; **~ rádio** turn on the radio; **~ se** do čeho go\* into sth.
**pustý** waste, desert; kraj desolate
**puška** gun, rifle
**půvab** charm, grace; **–ný** charming
**původ** origin, descent; **–ce** originator
**pýcha** pride; **pyšnit se** pride oneself on
**pysk** ret lip; anat. labium\*
**pytel** bag, sack; **spací ~** sleeping bag

# R

**rád** glad; with pleasure; **mít ~** like, love, be\* fond of; **jsem ~, že tě vidím** I'm glad to see\* you
**rada** doporučení advice; instituce counsel, suggestion; osoba counsellor, adviser; council, board

**radit** advise, suggest; **~ se** consult

**radnice** townhall

**radost** joy; potěšení pleasure; **mít ~ be\*** pleased; **–ný** veselý cheerful; působící radost happy

**radovat se be\*** happy; **~ ze života** enjoy life\*

**ráj, rajský** paradise; **rajské jablíčko** tomato

**rak** crayfish; **obratník R–a** the Tropic of Cancer

**raketa** voj. missile, rocket; tenisová racket

**rakev** coffin; Am. casket

**rakovin|a** cancer; **–ný** cancerous

**rám** frame; **–ec** framework; **–ovka** frame-saw

**rameno** shoulder; řeky branch; páky arm

**rámus** noise, din, roar, racket

**rána** úder stroke, políček slap; otřes shock; zranění wound; řezná cut; výstřel shot

**ranit** wound; obraz. hurt\*

**ráno** morning; **v neděli ~** on Sunday morning

**ras|a** lidská race; **–ový** racial; **–ismus** racism

**razítko** rubber stamp; **poštovní ~** postmark

**rčení** lidové saying; ustálené set phrase

**rdít se** blush

**reagovat** nač react, respond to sth.

**reálný** real, realistic, feasible

**recenz|e** review, criticism; **–ovat** review

**recept** kuch. recipe; med. prescription

**redak|ce** edition; místnost editorial office; re-daktoři the editors; **–tor, –torka** editor; **hlavní –tor** editor-in-chief

**referát** report, paper; mít ~ read\* a paper

**reflektor** headlight, spotlight

**reform|a, –ovat** reform

**regál** shelf\*, rack

**registrace** registration

**rejstřík** register; v knize index\*

**reklama** advertisement; publicity, promotion

**reklamace** claim, complaint

**reklamovat** co make\* a claim of sth., complain

**rekord** record; **–man** record holder

**rekreace** recreation, holiday, rest

**rekvizity** properties; div. props

**rentgen, –ovat** X-ray; jít na ~ go\* for an X-ray

**ret** lip; horní/dolní ~ upper/lower lip

**réva** vine, grapevine

**reviz|e** check, auditing; inspection; **–or** auditor

**revoluce** revolution

**rezervovat si** reserve, book

**rez** rust; **–ivět** grow\* rusty, become\* rusty

**reži|e** div. direction, staging; podniku running costs; **–jní cena** cost price; **–sér** director

**riziko** risk; **na vlastní ~** at one's own risk

**rod** family, race; u podst. jm. gender; slovesný voice

**rodiče** parents

**rodina** family

**rodi|t** dítě bear\*; pole yield; **–ště** birthplace

**rodný** native; **~ list** certificate of birth

**roh** zool., hud. horn; ulice corner

**rohlík** roll, croissant

**rohož, –ka** mat

**rok** year; **Šťastný Nový ~!** Happy New Year!

**role** role, part

**rolník** peasant, farmer; **rolnický** farming

**román** novel; **romanopisec** novelist

**ros|a** dew; **–nička** tree frog

**rosol** jelly

**rostlin|a** plant; **–ný** vegetable

**roštěnka** stewed steak

**roura** pipe, tube

**rovina** mat. plane; úroveň level, plain

**rovněž** as well\*, likewise, too

**rovn|ice** equation; **–ík** equator

**rovnoběžný** parallel

**rovnocenný** equivalent, of the same value

**rovnováha** balance, equilibrium

**rovn|ý** straight; equal; plochý flat; **–ou** directly

**rozb|ít** break*, smash; stát split* up; **–itý** broken

**rozbor** analysis*; větný parsing

**rozčilený** angry, annoyed, upset

**rozdat** distribute, give* away; karty deal*

**rozdělení** partition, distribution, separation

**rozdělit** distribute; na co divide into sth.; odloučit separate; **~ se** o co share sth.

**rozdíl** difference; **věkový ~** difference in age; **na ~ od** unlike; **–ný** different

**rozdrtit** crush, smash, wipe out

**rozebrat** take* to pieces

**rozehnat** dav disperse, scatter; pochyby dispel

**rozehřát** warm up, heat; máslo melt

**rozejít se** separate, part

**rozený** born, natural

**rozepnout** unbutton, unzip, undo*, unfasten

**rozeznat** discern, distinguish

**rozházet** throw* about, scatter; peníze squander

**rozhlas** radio, broadcasting
**rozhled** outlook, view
**rozhlédnout se** look* around
**rozhněvat** make* angry, annoy; ~ **se** get* angry
**rozhodčí** judge, referee, umpire
**rozhodně** decidedly, definitely, by all means
**rozhodnout (se)** decide, determine
**rozhodující** decisive, crucial
**rozhořč|ený** indignant; **–it** embitter, outrage
**rozhovor** conversation, talk; dialogue
**rozchod** manželů separation; parting
**rozkaz, –ovat** command, order
**rozklad** decay; chem. decomposition
**rozkládat se** decay; prostírat se stretch, extend
**rozkoš** pleasure, delight, joy
**rozkošný** lovely, delightful; hovor. sweet
**rozkrádat** steal* away, misappropriate
**rozkrájet** cut* up; slice up
**rozladěn|í** bad temper; **–ý** out of tune; osoba moody
**rozlámat** break* sth. to pieces
**rozlehlý** extensive, widespread, spacious
**rozličný** varied, various, diverse
**rozlišit** distinguish, discern

**rozlít** spill*, spread*

**rozloha** area

**rozloučit se** s kým say* goodbye; s penězi take* leave of, part with; oddělit separate

**rozložit** take* to pieces, decompose, lay* out

**rozlušt|ění** solution; **–it** solve, work out

**rozmačkat** jam, crush, squash

**rozmazl|it** spoil*, pamper; **–ený** spoilt

**rozměr** dimension, size, measurement

**rozměrný** roomy, spacious, voluminous

**rozmístit** distribute, arrange, display

**rozmlouvat** talk, discuss, converse

**rozmluv|a** conversation, talk; hovor. chat; **–it komu co** talk sb. out of doing sth.

**rozmnožit** increase; na kopírce make* copies

**rozmontovat** dismantle, take* apart

**rozmotat** disentagle, unwind*

**rozmyslit si** think* over, think* twice

**roznášet** carry out, deliver; nákazu spread*

**rozpadat se** fall* to pieces, break* up

**rozpětí** span, expansion, **cenové** ~ price range

**rozpína|t (se)** expand; **–vý** expansive

**rozpočet** budget; **státní** ~ state budget

**rozpojit** disjoin, disconnect

**rozpor** contradiction; **–ný** contradictory

**rozpouště|t** dissolve; tavit melt; **–dlo** solvent

**rozpoznat** distinguish, tell*, recognize

**rozpr|ášit, –ašovat** spray; **–ašovač** spray

**rozprostírat se** spread*, extend; sítě put* out

**rozptýlit** disperse, scatter; pobavit divert

**rozpustn|ý** soluble, **–ost** solubility

**rozřešit** solve, puzzle out

**rozřezat** cut* up; pilou saw* up

**rozs|ah** extent, range, scale; **–áhlý** extensive

**rozsudek** sentence, verdict, judgement

**rozsvítit** switch on, turn on; ~ **se** light* up

**rozsypat (se)** spill*, scatter

**rozšířit** otvor enlarge; výrobu expand, zprávu spread*

**roztáhnout (se)** stretch out, extend, spread*

**roztát** sníh melt, thaw

**roztok** solution

**roztomilý** sweet, charming, lovely, cute

**roztrhnout** tear* up; disrupt; ~ **se** get* torn

**roztřídit** vzorky assort; knihy classify

**rozum** reason, (common) sense; **–ět** understand*; vědět know*; ~ **si** get* on well*

**rozumný** reasonable, sensible
**rozvázat** undo*, untie, unbind*, unfasten
**rozvést, rozvod** divorce; **rozvedený** divorced
**rozvinout** unroll, unfold; myšlenku develop
**rozvoj** development; firmy expansion
**rozvracet** subvert, disrupt, ruin
**rozvrh** schedule; škol., dopr. timetable
**rozzlobený** angry, irritated, cross
**rozzuřený** furious, enraged; hovor. mad
**rtěnka** lipstick, rouge
**rtuť** mercury
**ručit** guarantee; be* liable; **–el** guarantor
**ručn|í** manual, hand; **–ě vyrobený** handmade
**ručník** towel
**ruda** ore; **železná ~** iron ore
**rudý** dark red, reddish; rty ruby
**ruk|a** hand; paže arm; **ruce pryč!** hands off!; **–avice** glove; **–áv** sleeve; **bez –ů** sleeveless
**rukojeť** handle, grip
**rukojmí** hostage
**rukopis** hand(writing); díla manuscript
**ruměnec** blush
**růst** grow*; dospívat grow*up; vzestup increase

**rušení** interference, disturbance

**rušit** podnik close down; smlouvu cancel; hlukem disturb; **neruším?** am I disturbing you?

**rušn|ý** busy; život eventful; **–o** busy

**různý** different, various

**růž|e** rose; **–ový** rosy, pink

**růžičková kapusta** Brussels sprouts

**rváč** rowdy; **rvačka** row, brawl, fight

**ryb|a** fish*; chytat ryby fish; **jít na –y** go* fishing; **–ář** fisherman*; **–ářský prut** fishing rod

**rybník** vesnický pond; rozsáhlý lake

**rybíz** (red, black) currant

**rychl|e** fast; **–ík** fast train, express; **–obruslař** speed skater; **–očistírna** express dry-cleaner's; **–oopravna** expres service repair shop; **–ost** rapidity, speed; **–ý** fast, quick; odpověď prompt

**rým|a** cold; **mám –u** I've got a cold

**rys** obličeje feature; výkres drawing; zool. lynx

**rýsovat** draw*, trace out; **~ se** loom up

**rýt** rýčem dig*; vepř root; rytec engrave

**rytíř** knight

**ryzí** pure; pravý genuine

**rýže** rice; **předvařená ~** four minute rice

# Ř

**řád** mnišský i vyznamenání order; společenský system; práv. code; **jízdní ~** timetable

**řada** series; line, row, queue, run

**řadit** rank; line up, classify; rychlost change

**řádit** rage; vztek be* furious

**řádný** proper, righteous, decent; student regular

**řasa** eyelash; mořská seaweed

**řeč** jazyk language; mluva speech

**řečník** speaker; z pléna spokesman*

**ředit** dilute, thin

**ředitel** director, head; banky governor

**řeka** river; **koupat se v řece** swim* in the river

**řemen** strap, belt

**řemesl|o** trade; **–ník** craftsman*, tradesman*

**řepa** beet; **červená ~** beetroot

**řeš|ení** solution; **–it** solve

**řetěz** chain, range; **–ec** string; **–ový** chain

**řez, –at** cut*; pilou saw*; **–ačka** cutter; **–ák** zub incisor; **–ník** butcher; **–ictví** butcher's

**říci** say*, tell*; **~ si** pro sebe say* to oneself

**řidič** driver; **–ský průkaz** driving licence

**řídit** podnik direct, manage, run\*; auto drive\*
**řídký** vzduch thin; vlasy sparse; vzácný rare
**říjen** October
**řinčet** clatter, clank, rattle
**říše** empire; **živočišná ~** the animal kingdom
**řízek** steak; **vídeňský ~** Wiener schnitzel
**řízení** management; ovládání control

## S

**s, se** with, along with, and
**sáč|ek, –kovat** bag
**sad** orchard; public garden; **–ař** fruit grower
**sada** set; série series
**sádlo** fat; vepřové lard
**sahat** po čem reach for sth.; dosahovat extend
**sako** jacket
**sál** hall; **operační ~** operating theatre
**salám** sausage, salami
**salát** kuch. salad; hlávkový lettuce; **–ový** salad
**sám** alone; by oneself; **já ~** myself
**sam|ec** male; **–čí** male; **–ice** female; **–ičí** female
**samet** velvet; **–ový** velvety, velvet

**samohláska** vowel

**samoobsluha** self-service shop

**samospráva** autonomy, self-government

**samostatn|ý** nezávislý independent; byt separate; **–ost** independence

**samot|a** solitude, loneliness; **–ný** alone

**samovolný** spontaneous

**samozřejmě** naturally; Am. absolutely

**sáňk|y, –ovat** toboggan, sled; Am. sledge

**sát** suck, absorb; drink* in

**savec** mammal

**sazba** rate, tariff; polygr. setting, composition

**sázet** do země plant; tisk set* up, compose; do hry stake, bet*

**sázk|a** stake, bet; **uzavřít –u** make* a bet

**sběr** collection; ~ **odpadových surovin** scrap materials collection; **–ač tenisových míčků** ballboy; **–atel** collector

**sbírat** collect, gather, pick

**sbírka** collection

**sblížit se** become* close; become* friends

**sbor** hud. choir; učitelský staff; **–ník** anthology

**scén|a** výstup scene; div. stage; **–ář** script

**sčítání** addition, summing; lidu census*

**sdělení** communication, information

**sdruž|ení** association, union, corporation; polit. stran coalition; **–ovat se** associate, unite

**sebe|důvěra** self-confidence; **–kázeň** self-discipline; **–obrana** self-defence; **–ovládání** self-control; **–vědomí** self-confidence; **–vědomý** self-confident; **–vražda** suicide

**sebrat** take* up; ukrást pinch; zatknout take* in

**sečíst** add (up), sum up

**sedadlo** seat; ~ **u okna** window seat

**sedět** sit*; přiléhat fit

**sedlák** farmer; rolník peasant

**sedm, –ička** seven; **–desát** seventy; **–náct** seventeen; **–iletý** seven-year-old; **–ý** seventh

**sednout si** sit* down, take* a seat

**sehn|at** get*, obtain; **–nout se** bend* down

**sejít** go* down, get* down; **~ se** s kým meet* sb.

**sekat** cut*, chop; trávu mow*; obilí reap

**sekce** section; oddělení department, division

**sekera** axe, hatchet

**sele** sucking-pig, piglet

**selh|at** fail, break* down; **–ání** failure

**sem** here, over here; **pojď ~!** come* here
**semeno** seed; sperm
**semestr** term; Am. semester
**sen** dream; spánek sleep; **zlý ~** nightmare
**sen|o** hay; **–ná rýma** hay fever
**sepnout** tie together, clasp
**série** series, sequence
**servír|ka** waitress; **–ovat** serve
**servis, –ní** service
**seřadit** put* sth. in order; **~ se** line up
**seří|dit** set*, adjust; **–zení** setting, adjustment
**sesadit** depose, remove; sundat take* down
**sestavit** compile, make* up, put* together
**sestoupit** descend, step down, come* down
**sestra** sister; zdravotní nurse
**sestrojit** construct, build*
**sestřelit** shoot* down
**sestřenice** cousin
**sešit** exercise book, notebook
**setba, setí** sowing
**setina** a hundredth (part)
**setk|ání** meeting; reunion; **–at se** meet*
**setřít** wash, wipe off

**sever** north; **na –u** in the north; **–ní** northern

**sevřít** pěst clench; stisknout grip, compress

**sex** sex; **–ualita** sexuality; **–uální** sexual

**seznam** list; **telefonní ~** phone book

**seznámit** acquaint (with), introduce (to)

**sezóna** season

**sfouknout** blow* out

**shnilý** rotten; **shnít** rot(away), decay

**shod|a** agreement, conformity; v tenise deuce; okolností coincidence; **–nout se** na čem agree on sth.; **–ný** corresponding, conforming

**shod|it** cast*, throw* down; **–ovat se** coincide

**shrnout** záclonu draw*; na hromadu pile up; obsah resume, sum; **shrnutí** summary, résumé

**shromáždění** gathering, assembly, meeting

**scházet** dolů descend, go* down, walk down; chybět be* missing, be* absent; **~ se** get* together

**schéma** design, chart, outline

**schnout** become* (get*) dry; vadnout wither

**schod** step, stair; **–ek** manko deficit; **–iště** staircase

**schopn|ost** ability, capability; kvalifikace competence; **–ý** able; kvalifikovaný competent

**schovat (se)** hide\*; uložit put\* away

**schránka** box, case; **poštovní ~** letter box

**schůz|e** meeting, session; **–ka** appointment, date

**schválit** zákon pass, ratify; souhlasit approve of

**sice** otherwise; **~ ..., ale** although ... but

**sídl|it** reside; **–o** residence, seat

**sign|ál** signal, flare; **–alizovat** signal

**síla** strength; tělesná force; energie power, energy; **~ zvyku** force of habit; **~ vůle** will power

**sílit** grow\* stronger

**silnice** road, highway

**silný** strong; organizace powerful; déšť heavy

**síň** hall, parlour; **soudní ~** courtroom

**sirka** match

**síť** net; prodejna network; **počítačová ~** computer network

**situ|ace** situation; **–ovat** situate, locate

**sjedno|cení** unification, union; **–tit** unite

**sjezd** congress; lyž. downhill race

**skála** rock; útes cliff; **skalnatý** rocky

**sklad** store, stock; **být na –ě** be\* on stock

**skládat** hud. compose; do záhybů fold; **~ se** z čeho consist of sth.; **skladatel** composer

**skladba** composition; jaz. syntax

**skládka** dump, tip; ~ **odpadků** waste dump

**skladník** stock-keeper, store-keeper

**sklad|ování** storage; **–né** storage charge; **–ný** roomy, space-saving; **–ovat** store, keep*

**sklánět se** před kým bow to sb.; o terénu slope

**sklenice** glass, jar; s nožkou goblet

**skleník** greenhouse; zahradnický hothouse

**sklep** cellar; Am. basement

**sklidit** remove, clear away; úrodu harvest

**sklizeň** harvest, crop

**skl|o** glass; **varné** ~ Pyrex; **–a brýlí** lenses

**sklon** svahu inclination, slope; snaha tendency

**sklonit se** incline; bend* down

**sklouznout** slip off, glide off, slide* down

**skočit** leap*; po čem jump at sth.; ze země spring

**skok** jump, leap*; do vody dive

**skoncovat** s čím do* away with sth.

**skončit** end, come* to an end, be* over, finish

**skoro** almost, practically, nearly

**skořápk|a** shell; **–y** hazardní hra shellgame

**skotačit** frisk, romp about

**skoupý** mean, stingy, tightfisted

**skromn|ý** modest, humble; **–ost** modesty

**skrýš** hiding place; hideout

**skrýt (se)** hide*, conceal

**skrytý** hidden, latent, secret

**skrz(e)** through; **~ nemoc** because of illness

**skříň** na šaty wardrobe; knihovna bookcase; výkladní shop window; **převodová ~** gearbox

**skupina** hudební band, group; team

**skutečn|ý** real, actual; **–ě** really; **–ost** reality

**skvěl|ý** brilliant, fine, splendid, excellent; **–e obstát** come* out with flying colours

**skvost** jewel, gem; **–ný** magnificent

**skvrn|a** přirozená patch, spot; od barvy, bláta stain, spot; **–itý** spotted; **–ka** speckle

**slabina** flank, groin, weak side, weak point

**slaboch** weakling; **slabost** weakness

**slab|ý** weak; **–omyslný** feeble-minded

**sladi|t** sweeten, sugar; **–dlo** sweetener

**sladk|ý** sweet, lovely; **–osti** sweets (pl)

**sláma** straw; **slamák** straw hat

**slan|ý** salt, salty; **–ina** bacon

**slast** delight, pleasure

**slátat** patch up; projev cobble together

**sláva** glory, fame; **slavit** celebrate

**slav|nost** festival, celebration; **–ný** famous

**slečna** young lady; před jménem Miss

**sledovat** následovat watch, follow; pozorovat observe; cíl pursue

**slepice** hen

**slepit** paste together, glue together

**slepý** blind; voj. náboj blank; **–š** slowworm

**slev|a** discount, reduction; **–a z ceny** reduction in price; **–it** make* a reduction; z požadavků reduce

**slézt** get* off, come* off

**slib** promise; slavnostní pledge; **–ný** promising

**slíbit** promise, pledge; slavnostně vow

**slídit** po kom/čem spy, search for sb./sth.

**slin|a** saliva, spittle; **–it** salivate; **–táček** bib

**slitina** alloy

**slitovat se** have* pity, have* mercy on/compassion on

**slon** elephant

**sloučit** unite; chem. combine; **~ se** fuse, amalgamate, merge; mat. collect

**sloup** post; arch. column, pillar; **–ec** column

**sloužit** jako sluha serve; obsluhovat wait on; mít
službu be* on duty

**sloveso** verb

**slovíčk|o** word, vocable; **–a** vocabulary

**slovníček** vocabulary book; **slovník** dictionary

**slovo** word; výrok saying; **máte ~** go* ahead

**složení** composition, make-up; směsi ingredients

**složit** fold, deposit, pass; **~ zkoušku** pass an
exam; náklad unload; úřad resign

**složitý** complicated, complex

**složka** component, element

**slučitelný** s čím compatible with sth.

**slučovat** unite, combine, join

**sluch** hearing; **hudební ~** musical ear

**slunce** sun, sunshine; **horské ~** sunlamp

**slun|it se** sunbathe, bask; **–ný** sunny

**slupka** peel, skin, rind

**sluš|et** suit well*, fit; **–et se** be* proper; **–ivý**
becoming

**slušn|ý** fair, decent, tolerable; **–ost** decency

**služba** service, office, duty, favour

**slyš|et** hear*; **–itelný** audible

**slz|a** tear; **–vé údolí** vale of tears; **–et** weap*

**smát se** čemu laugh at sth.; na koho smile at sb.

**smaž|it** fry; bake, roast; **–ený** fried

**smělý** courageous, bold; **opovážlivý** daring

**směn|a** peněz exchange; pracovní shift; **–it** exchange; **–ka** bill (of exchange), draft

**směr** direction, course; liter. movement

**směřovat** aim at, tend to

**směs** compound, mixture, blend

**směšný** ridiculous, comical; funny, absurd

**smět** be* allowed, may

**smetana** cream; **šlehaná ~** whipped cream

**smetí** sweepings (pl); odpadky rubbish

**smetiště** dustheap, dump

**smích** laughter, laugh

**smíchat** mix up

**smířit se** reconcile, be* reconciled, resign

**smiřování** appeasement, reconciliation

**smlouva** agreement, contract; polit. treaty

**smrad** stench, stink; **–lavý** stinking, smelly

**smrdět** stink*

**smrk** spruce; **–at** blow* one's nose

**smrt** death; **až do –i** for one's lifetime

**smůla** pitch; neštěstí bad* luck

**smut|ek** sorrow; mourning; **–ný** sad, unhappy
**smyčka** noose, loop
**smyk** skid; **dostal jsem ~** I went into a skid
**smysl** sense; *slova* meaning; *účel* purpose; **–nost**
sensuality; **–ný** sensual; **–ový** sense, sensory
**smyšlený** invented, fictious
**smýšlet** think*, have* an opinion
**snad** perhaps, maybe, hopefully
**snadn|ý** easy, light; **–o** easily
**snaha** effort(s), endeavour
**snacha** daughter-in-law
**snášenlivý** tolerant, broadminded
**snášet** stand*, bear*, tolerate; *vejce* lay*
**sňatek** marriage, wedding
**snažit se** try hard, endeavour, struggle
**sněhulák** snowman*
**Sněhurka** Snow White
**sněm** parliament, assembly; **–ovna** chamber
**snést** *co* bear*, stand*, endure *sth.; dolů* carry down
**sněžit** snow; **sněží** it's snowing
**snídan|ě** breakfast; **při –i** over breakfast
**snídat** have* breakfast
**sníh** snow, sleet; *bílkový* froth

**snímek** photo; hovor. snap(shot)

**sníst** eat* up

**snít** dream*, have* dreams

**snížení** lowering, reduction; mezd cut

**snížit** zmenšit lower, bring* down; reduce

**sobec** egoist; **–ký** selfish; **–ství** selfishness

**sobota** Saturday

**socha** sculpture, statue; **–ř** sculptor

**sok** rival, competitor

**sokol** falcon

**solit** salt; **nesolím** I eat* unsalted food

**sosna** pine

**sotva** hardly, scarcely; **~ kdo** hardly anybody

**souběžný** parallel, synchronous

**soubor** sbírka set, collection; pěvecký choir

**současně** at the same time, simultaneously

**současný** dnešní contemporary; probíhající zároveň simultaneous; nynější present-day

**součást** part; **–ka** part, gadget, component

**součet** total, sum

**součinnost** cooperation, collaboration

**soud** (law) court, tribunal; rozsudek judgement

**soud|ce** judge; sport. referee; **–ní** judicial

**soudobý** contemporary

**soudržnost** cohesiveness; solidarity

**souhlas** consent, agreement, permission

**souhláska** consonant

**souhrn** totality, summary, complex

**souhrnný** total, general, overall

**soukrom|í** privacy, private life*; **–ý** private

**soumrak** twilight, dusk, nightfall

**soupeř** opponent, adversary, rival

**soupis** list, inventory, register

**souprava** set; jídelní dinner service

**soused** neighbour; **–it** s kým live next door to sb.

**sousedství** neighbourhood, vicinity

**soustava** system

**soustrast** condolence, sympathy

**soustředěn|í** concentration; **–ý** concentrated

**soustředit se** concentrate, centre, focus

**soutěž** competition; závodění contest

**soutěž|it** compete; **–ní, –ivý** competitive

**souzvuk** hud. chord; přen. harmony

**souž|ení** trouble, worry; **–it se** worry, grieve

**sova** owl; ~ **pálená** barn owl

**spáč** (heavy) sleeper, sleeping person

**spadnout** fall* down, fall* off; snaha collapse

**spáchat** zločin commit; **~ sebevraždu** commit suicide

**spálenina** burn; **spálit** burn*, scorch

**spalovací motor** combustion engine

**spánek** sleep; kost temple; **spaní** sleep

**spát** sleep*, be* asleep; kde stay

**specializovat se** nač specialize in sth.

**specifi|cký** specific; **–kace** specification; **–kovat** specify; **–ovat cenu** stipulate a price

**spěch** haste, hurry; **–at** be* in a hurry, hurry

**spiklenec** conspirator, plotter

**spílat** komu scold sb., take* sb. to task

**spirála** spiral; kouře curl

**spis** work, publication, document; file

**spižírna** pantry

**splatit** laskavost repay*; dluhy pay* off; vyrovnat satisfy

**splátka** instalment; **splatnost** maturity, due date

**splést** bind*; confuse; **~ se** make* a mistake

**spleť** větví tangle; uliček maze, labyrinth

**splnit** fulfil, realize; přání grant; meet*; **~ se** come* true; **–elný** realizable

**spočívat** rest on; zakládat se be\* based on

**spodek** bottom; v kartách jack, knave

**spodky** underpants, pants (pl)

**spodní** lower, bottom; ~ **prádlo** underwear

**spodnička** underskirt

**spojenec** ally; **–ký** allied; **–tví** alliance

**spojení** dopr. connection, contact, link; communication; s kým touch; elektr. **krátké ~** short circuit

**spojit** telefonem put\* together; co s čím connect sth. to sth., join, link; sjednotit unite; **–ost** connection, vztah relation

**spojka** tech. clutch; jaz. conjunction

**spokojen|ý** satisfied; **–ost** satisfaction

**spokojit se** be\* satisfied, put\* up with

**společenský** social; družný sociable

**společník** companion; obchod. partner

**společnost** obch. company; vědecká, lidská society; **akciová ~** jointstock company

**společn|ý** common, mutual; **–ě mít** užívat share

**spoléhat (se)** rely, count on

**spolehliv|ý** reliable; **–ost** reliability, dependability

**spolek** union, association, club; států alliance

**spolkový** republika federal; život club

**spolknout** swallow (up)

**spolu** together; –autor co-autor; –hráč teammate; ve dvojici partner; –majitel joint-owner; –občan fellow citizen; –práce cooperation; –žák schoolfellow, schoolmate; classmate

**spona** přezka clasp; buckle; na kravatu tie pin

**spontánn|í** spontaneous; –ě spontaneously

**spor** controversy, argument, quarrel

**sporák** cooker; Am. stove

**sporný** questionable, doubtful, disputable

**sport** sport; pěstovat ~ do* sports; –ovní sports

**sportovec** sportsman*, athlete

**spořit** save, economize; –elna savings bank

**spotřeb|a** consumption; denní ~ daily consumption; –ič elektrický/plynový electrical-/gas appliance; –itel consumer, uživatel user

**spousta** plenty of, a lot, lots

**správa** management, administration

**správce** manager, administrator; domu caretaker

**spravedliv|ý** just, fair; –ě justly, fairly

**spravedlnost** justice; nestrannost impartiality

**spravit** mend, repair; náladu improve; ~ **se** get* well*

**správn|ý** right, correct; **–ost** accuracy

**spravovat** opravovat mend, repair; obhospodařovat manage, administer, conduct

**sprcha** shower

**spropitné** tip, gratuity; **dát komu ~** tip sb.

**sprostý** rude, nasty; vulgární vulgar, obscene

**spřátelit se** s kým make* friends with sb.

**spustit** dolů let* down; uvést do chodu start

**srazit** knock down; snížit cut* down

**srdce** heart; **srdečný** cordial; hovor. hearty

**srovnání** comparison

**srovnat** terén level; compare; arrange

**srovnatelný** comparable

**srozumitelný** intelligible, understandable

**srpen** August

**srst** hair, fur

**stabil|ita** stability; **–ní** stable; **–izovat** stabilize

**stáčet (se)** twist

**stačit** be* sufficient; schopnostmi be* up to; vydržet last; komu keep* up with sb.

**stadium** stage, phase

**stádo** herd, flock; **~ dobytka** herd of cuttle

**stah** contraction; **stáhnout** dolů pull down

**stále** always, all the time; **~ ještě** still

**stálý** constant, stable; pravidelný regular

**stan** tent; **hlavní ~** headquarters

**stánek** prodejní stall, stand; novinový kiosk

**stanice** tramvaje stop; železnice station

**stanovisko** standpoint, point of view

**stanoviště** station, stand; **~ taxi** cab-stand

**stanovit** set*, fix, determine; hodnotu assess

**stanovy** zákonné the statutes, code of rules

**starat se** look after; take* care of

**stárnout** grow* old, age, get* old

**starobní důchod** old-age pension

**starobylý** ancient, antique; zastaralý archaic

**staromódní** old-fashioned

**starost** péče care; úzkost worry, trouble; **mít na –i** be* in charge

**starost|a** mayor; **–ovat** hold* office as mayor

**starožitn|ost** antique; **–ictví** antique shop

**starý** old; dávný ancient; **jak jsi ~?** how old are you?

**stařе|c** old man*; **–na** old woman*

**stát** území state; země country; **–ní** state; **–ník** statesman*

**stát** stand*; ~ **komu v cestě** stand* in sb's way; nehýbat se stand* still; kde be* situated; o ceně cost*; **kolik to stojí?** how much* does it cost*?; ~ **si dobře** be* well off; oč be* keen on sth.; ~ **se** čím become*, get*, grow*; udát se happen; **co se stalo?** what happened?

**statečn|ý** courageous, brave; **–ost** bravery

**stat|ek** farm, estate, property; **–kář** landowner, landlord

**stav** situace state, condition; tkalcovský loon

**stavba** building, construction

**stavebnic|tví** building trade; **–e** building set

**stavební** construction, building

**stavět** dům build*, construct; umisťovat put*, place

**stavitel** builder, architect; **–ství** architecture

**stávka** strike; **–ovat** strike*, be* on strike

**steh** stitch; med. suture

**stehno** thigh

**stěhova|t (se)** move; **–cí vůz** removal van

**stejn|ě** in the same way, equally; **–ý** equal

**stěna** wall; nádoby side; skalní cliff

**sténání, sténat** groan, moan

**stesk** longing; **~ po domově** homesickness

**stezka** path, trail

**stěží** hardly, scarcely

**stěžovat si** complain, grumble

**stíhat** chase, pursue; soudně prosecute

**stihnout** vlak catch\*; zastihnout reach

**stín** shadow, shade; **stinný** shady, shadowy

**stipendium** scholarship

**stisk** clasp, grip; **–nout** press, squeeze

**stížnost** complaint, claim

**stlač|it** compress, press down; knoflík push

**sto** hundred

**stoč|ený** twisted; **–it** svinout roll up; víno decant

**stojan** stand, rack; **malířský ~** easel

**stolet|í** century; **–ý** one-hundred-year old

**stonat** be\* ill, be\* in bad\* health

**stopa** chodidla footprint; míra foot\* (30,48 cm)

**stoupa|t** rise\*, climb, mount; **–vý** rising, upward

**strach** fear, anxiety; **–ovat se** be\* anxious

**stran|a** plocha side; stránka v knize page; politická party; světová point; směr direction; **–ic-ký** party; **–ou** aside

**stránk|a** page; *aspekt* feature; **–ovat** page

**strast** sorrow; **–iplný** miserable, wretched

**strašidelný** macabre, ghostly

**strašit** frighten, scare

**strava** *jídlo* food; *stravování* board; *způsob* diet

**strávit** *jídlo* digest; *čas* spend\*

**stráž** guard, sentry, patrol; **–ník** policeman\*

**strčit** *do čeho* push, shove; *kam* put\*

**strh|nout** tear\* down; *budovu* pull down; *částku* deduct; **–ující** impressive, stirring

**strmý** steep, high-pitched

**strn|out** stiffen; **–ulý** rigid, stiff; frozen

**stroj** machine, engine; **–e** machinery; **–ař** *dělník* machine specialist, *inženýr* mechanical engineer; **–ek na holení** safety razor; **–írenství** engineering

**strom** tree; *vánoční* **–ek** Christmas tree

**strop** ceiling; **cenový ~** price freeze

**strpení** patience; **strpět** endure, tolerate

**stručný** brief, short; *zhuštěný* concise

**struna** string, chord

**strýc** uncle

**střed** centre; **–ní** central, middle, medium

**středisko** centre; **zdravotní ~** outpatients' department

**středověk** the Middle Ages

**středa** Wednesday

**střecha** roof; auta top; klobouku brim

**střel|a** missile, bullet, shot; **–ba** fire, shooting

**střeva** bowels, intestines

**střevíc** shoe

**střežit** guard, watch over, protect

**stříbr|ný, –o** silver

**střídání** change, exchange; stráží relief

**střída|t (se)** alternate; change; **–vý** alternating

**střih** filmu cut; style; **stříhat** vlasy cut*

**stříkačka** injekční syringe; hasičská fire engine

**stříkat** cákat sprinkle; hadicí hose; barvou spray

**střílet** fire, shoot*

**střízlivý** sober; věcný matter-of-fact

**stud** shame; ostych shyness

**studánka** spring, well

**student, –ský** student, undergraduate

**studený** cold, cool, chilly; frigid

**studna** well; **–ř** well-digger

**studovat** study, learn*; problém investigate

**stuha** ozdobná ribbon; k převázání band

**stůl** table; pracovní desk

**stupeň** step, stair; díl, teplota degree; úroveň level

**stvořit** create; **–el** creator

**stvrzenka** receipt

**stydět se** za koho be\* ashamed of sb.; ostýchat se be\* shy

**styk** connection, touch; pohlavní intercourse

**stýkat se** be\* in touch (contact)

**styl** style; **–istický** stylistic

**stýskat se** miss, **–á se mi po tobě** I miss you

**sudý** even

**suchar** rusk, cracker; Am. biscuit

**sucho** drought, dryness; **–zemský** (over)land

**suchý** dry; vyprahlý arid; list dead; hubený spare

**sukně** skirt; **krátká/dlouhá ~** short/long skirt

**sukno** cloth

**sůl** salt

**suma** sum, amount; **celková ~** sum total

**surovina** raw material

**surov|ý** nezpracovaný raw; **–ost** cruelty, brutality

**sušenky** biscuits; Am. cookies
**sušený** dried; bez vody dehydrated
**suši|t** dry; **–cí** drying; **–čka** drier
**svádět** seduce; pokoušet tempt
**sval** muscle; **–natý** muscular
**svář|eč** welder; **–et** weld
**svat|ba** wedding; **–ba v kostele/na radnici** a church/civil wedding; **–ební** bridal, wedding; **–ební cesta** wedding trip
**svátek** holiday, festival; jmeniny name day
**svatý** saint, holy; posvátný sacred
**svaz** union, federation; **odborový ~** trade unions
**svázat** tie (up), bind*
**svazek** bunch; jednota union; knihy volume
**svědčit** testify, witness; vyhovovat suit
**svědectví** evidence; práv. testimony
**svěd|ění**, **–it** itch; **to –í** it itches; **–í mne celé tělo** I am itching all over
**svědom|itý** conscientious; **–í** conscience
**svést** dokázat manage, succeed in; na scestí mislead*; ženu seduce; dolů lead* down
**svět** world; země earth; **–lo** light; **–lý** light(-coloured); jasný bright

**světoznámý** world-famous, well-known

**světový** world-(wide); **~ názor** world view

**svévoln|ý** arbitrary; **jednat –ě** be* capricious

**svěží** vzduch fresh; osvěžující brisk; mysl vivid

**svíčka** candle; motoru (spark)plug

**svislý** vertical, perpendicular, upright

**svit** shine; třpyt shimmer; **sluneční ~** sunshine

**svitek** roll; **~ papíru** scroll

**svítilna** lamp; baterka torch

**svízel** trouble, difficulty; **–ný** troublesome

**svléci** take* off, cast*; **~ se** strip, undress

**svobod|a** freedom, liberty; **–ný** free; single

**svol|ení** permission, consent; **–ný** willing

**svorka** clip, clamp; staple

**svorn|ost** concord, union; **–ý** united

**svrhnout** vládu overthrow*; dolů throw* down

**svrchovaný** supreme, sovereign

**svůdn|ý** tempting, seductive; **–ík** seducer

**syčet** had hiss; tuk sizzle; pára fizzle

**syn** son; **–ovec** nephew

**synt|éza** synthesis*; **–etický** synthetic

**sýr** cheese; **tavený ~** processed cheese

**syrov|ý** raw; **–é maso** red meat

## Š

**šablona** pomůcka stencil; vzor pattern
**šach** chess; **hrát –y** play chess; **–ový** chess
**šála** scarf\*; **vlněná ~** wollen scarf\*
**šálek** cup; **~ na čaj** teacup; **~ čaje** a cup of tea
**šampi|ón** champion; **–onát** championship
**šampon, –ovat** shampoo
**šanc|e** chance; opportunity; **mít –i** stand\* a chance
**šaš|ek** fool; cirkusový clown; **–kovat** clown
**šátek** scarf\*; na krk neckcloth; pléd shawl
**šatn|a** cloakroom; **–ář** cloakroom attendant
**šaty** clothes; dámské ladies' dress; pánské suit
**šavl|e** sabre; **–ovitý** sabre-shaped
**šedesát** sixty; **–ý** sixtieth
**šed|ivý, –ý, šeď** grey; **–ivět** become\*/grow\* grey
**šek** cheque; **–ová knížka** chequebook
**šelm|a** beast; čtverák wag; **–ovitý** predatory
**šepot, šept|at** whisper; **–em** in a whisper
**šeredný** ugly, bad-looking, nasty
**šerm** fencing; **–íř** fencer; **–ovat** fence
**šeřík, –ový** lilac

**šest** six; **–náct** sixteen; **–ý** sixth

**šetřit** economize; peníze save, put* by; síly conserve; **~ se** take* care of oneself

**šicí stroj** sewing machine

**šíje** nape, neck; pás pevniny neck of land

**šikanov|ání** bullying, chicanery; **–at** chicane, bully; slovně pester

**šikmý** oblique, slanting; svažující se sloping

**šikovný** zručný skilled; přen. clever; nástroj handy

**šílený** lunatic, mad, insane, crazy

**šíp** arrow; **šipka** dart; ukazatel arrow

**široký** broad, wide; rozsáhlý extensive

**šířit se** spread*; propagate; zprávy circulate

**šířka** width, breadth; zeměpisná latitude

**šiška** plod cone; vzniklá válením roll

**šít** sew*, needle; šaty make*; med. stitch

**škeble** shell, shellfish

**šklebit se** grimase; ušklíbnout se grin

**škoda** damage, harm; újma detriment; **to je ~** what a pitty; **~, že nemám** I wish I had; **–it** harm, damage

**škodlivý** harmful; vliv damaging; plyn noxious

**škola** school; **mateřská ~** nursery school; **střední ~** secondary school; **vysoká ~** university; **státní ~** public school

**škol|ák** schoolboy; **–ačka** schoolgirl

**školení** training, schooling; seminář workshop

**škrábat** scratch; psát scribble; brambory peel

**škrob** starch; **–ový** starchy; **–it** starch, stiffen

**škrtit** koho strangle, throttle; být těsný be* too tight

**škvařit** tuk melt; **~ se** broil; přen. roast

**škyta|t** have* the hiccups, hiccough; **–avka** hiccup

**šlacha** sinew, tendon

**šlapat, šlápnout** step, tread*; na kole pedal

**šle** braces (pl); Am. suspenders

**šlehačka** whipping cream

**šlehat** ušlehat whip; rákoskou cane; oheň blaze

**šmouha** smudge, smear

**šňůra** line, string; elektr. flex; na prádlo clothesline; provázek cord; na psa leash, lead; **pupeční ~** umbilical cord; **~ perel** string of pearls

**šofér** driver; soukromý chauffeur

**špatn|ě** badly, wrong; **–ý** bad, wrong*, evil

**špeh** spy; hovor. tail; **–ovat** koho spy on sb.

**špenát, –ový** spinach
**špendlík** pin; **zavírací ~** safety pin
**šperk** jewel; **–ařství** jeweller's; **–ovnice** je-
well box; **–y** jewellery
**špič|atý** pointed; **výstřih V-neck; –ka** point, tip
**špinav|ý** dirty; **–ost** shabby trick; **špína** dirt
**špinit** soil, make\* dirty, smudge
**špión** spy, secret agent
**šplh** climb(ing); **–at** climb
**šplouchat (se)** splash; **z nádoby** slop, spill\*
**šprým** joke, jest; **–ař** joker; **–ovat** joke
**šroub** screw; **s matící** bolt; **–ovák** screwdriver;
**–ovat** screw
**štáb** voj. staff; **spolupracovníků** team; film. crew
**štafet|a** relay (race); **–ový** relay; **–ový kolík** baton
**šťastný** happy, fortunate, lucky
**šťáv|a** juice; **z masa** sauce; **míza** sap; **–natý** juicy
**štědrý** generous; **Š– večer** Christmas Eve
**štěkat** bark; **pronikavě mluvit** yap
**štěrbina** mezera crack; **ve skále** cleft; **v automa-**
tu slot
**štěrk** gravel; **silniční** road metal
**štěstí** stav happiness; **náhoda** good\* luck, fortune

**štět|ec, ‑ka** (paint‑)brush
**štíhl|ý** slender, slim; **‑ost** slimness
**štika** pike
**štípat** split\*; dříví chop; žihadlem sting\*, bite\*
**štít** shield; vývěsní sign; domovní gable
**štváč** heckler; **štvát** hunt, chase; annoy
**šum** murmur, hum, buzz; **‑ět** potok murmur;
   listy chatter; nápoj fizz
**šunka** ham; uzená gammon
**švagr** brother‑in‑law; **‑ová** sister‑in‑law
**švec** shoemaker, shoemender
**švestk|a** plum; **‑ový koláč** plum fan

## T

**tabák** tobacco; **to je silný ~!** that's a bit thick!
**tábor, ‑ový** camp; **‑ník** camper
**tabule** okenní pane; školní blackboard
**tabulka** diagram table, chart; čokoláды bar
**tác** tray; **‑ek** salver
**tady** here, at this place; při telefonování **~ Jir‑
ka Novák** Jirka Novák speaking; při podává‑
ní here you are

**táhnout** pull, draw\*; za sebou drag

**tajemník** secretary

**tajemství** secret, mystery

**tajit** co před kým keep\* a secret, conceal sth. from sb.

**tajn|ě** in secret, secretly; **–ý** secret

**tak** so; **a ~ dále** and so on; asi about

**také** also, too, as well

**takový** člověk such; něco takového like this/that

**takto** so, in this manner, like this, in this way

**talent** talent, gift; **–ovaný** talented, gifted

**talíř** plate; **hluboký ~** soup plate

**tam** there; **–hle** over there; **–ní** of that place

**tančit, tanec** dance; **tančíte?** do you dance?

**tank** voj. tank; nádoba reservoir; **–ovat** refuel

**tapet|a** wallpaper; **–ář** paperhanger; **–ovat** paper

**taška** brašna bag; školní satchel; náprsní wallet

**tát** melt, thaw\*; **taje** it is thawing

**táta** dad, daddy

**taxa** rate; poplatek charge

**táza|t se** ask (a question), inquire; **–vý** inquiring

**téci** run\*, flow\*; propouštět vodu leak

**tečk|a** point, dot; jaz. full stop; **–ovaný** dotted

**teď** now, at present; v dnešní době nowadays

**tedy** then, so

**tehdy** then, at that time; consequently

**těhotná** pregnant, gravid

**techni|k** engineer; **–cký** technical; postup technological

**tekut|ina, –ý** liquid; **–ý kyslík** liquid oxygen

**tele** calf*; **–cí maso** veal

**telefon** přístroj telephone; hovor. phone call; **–ický** phone; **–ovat** phone, call

**telegram** telegram; hovor. wire

**tělesný** stav physical, body; trest corporal

**těleso** body; **topné ~** heating element

**televize** television; hovor. telly, zkr. TV

**televizor** television set, TV set

**tělo** body; postava figure

**téma** subject, topic; hud. theme

**téměř** almost, nearly; **~ nic** hardly anything

**tempo** pace, rate; plavecké stroke

**temný** myšlenky gloomy; barva dark

**ten, –to** this, that; ukazovací, odkazovací the

**tenis** tennis; **stolní ~** table tennis

**tenký** thin; vrstva shallow; postava slim

**tentýž** the same
**teor|ie** theory; **–etický** theoretical; **–etik** theorist
**tep** pulse; **–aný** wrought; **–at** srdce pulsate, throb; kovy beat\*
**tepláky** tracksuit; jogging suit
**teplo** warmth, heat; **je mi ~** I am warm
**teploměr** thermometer
**teplota** temperature; horečka fever
**teplý** warm; jídlo hot; homosexuální gay
**teprve** only, not until
**terč** target
**terén** country; voj. terrain; **–ní** ground
**termín** lhůta term; konečný deadline
**tesa|ř** carpenter; **–t** dřevo hew\*; sochu carve out
**těsn|ý** tight, narrow, close; **–opis** shorthand
**těsto** dough; **–viny** pasta
**těšit (se)** čemu enjoy sth.; nač look forward to sth.
**teta** aunt
**textil** textile goods, textiles (pl); **–ní** textile
**teze** thesis\*, proposition
**těžce** pracovat hard; dýchat heavily
**těžit** uhlí mine; dřevo exploit; z čeho make\* the best of sth., profit

**těžký** váhou heavy; nesnadný difficult, hard

**tchán** father-in-law; **tchyně** mother-in-law

**tich|o** silence; klid peace; **–ý** quiet, silent

**tís|eň** distress, difficulty; **–nivý** oppressive

**tisíc** thousand

**tisk** print, printing; noviny the press; **–ací písmeno** block letter; **–ař** printer; **–ařský** printer's; **–árna** printing-office; k počítači printer; **–nout** print, press; **–opis** form; **–ový** press

**tiš|e** still, quietly; **–it** calm, quiet (down)

**titul, –ní** title; nadpis heading

**titulek** v novinách headline

**tkáň** tissue

**tkanina** fabric, textile, cloth

**tlačenice** crowd, throng, jam

**tlačit** press; boty pinch; před sebou push

**tlachat** chatter

**tlak** pressure; **vysoký krevní ~** high blood pressure; **–oměr** barometer; **–ová výše** pressure height

**tleskat** applaud, clap

**tlouci** bít beat*; na dveře knock; hřebík hammer

**tloustnout** grow* fat, put* on weight

**tlum|ený** subdued, soft; **–it** vášně subdue

**tlumočit** interpret; přání convey

**tlumočník** interpreter

**tlustý** thick; osoba fat, stout

**tma** darkness, dark, gloom; **–vý** dark; deep

**to** it, that; **~ jsem já** that's me; **~ a ~** namely

**toaletní** toilet; **~ papír** toilet paper

**točit** kolem osy rotate; vlasy curl; uzávěrem turn;
film shoot*

**tolik** so much*/many*; **dvakrát ~** twice as much*

**tón** zabarvení řeči tone; hud. note; barvy shade

**topení** heating; **ústřední ~** central heating

**topinka** toast

**topi|t** heat; uhlím burn* coal; **~ se** be* drowning;
**~ se v penězích** be* rolling in money; **–vo** fuel

**totalit|a** totalitarianism; **–ní** totalitarian

**totéž** the same (thing); **totiž** namely

**totožn|ý** indentical; **průkaz –osti** identity card

**touha** desire, longing; **~ po penězích** greed
for money

**toulat se** wander about, stroll; lesem tramp

**toužebný** pohled wistful; očekávání anxious

**toužit** desire, long for

**továrna** factory; závod plant, works

**trag|édie** tragedy; **–ický** tragic

**trám** beam; girder, joist

**tramvaj** tram; Am. streetcar

**tráp|ení** starosti worry, trouble; bolest great pain; **–it (se)** čím worry about; namáhat se s čím struggle with sth.; způsobovat utrpení torment

**trapný** awkward, embarrassing

**trať** line, track, route

**tráv|a** grass; **–natý** grassy; **–ník** lawn

**trávení** digestion

**trém|a** stage fright; **–ovat** confuse; make* sb. nervous

**trenér** trainer; družstva coach

**trenýrky** shorts, trunks; underpants

**trest** punishment; peněžní penalty; **–anec** convict; **–at** punish; pokutou fine; **–ní** criminal; penal

**trh** market, fair; tržiště marketplace

**trhat** tear*; škubat pull, jerk; květiny pick

**tribuna** platform, tribune; sport. stand

**tričko** nátělník vest; s krátkými rukávy T-shirt

**trn** thorn; **–itý** thorny; **–í** thornbush

**trochu** a little, some, a bit

**trojnásobný** triple

**trojúhelník** triangle; **–ový** triangular

**trolejbus** trolleybus

**troska** ruin; lidská wreck

**trouba** na pečení oven; hlupák fool; hud. trumpet

**troubit** blow* a trumpet; dopr. sound one's horn

**trpaslík** dwarf; malý člověk pigmy

**trpěliv|ý** patient, indulgent; **–ost** patience

**trpět** suffer; komu co tolerate sth. to sb.

**trs** cluster, tuft, bunch

**trubice** pipe, tube; k potápění snorkel

**trubka** pipe, tube; hud. trumpet

**truchlit** mourn, grieve

**trůn** throne; **nastoupit na ~** ascend the throne

**trup** člověka trunk; stroje body

**trval|ý** lasting, permanent; **–á ondulace** perm

**trvanliv|ý** durable; baterie long-life; **–ost** durability

**trvat** last, take*; na čem insist on sth.

**trychtýř** funnel

**trýznit** torment, torture; obtěžovat plague

**trž|ba** z prodeje sale; v pokladně receipts (pl); takings (pl); **–ní** market

**třást (se)**rattle; shake*; chvět se shiver, tremble

**tření** friction

**třeš|eň** cherry; **–ňovka** cherry brandy

**třetí** third; **~ mocnina** cube; **třetihory** Tertiary

**tři** three; **–krát** three times; **–náct** thirteen

**třída** bot., škol. class; místnost classroom; ulice road, avenue; jakost quality, grade

**tříd|ění** classification; sorting; **–it** classify, grade

**tříska** splinter, chip, spill

**tříštit** jednotu break*; smash, shatter

**třít** rub; žloutky whip, whisk

**trpytit se** glitter, shimmer, shine

**tucet** dozen

**tučňák** penguin

**tučný** maso fat; písmo bold, in bold type

**tudíž** hence, consequently

**tudy** this way; **~ prosím** this way, please

**tuh|nout** krev congeal; omáčka thicken, get* stiff; **–ý** maso tough; skupenství solid; zima severe, hard

**tuk** živočišný fat; umělý margarine; mazadlo grease; **–ový** fat, oil

**tuna** ton

**tunel** tunnel; silniční road tunnel

**turist|a** tourist; pěší hiker; **–ický ruch** tourism

**tušit** guess, suspect, have* a feeling

**tužka** pencil; hovor. Br. **propisovací ~** biro

**tvar** form, shape, figure; **–ovat** form, shape

**tvaroh** cottage cheese

**tvář** face; líce cheek; **–it se** look; **za–it se** make* a face

**tvor** being, creature

**tvorba** tvoření creation; dílo works, output

**tvořit** umění create; tvarovat form; představovat be*, make* up

**tvrd|it** affirm, claim, assert; **–nout** become* hard; okorat become* stale; **–ost** hardness, hardship; **–ý** hard; zima severe, cruel

**ty** you; **~ sám** yourself; **tvůj** your, yours

**tyč** pole, bar, rod; **skok o –i** pole-vault

**týden** week; **–ík** weekly; filmový newsreel

**tygr** tiger; **bojovat jako ~** fight* like a tiger

**týkat se** čeho concern, refer, regard

**tykat si** use each other's Christian names

**typ** type, design; **–ický** typical, characteristic

**týrat** torture, torment, bully; zvířata maltreat

# U

**u** kde at, with, beside; blízko near, by, next to
**uběhnout** čas pass; vzdálenost cover; lhůta expire
**ublížit** hurt*, injure, harm
**ubohý** poor, wretched, miserable
**ubožák** wretch, poor fellow, poor man*
**ubránit se** resist successfully; odolat withstand*
**ubrousek** napkin
**ubrus** (table)cloth
**úbytek** decrease, fall, loss
**ubytov|ání** accommodation, lodgings (pl);
  **–at** accommodate; **~ se** put* up
**ucpat** otvor stop, plug; odpadem block; v dopravě jam
**úcta** respect, esteem, regard
**uctívat** worship, adore; ctít venerate
**účast** participation; soustrast sympathy, concern
**účastnit se** take* part, participate, attend
**učebn|a** classroom; **–í plán** syllabus*
**učebnice** textbook
**účel** cíl object, aim; obecně purpose; **–ný** purposeful, effective

**učeň** apprentice

**učení** learning, study; řemeslu apprenticeship

**účes** hairstyle, hairdo

**učesat se** comb one's hair, do* one's hair

**účet** konto account; v restauraci bill; Am. check

**účetní** člověk accountant; jaký accounting

**účinek** effect; důsledek consequence

**účinkovat** vystupovat perform; hrát act; lék be* effective

**účinn|ý** effective, efficient; **–ost** effectiveness

**učinit** do*, make*

**učit** teach*, instruct; ~ **se** learn*, study

**učitel** teacher; na vysoké škole lecturer

**účtovat** charge; ~ **s kým** přen. settle accounts with sb.

**úd** limb

**údaj** information; **–e** data; **–ný** alleged

**událost** event; příhoda incident

**udat** koho inform against sb.

**udělat** make*, do*; vytvořit produce

**udělit** give*, grant; cenu award

**úder** stroke, hit, blow; **udeřit** strike*, hit*, slap

**udit** smoke, cure

**udivit** astonish; amaze; **úðiv** amazement
**údolí** valley
**údržba** upkeep; stroje maintenance
**udržovat** keep*; provádět údržbu stroje maintain
**uhádnout** guess (right)
**uhasit** oheň put* out; žízeň slake
**uhel, uhlí** coal
**úhel** angle; **pravý** ~ right angle
**uhodit** koho strike*, hit* sb.; mrazy set* in
**úhrada** výdajů settlement, payment; škody compensation; **uhradit** settle, reimburse; škody pay* compensation; výdaj cover
**úhrn** (sum) total; **–em** in total; **–ný** total
**uchazeč** applicant; kandidát candidate
**ucházející** passable, tolerable
**ucházet** unikat leak*, escape; ~ **se** o post stand* for, apply for; o ruku propose
**ucho** ear; držadlo handle; jehly eye
**uchopit** take*, grasp, grip
**uchovat** preserve, keep*
**uchvátit** capture, seize; okouzlit fascinate
**uchýlit se** deviate, depart; kam retire, withdraw*
**úchyl‖ka** deviation; **–ný** perverted

**ujasnit** make\* clear; ~ **si** clear up
**ujedn|ání** arrangement, settlement; dohoda agreement; **–ávat, –at** settle, arrange, agree
**ujet** leave\*, drive\* away, go\* away
**ujistit** assure; **ujištění** assurance
**újma** loss, detriment
**ujmout se** čeho take\* possession of sth., take\* care of sth.; dítěte take\* charge of; zahr. take\* on
**úkaz** phenomenon\*
**ukázat** prstem point to; představit show\*; demonstrate, indicate, exhibit; ~ **se** dostavit se appear; jako prove to be\*
**ukázka** zboží specimen, sample; filmu preview
**uklidit** clean, tidy; dát pryč clear; pokoj do\*
**uklidnit** calm; ~ **se** calm down
**uklonit se** make\* a bow, bow
**uklouznout** slip; slovo slip out
**ukojit** gratify, satisfy
**úkol** task; škol. assignment; **domácí ~** homework
**ukolébavka** lullaby
**ukončit** finish, bring\* to an end; školu leave\*
**(u)kousnout** bite\* off; **dej mi ~** give\* me a bite
**ukrást** steal\*; hovor. pinch

**ukrutný** cruel, severe, harsh

**ukrýt** hide*, conceal; ~ **se** find* shelter

**ukvap|it se** act rashly, be* hasty; **–ený** rash

**úl** (bee-)hive

**ulehčit** facilitate, make* easier

**ulejvat se** shirk; ze školy play truant

**úleva** relief; daňová úleva tax allowance

**ulice** street; **ulička** alley, lane

**úloha** task; homework; herecká part, role

**ulomit** break* off; **úlomek** fragment

**úlovek** catch*; **ulovit** catch*; do sítí net

**uložit** uschovat put* aside, put* away; úkol set*;
peníze deposit; daň impose; ~ **děti k spánku**
put* the children to bed

**umělec** artist

**umělý** artificial; vlákno man-made; zuby false

**umění** art; zručnost skill

**umět** know*, can*

**umíněný** obstinate, stubborn

**umírněn|ý** moderate, temperate; **–ost** modesty

**úmluva** agreement, engagement; polit. treaty

**umocnit** square, raise

**umožnit** make* possible, enable

**úmrt|í** death; **–nost** mortality; **–ní** death

**úmysl** intention, intent; **–ně** on purpose

**úmyslný** deliberate, intentional

**umý|t** wash; nádobí wash up; **~ se** wash one-self; **–vadlo** (wash)basin; Am. washbowl

**únav|a** fatigue, tiredness; **–ný** tiring, tedious

**unavený** tired; utahaný exhausted

**unést** násilně kidnap; tašku be\* able to carry

**uniforma** uniform

**únik** escape, outflow; informací leak

**universita** university; **U– Palackého** Palacký University

**únor** February

**upadat** fall\*, decline; morálně become\* depraved

**úpadek** failure; obch. bankruptcy

**upadnout** fall\* down; kvalita go\* down

**úpal** sunstroke; **dostat ~** get\* sunstroke

**upéci** koláč bake; maso roast

**upevnit** fasten, fix, strengthen; znalosti improve; přátelství consolidate

**úplat|ek** bribe; **–ky** hovor. graft

**uplatnit** použít apply, use; právně assert; prosadit put\* across

**úpln|ě** fully, completely; **–ý** complete, total

**upomín|at** remind, claim; **–ka** reminder

**uposlechnout** obey

**upozornění** notice; varovné warning

**upozornit** varovat warn; na sebe call attention

**úprava** arrangement; přizpůsobení adaptation, adjustment; obměna modification

**upravit** arrange; přizpůsobit adjust; obměnit modify; uklidit tidy (up)

**uprchlík** fugitive; polit. refugee

**uprchnout** run* away; komu give* sb. the slip

**uprostřed** in the middle of, in the centre of

**upřímn|ý** sincere, honest; **–ost** sincerity

**úraz** accident, injury; těžký casualty

**urazit** koho offend, insult sb.; co knock sth. off; vzdálenost cover, do*; **~ se** take* offence

**urážlivý** slovo offensive; člověk touchy

**určit** cenu determine, fix; vymezit define; **–ě** surely, certainly; Am. sure; **–ý** certain, definite

**úrod|ný** půda fertile; kraj productive; **–a** crop

**úrok** interest; **připsat –y** add interests

**úroveň** výška altitude; přen. level, standard

**urovnat** problém settle, arrange; šaty smooth

**urychlit** speed* up, accelerate

**úřad** office; Am. bureau; funkce position

**úřední** official; **~ hodiny** office hours

**úřed|ík, –ice** officer, official; bez pravomoci clerk; **celní ~** customs officer

**úsek** geom. section; cesty stage; textu passage

**useknout** cut* off; větěv stromu chop down

**uschovat** hide*, conceal; nechat si keep*

**úschovna zavazadel** cloakroom, left-luggage office; Am. checkroom

**úsilí** effort, pains (pl), endeavour

**usilov|at** endeavour, aspire, aim; **–ně** hard

**uskladn|ění** storage; **–it** store; ve sklepě cellar

**uskutečnit** realize; **~ se** come* true; take* place

**úslužný** obliging, helpful

**usmát se** na koho smile at sb.; **úsměv** smile

**usmrtit** kill

**usnadnit** facilitate, make* easier

**usnesení** resolution; soudní court ruling

**usnout** fall* asleep; **uspat** dítě lull a baby to sleep, put* sb. to sleep

**uspávací prášek** sleeping pill

**úspěch** success; výkon achievement; **mít ~** succeed, be* successful

**úspěšný** successful, prosperous; kariéra fruitful

**uspíšit** hasten, speed up

**uspokoj|ení** satisfaction; **–ivý** satisfactory; **–it** satisfy; **–it potřebu** meet* a need

**úspor|a** saving, reduction, cut; **–y** savings (pl)

**uspořádat** arrange, put* in order; koncert give*

**úst|a** mouth; **–ní** zkouška oral; **~ voda** mouthwash

**ustanovit** appoint, nominate; nařídit determine, fix; zřídit institute; opatření provide

**ustat** stop, cease, finish

**ústav** institute, establishment; sanatorium*

**ústava** constitution

**ustavit** výbor constitute, set* up; firmu establish

**ustlat** make* a bed

**ustoupit** stranou step aside; od čeho take* back; voj. retreat; bolesti ease

**ústřed|í** central office, head office; **–ní** central

**ustřihnout** cut* off, snip off

**ústřižek** cutting, snippet; receipt

**ústup** retreat, withdrawal; **–ek** concession

**úsudek** judgement, opinion

**usuzovat** judge, decide

**usvědčit** convict, prove sb. guilty

**ušetřit** save, spare; **~ si na byt** save up for a flat

**ušít** make*, tailor

**uškodit** harm, do* harm, do* damage

**ušpinit** make* sth. dirty; mastnotou smear, stain

**utáhnout** draw*, pull; šroub tighten

**utajit** keep* secret, conceal, hide*

**utéci** run* away, escape; čas pass; plyn leak

**útěk** flight, escape; hromadný exodus

**utěrka** cloth; na nádobí dishcloth; tea cloth

**úterý** Tuesday; **v ~** on Tuesday

**utírat, utřít** wipe, dry (up); podlahu mop; prach dust; **~ se** dry oneself

**utiskovat** oppress, repress; **útisk** oppression

**utišit** calm, soothe; dítě quieten; hněv ease

**utkání** match, game, meeting

**utlačovat** oppress

**útlý** věk tender, delicate; slim, slender

**útoči|t** attack, assault; **–ště** refuge; polit. asylum*

**útočník** aggressor, attacker; v kopané forward

**útok** attack, aggression, assault

**utopit** drown; ~ **se** get* drowned

**utratit** peníze spend*; zvíře destroy, put* down

**utrhnout** papír tear* off; květinu pluck; plod pick off; ~ **se** knoflík come* off

**utrpět** ztrátu suffer, sustain

**útulný** cosy, snug; atmosféra friendly

**ututlat** hush up, cover up

**útvar** formation, section

**utvářet se** shape; **utvořit** form, create, make* up

**uvaděč** usher, attendant; **–ka** usherette

**úvaha** consideration, reflection

**uvažovat** o čem think* about sth., reflect on sth.

**uvedení** introduction

**uvědomit** inform, notify; ~ **si** become* aware of

**úvěr** credit; **koupit si co na ~** buy* sth. on credit

**uveřejnit** publish; zveřejnit put* out

**uvést** zavést introduce, show* in; do úřadu install; řici state, set* out, mention, say*

**uvěznit** imprison

**uvidět** catch* sight of; see*; ~ **se** see* each other

**uvítat** welcome

**uvnitř** inside; v domě indoors

**úvod** introduction; předmluva preface

**uvolnit** release, loosen; lano undo*; vchod clear

**uvolnit se** odpočinout si relax; rozvázat se loosen

**uzákonit** enact, legalize, pass

**uzavřený** byt closed; člověk self-contained

**uzavřít** close, turn off; projev conclude

**uzdravit** koho cure sb., restore to health; **~ se** get* well, recover

**území** territory; oblast area

**úzkost** anxiety, anguish; **–livý** anxious, uneasy, restless; pečlivý meticulous; hovor. fussy

**úzký** narrow; spolupráce close; těsný tight

**uznat** recognize; připustit admit

**uznání** acknowledgement, recognition

**úžas** astonishment; **–ný** wonderful, marvellous

**úžeh** sunstroke, heatstroke; mít ~ have* sunstroke

**užitečný** useful, beneficial, helpful

**užít** use, make* use of; **~ si** co enjoy sth.

**užitek** use; zisk profit, benefit, advantage

**uživit se** earn one's living

# V

**v** in, at

**vad|a** fault, defect; **-it** hinder, impede; **to neva-dí** never mind, that doesn't matter; **-ný** defective, imperfect

**vadnout** fade; květina wither, wilt

**vagón: železniční ~** carriage, coach

**váha** hmotnost weight; přístroj balance; scales (pl)

**váh|ání** hesitation; **-at** hesitate; **-avý** hesitant

**vaječn|ý** egg; **~ koňak** brandy flip; **-ík** ovary

**vak** bag, pouch, holdall, pack

**válec** cylinder; silniční roller

**válečn|ík** warrior; **-ý** war, war-time

**valit (se)** roll; řítit se rush; **~ oči** goggle

**válka** war; **partizánská ~** guerilla

**valuty** foreign currency

**van|a** bath; **napustit si -u** run* a bath

**vánek** breeze

**vánice** snowstorm

**vánoce** Christmas; **veselé ~** Merry Christmas

**vanout** blow*

**vápno** lime; **(ne)hašené ~** (un)slaked lime

**var** boiling; **bod –u** boiling point

**varhan|ík** organist; **–y** organ (sg)

**varovat** warn; **~ se** avoid

**vařit** cook, boil; čaj make*; **~ se** boil

**váš** your, yours

**váš|eň** passion; **–nivý** passionate; fanoušek rabid

**vata** cotton wool; **cukrová ~** candy floss

**váza** vase

**vázanka** tie

**váza|t** bind*; **–ný** kniha bound; chem. fixed

**váznout** dopr. be* jammed; jednání reach a deadlock; zábava begin* to flag

**vážený** respected, esteemed; v oslovení dear

**vážit** weight; **~ si** esteem, respect; hold* high

**vážn|ý** earnest, serious; **–ost** respect, esteem

**vcelku** docela on the whole; dohromady altogether

**včas** in time; na čas on time

**včela** bee; **–ř** bee-keeper; **–řství** bee-keeping

**včera** yesterday; **~ večer** yesterday evening

**včetně** including, included

**vdát** marry; **~ se** marry, get* married

**vděčit** komu za co owe, be* obliged to sb.

**vděčn|ý** grateful, thankful; **–ost** gratitude

**vdov|a** widow; **–ec** widower

**věc** předmět object, thing; záležitost matter, affair; soudní cause; **to je tvoje ~** that's your own business

**večer** evening, night; **–ní šaty** evening dress

**večeře** lehká supper; menu dne dinner; **–t** dine

**večírek** evening party

**věčný** eternal; **~ student** a perpetual student

**věd|a** learning, science; **–ec** scholar, scientist

**vedení** lead, leadership; správa management

**vědět** know*; o čem be* aware of sth.

**vedle** beside, next to; navíc in addition to

**vedlejší** adjoining, adjacent; význam secondary

**vejce** egg; **~ naměkko** soft-boiled eggs

**vejít** go* in, come* in, enter, walk into

**věk** stáří age; **ve –u…** at the age of…; epocha era, age

**velbloud** camel; **jednohrbý ~** dromedary

**velebit** praise, glorify

**vele|ní** command; **–t** be* in command, command; **–trh** (trade)fair; **–tok** large river

**veli|ce** very, greatly, highly; **–kánský** huge

**velikonoce** Easter

**velitel** commander; **vrchní** ~ commander-in-
-chief

**velký** big; plochou large; rozsahem vast; člověk
tall; oděv loose, too large; byt spacious; zá-
važný major, great

**velmi** very, largely, greatly; ~ **rád** with pleasure

**velryba** whale

**velvyslanec** ambassador; **–tví** embassy

**ven** out, outside; **jet** ~ go* out of town

**věnec** wreath, bunch

**venkov, –ský** country, countryside; **–an** coun-
tryman*

**venku** out, outside, outdoor(s)

**věnovat** give*; čas devote; ~ **se** čemu devote
oneself to sth.

**vepř** pig; Am. hog; **–ín** pigsty; **–ové maso** pork

**věrn|ý** faithful, loyal; **–ost** loyalty, faithfulness

**verš** line; jen biblický verse; **–e** poetry

**verze** version

**veřejn|ý** public, general; **–ost** the public

**věřit** believe; důvěřovat trust

**vesel|it se** enjoy oneself; **–ý** merry, cheerful

**veslo** oar; **–vání** rowing; **–vat** row

**vesmír** vzdálený universe; v dosahu přitažlivosti Země space

**vesnic|e** village; **–ký** village, country

**vést** lead*; plyn conduct; podnik run*

**vesta** waistcoat; Am. vest

**věšák** hanger, rail, rack

**věta** sentence; v souvětí clause; hud. movement

**větev** branch; malá twig; velká bough

**větr|at** ventilate, air; **–ání** ventilation; **–ný** windy

**větřit** scent, smell*; sniff; přen. suspect

**větší** bigger, greater, larger

**většin|a** majority; **–ou** mostly

**veverka** squirrel

**věz|eň** prisoner; **–ení** prison; **–nit** keep* in prison

**vézt** drive*, carry; Am. ride*

**věž** tower; špičatá spire; štíhlá steeple; šach. rook

**vhodný** suitable, convenient

**vchod** entrance, entry; přístup admission

**více** more; ~ **méně** more or less

**víčko** lid, cover; oční eyelid; vršek top

**vid|ět** see*; potkávat koho meet* sb.; **–itelnost** visibility; **–itelný** visible

**vidle** (pitch)fork

**vidli|ce**, **–čka** fork

**vichřice** windstorm, gale; **sněhová ~** snowstorm

**víkend** weekend; **o –u** at the weekend

**vila** villa, summer residence

**víla** fairy, nymph; **dobrá ~** fairy godmother

**vin|a** guilt; chyba fault; blame; **–ík** culprit, offender; **–it** blame, accuse

**vinný** guilty; **~ sklep** wine cellar

**víno** wine; plody grapes; **vinobraní** vintage

**vir**, **–us** virus; **–usový** virus, viral

**vír** whirl, swirl; vodní, vzdušný eddy; přen. maelstorm

**víra** belief; náboženská faith, confidence

**víř|it** swirl; whirl; **–vý** whirling

**viset** hang*; mraky float; na kom cling to sb.

**viš|eň** cherry, morello; **–ňový likér** cherry brandy

**vítat** welcome, greet

**vítěz** conqueror, winner; **–it** win*; nad kým triumph over sb.; **–ný** winning, victorious; **–ství** victory, win

**vítr** wind; mírný breeze

**vjezd** gateway, entrance, approach

**vklad** do banky deposit; do podniku investment

**vkus** taste; **–ný** tasteful, elegant, stylish

**vláda** government, administration, cabinet

**vládnout** govern, rule; řídit control

**vláh|a** moisture; srážky rainfall; **–ý** větřík soft

**vlajka** flag; britská ~ the Union Jack

**vlak** train; **osobní** ~ stopping train; **–em** by train; **ve –u** on the train

**vlákno** fibre; nit thread

**vlas|(y)** hair; látky nap, pile; **–ec** fishing line

**vlast** one's native country; **–enec** patriot

**vlastn|ě** in fact, actually; **–í** one's own

**vlastnic|tví** ownership, property; **–ký** property

**vlastník** owner, proprietor; ~ **půdy** landowner

**vlastnit** own, possess

**vlastnost** quality, characteristic; **dobrá ~** strong point

**vléci** drag, haul; ~ **se** drag oneself; **vlek** tow, drag

**vlevo** (on the) left, (to the) left

**vlézt** crawl into, creep* into

**vlh|čit** dampen, moisten; **–nout** get* damp

**vlhký** damp, moist; vzduch humid; ruce clammy

**vlídný** kind, friendly; chování gracious

**vliv** influence; silný impact; **–ný** influential

**vlk** wolf\*; **mořský** ~ old sea dog

**vln|a** wool; zvlnění wave; **–itý** wavy

**vlněn|ý** woollen; **–é prádlo** pl woollens

**vločk|a** flake; **ovesné –y** oat flakes

**vloupání** burglary, break-in

**vloupat se** break\* into a house

**vlož|it** put\* in, insert; peníze invest; přiložit enclose

**vměšovat se** meddle, interfere

**vniknout** do čeho penetrate sth., get\* into sth.

**vnímání** perception; citlivost sensitivity

**vnímat** perceive; take\* in

**vnitř|ek** interior, inside; inward; **–ní** inner

**vnuk** grandson; **vnučka** granddaughter

**vnutit** impose, force; ~ **se** impose oneself

**vod|a** water; **dešťová** ~ rainwater; **–ní** water; **–opád** waterfall; **–orovný** horizontal; **–otěsný** waterproof; **–ovod** water supply

**voják** soldier; **vojenský** military, army

**vojsko** army; pl troops

**volat** na koho call, cry to sb.; ~ **o pomoc** call for help; telefonovat call, ring\* up

**volant** steering wheel

**volb|a** choice, option; **–y** election

**voli|č** elector, voter; **–t** vybírat choose, take* one's choice; prezidenta elect; polit. vote

**volno** volný čas leisure; v práci day off, holiday

**volný** free; uvolněný loose; místo vacant

**voňavka** perfume; **vonět** smell* good*/lovely

**vosk, –ovat** wax

**vousy** beard; knír moustache; kotlety sideboards

**vozidlo** vehicle

**vozík** v obchodě trolley; invalidní wheelchair

**vozovka** roadway

**vpád** invasion; **vpadnout** invade; burst* in

**vpravo** kam (to the) right; kde (on the) right

**vpřed** forward, forth; **–u** in front, ahead

**vpustit** let* in, admit

**vrabec** sparrow

**vrah** murderer; atentátník assassin

**vrás|ka** wrinkle, line; **–čitý** wrinkled

**vrata** gate; otvor gateway

**vrátit, vracet** return, give* back

**vrátný** porter, gatekeeper

**vrazit** thrust*; kam bump, burst*

**vražd|a** murder, assassination; **–it** murder, kill

**vrba** willow; **smuteční ~** weeping willow
**vrčet** snarl, growl; motor whir
**vrcholit** culminate, reach a peak
**vrstva** layer; barvy coat; společenská class
**vr|šek** top; kopec hill; **–chol** peak
**vrta|t** drill, bore; **–čka** drilling machine
**vrtul|e** propeller; **–ník** helicopter
**vřelý** boiling hot; cit tender, deep
**vřískat** scream, shriek, yell, howl
**vřít** boil; prudce seethe; mírně simmer
**vskutku** indeed, really
**vstát** stand* up, get* up, rise*
**vstoupit** enter, come* in, go* in; stát se členem
  join; **vstupné** admission (ticket)
**vstřebat** absorb, soak up
**vstup** entry, entrance, admittance; výrobní input
**vstupenka** ticket, entrance ticket
**vsunout** push into, insert, put* in
**však** however
**všední** ordinary, everyday; obyčejný banal
**všechno; všichni** all, everything; celý whole
**všeobecně** generally, in general
**všeobecný** general, universal

**všimnout si** čeho notice sth.; take* notice of sth.

**všude** everywhere, all over

**vtip** joke; **–nost** wit; **–ný** witty, funny

**vtíra|t** rub in; **–vý** osoba obtrusive; píseň catchy

**vtisknout** impress, imprint; do ruky slip

**vtrhnout** voj. invade; do místnosti burst*

**vůbec** at all; **~ ne** not at all

**vůd|ce** leader; turistický guide; **–čí** leading

**vůl** ox; nadávka fool, idiot, ass

**vůle** will; záměr intention

**vůně** fragrance, scent; voňavky perfume

**vůz** wagon; osobní car; nákladní lorry; Am. truck

**vy** you

**vybalit** unpack, unwrap

**vybavení** equipment, outfit; bytu furnishings

**výběr** selection, choice; zboží assortment

**vybídnout** ask, invite; vyzvat challenge

**vybíra|t** pick; příspěvky collect; **–vý** choosy

**vybočit** turn aside, stray from

**výbor** committee, board; z díla anthology

**výborn|ý** excellent; chuť delicious; **–ě** excellent

**vybraný** choice, exquisite, select

**vybrat** choose*, select; peníze withdraw*

**vybudovat** build* up, construct

**výbuch** explosion; sopky eruption; obrazně outbreak; **vybuchnout** explode

**výbušn|ina** explosive; **–ný** short-tempered

**vycítit** feel*, sense

**vycp|at** stuff, pad; **–ávka** pad; upholstery

**výcvik** schooling, training, practice; voj. drill

**výčep** bar, taproom

**vyčerpaný** exhausted, worm-out

**vyčerpat** exhaust; ~ **se** exhaust oneself

**vyčistit** clean (up), cleanse

**vyčítat** komu co reproach sb. for sth.; **výčitka** reproach

**vyčnívat** protrude, stick* out

**výdaj** expense, expenditure; **–e** costs

**vydání** expenditure, expense; uveřejnění publication; knihy edition

**vydařit se** come* off, succeed, turn out well*

**vydat** odevzdat give*, surrender; utratit spend*; uveřejnit publish, issue

**vydavatel** publisher; **–ství** publishing house

**vydělat (si)** earn, make*; kůži dress, tan

**výdělek** pl earnings; mzda wage; plat salary

**vydír|at** blackmail, extort; **–ání** extortion

**vydržet** stand\*, bear\*; klást odpor hold\* out

**vyhazovat** throw\* out, turn out; z práce sack

**výherce** winner

**vyhladit** zničit exterminate, wipe out; vyrovnat smooth out

**vyhlásit** declare, proclaim; oznámit announce

**vyhláška** notice

**výhled** view; do budoucnosti outlook

**vyhledat** find\* out; v knize look up

**vyhlížet** look out

**vyhnout se** avoid; povinnosti evade, dodge

**výhod|a** advantage; prospěch benefit; **–ný** advantageous, favourable

**vyhodit** throw\* out; do povětří blow\* up

**vyhovět** comply with, satisfy, meet\*

**výhra** prize, victory, win

**vyhradit (si)** reserve for oneself

**výhradn|í** exclusive; práva sole; **–ě** exclusively

**vyhrát** win\*, gain, take\* a game

**vyhrožovat** threaten, menace

**vyhubit** exterminate, root up

**vyhýbavý** evasive; pohled shifty

**vycházet** go* out; o slunci rise*; o časopise be* published; s kým get* on well* with sb.

**vychloubat se** show* off, boast, brag

**východ** světová strana east; odněkud exit; slunce sunrise; **–isko** starting point, solution ; **–ní** east(ern); filosofie oriental; **~země** Orient, East

**výchova** education, upbringing

**vychova|t** bring* up, educate; **–ný** well-bred

**vyjádřit** express; render; **~ se** express oneself

**vyjasnit** clear up; vysvětlit clarify, explain; **~ se** počasí clear up; situace become* clear

**vyjedn|ávat** negotiate; **–at** arrange, fix

**výjimka** exception; **výjimečný** exceptional

**vyjít** go* out, come* out; vyrazit set* out

**vyjmenovat** list, enumerate

**vyjmout** take* out, exclude

**výkaz** statement, report

**výklad** vysvětlení explanation; zákona interpretation; výkladní skříň shop-window

**vykládat** vysvětlovat interpret, skládat unload

**výkon** performance; skvělý accomplishment

**vykonat** předvést perform; provést execute, carry out, do*; zkoušku pass

**výkonný** efficient; o moci executive

**vykořisťov|at** exploit; **–ání** exploitation

**výkres** drawing, sketch; plán design

**výkřik** outcry, shriek; **vykřiknout** cry out

**vyléčit** cure; uzdravit heal; **~ se** recover

**vyleštit** polish; shine*

**výlet** trip, excursion; **jet na ~** go* on a trip

**vyletět** fly* out, fly* up; vzteky fly* into a rage

**vylít** pour out; rozlít spill*; **~ se** flow* out

**výloha** shop-window

**vyloučení** expulsion; možnosti elimination

**vyloučit** expel; možnost eliminate, exclude

**vyložit** vysvětlit explain; náklad discharge, unload

**vymačkat** squeeze out

**vymazat** erase; zrušit delete

**výměna** exchange; vzájemná interchange; **vyměnit** exchange; hovor. swap

**vymezit** define, qualify; hranice demarcate

**vymř|elý** extinct; **–ít** die out, become* extinct

**vymyslet** make* up; postup think* out

**vynahradit** škodu compensate; **~ si** co make* up for sth.

**vynález** invention; **–ce** inventor

**vynalézavý** resourceful; tvořivý creative

**vynalézt** invent; objevit discover

**vynasnažit se** do* one's best, take* pains

**vynášet** carry out, take*, bring* out

**vynechat** leave* out, omit; miss; přeskočit skip

**vynést** take* out, carry* out, fetch; zisk yield

**vynikající** excellent, outstanding, delicious

**vynořit se** emerge, appear, turn up

**výnos** dekret decree; zisk yield, proceeds (pl)

**výnosný** profitable, productive

**vynu|cený** forced; **–tit** enforce, compel, claim

**vypadat** look, appear, seem; vlasy fall* out

**výpar** vapour, fume; **–ník** evaporator

**vypařit (se)** evaporate, transpire; vanish

**vypátrat** search out, find* out, trace

**vypětí** strain; úsilí effort

**vypínač** switch

**vypínat** switch off, turn off; prsa thrust* forth

**výpis** bankovní statement; **–ek** excerpt, note

**vypláchnout** rinse out

**výplata** wages (pl), salary; **vyplatit** pay* out;
zástavu redeem; **~ se** be* worthwhile

**vyplnit** fill (in); čas take* up; ~ **se** come* true

**vyplout** sail (out), put* to sea

**vyplývat** z čeho follow/result from sth.

**vypnout** turn off, switch off; put* out

**výpočet** calculation; ~ **nákladů** cost calculation

**vypočítat** compute, calculate, figure out

**výpověď** prohlášení statement; notice; testimony

**vypovědět** prohlásit state, declare; propustit ze zaměstnání dismiss; smlouvu terminate; ze země banish, expatriate; členství cancel

**výprask** thrashing, beating; dítěti hiding

**vyprášit** dust; koberce beat*

**výprava** expedition, excursion

**vypravěč** narrator

**vyprávě|ní** tale, story; **–t** relate, tell*, narrate

**vypravit** dispatch, get* ready to leave*

**vyprázdnit** empty; sklenici drain, clear

**vyproda|t** sell* out, sell* off; **–ný** sold out

**vypršet** expire, run* out; čas pass

**vyptávat se** ask questions, inquire

**vypůjčit si** co od koho borrow sth. from sb.

**vypukn|out** break* out; **–utí** outbreak

**vypustit** let* out, release; raketu launch

**vyrábět, vyrobit** make*, manufacture, produce

**výraz** expression; odborný term; tváře look

**vyrážk|a** rash; **dostat –u** get* a rash

**výrob|a** manufacture, production; **–ek** product; **–ní** production

**výroč|í** anniversary; **–ní** annual

**vyrovn|ání** settlement; **–aný** stable, balanced

**vyruš|ovat, –it** disturb, interrupt

**vyrýt** engrave; rýčem dig* out, dig* up

**vyřezávat** řezbářský carve; cut* out

**vyřídit** carry out, deal* with; vzkázat give*

**vys|avač** vacuum cleaner; **–ávat** vaccum

**vysíl|ač** transmitter; **–ání** broadcasting; **–at** broadcast*, transmit; vlny emit

**výskyt** occurrence

**výsledek** result, outcome; zápasu score

**výslech** hearing, questioning

**vyslovovat** pronounce

**vyslýchat** question, interrogate; svědka hear*

**vysmívat se** komu sneer, mock, laugh at sb.

**vysoce** highly; **~ kvalitní** high-quality

**vysok|ý** high; štíhlý tall; **–oškolský** university

**výstava** exposition, exhibition; veletrh fair

**vystavět** build\*, construct

**vystavit** ukázat show\*; zboží exhibit, display; nebezpečí expose, subject; šek make\* out

**vystěhovat (se)** emigrate; move out; deport

**vystoupení** zpěváka performance; odněkud leaving

**výstraha** warning, caution

**výstroj** equipment, outfit; sport. gear

**výstřel** shot; **–ek** excess; módní fad

**vystřelit** fire; na koho shoot\* at sb.

**výstup** výrobní output; na horu climb

**vysvědčení** certificate; school report

**vysvětlit** explain, clear up

**vyšetř|ení** examination; med. check-up, medical examination; **–ování** investigation; soudní inquest; **–it, –ovat** investigate; lékařsky examine

**vyšívat** embroider; **výšivka** embroidery

**výška** height; hud. pitch; nadmořská altitude

**vyškrtnout** cross out, delete

**vyšší** higher, superior

**výtah** v domě lift; Am. elevator; obsah extract, summary; **lyžařský ~** ski lift

**vytáhnout** extract, pull out, take\* out

**výtažek** extract

**výtisk** copy; **vytisknout** print, bring\* out

**vytknout** zdůraznit stress, emphasize, point out; vyčítat rebuke, blame; **výtka** rebuke

**výtok** med. discharge; outlet

**vytrhnout** tear\* out; zub pull out, extract

**vytrval|ost** endurance; houževnatost perseverance; **–ý** tenacious, persistent, patient

**výtvor** creation, work; **umělecký ~** work of art

**vytýkat** reproach

**vyuč|ený** kvalifikovaný skilled, trained; **–it se** complete one's apprenticeship; **–ování** instruction; hodiny classes, school; **–ovací** teaching; **–ovat** teach\*, give\* lessons

**využít** use; čeho take\* advavantage of sth., utilize

**vyvážet** export

**vyvěsit** hand out; put\* up, display

**vyvětrat** air, ventilate

**vyvinout (se)** develop

**vývoj** rozvoj development; biol. evolution

**vyvolat** evoke, provoke; ve škole call out

**vývoz, –ní** export

**vyvrchol|ení** liter. climax; **–it** culminate

**vyzáblý** gaunt, skinny, slender

**výzbroj** armament, weapons; sport. gear, outfit

**vyzbrojit** arm, supply with arms; vybavit equip

**výzdob|a** decoration; **–it** decorate, adorn

**vyzkoušet** test; ve škole examine; oděv try on

**výzkum** research, investigation; **–ník** researcher

**význam** slova meaning; důležitost importance, significance; **mít velký ~** be* of great importance

**vyznamenání** školní honours; decoration

**významný** important, significant

**vyznání** confession; belief, religion

**vyzout se** take* off one's shoes

**výzva** challenge, summons, appeal

**vyžádat si** demand, take* out, ask for

**vyžadovat** require, demand, call for

**vyžehlit** iron, press

**výživ|a** nourishment; **–né** alimony; **–ný** nourishing

**vzácný** rare, precious, valuable

**vzadu** behind, at the back

**vzájemn|ý** mutual, reciprocal; **–ě** mutually

**vzbouř|it se** revolt, rebel; **–enec** rebel

**vzbudit** awake*, wake* up; zájem arouse, call

**vzdálen|ější** farther; **–ost** distance; **–ý** distant

**vzdát** zápas scratch; ~ **se** surrender, give* up

**vzděl|ání** education; **–anost** level of education; **–aný** educated; **–ávat** educate; **–ávat se** study, educate oneself

**vzdorovat** čemu defy, resist; be* stubborn

**vzduch** air; čerstvý ~ fresh air

**vzdychat** sigh

**vzhůru** upwards, up; **být ~** be* up (awake)

**vzít** take*; na vědomí note; ~ **se** get* married

**vzkaz** message; **vzkázat** send* a message

**vzklíčit** germinate; přen. sprout (up)

**vzkřísit** revive, bring* back to life*

**vzlykat** sob

**vznášet se** float, hover; rogalo glide

**vznik** rise, origin; **–at, –nout** arise*, originate

**vzor** model, example; **–ec** formula; **–ek** sample, pattern; **–ný** model; ukázkový excellent, perfect; **–ně** perfectly

**vzpamatovat se** get* over, recover

**vzpírat se** defy

**vzplanout** flare up, catch* fire

**vzpomenout si** remember, recollect, recall

**vzpomínka** memory, recollection

**vzpoura** rebellion, revolt

**vzpřím|ený** upright; **–it se** straighten up

**vzrůst** growth; **–at** grow*, increase

**vzrušen|í** excitement, thrill; **–ý** excited, heated

**vzruš|it se** get* excited; **–ující** thrilling, exciting

**vztah** relation, relationship

**vztahovat se** nač refer, relate to sth.

**vztek** rage, anger; **mít ~ na koho** be* furious with sb.; **–lý** furious, enraged; **–lý pes** rabid dog

**vztyčit** erect, raise, put* up; **~ se** stand* up

**vzývat** invoke

**vždy** always, every time

**vždyť** but, after all

**vžít se** get* used to; become* common

**vžitý** established, habitual, common

# W

**western** western; slang. horse opera

**whisky** whisky; Ir., Am. whiskey; **~ s ledem** whisky on the rocks; **~ se sodou** whisky and soda

**wolfram** chem. tungsten

## X

**X** písmeno x; **mít nohy do ~** be* knock-kneed
**xantipa** hovor. o ženě battleaxe, shrew
**xerox** xerox machine, copier

## Y

**Yankee** hist. Seveřan; přezdívka Američanů anglic-
kého původu Yankee
**yard** yard (0,914 m)
**yeti** sněžný muž yeti
**YMCA** hovor. Ymka zkr. Křesťanského sdružení
mladých mužů; YMCA = Young Men's Chris-
tian Association
**yperit** mustard gas
**ypsilon** y [wai]
**yuppie** mladý ctižádostivý podnikatel; hovor. ja-
pík, yuppy

# Z

**z, ze** místně, původ from, of, out of

**za** místně behind, beyond; pořadí after; o ceně at, for; časově during, in; příčina, účel for

**zabalit** pack (up), wrap (up)

**zábav|a** amusement; organizovaná entertainment; obveselení fun; **pro –u** for fun; **–ný** amusing, funny, entertaining

**zabavit** confiscate, seize; koho entertain sb.

**záběr** filmový shot; **~ zblízka** close-up

**zabezpečení** security; proti čemu safeguard

**zabít** kill; **~ se** kill oneself; **~ čas** kill time

**záblesk** flash, gleam; **zablesknout se** flash

**zablokovat** obstruct, block

**zabloudit** lose* one's way, go* astray

**zábradlí** railing; pl banisters

**zabrat** místo take* up; reagovat respond; zabavit confiscate; voj. occupy

**záclona** curtain; **zaclonit** screen

**začátečník** beginner; **začít** start, begin

**záda** back; **bolí mě ~** I have* backache

**zadaný** engaged, occupied

**zadarmo** free (of charge), for nothing

**zadní** back; nohy hind; **~ sedadlo** back seat

**záhad|a** mystery; hádanka puzzle; **–ný** mysterious

**zahájení** opening; úřadu inauguration

**zahájit** start, open; kampaň launch

**zahál|et** idle, loaf about; **–čivost** idleness

**zahalit** veil, envelop, cover

**zahanb|ený** ashamed; **–it** make* sb. feel* ashamed

**zahlédnout** koho catch* sight of sb., sight

**zahnat** drive* away; **~ hlad** satisfy one's hunger

**zahodit** throw* away

**zahojit se** heal

**záhon** bed; květinový **~** flower bed

**zahrad|a** garden; ovocná **~** orchard; **–ní** garden; **–nictví** garden centre; **–ník** gardener

**zahraniční** foreign; **~ výrobek** article made abroad, imported article

**zahrnovat** obsahovat contain, comprise; vyžadovat involve; hrnutím zakrýt cover; bohatě obdařit shower

**záhuba** ruin, doom; **zahubit** destroy, ruin

**záhyb** fold, bend; **zahýbat** bend*

**zahynout** perish

**zacház|ení** treatment; **–et** s kým/čím treat sb./-sth.; **–et špatně** maltreat, ill-treat; manipulovat s čím handle sth.; **–et do krajností** carry things too far*

**záchod** lavatory, toilet

**zachov|alý** well-preserved; **–ání** preservation; **–at** udržet preserve; dodržet maintain; **–at věrnost** komu remain faithful to sb.

**záchran|a** záchranná akce rescue, (life)-saving; zachraňování preservation; **–ka** ambulance(car); **–ný** rescue; **–ná služba** first aid; **–ná brzda** emergency brake

**záchrán|ce** saver, rescuer; **–it** rescue, save

**záchvat** attack, stroke, fit

**zachvátit** seize, engulf

**zachvět se** tremble, shake*

**záchvěv** tremble

**zachytit** catch*; záznam take*/put* down; na pásek record; umělecky render; vyjádřit express; **–elný** catchable

**zajatec** prisoner, captive

**zájem** interest, concern; **–ce, –kyně** interested person; **–ce o práci** applicant

**zajíc** hare

**zajímat** interest; **~ se** oč be* interested in sth.

**zajist|é** surely, certainly; **–it** secure; práci guarantee; rodinu provide for

**zajmout** capture

**zákaz** prohibition; **~ vjezdu** no entry

**zakázat** prohibit, forbid*; úředně ban

**zakázk|a** order; **na –u** to order

**zákazník** customer, client

**základ** basis*, foundation; **–na** base; basis*; **–ní** basic, fundamental, essential; výchozí primary

**zakladatel** founder

**zaklepat** knock

**zaklet|í** spell; **–ý** spellbound

**zákon** law, act; **přijmout ~** pass a bill; **porušit ~** break* the law; **–ík** code; **–itý** legal; **–ný** legal, legitimate

**zakončit** finish, close, end

**zákonodár|ství** legislation; **–ný** legislative

**zakopat** bury

**zakopnout** oč stumble, trip over sth.

**zakouř|ený** smoky; smoke-stained; **–it si** have* a smoke

**zakročit** intervene, step in

**zákrok** intervention, step, measure

**zakrýt** cover, block

**zakřičet** give* a cry, shout out

**zákusek** dessert, cake, sweet

**zakusit** experience

**zalepit** glue up; dopis seal

**zálesák** backwoodsman*

**zalesn|ěný** wooded; **–it** afforest

**zalévat** water, hose, spray

**zalézt** do čeho creep* in sth.

**záležet** na čem depend on sth.; **na tom nezáleží** never mind, it does not matter

**záležitost** business, matter, affair, issue

**záliv** gulf, bay

**zálo|ha** peněžní advance, deposit; pro případ nouze reserve; **důstojník v –ze** reserve officer

**založit** zřídit found, establish; někam mislay*, misplace; v knize mark page; **~ rodinu** set* up

**zámečník** locksmith

**zámek** u dveří lock; dům castle; **zamčený** locked (up)

**záměr** project, plan, intention; **–ný** deliberate

**zaměstnanec** employee

**zaměstnání** employment, work, job

**zaměstnaný** employed; velmi busy

**zaměstnavatel** employer

**zamíchat** stir; karty shuffle

**zamilova|t se** do koho fall* in love with sb.; **–ný** in love with sb.; dopis amorous

**záminka** pretext, pretence

**zamítn|out** reject, refuse; **–nutí** rejection, dissapproval

**zamknout** lock (up)

**zamlčet** co keep* sth. secret; před kým conceal

**zamlžit** dim, cloud, steam up

**zamořit** infest, contaminate; ovzduší pollute

**zamračený** o obloze cloudy, overcast; o člověku frowning

**zamrzlý** covered with ice, frozen

**zamyšlený** pensive, lost in thought

**zamýšlet** intend, plan, contemplate

**zanedb|aný** neglected; **–ávat** neglect

**zanedlouho** before long, soon

**zanechat** leave*, abandon; čeho forsake sth.

**zánět** inflammation; **–livý** inflammatory

**zaostalý** backward, underdeveloped

**západ** west; **–ní** west, western

**zapadnout** zabořit se sink\*; do sebe fit in; ztra-
tit se get\* lost; slunce set\*; **~ do špatné spo-
lečnosti** get\* into bad\* company

**zápach** stink, bad\* smell; **zapáchat** čím smell\*
of sth.; intenzívně stink\*

**zápal** inflammation; nadšení zeal

**zapálit** fire, set\* on fire, light\*; **~ si cigaretu**
light\* oneself a cigarette

**zápalka** match

**zapalovač** lighter

**zapamatovat si** keep\* in mind, remember

**zaparkovat** park

**zápas** boj fight; soutěž contest; za ideu struggle;
sport. match; **–it** fight\*; compete

**zapečetit** seal (up)

**zápěstí** wrist

**zapírat** deny

**zápis** zápis record; do školy entry; veřejný re-
gistration; o průběhu jednání minutes (pl); **–né**
registration fee; enrolment fee

**zápisník** notebook, diary

**zapisovat (se)** register; **–el** recorder

**zaplacení** payment, settlement

**záplata** patch

**zaplatit** pay*, settle; hotově pay* cash

**zaplavit** čím flood with sth.

**zaplést** involve; plait; ~ **se** tangle

**zápletka** liter. plot; milostná affair

**zaplevel|it** infest with weeds; **–ený** weedy

**zaplnit** fill up

**zapnout** knoflíky do* up, button up; na zip zip up; přístroj switch on, turn on, start

**zapomenout** forget*, leave*

**zápor** negation; **–ný** negative, adverse

**zaprášený** dusty, covered with dust

**zapřít** deny

**zapsat** write* down; zaznamenat record; do seznamu list; ~ **se** sign on, check in, register; ~ **si** take* down

**zapůsobit** na koho impress sb.; make* an impression on sb.; o léku take* effect

**zarámovat** frame; diapozitiv mount

**zarazit** zastavit check, stop; hřebík hammer in,

**zardít se** blush

**zarmoutit** grieve, sadden; ~ **se** grow* sad

**zármutek** nad čím sorrow at/over sth.; hluboký grief

**zárodek** germ; savčí embryo; přen. bud

**zarostlý** unshaven; o zahradě overgrown

**zároveň** at the same time; along with

**zaručit** guarantee; ~ **se** warrant

**záru|ka** guarantee, warranty; **být v –ce** be* under warranty

**zařadit** file, include; rychlost gear; ~ **se** fall* in

**záře** glare, glow; **–ní** radiation

**září** September

**zařídit** obstarat arrange; hovor. fix up; nábytkem furnish

**zářit** shine*, radiate; plápolat blaze; štěstím beam

**zařízení** device, appliance; vybavení equipment

**zásad|a** principle; chem. base; **–ní** of principle

**zasadit** plant; ránu deal*, strike*

**zásah** trefa hit; zasahování interference

**zasáhnout** trefit hit*; do něčeho interfere with sth.

**zase** again

**zasedání** meeting, session

**zásilk|a:** –a zboží consignment; **–ová služba** home-delivery service

**zasklít** glaze, glass in

**zaslat** send*, forward; zboží consign

**zaslechnout** catch*; náhodou overhear*

**zaslepený** fanatical; láskou infatuated

**zaslouž|it si** deserve; **–ený** well deserved

**zásluha** merit

**zasnoub|it** engage; **–it se** s kým become*/get* engaged to sb.; **–ení** engagement

**zásob|a** supply, stock; **–it** provide, supply

**zaspat** oversleep*

**zastaralý** out-of-date, obsolete

**zastarat** become* obsolete; be* out of date

**zastat** nahradit supply; úkol manage; zastihnout catch*; **~ se** koho stand* up for sb., advocate

**zastavit** stop; pull up; udělat přestávku pause; dát do zástavy pledge; otočením turn off; **~ se** stop; na návštěvu drop in

**zastávk|a** stop; **bez –y** nonstop

**zastihnout** catch* (up)

**zastrašit** frighten, scare

**zastrčit** insert, put* in

**zástrčka** plug; v zámku bolt

**zastřelit** koho shoot* sb. dead

**zástup** crowd, throng; **–ce** representative, delegate; náměstek deputy; obchodní agent; právní lawyer

**zasunout** insert, slip in, plug in

**zásuvka** ve stole drawer; elektrická socket

**zatáčka** curve, turning, turn

**zatajit** hide*, conceal

**zatarasit** bar, obstruct, block

**zatčení** arrest

**zatelefonovat** ring* up, phone

**zatím** meanwhile, so far*

**zatížit** load, weight; svědomí koho čím burden sb. with sth.; poplatkem charge

**zátka** stopper, cork

**zatknout** arrest, take* up

**zatlačit** push back; stlačit press down; vypudit oust

**zatleskat** applaud; clap (one's hands)

**zatlouci** drive* in

**zatopit** v kamnech make* a fire; vodou flood

**zatrhnout** mark, tick off

**zatykač** warrant

**zaučit** train; v čem introduce to sth.; ~ **se** make* oneself familiar

**zaujatý** prejudiced, biased, enthusiastic

**zaujímat** místo occupy; plochu cover; pozornost captivate; postoj put* on

**závad|a** defect, flaw; **–ný** faulty, defective; mravně offensive

**zavařenina** jam, preserve

**zavazadla** luggage; Am. baggage

**zavázán** obliged, pledged

**zavázat** provazem bind*, tie up; ~ **se** pledge, undertake* to do*

**závaz|ek** polit. pledge, obligation; **–ný** binding

**závaží** weight; **sada** ~ a set of weights

**závěr** konec finish, conclusion

**závěrečný** final, closing

**závidět** komu co envy sb. sth.

**zavinit** cause; be* the cause of

**záviset** na čem depend on sth.

**závislý** dependent; ~ **na drogách** addicted to drugs

**závist** envy; **–ivý** envious

**závit** thread, fold

**závod** závodění race; soutěž contest; podnik plant, works, establishment; **–it** race; oč compete for sth.; **–ní** sport. race; dílenský factory

**závoj** veil; **smuteční ~** veil of mourning

**zavolat** na koho shout at sb.; vykřiknout call out; komu telefonem call sb., ring* sb. up

**závorka** bracket

**závrať** dizziness; **mám ~** I am dizzy

**zavřít** shut*, close; na závoru bolt; turn off

**záznam** record; note; entry

**zaznamenat** do seznamu register, record; poznamenat si take* down; write* down

**zázra│k** miracle, wonder; **–čný** miraculous

**zážitek** sg experience

**zažív│ání** digestion; **–ací potíže** digestive trouble

**zbaběl│ec** coward; **–ost** cowardice; **–ý** cowardly

**zbankrotova│t, –ný** bankrupt

**zbavit** koho čeho deprive sb. of sth.; **~ se** get* rid of

**zbourat** demolish, pull down

**zboží** goods (pl), commodity

**zbožňovat** adore; **zbožný** pious, devout

**zbra|ň** weapon; **–ně** arms

**zbroj|ení** armament; **–ařský** armament; **–it** arm; **–ní** arms; **–ní pas** gun licence

**zbylý** left over, remaining

**zbýt** remain, be* left

**zbytečn|ě** uselessly, in vain; **–ý** unnecessary; pointless; nadbytečný redundant

**zbytek** rest, remainder; nevýznamný remnant

**zcela** quite, completely, totally

**zcestovalý** much-travelled

**zcivilizovat** civilize

**zcizit** steal*

**zčásti** in part, partly

**zda-li** whether, if

**zdanit** tax; **–elný** taxable

**zdarma** free of charge, for free

**zdát se** seem, appear, look like

**zdatn|ý** efficient, fit; **–ost** capability

**zde** here

**zdědit** inherit

**zdobit** decorate, trim

**zdokonalit (se)** improve, refine

**zdola** from below

**zdolat** překonat overcome*, beat*, defeat

**zdráha│t se** hesitate; **–vý** hesitating

**zdraví** health; dobrý zdravotní stav good* health

**zdravotn│ický** sanitary; **–í péče** health care

**zdravý** healty, well*; duševně sane; zdraví prospěšný wholesome

**zdražit** co raise the price of sth.

**zdroj** source; **–e** resources

**zdrženliv│ost** reserve, temperance; **–ý** reservovaný restrained, reserved; odpírající si abstinent, temperate; **zdržení** delay

**zdržet** delay; koho keep* sb. long; **~ se** čeho abstain from sth.; **nemohu se ~ velmi dlouho** I can't stay very long

**zdůraznit** emphasize, stress, point out

**zdvihnout** lift, hoist, rise*, pick up

**zdvojit** double

**zdvořil│ý** polite, courteous; **–ost** politeness

**zeď** wall; **cihlová ~** brick wall

**zedník** bricklayer, mason

**zejména** especially, particularly, above all

**zelenina** vegetables (pl)

**zelený** green; **světle/tmavě ~** light/dark green

**zelí** cabbage; **kyselé** sauerkraut

**země** planeta earth; **pozemek** land; **území** country; **půda** ground, soil; **–dělec** farmer

**zeměděls|tví** agriculture; **–ký** agrarian, farming, agricultural; **–ké družstvo** agricultural co-operative

**zeměkoule** globe, sphere

**zeměpis** geography; **–ný** geographical; **–ná délka** longitude; **–ná šířka** latitude

**zemětřesení** earthquake

**zemřít** die

**zesílit** intensify, strengthen; elektr. amplify

**zeslabit** weaken, reduce; otočením turn down

**zesměšnit** ridicule; koho make* fun of sb.

**zesnulý** the deceased, the late

**zeť** son-in-law

**zhasnout** go* out; uhasit put* out; vypínačem switch off, turn off

**zhodnotit** evaluate, appraise

**zhoršit** make* sth. wore; **~ se** worsen

**zhotovit** make*, manufacture

**zhoubný** pernicious, destructive; malignant
**zhroutit se** collapse, break* down
**zhruba** roughly, approximately; kolem about
**zhubnout** lose* weight
**zhuštěný** condensed, close
**zchladnout** chill, cool down
**zima** roční doba winter; chlad cold, chill
**zimní** winter; –k winter coat
**zip** zip; **zapnout na ~** zip up
**zisk** profit, gain
**získat** obtain, acquire, win*
**zít | ra** tomorrow; **–řejší** tomorrow's
**zívat** yawn; **~ nudou** yawn with boredom
**zjednodušit** simplify
**zjev** appearance; **–ný** apparent
**zjistit** find* out, discover, determine
**zkáza** destruction, ruin
**zkazit** spoil*, ruin; **~ se** jídlo go* bad*
**zkažený** spoilt, bad*; morálně corrupt
**zklam | ání** disappointment; **–at** disappoint
**zkoumání** research; investigation
**zkouma | t** examine, look into; explore; kontrolovat check; **–vý** searching

**zkoušet** try, examine; dělat pokusy test; na divadle rehearse; šaty try on

**zkouška** examination; pokus test; u krejčího fitting; **ústní ~** oral exam

**zkrátit** šaty shorten; text abridge; cut*

**zkratka** abbreviation; cesta short cut

**zkrotit** tame, break in; vášeň contain

**zkroucený** distorted, out of shape

**zkumavka** test tube

**zkušen|ý** experienced, skilled; **–ost** experience

**zkvalitnit** improve

**zkysnout** turn sour

**zlat|o, –ý** gold; **–ník** goldsmith; **–nictví** jeweller's

**zlepšit (se)** improve, better

**zlevn|ění** reduction in prices, price reduction; **–it** co reduce the price of sth.

**zlo** evil

**zlobit se** nač be* cross at sth.; be* angry with sth.

**zločin** crime, offence; **–ec** criminal

**zloděj** thief*, burglar; **kapesní ~** pickpocket

**zlomek** úlomek fragment; početní fraction

**zlomenina** fracture

**zlomit (se)** break*; med. fracture

**zlost** anger, rage; **–ný** angry, peevish

**zlý** evil, bad-tempered

**zmačka|t (se)** crease, crumple; **–ný** crumpled

**zmáčknout** ruku squeeze; ztlačit press, push

**zmást** confuse; ohromit bewilder; uvést do rozpaků embarrass, puzzle

**zmatek** confusion; hovor. mess, disorder

**změk|čit, –nout** soften; **–čilý** effeminate

**změn|a** change, alteration; textu modification; obrat turn; výměna exchange; **–it** change, alter

**zmenšit (se)** diminish, decrease; reduce

**zmeškat** miss, lose*

**zmetek** ve výrobě waster, reject

**zmínit se** mention; narážkou allude; refer to

**zmírnit** ztlumit subdue; ulehčit lighten; požadavky moderate; trest mitigate; rychlost reduce

**zmizet** disappear, vanish

**zmlknout** hush; hovor. shut* up

**zmocnit se** take*, seize, take* possession of

**zmoknout** get* wet

**zmrazit, zmrznout** freeze*, deep-freeze*

**zmrzlina** ice-cream

**zmýlit se** make* a mistake, go* wrong

**značit** signify, mark

**značka** sign, mark; obchodní brand

**značn|ě** considerably, to a great extent; **–ý** considerable; velký major, extensive

**znak** sign; příznačný rys feature, characteristic; erb coat of arms; výpoč. tech. code; mat. symbol

**znalec** expert, specialist; **–ký** expert; **–ký posudek** expert opinion

**znalost** knowledge, command

**znamenat** mean*, signify; stand* for

**známka** sign; poštovní stamp; hodnotící mark

**znám|ý** well-known, popular; dobře známý familiar; **–ost** vztah relationship

**znárodn|ění** nationalization; **–it** nationalize

**znásiln|ění** rape, violation; **–it** rape

**znát** know*, have* a knowledge of

**znázornit** represent, demonstrate, illustrate

**zneči|stit** pollute, soil; **–štění** pollution

**znehodnotit** devalue

**znemožnit** make* sth. impossible; zmařit wreck; komu co prevent sb. from doing sth.; společensky discredit, compromise

**znenadání** all of a sudden
**zneuctít** dishonour, disgrace, violate
**zneužít** abuse, make\* ill use of
**znevýhodnit** handicap
**zničit** demolish, destroy; naděje ruin
**znít** sound
**znovu** again, once more
**znuděný** bored; ~ **k smrti** bored stiff
**zobák** beak, bill
**zobecnit** generalize
**zobrazit** umělecky present; picture; portray
**zodpovídat** zač be\* responsible for sth.; ~ **se**
 z čeho answer for sth.
**zoologick|ý** zoological; **–á zahrada** zoo
**zopakovat** repeat; ~ **si** recapitulate, review
**zorganizovat** organize; hovor. fix up
**zotavit se** recover, recuperate
**zoufalý** desperate, hopeless
**zout** take\* off (one's shoes)
**zpaměti** by heart
**zpět** backward, back; **jít (jet)** ~ go\* back
**zpěv** singing; **–ák** singer
**zpívat** sing\*; ~ **tenor** sing\* tenor

**zplnomocnit** authorize

**zplodit** dítě engender; beget*; vytvořit give* birth to, create

**zpočátku** at first

**zpomalit (se)** slow down; vývoj delay

**zpověď** confession; **jít ke –i** go* to confession

**zpozorovat** remark, notice

**zpožďovat (se)** dealy, be* late

**zpráva** news, report, information

**zpravidla** as a rule

**zprostředkovat** mediate; **–el** intermediary

**zpřesnit** specify, put* more exactly

**zpříjemnit** make* pleasant

**zpřístupnit** make* available

**způsob** method, way; **–y** manners

**způsob|ený** čím due to sth.; **–it** cause, bring* about

**způsobný** mannerly

**zpustošit** devastate, ravage

**zrad|a** treachery, betrayal; **–it** betray; opustit forsake*; **zrádce** traitor

**zrak** sight, vision; **–ový** visual, optic(al)

**zral**|**ý** ripe, matured; **–ost** maturity

**zran**|**it** wound, hurt*; **–itelný** vulnerable

**zranění** injury; násilné wound

**zrát** ovoce ripen; člověk mature, grow* up

**zrcadlo** mirror

**zrezivě**|**lý** rusty; **–t** rust (up)

**zrn**|**í, –o** grain, corn

**zručn**|**ý** skilful, handy; **–ost** skill

**zrušení** abolition, cancellation

**zrušit** abolish; odvolat cancel; manželství dissolve; obchod close down

**zrychl**|**ení** acceleration; **–it (se)** speed up, accelerate, increase

**zředit** dilute; víno adulterate

**zřejmý** evident, obvious

**zřetel** regard, respect; **–ně** clearly; **–ný** clear

**zřícenina** ruin; ~ **hradu** the ruins of castle

**zřídit** establish, institute, set* up; založit found

**zřídka** seldom, rarely

**zřízení** establishment; polit. system

**ztloustnout** fatten, grow* fat, put* on weight; **nechci ~** I don't want to put* on weight

**ztlumit** subdue; rádio turn down; světla dim

**ztmavnout** get* dark, darken

**ztotožnit** identify

**ztrát|a** loss; plýtvání waste; voj. casualty; **–ový** losing, unprofitable

**ztratit** lose*; ~ čas waste time; ~ se get* lost

**ztroskotat** (ship)wreck, be* wrecked

**ztuh|nout** stiffen; **–lý** stiff

**ztvrdnout** harden

**zub** tooth*; **–ař** dentist; **–ní** dental, tooth

**zúčastnit se** take* part (in), participate

**zúčtovat** balance accounts

**zúročit** pay* interest on

**zúrodnit** fertilize, reclaim

**zuřit** rage; nač be* furious with sth.

**zuřiv|ý** furious; **–ost** rage, fury

**zůstat** remain, stay; **–ek** balance; remainder

**zužitkovat** utilize

**zvát** invite; **zvaný** invited

**zvedat** heave, lift; ~ se stand* up, rise*

**zvědavý** curious, inquisitive

**zvěrolékař** hovor. vet, veterinary surgeon

**zvětšení** increase

**zvětšovat** magnify, enlarge; počet increase

**zvíře** živočich animal; dravé beast

**zvítězit** conquer, win*; nad kým beat* sb.

**zvláště** especially, particularly

**zvlášt|ní** special, particular; navíc extra; podivný strange, extraordinary; **–nost** curiosity, peculiarity

**zvlhnout** become* damp, moisten

**zvolit** elect; ~ si choose*, pick out

**zvon, –ek** bell

**zvonit** ring*, toll, jingle; cinkat clink

**zvracet** vomit, throw* up, be* sick

**zvuk, –ový** sound

**zvukotěsný** soundproof

**zvýhodnit** koho make* it advantageous to sb.

**zvyk** custom, habit; **–lý** nač accustomed to sth., used to sth.

**zvyknout si** nač get*/become* used to sth.

**zvýraznit** emphasize

**zvýšit** počet increase; raise; životní úroveň improve; ~ se go* up, increase, raise

**zženštilý** effeminate; hovor. sissy

# Ž

**žába** frog; **~ na prameni** a dog in the manger

**žádat** ask, demand, require

**žadatel** applicant; nároku claimant

**žádný** no; none; neither; po záporu any

**žádost** request; přání desire, wish; písemná application; **–ivý** greedy

**žádoucí** desirable, advisable

**žák** pupil, student; **–ovský** pupil's

**žal** sorrow, grief; zemřít **–em** die of grief

**žalář** jail, prison; **–ník** jailer

**žaloba** complaint; soudní action

**žalovat** complain about; soudně sue

**žalude|k** stomach; **–ční vřed** stomach ulcer

**žaluzie** sunblind; pl blinds

**žár** sálavý heat; žhnoucí glow; plápolající blaze

**žárlit** na koho be* jealous of sb.; **–vý** jealous

**žárovka** bulb; **kontrolní ~** indicator lamp

**ždímat** wring*; přen. exploit

**že** that; vím, **~ přijde** I know* that he'll come*

**žebrat** beg; jít **~** go* begging

**žebro** rib; klenby groin

**žebřík** ladder; **hasičský ~** fire ladder
**žehlička** iron; **napařovací ~** steam iron
**žehlit** prádlo iron; šaty press
**žehn|at** bless; **Bůh vám –ej?** God bless you!
**železářs|ké zboží** hardware; **–tví** ironmonger's
**železni|ce** railway; **–ční nádraží** railway station
**želez|ný, –o** iron; **Ž–ná opona** the Iron Curtain
**železobeton** reinforced concrete
**želva** mořská turtle; sladkovodní tortoise
**žeml|e** roll; **–ovka** s jablky apple pudding
**žen|a** a woman*, female; manželka wife*; **–ský** female; jaz. feminine; pro ženy woman's, ladies'
**ženatý** married
**ženich** bridegroom
**ženit** marry; **~ se** s kým get* married, marry sb.
**žert** fun, joke; **–ovat** joke; **–ovný** funny
**žhavý** red hot, glowing; láska burning
**žid** Jew; **–ovka** Jewess; **–ovský** Jewish
**židle** chair; otáčecí swivel chair
**žihadl|o** sting; **bodnout někoho –em** sting* sb.

**žíla** vein; **křečová ~** varicose vein

**žínka** tělová facecloth; na nádobí dishcloth

**žít** live, be* alive; bydlet live, dwell*, reside

**živel** element; **–ný** elemental

**živit** nourish, feed*; vydržovat provide, maintain; **~ se** make* one's living

**živnost** obecně trade; řemeslná craft; obchodní business; **–ník** tradesman*

**živobytí** living, livelihood

**živoči**ch animal; **–šný tuk** animal fat

**život** life*; **–aschopnost** vitality; **–ní** vital

**životopis** biography; curriculum* vitae; **–ný** biographical

**životospráva** diet

**živý** žijící living; čilý lively, agile

**žízeň** thirst; **mít ~** be* thirsty

**žížala** earthworm

**žláza** gland; **štítná ~** thyroid gland

**žloutek** yolk

**žloutenka** jaundice

**žluč** gall, bile; **–ník** gall-bladder; **–níkový záchvat** bilious attack

**žlutý** yellow; dopravní světlo amber

**žně** úroda harvest, crop; doba harvest time

**žnout** trávu mow\*, reap, cut\*

**žralok** shark

**žrát** co feed\* on sth; o člověku eat\* like a pig

**žul|a, –ový** granite

**župan** dressing gown

**žurnalist|a** journalist; **–ika** journalism

**žvanit** drivel, twaddle, prattle

**žvatlat** babble

**žvýkačka** chewing-gum

**žvýkat** chew

# ANGLICKO-ČESKÝ SLOVNÍK
# ENGLISH-CZECH DICTIONARY

# ČESKO-ANGLICKÝ SLOVNÍK
# CZECH-ENGLISH DICTIONARY

## Radka Obrtelová a kolektiv autorů

Vydává:
NAKLADATELSTVÍ OLOMOUC
Lazecká 70a, 772 00 Olomouc

Lektoroval: Jiří Kučera

Obálka: studenti SUŠŘ v Brně

Technická redakce:
NAKLADATELSTVÍ OLOMOUC

1. vydání, Olomouc 1999
ISBN 80-7182-075-X